À la Bibliothèque de la Société Scientifique
"Antonio Alzate", à Mexico

Hommage de l'Auteur

Georges Barral
Membre Correspondant

Paris
5 octobre 1891

LE
PANTHÉON SCIENTIFIQUE
DE LA TOUR EIFFEL

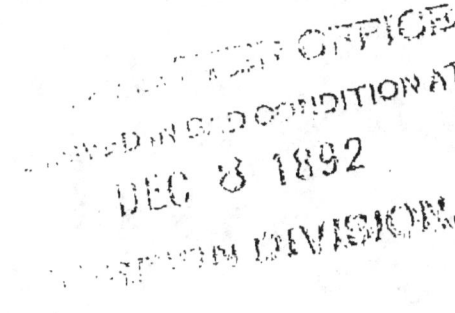

théon scientifique de la Tour Eiffel
par GEORGES BARRAL.

M. Gustave Eiffel,
NÉ A DIJON LE 15 DÉCEMBRE 1832.
Créateur de la Tour de 300 mètres.

GEORGES BARRAL

LE
Panthéon scientifique
DE LA
TOUR EIFFEL

HISTOIRE DES ORIGINES, DE LA CONSTRUCTION ET DES APPLICATIONS

DE LA TOUR DE 300 MÈTRES

BIOGRAPHIE DE SES CRÉATEURS

EXPOSÉ DE LA VIE ET DES DÉCOUVERTES DES 72 SAVANTS

DONT LES NOMS SONT INSCRITS SUR LA GRANDE FRISE EXTÉRIEURE

ÉDITION DÉFINITIVE

ENRICHIE DE 95 GRAVURES ET PORTRAITS AUTHENTIQUES DANS LE TEXTE

ET D'UN GRAND NOMBRE

DE DOCUMENTS INÉDITS ET DE SOUVENIRS ANECDOTIQUES

Sic itur ad astra.....
VIRGILE.

PARIS
NOUVELLE LIBRAIRIE PARISIENNE
Albert Savine, éditeur
12, RUE DES PYRAMIDES, 12

1892

TOUS DROITS RÉSERVÉS

CHAPITRE PREMIER

DÉDICACE PRÉLIMINAIRE

CHAPITRE PREMIER

DÉDICACE PRÉLIMINAIRE

Raison d'être de cet ouvrage. — Sa première forme. — Dédicace de 1889. — Comment la Tour Eiffel est placée sous l'invocation directe de la Science. — Mémorables paroles de M. Eiffel. — La théorie et la pratique. — Mes relations avec les grands savants du XIX° siècle. — Les 72 savants du choix de M. Eiffel devenu celui du consentement universel. — Galerie complète et authentique de leurs portraits. — Nécessité d'écrire un livre définitif avec un titre nouveau. — Cet ouvrage est une histoire intégrale (intellectuelle, morale et technique) de la Tour de 300 mètres. — Le Panthéon Eiffel. — Aux grands savants du XIX° siècle M. Eiffel reconnaissant. — Dédicace de 1891. — Paris, ville-lumière, récompense toutes les gloires. — Petite statistique scientifique et sociale des 72 savants. — Hommage à mes collaborateurs. — Exécution matérielle de cet ouvrage. — L'impression typographique. — Les dessins. — Choix du papier. — Adoption du papier collé. — Opinion de M. de Saint-Venant, membre de l'Institut de France. — Son plaidoyer à l'Académie des Sciences de Paris pour qu'on abandonne le néfaste usage du papier non collé. — Toute lecture faite sans la plume n'est qu'un dormir. — Avis des anciens. — Coutume des étrangers. — Appel aux éditeurs. — La Tour Eiffel est une chaire retentissante et populaire. — Accomplissement des vœux qui en tombent. — Ainsi soit-il.

A Monsieur Gustave Eiffel,

INGÉNIEUR-CONSTRUCTEUR,

Officier de la Légion d'honneur,
Créateur de la Tour de 300 mètres.

Monsieur,

Lorsque vous avez décidé, en février 1889, au moment où l'on s'occupait de décorer la Tour de 300 mètres, sur le point d'être terminée, de faire inscrire sur la frise extérieure du premier étage, les noms des principaux savants qui ont illustré la patrie française et agrandi le domaine des connaissances scientifiques, j'ai pensé, de mon côté, qu'il ne serait pas inutile de rappeler au public les découvertes et la vie de ces grands hommes. J'ai composé immédiatement, à titre bénévole, pour mon frère Jacques Barral une petite *Histoire populaire* de ces 72 savants de votre choix, devenu celui de l'assentiment universel, et, comme cela était tout indiqué, ce modeste ouvrage a été mis sous votre égide, dans les termes suivants :

« Paris, le 31 mars 1889.

» Monsieur et illustre maître,

» Inspiré par un sentiment d'exquise modestie, extrêmement rare, et d'autant plus louable, vous avez voulu répondre, par une leçon de simplicité et de justice, au mouvement populaire qui, d'instinct, a donné votre nom au monument que vous persistez à appeler la *Tour de 300 mètres*.

» Dans la remarquable conférence que vous avez faite sous les auspices de la Société centrale du Travail professionnel, présidée par M. Th. Villard, pendant la soirée du 20 février 1889, vous avez prononcé les paroles suivantes :

« Pour exprimer d'une manière frappante que le
» monument que j'élève sera placé sous l'invocation de
» la Science, j'ai décidé d'inscrire en lettres d'or sur la
» grande frise du premier étage et à la place d'honneur,
» les noms des plus grands savants qui ont honoré la
» France depuis 1789 jusqu'à nos jours. »

» Vous avez indiqué, par cet acte éclatant, visible au regard de tous, que pour la conception et l'exécution de votre œuvre colossale, vous et vos collaborateurs, vous vous sentiez redevables envers le passé, de tous les faits accumulés, de toutes les inventions et de toutes les recherches qui ont rendu possible son érection si prompte et si ponctuelle. Confiant dans la science et les savants, vous avez pu braver tranquillement toutes les incrédulités, tous les mauvais pronostics du début.

» La science est éternelle. Elle n'est point assujettie

aux lois fatales de notre fragilité. Ce qu'une génération n'a pas le temps de faire, d'autres le feront. Courte est une vie scientifique ; mais immense est son capital qui s'est créé par l'effort continu de l'esprit humain, car tout se tient par l'amoncellement successif des notions acquises.

» Si le monde social s'est renouvelé depuis cent ans, le monde scientifique, lui aussi, a conquis des territoires innommés dans le domaine du savoir. Tout ce qui a été poursuivi par la science est merveilleux. Nous serions profondément ingrats de ne point tourner nos cœurs, avec vous, vers ces génies puissants, ces intelligences sereines, ces esprits persévérants et mesurés, dont vous avez voulu retenir les noms sur votre monument, comme un symbole de paix, comme un appel constant au travail et à la concorde, et pour indiquer la part qui leur revient.

» Dans cette réunion d'hommes célèbres à tant de titres divers, vous n'avez pas choisi seulement des savants de profession, comme les astronomes, les géomètres, les mathématiciens, les ingénieurs ; vous avez aussi accordé une place aux grands industriels, aux constructeurs, à ceux qui sont devenus savants par occasion, à ceux qui ont fait une invention de génie, en recherchant curieusement dans les connaissances finies, ce qui a trait à une pensée nouvelle, avec l'intention de la faire passer de l'idéal dans le réel.

» Pour composer cette pléiade de 72 noms, vous avez choisi les représentants de la théorie et de la pratique, afin de prouver une fois de plus qu'on ne peut rien sans l'une et l'autre de ces parties de la science ; afin de montrer que les expérimentateurs et les inventeurs sont dirigés par des formules théoriques qu'ils créent ou qu'ils empruntent à d'autres. Il importe, en effet, de répéter sans cesse, dans l'intérêt du progrès et de la vérité scientifique, qu'un savant de vraie science, qu'un ingénieur consommé, qu'un industriel habile, qu'un constructeur avisé, sont d'abord des hommes de théorie dans la meilleure et la plus saine acception de ce mot, trop souvent mal compris, si fréquemment accusés, par légèreté ou en haine de la science, de n'exprimer que des chimères. Toutes ces saintes imaginations de l'étude sont devenues des réalités dont nous jouissons, en oubliant trop vite combien de larmes et de luttes elles ont coûté à nos prédécesseurs.

» Vous n'avez pas omis vos maîtres les plus éminents dans ce témoignage public de votre gratitude envers ceux qui vous ont inspiré de bonne heure un vif amour des sciences et assuré, de cette façon, les moyens de faire de grandes choses.

» Vous avez voulu mettre votre œuvre sous leur patronage pacifique, parce qu'elle est véritablement la synthèse du progrès, le triomphe de la science.

» Nous vous demandons de prendre sous votre protection ce livre, qui expose dans ses pages ce qu'il y a de meilleur et de plus légitime dans ce monde — la conquête des vérités scientifiques.

» Croyez, monsieur, à l'admiration sincère et à la reconnaissance inaltérable des fils d'un de vos anciens maîtres.

» GEORGES et JACQUES BARRAL. »

J'avais quelque droit personnellement à rappeler les travaux et les découvertes de ces savants, comme le fils aîné de l'un d'eux, et comme ayant connu et approché plusieurs d'entre eux dans mon enfance ou ma jeunesse. C'est ainsi que j'ai eu l'incomparable avantage de connaître Arago, Becquerel, Bélanger, Belgrand, Bréguet, Bresse, Broca, Cail, Cauchy, Foucault, Gay-Lussac, Giffard, Lamé, Le Chatelier, le général Morin, Schneider ; d'avoir eu pour maîtres ou professeurs Chasles, Chevreul, Combes, Delaunay, Dumas, Jamin, Le Verrier, Pelouze, Perdonnet, Regnault, Thenard, Wurtz; de posséder l'estime ou les sympathies de quelques-uns des fils et petits-fils d'entre eux, du Président de la République, de MM. Adolphe Carnot, le colonel A. Clapeyron, Louis Gay-Lussac, Urbain Le Verrier, H. Le Chatelier, Augustin Seguin, Arnould Thenard, Alfred, Edouard et Gustave Tresca. De plus, mon père a été le confident et l'exécuteur scientifique d'Arago, le professeur du général Perrier, l'ami et le collègue de beaucoup des autres, le collaborateur et l'ami du seul survivant d'entre eux, du grand physicien Fizeau.

J'avais donc des titres incontestables et comme un droit de préséance pour écrire ce petit livre. Le public lui a fait un accueil bienveillant, malgré son insuffisance et ses lacunes inévitables. J'avais peu de temps devant moi pour le mettre debout, car il fallait arriver avec l'ouverture de l'Exposition universelle pour donner satisfaction immédiate à la curiosité publique.

Depuis cette époque, j'ai repris tous mes documents, j'ai complété les notices, et j'ai réuni, non sans peine, les 72 portraits authentiques de cette glorieuse compagnie. Je n'ai pas craint d'accomplir les démarches les plus multiples pour aller aux sources mêmes, pour m'enquérir auprès des familles et des amis des renseignements qui me faisaient défaut, pour vérifier les faits et les dates, avec ce besoin instinctif que m'a inspiré la fréquentation intime de mon très grand maître Claude Bernard, de ne rien accepter sans contrôle et de tout voir par moi-même.

J'ai rectifié certaines anecdotes controuvées ou attribuées à tort à ceux qu'elles ne concernaient pas, et j'ai tellement reçu d'encouragements dans cette besogne d'érudition plus ardue et plus difficultueuse qu'on ne croit communément, que je ne me suis pas rebuté un seul instant.

J'ai pensé qu'il était indispensable dans cette union intime que vous avez créée vous-même entre ces hautes personnalités et votre œuvre, d'en écrire aussi l'histoire complète, avec ses origines, sa conception, sa construction, sa vie depuis 1889, ses services scientifiques, son action civilisatrice.

J'ai essayé d'accomplir cette tâche dans une série de chapitres qui suivent l'exposé de la vie et des découvertes des 72 *savants de la Tour Eiffel*, selon l'expression entrée dans le langage courant. Je n'ai pas omis naturellement de donner une place, à côté de celle que vous occupez, à vos collaborateurs, à vos ouvriers, à tous ceux qui vous ont aidé par la parole ou leurs écrits. J'ai parsemé ces pages de souvenirs inédits, d'anecdotes personnelles, de renseignements nouveaux, de détails instructifs, qu'on ne trouvera nulle part que dans ces feuillets.

J'avais écrit un petit livre rapide et d'actualité, en vue d'une solennité imposante, mais passagère. J'ai voulu composer un ouvrage développé, définitif, digne de vous, digne de votre œuvre dont il porte le nom dans son titre, pouvant durer et servir d'assise fondamentale aux écrivains futurs qui auront à juger les savants, les découvertes, les fondations industrielles et les travaux de toute nature de notre grand siècle finissant. C'est, en un mot, une histoire intégrale — histoire intellectuelle, morale et technique de la Tour de 300 mètres, que je présente aujourd'hui à l'innombrable foule de vos admirateurs.

Je ne pouvais donc pas mieux faire, pour garder la confiance universelle, que de vous adresser encore la dédicace complétée de ce livre synthétique pour lequel j'ai cherché un titre capable d'indiquer son caractère encyclopédique et glorificateur. Je me suis arrêté d'abord à celui de *Panthéon scientifique de la Tour*

Eiffel, et, par abréviation, j'ai adopté définitivement ces deux mots sonores et justifiés : *Panthéon Eiffel*. Ils disent d'une façon expressive, courte et nette, quelle a été votre pensée inspiratrice, car vous auriez pu inscrire sur le fronton de votre monument, à l'instar d'une célèbre mention historique, cette dédicace votive :

Aux grands savants du XIX⁰ siècle, M. Eiffel reconnaissant.

En effet, la Tour de 300 mètres est un temple élevé aux auteurs des grandes découvertes scientifiques, faites coup sur coup et avec une profusion inouïe depuis cent ans. Elle constitue comme la synthèse des efforts intellectuels accomplis par le génie humain. C'est avec raison que M. Olivier de Gourcuff, un jeune poète breton, tenu sur les fonts baptismaux littéraires par notre illustre maître Jules Simon, a pu faire parler avec fierté votre Tour dans des stances retentissantes :

> . . . .
> J'incarne, industrie et science
> De ce siècle qui va finir.
> Meurs, passé, je suis l'avenir...

Paris, ville-lumière, mère patrie intellectuelle de l'humanité, qui récompense toutes les gloires, nationales et étrangères, a décerné à ses principales voies de communication les noms de la plupart des savants dont vous avez adopté les noms. C'est la consécration solennelle de leur renommée. C'est ainsi qu'elle entend rétribuer les services de ceux qui sont nés dans son sein, dans les diverses régions de la France et dans le restant du monde, patrimoine de sa justice et de sa libéralité. Le nom donné à un boulevard ou à une avenue équivaut, comme valeur morale, à l'érection d'un monument; à une place, cela représente une statue; à une rue, cela vaut un buste ; à une impasse, c'est un médaillon. Mais pour tous, c'est une égale répartition de gratitude. De plus, beaucoup de ces savants ont leur image dressée en bronze ou en marbre dans la capitale ou dans leurs villes natales.

Regardez attentivement les visages de ces savants. C'est une galerie précieuse à conserver, curieuse à parcourir, instructive à contempler. Examinez ces traits si divers et vous serez frappé, bien plus par un air général de ressemblance pris dans les vastes proportions du front, l'éclat et la profondeur des yeux, la proéminence du nez, l'expression vivante des lèvres, que par la variété des types. Quelques-uns de ces portraits sont de véritables trouvailles et uniques comme rareté. J'ai dû partir à la découverte, en véritable explorateur archiviste, pour chercher, trouver et obtenir plusieurs d'entre eux. Ils constituent donc par leur réunion totale et leur valeur individuelle une double richesse pour ce livre, seul aussi dans son genre.

Tous ces grands savants sont fils de leurs œuvres. J'entends par là que ce sont eux qui ont illustré le nom qu'ils portent. Mais, sur soixante-douze, il y en a cinquante-quatre nés et morts roturiers, six qui sont nés dans la noblesse et dix qui ont été anoblis. Les six nobles sont : Borda, Coulomb, de Dion, Lalande, Lavoisier, Prony. Les dix anoblis sont : Carnot, Chaptal, Clapeyron, Cuvier, Fourier, Lamé, Laplace, Monge, Thenard. C'est Napoléon Ier qui a octroyé la noblesse à Carnot, Chaptal, Fourier, Monge. C'est Louis XVIII qui a anobli Laplace et Thenard. C'est le Gouvernement russe qui a accordé la noblesse héréditaire à Clapeyron et Lamé. Parmi eux, trois étaient fils de paysans, petits cultivateurs. Ce sont : Laplace, Poisson et Thenard. Un a été fils d'ouvrier, c'est Cail. Les autres ont eu leur souche dans la petite bourgeoisie naissante, c'est-à-dire le tiers-état, d'émancipation récente et révolutionnaire. Trente-quatre d'entre eux ont passé par l'Ecole polytechnique, un par l'Ecole du Génie militaire de Mézières (Carnot), deux par l'Ecole centrale des Arts et Manufactures (de Dion et Pétiet); les autres n'ont point passé comme élèves par les grandes Ecoles du Gouvernement. Sturm a été précepteur dans l'illustre famille de Broglie; Sauvage a été employé dans une usine; Schneider, commis dans une banque. Soixante-huit ont été décorés de la Légion d'honneur, et deux avaient aussi l'ordre royal de Saint-Louis (Carnot, Coulomb). Quatre n'eurent aucune décoration française. Ce sont : Bichat, mort trop jeune ; Giffard, qu'on a oublié; Lavoisier, qui a subi l'outrage de l'échafaud ; Sauvage, qu'on s'est refusé à distinguer à cause des dettes faites pour l'invention de l'hélice ! Ces victimes de l'imbécillité sociale ou des événements politiques ne sont pas les moins glorieuses de cette glorieuse pléiade, et ce déni de justice constitue la morale de cette petite revue de statistique. Disons encore, pour être complet, qu'il faut diviser en douze sections scientifiques les soixante-douze savants, en y comprenant : 2 agronomes, 6 astronomes, 9 chimistes, 4 constructeurs, 1 géographe, 15 ingénieurs, 17 mathématiciens et géomètres, 2 médecins, 2 mécaniciens, 2 minéralogistes, 1 naturaliste, 11 physiciens. Ajoutons enfin, que le plus vieux (Chevreul) est mort à cent trois ans et que le plus jeune (Bichat), s'est éteint ayant à peine dépassé la trentaine !

Je n'apprendrai rien à tous les travailleurs, en écrivant ici que j'ai consacré depuis deux ans une grande partie de mon existence à la confection intellectuelle et matérielle de cet ouvrage. J'ai d'ailleurs rencontré partout beaucoup d'empressement, de sympathie, d'amabilité. L'exception a été si rare que je n'ai pas eu à m'en préoccuper. J'ai trouvé un concours amical et actif auprès de M. Jules Laureau, homme de cœur et de savoir, qui n'a pas craint d'abandonner la vie facile de Paris pour aller créer à Quiberon, sur les bords de l'Océan atlantique, le premier établissement industriel ayant fabriqué pour l'agriculture les engrais de mer, si puissants et si riches en éléments fertilisants.

J'ai trouvé chez un maître imprimeur de Bruxelles un homme ayant l'amour et le respect de son métier, chose rare à notre époque hâtive et besogneuse, où les imprimeurs ont oublié l'exemple de l'illustre Plantin, affichant à la porte de sa maison, à Anvers, les épreuves de ses livres, avec un avis suppliant les passants et les érudits de lui indiquer les fautes et les erreurs typographiques qui lui auraient échappé. M. A. Lefèvre, qui a exécuté des ouvrages dont il peut montrer, avec un orgueil justifié, l'irréprochable composition, a conservé ces traditions trop universellement délaissées. M. Jean Malvaux, de la même ville, a mis tous ses soins et toute son habileté artistique à l'exécution de nos dessins qu'il aurait voulu rendre comparables à ceux de la très belle *Histoire du Théâtre Royal de la Monnaie*, et des autres publications illustrées belges auxquelles il a participé. Enfin, le papier du *Panthéon Eiffel* a été fabriqué tout exprès pour le format spécial de cet ouvrage et pour remplir toutes les conditions de durée, de beauté et de commodité exigées pour les livres ayant quelque prétention légitime à la permanence. Ce papier est collé, contrairement à l'usage moderne adopté par la librairie, et l'on peut y écrire à l'encre ses observations, sans gâter les marges.

Cette question de l'emploi exclusif du papier collé pour la fabrication des livres est très importante. M. de Saint-Venant, mort en 1886, qui fut le successeur de Poncelet à l'Institut de France et le commentateur des œuvres de Navier, et qui s'est adonné avec éclat à des études de hautes mathématiques appliquées aux travaux de l'ingénieur, a occupé de ce sujet l'Académie des Sciences de Paris, dans une Note motivée, communiquée et lue dans la séance du 16 janvier 1882. Ce petit mémoire expose d'une façon si lumineuse mes griefs contre le laisser-aller des éditeurs, que nous n'hésitons pas à le reproduire tout au long. Voici ce plaidoyer auquel M. de Saint-Venant a donné le titre de : *Sur le mode de publication le plus favorable aux études scientifiques*.

« Le fruit que l'on peut retirer des études scientifiques dépend, bien plus qu'on ne penserait, d'un détail dont il me paraît utile d'entretenir l'Académie des Sciences. Pour comprendre les œuvres mathématiques, on sait à quel labeur souvent rebutant il faut le plus ordinairement se livrer. Il faut, me disait Poncelet, s'identifier avec leur auteur; il faut refaire sous d'autres formes, presque à chaque page, sa découverte Or, continuait-il, c'est ce dont presque personne ne prend la peine. A ces œuvres-là, en effet, plus qu'à toutes autres peut-être, s'applique cette spirituelle maxime de Nicolas Pasquier : *Tenez de moi*, dit-il dans une de ses lettres du XVIe siècle, *que toute lecture sans la plume n'est qu'un dormir*. — La plume? Le conseil est bon, mais comment le suivre?

» Depuis deux tiers de siècle, les publications mathématiques sont exécutées, en France, dans de telles conditions, que l'on ne peut y corriger une des inadvertances de l'éditeur, ni signaler en marge une erreur de l'auteur lui-même, ni développer un calcul, ni consigner un éclaircissement longtemps cherché, etc., sans produire pour tout résultat de sa tentative, une tache de plusieurs millimètres de diamètre, qui se renouvelle chaque fois que l'on essaie d'approcher le bec de la plume du feuillet, qui en boit impitoyablement tout le contenu.

» Eh bien, dût-on m'accuser d'occuper de minuties les précieux instants de l'Académie, je ne crains pas d'affirmer que cette condition matérielle des publications est, à un haut degré, déplorablement antiscientifique. Nos devanciers entendaient les choses autrement. Les éditions de Leibniz, des deux Bernouilli, d'Euler et les premières aussi de Lagrange et Laplace permettent très bien, par la matière employée, telles annotations qu'on veut. Ayons, si ce n'est le génie de nos maîtres, leur bon sens pratique, ne dédaignant aucun soin. Ayons leur désir zélé d'être compris, commentés, et d'offrir facilement à leurs disciples de visibles et sérieux points de départ pour d'ultérieures découvertes.

» Mais l'étude des œuvres éditées n'est pas seule intéressée à ce choix de la matière des impressions. Les notes, par elles-mêmes, sont fécondes. Comment possédons-nous les célèbres théorèmes sur les Nombres qui, depuis deux cent cinquante ans, font l'admiration et l'étonnement des géomètres? Par les marges d'un exemplaire grec, les *Questions arithmétiques*, de Diophante, où Fermat les consignait à mesure que la lecture attentive du vieux livre les lui inspirait, car de telles intuitions ont leur moment, qu'il faut saisir pour les fixer à l'instant, sous peine de les laisser sans retour.

» Sans remonter à nos anciens, nous n'avons qu'à imiter l'intelligence de nos contemporains et voisins d'outre-Manche, d'outre-Rhin, d'outre-Monts. Grâce au choix qu'ils font constamment de la matière de leurs pages, je puis, si leur langage ne m'est pas suffisamment familier, m'aider avec ma plume, d'un mot à mot interlinéaire pour bien comprendre leurs pensées. Ils apprécient nos œuvres, et ils nous sauraient gré de leur procurer, pour les lire, ce même genre de facilité. Au reste, ce qui s'imprime de sérieux en Belgique et aussi dans nos provinces, offre déjà le même avantage; et les éditeurs, qui y en trouvent d'autres, n'y voient le mélange d'aucun inconvénient. Ces considérations ne se bornent évidemment pas aux œuvres mathématiques. « Maltraitez les pages de vos livres, criblez-les de notes », disait dernièrement, en s'adressant aux jeunes chercheurs de la vérité, un de leurs meilleurs amis.

» Répondons aux objections, prévenons-les même. L'usage général du papier collé sera-t-il plus coûteux? Rendra-t-il l'impression plus difficile? L'empêchera-t-il d'être prompte? L'exemple de tous les journaux quotidiens donne à la troisième question une réponse non douteuse. Et des hommes on ne peut plus compétents, imprimeurs, fabricants, directeurs de travaux, ont aussi répondu presque unanimement : Non! aux deux autres questions que nous leur avons adressées, soit par lettres, soit de vive voix, dans leurs usines ou ateliers. Ce n'est pas ici le lieu de vous entretenir à ce sujet du collage ancien à la gélatine, suivi du séchage feuille par feuille et de celui qui y a été substitué; le collage végétal ou à la résine, exécuté sur la pâte même, est tellement avantageux et économique, qu'il permet quelques mélanges diminuant le prix total, sans nuire ni à la solidité, ni à la souplesse, ni à la durée des feuilles imprimées.

» Permettez-moi donc de conclure que nous, hommes de science et de progrès, ne saurions trop combattre, en toute occasion, pour l'empêcher de s'invétérer, cette routine récente, qu'on dirait purement ouvrière et subie par les maîtres, n'ayant enfin pour son maintien aucune raison valable. »

J'ai connu personnellement M. de Saint-Venant. Né en 1797, c'était, en 1882, un octogénaire charmant, causeur des plus fins et des plus érudits, comme le sont les mathématiciens quand ils s'en mêlent. Je possède de lui des lettres précieuses, curieuses à plus d'un titre. Je suis heureux de saisir cette occasion solennelle pour battre en brèche, selon ses instructions, une déplorable coutume que je conjure mes amis de la librairie française de faire cesser au plus vite. Je m'adresse aux éditeurs que je connais personnellement et que j'estime tout particulièrement, aux Gauthier-Villars, Félix Alcan, Georges Carré, Charles Delagrave, Maurice Dreyfous, Ernest Flammarion, Ernest Gilon, Jules Hetzel, Lucien Marc, G. Masson, Albert Savine, aux maisons Dentu et Larousse, etc. Je leur parle du haut de la Tour Eiffel. La chaire est assez élevée, populaire et retentissante, pour que ma parole ne soit pas perdue. — *Amen!*

GEORGES BARRAL.

Paris, le 1ᵉʳ octobre 1891

CHAPITRE DEUXIÈME

EXPOSÉ DE LA VIE ET DES DÉCOUVERTES

des 72 Savants

DONT LES NOMS SONT INSCRITS SUR LA GRANDE FRISE EXTÉRIEURE

de la

TOUR EIFFEL

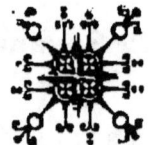

CHAPITRE DEUXIÈME

EXPOSÉ DE LA VIE ET DES DÉCOUVERTES
DES 72 SAVANTS
dont les noms sont inscrits sur la grande frise extérieure
DE LA
TOUR EIFFEL

Décoration de la Tour Eiffel. — Mode d'inscription des noms sur la grande frise extérieure. — Noms écartés. — Liste par ordre alphabétique. — Listes par façade. — Caractère sibyllin du nombre 72. — Les *Septante* du règne de Ptolémée Philadelphe. — Présage heureux pour la destinée de la Tour. — Nomenclature des découvertes et des travaux des 72 savants. — Leurs portraits d'après les originaux. — Listes chronologiques des vingt-quatre chefs-d'œuvre de l'esprit humain et des vingt-quatre découvertes ou inventions capitales faites par l'homme. — La philosophie des sciences pures et appliquées. — Notices historiques et scientifiques sur Ampère, Arago, Barral, Becquerel, Bélanger, Belgrand, Berthier, Bichat, Borda, Bréguet, Bresse, Broca, Cail, Carnot, Cauchy, Chaptal, Chasles, Chevreul, Clapeyron, Combes, Coriolis, Coulomb, Cuvier, Daguerre et Niepce, De Dion, Delambre, Delaunay, Dulong, Dumas, Ebelmen, Fizeau, Flachat, Foucault, Fourier, Fresnel, Gay-Lussac, Giffard, Goüin, Haüy, Jamin, Jousselin, Lagrange, Lalande, Lamé, Laplace, Lavoisier, Le Chatelier, Legendre, Le Verrier, Malus, Monge, Morin, Navier, Pelouze, Perdonnet, Perrier, Pétiet, Poinsot, Poisson, Polonceau, Poncelet, Prony, Regnault, Sauvage, Schneider, Seguin, Sturm, Thenard, Tresca, Triger, Vicat, Wurtz.

Lorsqu'il fut question d'ornementer la grande frise extérieure, qui est placée à 65 mètres d'élévation, par l'inscription des noms des savants et des ingénieurs qui ont le plus contribué au progrès des sciences depuis cent ans, M. Eiffel constata, à son vif regret, que l'espace compris entre chaque console était trop restreint pour recevoir plus d'un certain nombre de lettres. Il dut forcément écarter quelques-uns de ceux qui étaient d'une terminologie trop longue ou trop compliquée. C'est ainsi qu'il en fut pour Claude Bernard, Boussingault, Charles et Henri Sainte-Claire Deville, Étienne Geoffroy Sainte-Hilaire, Milne-Edwards, de Quatrefages, etc. Lavoisier même n'a pu entrer dans le motif que par suite de ses deux *i*, dont le module très bref n'est pas encombrant, comme celui des mots à traits linéaires multiples. Chaque lettre est dorée et possède une hauteur de 60 centimètres. Les noms sont très lisibles à l'œil nu ou avec une lorgnette pour les myopes.

En voici la liste par ordre alphabétique :

1. Ampère.	25. De Dion.	49. Le Verrier.
2. Arago.	26. Delambre.	50. Malus.
3. Barral.	27. Delaunay.	51. Monge.
4. Becquerel.	28. Dulong.	52. Morin.
5. Bélanger.	29. Dumas.	53. Navier.
6. Belgrand.	30. Ebelmen.	54. Pelouze.
7. Berthier.	31. Fizeau.	55. Perdonnet.
8. Bichat.	32. Flachat.	56. Perrier.
9. Borda.	33. Foucault.	57. Pétiet.
10. Bréguet	34. Fourier.	58. Poinsot.
11. Bresse.	35. Fresnel.	59. Poisson.
12. Broca.	36. Gay-Lussac.	60. Polonceau.
13. Cail.	37. Giffard.	61. Poncelet.
14. Carnot.	38. Gouin.	62. De Prony.
15. Cauchy.	39. Haüy.	63. Regnault.
16. Chaptal.	40. Jamin.	64. Sauvage.
17. Chasles.	41. Jousselin.	65. Schneider.
18. Chevreul.	42. Lagrange.	66. Seguin.
19. Clapeyron.	43. Lalande.	67. Sturm.
20 Combes	44. Lamé.	68. Thenard.
21. Coriolis.	45. Laplace.	69. Tresca.
22. Coulomb.	46. Lavoisier.	70. Triger.
23. Cuvier.	47. Le Chatelier.	71. Vicat.
24. Daguerre.	48. Legendre.	72. Wurtz.

En opérant une promenade circulaire, à quelque distance de la Tour, le visiteur lit ces noms dans l'ordre suivant sur les quatre façades :

1° Façade regardant le Trocadéro.

1. Seguin.	7. Bélanger.	13. Ampère.
2. Lalande.	8. Cuvier.	14. Chevreul.
3. Tresca.	9. Laplace.	15. Flachat.
4. Poncelet.	10. Dulong.	16. Navier.
5. Bresse.	11. Chasles.	17. Legendre.
6. Lagrange.	12. Lavoisier.	18. Chaptal.

2° Façade regardant le Point-du-Jour.

19. Jamin.	25. Barral.	31. Coriolis.
20. Gay-Lussac.	26. De Dion.	32. Cail.
21. Fizeau.	27. Goüin.	33. Triger.
22. Schneider.	28. Jousselin.	34. Giffard.
23. Le Chatelier.	29. Broca.	35. Perrier.
24. Berthier.	30. Becquerel.	36. Sturm.

3° Façade regardant l'École militaire.

37. Cauchy.	43. Ebelmen.	49. Haüy.
38. Belgrand.	44. Coulomb.	50. Combes.
39. Regnault.	45. Poinsot.	51. Thenard.
40. Fresnel.	46. Foucault.	52. Arago.
41. De Prony.	47. Delaunay.	53. Poisson.
42. Vicat.	48. Morin.	54. Monge.

4° Façade regardant Paris.

55. Pétiet.	61. Malus.	67. Fourier.
56. Daguerre.	62. Bréguet.	68. Bichat.
57. Wurtz.	63. Polonceau.	69. Sauvage.
58. Le Verrier.	64. Dumas.	70. Pelouze.
59. Perdonnet.	65. Clapeyron.	71. Carnot.
60. Delambre.	66. Borda.	72. Lamé.

On a fait la remarque judicieuse que ce nombre de 72 savants modernes rappelait celui des 72 savants hébreux, traducteurs en grec sous le règne de Ptolémée Philadelphe, de l'*Ancien Testament*, célèbre ouvrage connu sous le nom de *Version des Septante*, par contraction de *septante-deux*, la popularité ayant toujours une tendance à raccourcir les appellations. Ce nombre sibyllin de 72, nous n'avons pas besoin de l'affirmer, n'avait nullement été recherché ou prévu par M. Eiffel. Il est le produit du hasard. Quoi qu'il en soit, beaucoup de gens y ont vu comme un présage heureux pour la destinée de la Tour. La plupart de ces savants du XIX° siècle ont fait des découvertes de génie. Les autres ont créé des établissements, des institutions, exécuté des travaux ou inventé des machines qui, en améliorant le sort physique de l'homme, ont augmenté aussi sa richesse morale et intellectuelle. Nous avons résumé dans le tableau suivant les principaux travaux de chacun d'eux.

1 et 2. — AMPÈRE ET ARAGO. — Découvertes, en collaboration, de l'électro-magnétisme, de 1820 à 1824.

3. — J.-A. BARRAL. — Extraction de la nicotine du tabac et établissement de sa formule chimique, en 1841. — Découverte de l'azote et de l'acide phosphorique dans les eaux pluviales, 1852. — Ascensions aérostatiques célèbres exécutées en 1850. — Découvertes des propriétés azotées de la croûte de pain, en 1863.

4. — ANTOINE BECQUEREL. — Invention de la pile électrique à courant constant, en 1830, et du galvanomètre différentiel, en 1840.

5. — BÉLANGER. — Nouvelle théorie de la résistance et de la flexion plane des solides.

6. — BELGRAND. — Création du système collecteur des égouts et du système de distribution d'eau potable de Paris, en 1854.

7. — PIERRE BERTHIER. — Création des analyses docimasiques pour déterminer facilement les proportions de métaux utilisables contenus dans les minerais, en 1816.

8. — BICHAT. — Renouvellement de l'anatomie et fondation de la biologie, en 1800.

9. — BORDA. — Première détermination de la longueur d'un arc du méridien terrestre, en collaboration avec Delambre et Méchain, en 1794, et invention des thermomètres métalliques, en 1796.

10. — LOUIS BRÉGUET. — Construction des premiers appareils de télégraphie électrique, en 1842.

11. — CHARLES BRESSE. — Création d'une méthode mathématique pour calculer la flexion et la résistance des grandes pièces métalliques courbes.

12. — PAUL BROCA. — Fondateur de l'anthropologie expérimentale, en 1861.

13. — CAIL. — Créateur des grands ateliers de construction de matériel en cuivre pour les distilleries et les sucreries.

14. — LAZARE CARNOT, — Un des fondateurs de la géométrie moderne. — Créateur du théorème d'analyse et de méca-

nique sur la perte de force vive des machines, en 1783, et vulgarisateur des méthodes en géométrie. — Auteur de la *Géométrie de position* (1803).

15. — CAUCHY. — Découvertes mathématiques qui ont reculé les bornes du calcul intégral, en 1832. — Application du calcul infinitésimal à la géométrie. — Un des fondateurs de l'astronomie mathématique.

16. — CHAPTAL. — Introduteur de la fabrication industrielle de l'acide sulfurique, en 1781; de l'alun artificiel, en 1785; du sucrage des vins, en 1796, et de la teinture du coton par le rouge d'Andrinople, en 1799.

17. — MICHEL CHASLES. — Travaux originaux sur l'ellipsoïde, en 1825; le calcul intégral, en 1837; le déplacement des corps solides en mécanique, en 1845. — Auteur du *Traité de Géométrie supérieure*, en 1852.

18. — CHEVREUL. — Découverte de la saponification des corps gras d'origine animale et de la bougie stéarique, en 1823.

19. — CLAPEYRON. — Créateur des projets de chemins de fer de Paris à Saint-Germain et à Versailles (rive droite). en 1834.

20. — COMBES. — Moyens de prévenir et de brûler la fumée des foyers où l'on consomme de la houille, en 1840. — Etudes expérimentales sur la construction des wagons de voyageurs pour les trains à grande vitesse, en 1855.

21. — CORIOLIS. — Découverte des lois d'accélération centrifuge composée. — Auteur des règles des mouvements composés pour calculer les vitesses, connues sous le nom de théorème de Coriolis, en 1825. — Réformateur de l'enseignement de la mécanique rationnelle.

22. — COULOMB. — Découverte des lois qui président aux attractions et aux répulsions magnétiques, en 1780. — Inventeur de la balance de torsion, en 1784.

23. — GEORGES CUVIER. — Fondateur de l'anatomie comparée et de la paléontologie.

24. — DAGUERRE ET NIEPCE. — Invention de la photographie. — En 1813, Niepce découvre le moyen chimique de fixer une image par la lumière du soleil. — En 1822, Daguerre invente le diorama et, à partir de 1829, perfectionne l'héliographie.

25. — HENRY DE DION. — Inventeur des fermes métalliques, sans entrait, pour les grandes constructions, en 1857.

26. — Delambre. — Première détermination de la longueur d'un arc du méridien terrestre, en collaboration avec Borda et Méchain, en 1794. — Auteur de l'*Histoire de l'Astronomie*, en 1820.

27. — Eugène Delaunay. — Auteur de la théorie des marées et du mouvement de la lune, en 1849.

28. — Dulong. — Découverte des lois sur le refroidissement et sur les tensions de la vapeur.

29. — J.-B. Dumas. — Découverte des lois des substitutions chimiques, en 1832. — Fondateur de la chimie organique.

30. — Ebelmen. — Méthode pour fabriquer et imiter artificiellement les pierres précieuses, en 1851.

31. — Fizeau. — Détermination de la vitesse de la lumière dans l'atmosphère, de 1849 à 1856. — Transformation des plaques photographiques en planches à graver, en 1850.

32. — Eugène Flachat. — Construction des lignes ferrées de Paris à Rouen, de 1845 à 1850. — Introduction du métal dans les constructions, en 1832.

33. — Léon Foucault. — Démonstration expérimentale du mouvement terrestre et de la rotation du globe au moyen du pendule, en 1850.

34. — Le Baron Fourier. - Théorie mathématique de la chaleur, en 1816.

35. — Augustin Fresnel. — Invention des phares lenticulaires, en 1820.

36. — Gay-Lussac. — Découverte du cyanogène et de l'acide prussique — Célèbre ascension aérostatique accomplie le 25 août 1804, jusqu'à une hauteur de 7,016 mètres.

37. — Henri Giffard. — Injecteur alimentaire automatique des locomotives et des machines à vapeur, en 1858.

38. — Ernest Goüin. — Créateur des premiers grands ateliers de construction de locomotives, en 1846 — Introducteur en France des ponts métalliques, en 1849.

39. — Haüy. — Fondateur de la minéralogie expérimentale, créateur de la cristallographie, en 1796.

40. — Jamin. — Études sur la constitution des aimants, en 1857. — Perfectionnements apportés à l'éclairage et à la bougie électriques, en 1879.

41. — Jousselin. — Initiateur de la construction des premiers grands canaux, en 1808.

42. — LAGRANGE. — Théorie de la libration de la lune, en 1764. — Création de la mécanique analytique, en 1787.

43. — LALANDE. — Vulgarisation de l'astronomie et construction d'un héliomètre pour déterminer les diamètres apparents de la lune et du soleil, en 1753.

44. — LAMÉ. — Part active prise à l'établissement des premières voies ferrées, en 1832. — Découvertes importantes dans la physique mathématique.

45. — LAPLACE. — Démonstration mathématique de l'ordre éternel établi dans l'univers, de 1799 à 1812.

46. — LAVOISIER. — Création des méthodes et des principes qui ont enfanté la chimie moderne. — Etablissement de la fonction chimique des êtres vivants.

47. — LOUIS LE CHATELIER. — Part active prise à l'établissement des premières lignes ferrées, de 1840 à 1852. — Méthode pour obtenir la stabilité des machines en mouvement. — Application de la contre-vapeur pour régulariser la vitesse des trains sur les voies ferrées.

48. — LEGENDRE. — Fondateur de la géométrie moderne, en 1785.

49. — LE VERRIER. — Découverte de la planète Neptune, en 1846.

50. — MALUS. — Découverte de la polarisation de la lumière, en 1808.

51. — MONGE. — Rénovateur de la géométrie, en 1783. — Interprétation du phénomène physique du mirage, en 1798.

52. — GÉNÉRAL MORIN. — Invention de la manivelle dynamométrique, pour mesurer la force des moteurs animés et de l'appareil à indications continues pour étudier la loi de la chute des corps pesants, de 1843 à 1848.

53. — NAVIER. — Lois des mouvements des fluides, en 1820. — Lois sur la résistance des matériaux, en 1830. — Construction des premiers ponts métalliques suspendus, à Paris, en 1827.

54. — JULES PELOUZE. — Première préparation du coton-poudre, en 1835, et modèle de fabrication industrielle de la soude artificielle, en 1840

55. — PERDONNET. — Part active prise à l'établissement des premières voies ferrées en France, en 1832. — Créateur du cours des chemins à l'Ecole centrale des arts et manufactures de Paris, en 1844.

56 — Général Perrier. — Progrès accomplis dans la géodésie militaire, en 1880. — En 1879, prolongation en Algérie de la mesure de l'arc du méridien terrestre calculé successivement par Delambre, Méchain et Borda, en 1792, Arago et Biot en 1806.

57. — Jules Pétiet. — Progrès et perfectionnements apportés dans le matériel des chemins de fer, de 1842 à 1867.

58 — Louis Poinsot. — Simplifications introduites dans l'enseignement de la mécanique. — Invention de la théorie des couples dans la statique, de 1803 à 1835.

59. — Poisson. — Lois de l'équilibre des surfaces élastiques, en 1820. — Démonstration du problème algébrique de l'élimination, en 1798.

60. — Général Poncelet. — Créateur de la théorie des polaires en géométrie, en 1822. — Invention de la roue hydraulique, en 1830.

61. — Polonceau. — Créateur des routes du Simplon et du Mont-Cenis à travers les Alpes, en 1800.

62. — Prony. — Invention du flotteur à niveau et du frein pour mesurer la force des moteurs.

63. — Regnault. — Extrême perfection des expériences physiques et des analyses chimiques.

64 — Frédéric Sauvage. — Invention de l'hélice, en 1843.

65. — Eugène Schneider. — Instigateur du grand développement donné aux établissements métallurgiques et miniers du Creusot, en 1860.

66. — Marc Seguin. — Invention de la chaudière tubulaire, en 1828.

67. — Sturm. — Découverte du théorème complémentaire de la résolution des équations numériques, permettant de déterminer le nombre des racines réelles comprises entre deux limites données, en 1829. — Etudes sur la compression des liquides, en 1827. — Création, avec M. Daniel Colladon, des premières fontaines lumineuses, en 1830.

68 — Thenard. — Invention du bleu d'outre-mer, en 1799.

69. — Tresca. — Découverte des lois de la fluidité des solides, en 1855.

70. — Triger. — Invention du système hydraulique de fondation tubulaire à air comprimé, en 1845.

71. — Vicat. — Découverte de la chaux hydraulique, en 1811, et perfectionnement du ciment romain, en 1825.
72. — Wurtz. — Découverte des glycols et des ammoniaques composés, en 1850. — Introducteur de la chimie atomique, en 1875.

Ainsi qu'on a pu en juger par la nomenclature précédente, il n'est pas surprenant que ces savants aient excercé une action décisive sur la marche de la civilisation. C'est donc avec raison que M. Eiffel a placé son monument sous leur protection. Ils y sont inscrits comme un témoignage de la gratitude universelle, comme un hommage rendu à leurs travaux, sans lesquels une pareille entreprise n'aurait pas pu être conçue, préparée, exécutée, menée à bonne fin.

Voici maintenant l'historique de la vie de ces grandes physionomies scientifiques dont on pourra contempler les figures reproduites d'après les meilleurs portraits ou des documents authentiques. C'est une excellente pratique intellectuelle que celle qui consiste à introduire la représentation vivante du savant au milieu de l'exposé de ses découvertes ou de ses travaux. L'intérêt est plus vif pour le lecteur et le texte prend comme une allure animée.

1. — Ampère.

André-Marie Ampère, mathématicien et physicien, est né à Lyon, sur la paroisse de Saint-Nizier, le 22 janvier 1775, de Jean-Jacques Ampère, négociant, et de Jeanne-Antoinette Sarcey de Sutières. Il est mort à Marseille le 10 juillet 1836. Après avoir enseigné la physique à Bourg (Ain), où il écrivit ses *Considérations sur la théorie mathématique du jeu*, il fut nommé professeur au collège de sa ville natale, puis il vint à Paris comme répétiteur d'abord et professeur ensuite, à l'Ecole polytechnique. Successivement membre consultatif du Conseil des arts et métiers en 1806, inspecteur général de l'Université en 1808, membre de l'Institut en 1814, et dans les années qui viennent, correspondant de toutes les sociétés savantes du monde civilisé, comblé d'honneurs et de distinctions, Ampère, cependant, fuyait l'éclat, le bruit, et ne se sentait heureux que dans son modeste laboratoire, situé dans la maison portant le n° 19 de la rue des Fossés Saint-Victor, à Paris. Cet édifice a disparu pour faire place au passage de la rue Monge, percé sous le second Empire. C'est de là qu'est sortie une des plus fécondes découvertes de la science moderne, celle de l'électricité dynamique, qui repose sur la combinaison de l'électro-aimant. Elle fut faite avec la collaboration d'Arago. Du même coup qu'elle créait la télégraphie électrique, elle devenait la source de toutes les merveilleuses applications de l'électricité contemporaine.

En 1819, Œrsted, illustre physicien danois, avait observé que si l'on dispose parallèlement à une aiguille aimantée, mobile sur un pivot, un fil métallique traversé dans sa longueur par un courant d'électricité, l'aiguille quitte le méridien magnétique et se met en croix avec le fil. Mais ce phénomène offrait des incidents divers, selon que l'aiguille était ou n'était pas astatique, c'est-à-dire suivant que l'influence de la terre agissait ou n'agissait pas sur elle, et d'après le sens du courant et les positions relatives de l'aimant et du fil.

Ampère, avec un génie profond, pénétra ces problèmes divers et créa une formule ingénieuse renfermant toutes les circonstances. Après avoir multiplié les expériences, il découvrit, le 24 octobre 1820, que les courants électriques agissent les uns sur les autres. Ce fut, en effet, ce jour-là qu'il combina le premier électro-aimant dans un élan d'inspiration soudaine, suscité par une communication d'Arago, faite à l'Académie des sciences de Paris. Constatant qu'un fil de cuivre parcouru par un courant électrique acquérait la propriété d'attirer

Ampère
MATHÉMATICIEN ET PHYSICIEN
1775 — 1836

le fer, il conçut l'idée de plonger un outil dans la spirale qu'il tenait à la main et que traversait un courant. La force attractive se trouva centuplée aussitôt. C'est ainsi que l'appareil le plus précieux de la physique fut improvisé par un mouvement instinctif du génie.

Sur ce grand fait résolu par la pratique, Ampère a fondé une science nouvelle, l'électro-dynamique, en réunissant deux notions jusque-là distinctes : l'électricité et le magnétisme. Cette découverte de génie est codifiée dans les annales de la science sous la dénomination de *lois d'Ampère*.

En mémoire de ce fait capital, le Congrès universel des Electriciens, tenu à Paris, en 1881, pour fixer la valeur des unités électriques, a donné le nom d'*ampère* à l'unité d'intensité d'un courant. C'est encore ainsi qu'on a décidé d'appeler *ampère-heure* la quantité d'électricité traversant un circuit durant 60 minutes et de désigner sous le nom d'*ampère-mètre*, une sorte de galvanomètre, spécialement destiné à la mesure de l'intensité électrique qui parcourt un circuit.

Cet hommage que les savants veulent rendre aux créateurs d'une science, en empruntant leurs noms pour former le vocabulaire scientifique, part évidemment d'un noble sentiment. Cependant nous pensons que c'est aller à l'encontre de la clarté et de la précision, et qu'il serait préférable de prendre les termes dans la langue grecque, comme on l'a fait, par exemple, lorsqu'on a établi le système métrique. Sur ce point, nous sommes de l'avis de M. Berthelot, l'illustre créateur de la mécanique chimique et de la thermochimie, membre de l'Institut, qui dans la séance de l'Académie des sciences de Paris du 23 septembre 1889, a présenté de justes critiques à ce sujet.

C'est avec raison qu'il a fait observer que, s'il est utile et nécessaire de définir certaines unités abstraites par des mots caractéristiques, il y a, peut-être, quelques inconvénients à les désigner par des noms propres, comme on tend à le faire en électricité et en mécanique, depuis quelques années. Cette manière de procéder est contraire à l'esprit qui a dirigé les sciences modernes jusqu'à notre époque. Elle risque d'enlever à l'expression des phénomènes et des lois son caractère de généralité absolue, indépendante des personnes, des temps, des nationalités. Elle est capable encore de susciter des compétitions étrangères à la science, nuisibles à ses véritables intérêts, sans compter qu'elle est obscure et exige un double effort de compréhension.

Cela dit, revenons à Ampère, qui fut un très vaste esprit, ouvert à toutes les conceptions intellectuelles, et qui aurait été sûrement de cette opinion, d'après ce que nous avons appris de son caractère par Arago et son fils, J.-J. Ampère. Il était âgé à peine de dix-huit ans que déjà il avait inventé une langue universelle destinée, en remplaçant le nombre infini des idiomes parlés sur la terre, à rapprocher les hommes et à consolider la paix. En 1834, il mit au jour, sous le titre d'*Essai de la philosophie des sciences*, une classification nouvelle de toutes les connaissances humaines, avec un exposé de la marche qu'il avait suivie et des considérations qui l'avaient inspiré. Cet ouvrage témoigne de la puissance de son cerveau encyclopédique et métaphysique. Il constitue un inventaire complet de ce que nous savons, avec des vues profondes et ingénieuses.

La classification d'Ampère tend à établir un ordre naturel et vrai dans la distribution des sciences. Ce n'est point un tableau alphabétique dressé avec parti-pris ; c'est un exposé tracé par voie de découvertes successives et de perfectionnements graduels.

Ampère raconte dans une préface lucide et savante, la manière lente dont cet ordre s'est formé, ainsi que l'occasion, les tâtonnements, les indications apparues au fur et à mesure de ses études. Il fait voir comment la symétrie constante des divisions et des subdivisions, qui semblerait au premier abord un caractère artificiel, se rattache au contraire à la nature même de notre intelligence et puise sa raison dans la forme et les lois de nos facultés.

Ampère consacre la première partie de son ouvrage au développement et à la justification du principe dans l'ordre des sciences qu'il appelle *cosmologiques*, c'est-à-dire relatives à tous les êtres matériels dont l'univers est composé. La seconde partie complète ce développement en ce qui concerne les sciences *noologiques*, c'est-à-dire relatives à l'étude de la pensée et des sociétés humaines. Il donne dans la troisième partie les principaux résultats de ses observations psychologiques qui, remontant aux années de sa jeunesse, devront le classer parmi les idéologistes contemporains, à côté de Maine de Biran, son ami.

Une pièce de vers latins est jointe au tableau final. Elle est dédiée à son fils Jean-Jacques Ampère. En voici le titre et le début avec la traduction :

OPTIMO ET CARISSIMO FILIO
CARMEN MNEMOTICUM
Proemium.

Ut mundum noscas: moles et vita notandæ :
Mensura et motus primum, mox corpora et omne
Viventum genus et vitam quæ cura tuetur.

A mon excellent et bien aimé fils. — Poème récapitulatif. — Préliminaire. — Pour posséder une notion approfondie de l'univers, de sa vie, de sa puissance, il faut d'abord se rendre compte de son mouvement et de son étendue ; ensuite vient l'étude des éléments qui le forment et des êtres qui l'habitent.

Les vers d'Ampère sont d'une excellente latinité, d'une précision parfaite et sans sécheresse. Ils reproduisent le ton des exposés de Lucrèce. Après on lit les prolégomènes et le tableau général de cette classification nouvelle des connaissances humaines.

Cet *Essai de philosophie des sciences* est un livre vigoureux et solide, que nous plaçons sans hésiter au nombre de ces deux douzaines de chefs-d'œuvre, fruits d'une longue méditation et d'un grand effort de l'entendement humain, qui ont servi à reculer les bornes du connu, à repousser la limite intellectuelle, s'il en est, comme le dit Ampère. Voici, d'après notre opinion, toute personnelle, la liste, par ordre d'ancienneté, de ces ouvrages capitaux, qu'on peut considérer comme les plus hautes productions de l'esprit de l'homme et comme ayant exercé une action féconde et prolongée sur le progrès et l'émancipation des idées.

1. — *Histoire des animaux*, par Aristote . . . 350 av. J.-C.
2. — *De Natura rerum*, par Lucrèce . . . 60
3. — *La Divine Comédie*, par Dante Alighieri . 1472 ap. J.-C.
4. — *Pantagruel et Gargantua*, par Rabelais . . 1520
5. — Fondation du fameux recueil intitulé *Acta eruditorum*, par Leibniz, qui l'année suivante y publia la plus importante de ses découvertes, celle du calcul différentiel, dont il avait conçu la première idée en 1675, lors de son séjour à Paris . . 1603
6. — *Don Quichotte*, par Michel Cervantès . . 1604
7. — *Novum Organum Scientiarum*, par Francis Bacon. 1620
8. — Toute l'œuvre dramatique de Molière, composée de . . . . 1650 à 1673
9. — *Discours de la méthode pour bien conduire sa raison et chercher la vérité dans les sciences*, par René Descartes 1657
10. — *Pensées sur la Religion et quelques autres sujets*, par Blaise Pascal. 1670
11. — *Les Principes* (livre contenant l'exposé de l'attraction universelle), par Newton . 1683
12. — *De l'Esprit des Lois*, par Montesquieu . . 1748
13. — *Histoire naturelle*, par Buffon, publiée de . 1749 à 1789
14. — *Encyclopédie ou Dictionnaire raisonné des sciences, arts et métiers*, rédigé sous la

direction de Diderot, avec la préface fameuse de d'Alembert, publiée de	1751 à 1772
15. — *Dictionnaire philosophique*, par Voltaire	1764
16. — *Esquisse des progrès de l'Esprit humain*, par Condorcet	1794
17. — *Recherches sur la vie et la mort*, par Bichat	1800
18. — *Exposé du système du monde*, par Laplace	1802
19. — *Philosophie zoologique*, par Lamarck	1809
20. — *Mécanique analytique*, par Lagrange	1811
21. — *Discours sur les révolutions du globe*, par G. Cuvier	1821
22. — *Essai de la philosophie des sciences*, par Ampère	1836
23 — *Introduction à la médecine expérimentale*, par Claude Bernard	1865
24. — *De la Méthode a posteriori expérimentale*, par Chevreul	1870

Comme conséquence, sans vouloir cependant établir un terme de comparaison, il nous paraît intéressant de présenter en parallèle le tableau des vingt-quatre découvertes capitales qui ont été la source des transformations les plus importantes accomplies dans l'existence matérielle et morale de l'humanité. En s'arrêtant sur chacune d'elles durant quelques instants, la réflexion montrera les conséquences innombrables et bienfaisantes dont chacune de ces inventions a été la cause initiale.

1. — Première notion du fer sous le règne de Minos 1er, en Grèce	temps mythol.
C'est le métal le plus précieux pour l'homme, l'auxiliaire le plus puissant de la civilisation. Mal utilisé dans l'antiquité, il est devenu l'objet des plus belles, des plus fécondes et hardies applications.	
2. — Invention de la charrue, par Triptolème	idem.
3. — Découverte des lois de la pesanteur spécifique des corps, par Archimède	250 av. J.-C.

4. — Invention de l'imprimerie à l'aide de caractères mobiles, par Gutenberg . . . . 1434 ap. J.-C.
5. — Découverte du Nouveau Monde, par Christophe Colomb, dans la nuit du 11 au 12 octobre 1492
6. — Propagation de la culture du mûrier, par Olivier de Serres 1599
7. — Découverte des lois des mouvements célestes, par Képler 1609
8. — Découverte des lois de la chute des corps et de la rotation de la terre autour du soleil, par Galilée 1612
9. — Découverte de la circulation du sang, par Harvey 1628
10. — Découverte des lois de la gravitation universelle, par Newton 1689
11. — Découverte du sucre de betterave, par Margraff et Frédéric Achard. . . . . . 1754 et 1795
12. — Première application de la force élastique de la vapeur, par James Watt. . . . 1769
13. — Introduction de la culture de la pomme de terre, par Parmentier 1774
14. — Découverte des aérostats, par les frères Etienne et Joseph Montgolfier . . . 1783
15. — Invention des machines à tisser, par Jacquard 1790
16. — Invention du gaz d'éclairage, par Joseph Lebon. 1799
17 — Invention de la pile électrique, par Volta . 1800
18. — Démonstration des systèmes de l'évolution des espèces vivantes et de la sélection naturelle, par Lamarck et Darwin . . 1809 et 1862
19. — Invention de la machine à filer le lin, par Philippe de Girard 1810
20. — Découverte de l'électro-magnétisme, par Ampère et Arago 1820
21. — Découverte de la saponification des corps gras d'origine animale et de la bougie stéarique, par Chevreul 1823
22. — Invention de la chaudière tubulaire, par Marc Seguin 1828

23. — Découverte de l'éthérisation comme moyen
anesthésique, par le Dr Charles Jackson   1847
24. — Découverte de la fonction glycogénique du
foie, par Claude Bernard   1853

Comme conclusion à ces deux tableaux, il est peut-être permis, sans trop d'orgueil, de répéter avec Chevreul que la seule espèce perfectible est l'espèce humaine. Mais que de forces perdues par les persécutions sociales et les guerres idiotes entre les peuples !

Nous avons attribué l'invention de la charrue à Triptolème pour suivre les traditions grecques ; nous devons ajouter que les Egyptiens l'accordent à Osiris, les Chinois à Gin-Hoang, les Phéniciens à Dagon, les Perses à Huschenk, les Hébreux à Tubal-Caïn. On peut croire que cet instrument n'est pas dû à un seul homme. Si simple qu'il soit resté dans l'antiquité et datant de longs siècles, il n'en est pas un qui ait eu une influence plus grande sur le développement civilisateur des nations.

A la fin de l'année 1793, Ampère reçut une commotion terrible. Il vit son père accusé de sympathie pour l'aristocratie lyonnaise, périr sur l'échafaud. Il faillit en perdre la raison, et il ne put se calmer à la longue, qu'en se consacrant, avec sa passion accoutumée, à la poésie, à la musique, à la botanique. En herborisant, il devait rencontrer la jeune fille destinée à devenir sa femme. Les mariages d'amour sont fréquents parmi les savants, et souvent ils sont heureux jusqu'au bout, témoins ceux de Gay-Lussac, Malus, Monge, et de bien d'autres moins célèbres, quand l'intelligence et le cœur de l'épouse se mettent à la hauteur du génie de l'époux. De cette union, qui fut brisée par la mort prématurée de Mme Ampère, il naquit un enfant unique qui devint la consolation du malheureux savant et qui s'est illustré dans les lettres et les études historiques. C'est J.-J. Ampère, mort en 1864, membre de l'Académie française.

La ville de Lyon a érigé solennellement, le **8** octobre 1888, en présence de M. Carnot, président de la République, une belle statue à Ampère. Elle est due au sculpteur Charles Textor. C'est elle que notre dessin reproduit La ville de Paris a donné son nom à une des rues de la rive droite de la Seine. Son éloge a été prononcé, au nom de l'Institut de France, par M. Alfred Cornu, membre de l'Académie des sciences. Deux études remarquables qui se complètent l'une par l'autre, ont été consacrées aux découvertes et aux écrits d'Ampère par Littré et Sainte-Beuve. Ses œuvres ont été publiées par les éditeurs Bachelier et Mallet-Bachelier, les prédécesseurs de MM. Gauthier-Villars et fils.

2. — François Arago.

Dominique-François Arago, le *grand Arago,* astronome et physicien, est né à Estagel, dans les Pyrénées-Orientales, le 26 février 1786; il est mort à Paris le 2 octobre 1853. Ses débuts dans la science furent prompts et remarquables. A dix-sept ans, il fut admis à l'Ecole polytechnique. A vingt-trois ans, il devint membre de l'Institut, où il avait été élu en remplacement de Lalande, par 47 suffrages sur 52 votants. Il faut dire que son bagage scientifique était déjà important en 1809. A cette époque, il avait entrepris la mesure de l'arc du méridien terrestre, au milieu de difficultés sans nombre et de mille dangers racontés dans l'histoire de sa jeunesse, qu'il a écrite avec beaucoup d'esprit.

A l'École polytechnique, élève de la promotion de 1803, il avait commencé par faire de l'opposition à Bonaparte, entraîné par les aspirations républicaines qui l'ont animé jusqu'à la fin de ses jours. Il fut le premier élève qui donna un vote négatif pour le Consulat à vie. Malgré cette attitude hostile, il fut recommandé par Monge, en 1806, à l'empereur, qui l'adjoignit à Biot, chargé de mener à bien l'opération géodésique qui devait être un titre de gloire pour Arago et pour la France. Napoléon ne lui garda pas rancune ; il le nomma professeur d'analyse algébrique à la grande Ecole dont il était sorti avec les titres les plus brillants, et il lui conserva toujours une sympathie particulière. C'est ainsi qu'après le désastre de Waterloo, lorsqu'il eut pendant un instant l'idée de se réfugier aux Etats-Unis pour y finir ses jours paisiblement dans l'étude des sciences, il eut la pensée de choisir Arago pour compagnon d'exil et de travail. Napoléon avait su deviner le puissant esprit de vulgarisation du jeune savant qui devait s'exercer plus tard sur tant d'objets divers, sans compter la politique, dans laquelle il entra après 1830, comme député des Pyrénées-Orientales. Il marqua cette carrière d'un progrès illustre, en faisant décréter, en 1848, l'abolition de l'esclavage aux colonies, comme membre du gouvernement provisoire et ministre de la guerre et de la marine.

Arago est l'auteur de découvertes utiles et ingénieuses qui se rapportent à la création de l'électro-aimant, à l'optique, à la théorie des ondulations de la lumière, à la photométrie, à la scintillation des étoiles, au magnétisme de rotation, à la vérification de la loi de Mariotte, aux tensions de la vapeur d'eau, à l'astronomie, etc. Barral, Fizeau, Léon Foucault, Jamin, Walferdin, se sont occupés de poursuivre plusieurs des expériences qui avaient été commencées ou indiquées dans leur principe par Arago, avant qu'il ne tombât malade, vers la fin de 1849.

Il avait la parole éloquente, le cœur chaud, le grand style. Il a composé des notices qui sont des chefs-d'œuvre d'exposition scientifique et des modèles de littérature. Ses œuvres ont été publiées en dix-sept volumes, sur ses ordres, par J.-A. Barral, pour lequel il avait une estime et une affection profondes.

Cette précieuse collection comprend tous les écrits du grand savant et parmi eux les trois volumes de l'*Astronomie populaire* sur laquelle l'académicien Babinet a porté le jugement suivant dans la *Revue des Deux-*

François Arago
ASTRONOME ET PHYSICIEN
1786 — 1853

Mondes : « Au nombre des conquêtes scientifiques de l'année 1857, il faut compter l'*Astronomie populaire*, de François Arago, publiée par M. J.-A. Barral. Cet ouvrage, qui était inédit, en partie, offre du nouveau, et je suis étonné de la quantité de matériaux qu'il renferme. Il est des écrivains dont la réputation est telle qu'on ne peut presque pas y ajouter par des louanges. Dès lors, on en parle peu, et c'est une circonstance défavorable que ce silence, même quand il provient de l'admiration. L'*Astronomie populaire* contient tant d'applications originales des principes de l'optique aux phénomènes célestes, que l'auteur a fait un livre vraiment nouveau sur des données anciennement traitées par plusieurs autres avant lui. Il n'a reculé devant aucune question. Ce qu'on ne sait pas généralement, c'est qu'Arago n'empruntait la collaboration de personne. C'est ce que j'avais quelque peine à persuader à M. Struve, de Saint-Pétersbourg. On est étonné de toutes les perspectives qui s'ouvrent à la lecture d'une composition si originale. Cet ouvrage sera utilement lu et médité par les savants, comme par les gens du monde qui, forcés de croire sur parole, veulent au moins une garantie dans la compétence de l'auteur qu'ils prennent pour autorité sans contrôle. Je dirai donc au public qui me fait l'honneur de me consulter : Lisez l'*Astronomie populaire*, d'Arago. — Je viens de la lire. — Eh bien! relisez-la! »

Il est intéressant d'ajouter que ce beau traité, compréhensible pour tout le monde, avait été professé en partie avant d'être écrit par l'auteur. Rappelons à ce propos le procédé employé par Arago pour se faire écouter et comprendre des auditeurs, que sa parole claire et ardente attirait en foule au cours public d'astronomie qu'il avait créé à l'Observatoire de Paris. Quand il ouvrait sa leçon, son premier soin était de parcourir rapidement la nombreuse assemblée qui remplissait l'amphithéâtre Il cherchait parmi les personnes présentes celles dont la physionomie indiquait l'esprit le moins cultivé. Il choisissait le visage le plus hébété, signe d'une intelligence fermée. C'était pour celle-là qu'Arago parlait. Quand le grand astronome voyait que son auditeur privilégié le suivait sans peine, il était satisfait, il continuait son exposé, en ne quittant pas de son regard profond l'individu qui restait comme fasciné. Mais s'il voyait qu'une teinte d'ennui venait lui enlever son patient, il redoublait d'efforts et essayait de ramener à l'attention l'auditeur égaré. Aussi, un matin, pendant son déjeuner, Arago put dire à mon père : « Mon cours de cette année, mon cher Barral, sera le meilleur que j'aie jamais fait. J'ai découvert dans mon auditoire un parfait imbécile et j'ai réussi à l'intéresser. » Au moment même, la bonne qui servait à table, annonça qu'un visiteur insistait pour entrer. Arago, habitué aux demandes imprévues, donna l'ordre de laisser pénétrer l'inconnu, qui dit aussitôt : « J'ai tenu à vous exprimer verbalement toute mon admiration pour votre cours de cet hiver ; mais pourquoi, monsieur Arago, m'avez-vous regardé fixement tout le temps ? » — Mon père dût quitter la salle pour ne pas étouffer de rire.

On a élevé à Arago des statues à Estagel, son village natal, et à Perpignan, où il fit ses études au collège. La première, érigée en 1864, est due à la munificence d'Isaac Pereire, député du département des Pyrénées-Orientales au Corps législatif à cette époque. La seconde a été érigée en 1888, par souscription publique. Une troisième statue lui sera consacrée bientôt à Paris, où un grand boulevard sur la rive gauche de la Seine et une Ecole municipale portent son nom. Ce monument sera placé dans les jardins de l'Observatoire national, au centre d'une des allées en alignement du Méridien, et non loin du rond-point où Barral et Bixio exécutèrent, en 1850, leurs ascensions aérostatiques, sous la surveillance d'Arago lui-même. C'était une des promenades favorites du célèbre savant.

Le portrait que nous avons choisi pour notre livre a été fait d'après nature en 1836. Arago avait alors 50 ans. Il était dans toute la force du génie ainsi que son regard profond et plein de flammes l'indique.

3. — J.-A. Barral.

Jean-Augustin Barral, agronome, chimiste, physicien, est né à Metz, chef-lieu de la Moselle, ancien département français, le 31 janvier 1819; il est mort à Fontenay-sous-Bois, près Paris, le 10 septembre 1884. Il était le fils unique d'un ancien militaire, né en Savoie, qui fit les campagnes de Napoléon, fut officier d'ordonnance du général Junot, pendant les guerres d'Espagne et de Portugal, et qui avait donné sa démission après Waterloo, pour se retirer dans la capitale de la Lorraine, afin d'y vivre dans la retraite avec sa modeste pension de lieutenant et de chevalier de la Légion d'honneur. Barral entra, en novembre 1838, à l'Ecole polytechnique, dans les premiers rangs, et il en sortit en 1840, avec le titre d'ingénieur des tabacs, attaché à la Manufacture de Paris. Là, il s'adonna à ses goûts pour les recherches chimiques et l'étude de la physique. Il débuta par rechercher dans la feuille du tabac la substance toxique qu'on y soupçonnait, mais qu'on n'était pas encore parvenu à obtenir pure et à analyser. Il parvint ainsi, le premier, à isoler la nicotine, alcoïde énergique, dont une seule goutte suffit pour donner la mort à un chien, et dont les propriétés vénéneuses furent employées par le comte de Bocarmé pour commettre, en 1850, un crime resté fameux dans les annales judiciaires de la Belgique. Ces découvertes, qui le mirent immédiatement en lumière, ont été consignées en 1841 et en 1845 dans les *Comptes rendus de l'Académie des Sciences*. Elles furent suivies successivement d'études sur la précipitation de l'or à l'état métallique, l'argenture galvanique, les électro-aimants, sur la statique chimique de l'homme et des animaux, la composition des eaux pluviales, le drainage des terres arables, les irrigations, le blé, les farines, la composition chimique de la croûte et de la mie du pain, les diverses formes de la grêle, l'influence de l'humidité souterraine et de la capillarité du sol sur la végétation des vignes, le phylloxera, etc.

En 1850, les 29 juin et 17 juillet, en compagnie de

J.-A. Barral
AGRONOME, CHIMISTE, PHYSICIEN
1819 — 1884

Bixio, ancien représentant du peuple et ancien ministre en 1848 et 1849, Barral a exécuté deux ascensions en ballon restées célèbres, parce que, depuis 1804, date de celles de Biot et Gay-Lussac, elles furent un réveil pour la science aérostatique, complètement délaissée jusqu'à cette époque. La seconde fut féconde en résultats scientifiques, longuement exposés par Arago, dans les *Comptes rendus de l'Académie des Sciences;* notamment, les deux observateurs s'étaient trouvés au milieu de petits glaçons qui réfléchissaient la lumière du soleil de manière à en former une image placée au-dessous du ballon. Ainsi fut vérifiée l'hypothèse de l'abbé Mariotte sur la cause des halos et des parasélènes, qu'il attribuait à des glaçons suspendus dans les hautes régions de l'atmosphère. Barral et Bixio avaient atteint une élévation de 7,049 mètres et ils avaient enduré le froid excessif de 40 degrés centigrades au-dessous de zéro, celui de la congélation du mercure, précisément au même point à peu près où Gay-Lussac, en 1804, n'avait eu à supporter que 10 degrés au-dessous de zéro. Cela démontrait que la température des différentes couches atmosphériques subissait des variations analogues aux variations de la température à la surface de la terre.

La première ascension avait été singulièrement dramatique. Un de ses épisodes a été raconté de la façon suivante, par M. Pierre Véron, dans le *Monde illustré :*

« Le ballon était parti de l'Observatoire de Paris. On voulait atteindre des hauteurs inexplorées. On rêvait des expériences de tout genre. Après avoir franchi une altitude de 5,000 mètres, une déchirure se produisit. La descente involontaire commença aussitôt, s'accélérant de plus en plus, exposant les deux aéronautes à une mort presque certaine. Tous deux cependant avaient conservé le sang-froid le plus parfait. Sans prononcer un mot, ils s'étaient serré la main, dès qu'ils avaient vu le péril imminent et imprévu. Cet adieu muet échangé, on n'avait plus pensé qu'à faire le possible pour retarder l'écrasement. Détail effroyable! On lançait par dessus bord tout ce qu'on avait emporté : les couvertures, les provisions, les sacs de lest, sans les éventrer, excepté les instruments d'optique et de météorologie qu'ils réunissaient sur leurs genoux. Et la nacelle emportée vertigineusement par le poids de ceux qui la montaient, dépassait dans sa chute toutes les épaves jetées au vent. Il n y avait plus qu'à mourir. Comment conserver une lueur d'espoir?

» Eh bien, non. On tomba dans un champ de vignes. Les cordages s'accrochèrent aux échalas. La nacelle fut prise entre les arbrisseaux qui amortirent le coup. Les deux savants furent saufs. Barral, dès qu'il eut mis le pied à terre, se retourna vers Bixio et avec le plus beau sang-froid du monde : — Décidément Icare n'était qu'un maladroit! — A quoi Bixio répondit sur le même ton : Je crois que jamais auteur dramatique ne fit une pareille chute! — Des gaillards rudement trempés! Quand ces hommes de science s'en mêlent, ils ne craignent pas la comparaison avec les hommes de guerre. »

Barral a professé la chimie, la physique, la technologie, l'agronomie, à l'Ecole polytechnique, au Collège Chaptal et au Collège Sainte-Barbe, où il a formé les élèves les plus brillants, comme MM. Eiffel, Maurice Bixio, Paul Christofle, Robert David d'Angers, Ernest Lamé-Fleury, le colonel Lichtenstein, A. Puton, directeur de l'Ecole nationale forestière, le général Perrier, membre de l'Institut, Tessié du Motay, Mathieu-Plessy, Mercadier, directeur des études à l'Ecole polytechnique, de Luca, Paul Laur, le charmant écrivain et l'érudit et éloquent professeur de commerce de l'Institut commercial de Paris, et bien d'autres. Il a consacré la seconde partie de sa vie au développement de l'agriculture, et il a exercé une action profonde sur les progrès de la science agronomique. Barral a été l'exécuteur scientifique de François Arago, d'Alexandre de Humboldt, du comte Adrien de Gasparin, dont il a publié les œuvres posthumes, à tous les trois. Pendant plus de vingt ans, Barral a été le rédacteur en chef du *Journal d'Agriculture pratique*, fondé en 1837 par son ami intime, Alexandre Bixio, puis il créa, en 1860, la *Presse scientifique des Deux-Mondes*, qui est continuée aujourd'hui sous le nom de *Journal-Barral*, et fonda le *Journal de l'agriculture*, en 1866; en outre, Barral a publié différents ouvrages, parmi lesquels il convient de retenir : *La statique chimique des animaux; Le traité de drainage; Le blé et le pain; Les irrigations dans le département de Vaucluse; L'agriculture, les prairies et les irrigations dans la Haute-Vienne; La trilogie agricole; La lutte contre le phylloxera*, etc., etc. Barral a fourni aussi de nombreux mémoires, articles et notices à la *Revue des Deux-Mondes* à la *Démocratie pacifique*, au *Phalanstère*, aux *Annales de chimie et de physique*, à *l'Opinion nationale*, au *Télégraphe*, à *L'Ami de la Maison*, à la *Revue scientifique*, au *Dictionnaire des arts et manufactures*, au *Grand dictionnaire Larousse*, à l'*Encyclopédie du XIXe siècle*, au *Bulletin de la Société d'encouragement pour l'industrie nationale*, etc.

Membre du Conseil général de la Moselle jusqu'en 1870, secrétaire perpétuel de la Société nationale d'Agriculture de France, membre du Conseil de la Société des Agriculteurs de France et de la Société d'encouragement à l'Industrie nationale, commandeur de la Légion d'honneur, décoré de tous les ordres étrangers, sans qu'il les eût cherchés, il a fourni sa féconde et utile carrière, sans brigue et sans ambition.

Son buste a été placé dans les galeries de l'Hôtel de la Société nationale d'agriculture de France, rue de Bellechasse, à Paris. Son éloge a été prononcé en séance publique, le 24 juillet 1889, par M. Louis Passy. Le portrait que nous donnons a été exécuté sur nature, le 31 janvier 1879. Barral avait alors 60 ans.

4. — Antoine Becquerel.

Antoine-César Becquerel, physicien, est né à Châtillon-sur-Loing (Loiret), le 7 mars 1788; il est mort à Paris, le 18 janvier 1878. A sa sortie de l'Ecole polytechnique comme élève de la promotion de 1805, il entra dans l'armée et fit les dernières campagnes du premier

Antoine-César Becquerel
PHYSICIEN
1788 — 1878

empire, avec le grade de capitaine du génie. Il donna sa démission de chef de bataillon en 1815, et se livra à partir de cette époque à ses goûts pour les sciences; mais ce n'est qu'à dater de l'année 1820 qu'il s'occupa plus spécialement de l'action de l'électricité dans les dégagements chimiques et qu'il se consacra tout particulièrement aux phénomènes électriques. Il a enrichi cette branche des sciences physiques d'un certain nombre de découvertes fécondes. On lui doit la première pile cloisonnée à deux liquides et à courant constant, la balance électro-magnétique, des recherches sur la conductibilité des métaux, sur l'électricité atmosphérique. Il est l'inventeur du galvanomètre différentiel et l'un des créateurs de l'électro-chimie, qu'il appliqua, par des moyens ingénieux, à la dorure et à l'argenture. Parmi les substances qu'il a obtenues à l'aide des actions électriques lentes, il faut citer l'aluminium, le silicium, le glucium, le soufre. l'iode en cristaux, les sulfures métalliques, les sulfures d'argent, les doubles iodures. le spath calcaire, la dolomie, les phosphates terreux, etc Il trouva le premier les procédés de coloration électrique sur or, argent et cuivre, et montra que le passage d'un courant électrique rend les diamants lumineux dans le vide. Le thermomètre électrique qu'il a imaginé est des plus précieux, parce qu'il permet facilement de déterminer à distance la température intérieure des végétaux et des animaux, ainsi que celle du sein de la terre ou des régions élevées de l'atmosphère

Il s'est occupé aussi des questions agricoles et il a contribué à l'amélioration de la Sologne. Il fut nommé membre de l'Académie des Sciences, en 1829, et professeur de physique au Muséum d'histoire naturelle, en 1837. Becquerel a composé plus de 529 ouvrages et mémoires sur des questions d'électricité, de magnétisme, d'électro-chimie, de physique, d'agronomie. En 1875, il a publié son testament scientifique dans un livre consacré aux belles recherches de toute sa vie et qu'il a intitulé : *Des forces physico-chimiques et de leur intervention dans la production des phénomènes naturels.*

Antoine Becquerel a donné le jour à une génération de savants remarquables : son fils aîné, Louis-Alfred Becquerel, mort en 1862; Edmond Becquerel, son fils

— 49 —

cadet, membre de l'Académie des sciences et professeur au Jardin des plantes, décédé le 12 mai 1891 ; son petit-fils, Henri Becquerel, élu membre de l'Académie des sciences, en mai 1889.

Une statue lui a été élevée à Châtillon-sur-Loing, le 24 septembre 1882, et son éloge a été prononcé par Barral, Daubrée, Fizeau, Frémy et Mercadier. Une des rues, sur la rive droite de la Seine, à Paris, porte son nom. Le portrait de notre livre représente Antoine Becquerel à l'âge de 80 ans. Il a été fait sur une photographie prise en 1868.

5. — Bélanger.

Jean-Baptiste-Charles-Joseph Bélanger, mathématicien, est né à Valenciennes en 1790. Il est mort à Neuilly-sur-Seine en 1874, venant à peine d'être mis à la retraite comme professeur de mécanique à l'Ecole polytechnique, malgré son âge avancé. Il avait alors plus de 80 ans, mais il avait conservé toute sa vigueur physique et toute sa puissance intellectuelle. A sa sortie comme élève du grand établissement où il devait enseigner presque jusqu'à la fin de ses jours, il était entré dans le corps des ingénieurs des ponts et chaussées. Il avait quitté bientôt ce service pour remplir les fonctions d'inspecteur des études à l'Ecole centrale des arts et manufactures. Dans cette situation il avait pu trouver quelques loisirs et se consacrer à sa passion pour les mathématiques, qu'il a enrichies d'un nouveau procédé de calcul, approuvé et adopté par les géomètres du monde entier.

Bélanger a été non seulement un professeur éminent, vulgarisateur remarquable de la science acquise, mais encore un créateur et un initiateur. Il a composé des ouvrages restés classiques pour la plupart et qui ont instruit toutes les générations scientifiques du XIXᵉ siècle. Voici les titres des principaux : *Essai sur la solution numérique de quelques problèmes* (1828) ; — *Géométrie analytique* (1842) ; — *Cours de mécanique* (1847); — *Théorie de la résistance et de la flexion plane des solides* (1858) ; — *De l'équivalent mécanique de la chaleur* (1863) ; — *Traité de cinématique* (1864); — *Traité de la dynamique d'un point matériel* (1865) ; — *Traité de la dynamique des systèmes matériels* (1866). — Il faut mettre hors de pair, parmi tous ces ouvrages, son *Cours de mécanique*, qui contient la dynamique et la statique générale, dont les notions si claires et si précises ont donné l'élan à toutes les grandes constructions qu'on a élevées, depuis trente années, sur les voies ferrées de communications des deux mondes, aussi bien en Amérique qu'en Europe et qu'en Asie.

Bélanger s'était aussi occupé de la construction des chemins de fer. En 1843, il proposa un plan de la ligne à créer de Paris au Havre. Il fut trouvé trop audacieux par les ingénieurs auxquels il vint soumettre ses idées, et on les abandonna pour le moment. Peu d'années après on devait reprendre ce projet destiné à relier Paris avec Rouen et le Havre, pour faire de ces trois métropoles une suite ininterrompue de ports grandioses et constituant, comme la trilogie commerciale de la France sur la route terrestre et maritime qui conduit le plus directement de Paris à New-York. Ce rêve d'un mathématicien et d'un théoricien devait être réalisé par des constructeurs et des praticiens ayant foi dans les principes des sciences pures, mères de toutes les applications.

Il est utile de mentionner spécialement son important travail sur l'équivalent mécanique de la chaleur, publié en 1863. Entre le mouvement vibratoire, qui constitue le calorique et le mouvement de la dilatation moléculaire, qui augmente le volume du corps chauffé, la relation est directe et facile à définir. Elle se prête aisément à l'analyse mathématique, et c'est pour cela qu'elle a été pour les géomètres l'objet de calculs très étendus et très complets. Le mémoire de Bélanger est venu fournir une

Bélanger
MATHÉMATICIEN
1790 — 1874

nouvelle assise mathématique solide aux idées fondamentales émises successivement sur cet important sujet par les travaux de Sadi Carnot, Joule, Mayer, Ch. Combes, Resal, Verdet. Introduites dans la chimie et la physiologie, toutes ces idées modernes sur l'équivalence de la chaleur et du travail n'ont point été stériles. Elles ont même donné, aux sciences physiques et naturelles, un élan énergique qui ne s'est point arrêté jusqu'à nos jours et qui produira certainement les plus merveilleux résultats. Le portrait placé dans notre livre a été fait d'après un croquis pris en 1840, d'après nature par un de ses élèves à l'École polytechnique.

Bélanger avait alors cinquante ans, mais d'après ce que m'a assuré mon père dont il fut l'un des professeurs dans ce célèbre établissement à cette époque, il paraissait à peine atteindre la quarantaine.

6. — Belgrand.

Eugène Belgrand, ingénieur, est né à Champigny-sur-Ource (Côte-d'Or), le 23 avril 1810. Il est mort à Paris, le 7 mars 1878. Il entra à l'Ecole polytechnique à l'âge de seize ans pour en sortir comme élève des ponts et chaussées en 1828. Il fut attaché de bonne heure au service du département de la Seine et chargé de la direction des eaux et égouts de la ville de Paris. C'est à lui que la capitale doit son admirable système de *cloaca maxima* se déversant dans le grand égout collecteur d'Asnières, et présentant un ensemble de travaux gigantesques admirablement conçus et exécutés. C'est lui encore qui a dirigé les travaux de dérivation de la Vanne pour doter Paris d'eau potable, et qui a présidé à la construction de l'immense bassin de Montsouris.

Au moment où la mort l'a saisi, cet infatigable travailleur préparait l'achèvement du réseau des égouts. Cette opération nécessitait une dépense complémentaire de 40 millions. Pour faciliter cette entreprise, son but était de proposer la transformation de la vidange, en supprimant les fosses fixes ou mobiles ainsi que la pestilentielle voirie de Bondy, pour tout jeter directement à l'égout. Belgrand voulait aussi imposer à tous les propriétaires l'abonnement aux eaux de la ville.

C'est aussi à Eugène Belgrand que Paris doit son système de distribution d'eau pure à tous les étages des maisons. En avril 1854, M. Haussmann, préfet de la Seine, le chargea de faire une étude des sources qui pouvaient être dérivées vers la capitale. Suivant le programme tracé, l'eau devait être limpide et fraîche, et elle devait arriver dans les réservoirs à une hauteur de 53 mètres au-dessus du niveau supérieur du fleuve, et

Eugène Belgrand
INGÉNIEUR
1810 -- 1878

fournir un volume de 86,000 mètres cubes par 24 heures. Belgrand se mit à l'œuvre en basant son système sur un principe dont l'étude a démontré l'exactitude. Il admit que, dans toute l'étendue d'une même formation géologique homogène, la composition chimique des matières en dissolution ne doit, pour ainsi dire, pas varier. Selon lui, dans toute l'étendue de la craie blanche, en Champagne, les eaux de source devaient être de même qualité ; il devait en être de même dans les terrains gypsifères de la Brie, et ainsi de suite. Il suffisait donc d'exécuter l'analyse d'un certain nombre d'échantillons d'eau provenant de chaque formation géologique, pour connaître la composition de toutes les sources d'eau qui s'y trouvaient.

Belgrand a fixé, de cette façon, la classification des rivières du bassin de la Seine sous le rapport de leur composition chimique, et il en a divisé le réseau en huit régions, qui englobent l'Ile de France, la Brie, la Champagne, la Normandie. Toutes ces contrées seront mises en exploitation au fur et à mesure qu'il sera nécessaire d'augmenter l'approvisionnement d'eau potable de Paris.

Eugène Belgrand a publié des ouvrages qui attestent autant de science que d'érudition. Il faut citer en première ligne : *La Seine et le bassin parisien aux âges anté-historiques* (1869, 1 vol. in-4° avec 79 planches) ; *Les travaux souterrains de Paris, le régime de la pluie, des sources, des eaux courantes* (1873 et 1875) ; *L'aqueduc romain de Sens* ; *Les eaux anciennes de Paris* (1877). Cette dernière publication comprend l'historique et l'étude des aqueducs romains de Chaillot et d'Arcueil, et se continue jusqu'à la description des pompes et des machines en Seine du XVIIIe siècle.

Eugène Belgrand appartenait à l'Académie des sciences, à titre de membre libre. Son éloge a été prononcé par M. Joseph Bertrand, l'un des deux secrétaires perpétuels, dans la séance publique annuelle du 24 décembre 1879. L'année précédente, M. Mille, ingénieur général des ponts et chaussées, en retraite, avait publié, dans la *Revue scientifique*, une étude sur ses travaux.

Une des rues de Paris, sur la rive droite de la Seine, porte son nom. Le portrait qui le représente a été fait d'après une photographie prise en 1872.

7. — Pierre Berthier.

Pierre Berthier, minéralogiste, né à Nemours (Seine-et-Marne), le 3 juillet 1782, mort à Paris en 1861, est un savant de l'école expérimentale d'Haüy et de Dolomieu. Il entra à l'Ecole polytechnique en 1799, et il en sortit en 1801. Il fut nommé, par Napoléon, ingénieur des mines à Nevers. En 1816, il fut appelé à Paris et devint

Pierre Berthier
MINÉRALOGISTE
1782 — 1861

professeur de docimasie à l'Ecole royale des Mines. Dans cette chaire, il augmenta l'importance théorique et utilitaire de cette science qui a pour but de déterminer les proportions des métaux utilisables contenus dans les minerais ou dans des mélanges artificiels. Son principal ouvrage est un traité demeuré classique sur les essais par la voie sèche et les propriétés de la composition des substances métalliques et des combustibles. Cet ouvrage a été publié en 1833 en deux volumes in-8°.

Pierre Berthier, par les progrès qu'il a fait faire à la

science docimasique, a donné le moyen d'assurer la durée de beaucoup de monuments publics. En 1827, il fut nommé membre de l'Institut de France. Il a fourni aux *Annales des Mines* un grand nombre de mémoires importants sur les analyses des terres. Il a entrevu la découverte qui devait être due à J. A. Barral, de l'existence de l'acide phosphorique dans les eaux pluviales. Se rendant régulièrement dans une petite propriété qu'il possédait près Nemours, sur les grès de Fontainebleau, il y fit nombre de fois l'analyse des sables et celle des vignes plantées dans ce sol. Il trouvait constamment de 12 à 14 pour cent de différence entre l'acide phosphorique du sol sablonneux et celui des sarments de ces vignes. Il faut donc, disait-il, que cet acide phosphorique soit fourni par de l'eau de pluie et absorbé et élaboré par les racines du végétal. Il a donc prévu ce fait marquant, qui devait être fixé dans la science en 1852, par les belles recherches analytiques restées classiques dues à Barral, et qui ont été exécutées sur les eaux pluviales tombées à l'Observatoire de Paris.

Pierre Berthier a poursuivi un très grand nombre d'analyses minéralogiques, chimiques, agronomiques, industrielles, plus de trois mille, ce qui est un chiffre énorme pour son époque, d'autant plus que la plupart de ces recherches étaient exécutées pour la première fois. C'est lui qui, en 1823, a entrepris avant tout le monde la tentative, devenue si féconde, de reproduction artificielle des minéraux. Ses expériences portèrent sur les silicates à bases multiples. Il eut l'idée de fondre la silice avec des bases appropriées et en quantités convenables. C'est ainsi qu'il put obtenir le pyroxène.

On a donné le nom de Berthier à une impasse de Paris, sur la rive droite de la Seine. Le portrait fait pour notre livre a été exécuté sur un dessin datant de l'année 1830. Pierre Berthier avait 49 ans.

8. — Bichat.

Marie-François-Xavier Bichat, anatomiste et physiologiste, est né à Thoirette (Jura), le 11 novembre 1771; il est mort à Paris le 22 juillet 1802, n'ayant pas atteint sa trentième année, après avoir fourni une carrière extraordinairement remplie. Génie puissant et fécond,

Xavier Bichat
ANATOMISTE ET PHYSIOLOGISTE
1771 — 1802

il a transformé toutes les sciences médicales. Opérateur de premier ordre, il a renouvelé l'anatomie générale et fondé la biologie. Nommé médecin en chef de l'Hôtel-Dieu à Paris, il se consacra à un labeur sans précédent.

En 1798, il fit de nombreuses tentatives dans le but

de provoquer avec des armatures métalliques des contractions dans les muscles d'animaux récemment tués. Puis, pour établir, selon ses idées, que le cœur est toujours indépendant du cerveau, il s'appuya sur le galvanisme, afin de démontrer cette doctrine, qui avance sur son temps, que ce n'est point immédiatement par l'interruption de l'action cérébrale que le cœur cesse d'agir. Bichat a été le premier à soumettre le corps des suppliciés aux effets de l'électricité. En janvier 1798, il avait obtenu l'autorisation de poursuivre divers essais sur les cadavres de guillotinés qu'on lui livrait de trente à quarante minutes après l'exécution. Mais il n'obtint pas de résultats décisifs, surtout à cause de la pauvreté des moyens qu'il avait à sa disposition.

Toutes ces expériences ont été consignées dans son livre capital intitulé : *Recherches sur la vie et la mort*, publié dans le courant de l'année 1800. Cet ouvrage produisit une sensation considérable. Il est resté classique.

Pendant l'hiver de 1801, il ouvrit plus de six cents cadavres pour expérimenter des médicaments et pour étudier leur action sur les tissus. Tant de recherches dangereuses altérèrent bientôt sa santé. Il travaillait dans son amphithéâtre, le 2 juillet 1802, et s'absorbait dans l'examen de la putréfaction de la peau. Il fut pris d'une syncope, suivie d'une fièvre typhoïde et mourut en quatorze jours. Sa mort fut le signe d'un deuil général dans la science. Hallé prononça publiquement son oraison funèbre et Corvisart écrivit à Bonaparte : « Bichat a succombé sur un champ de bataille qui compte pareillement plus d'une victime ; personne en aussi peu d'années n'a fait autant de choses et aussi bien. »

Le Premier Consul répondit en ordonnant l'érection d'une statue de Bichat à l'Hôtel-Dieu même. Bourg, ville où Bichat avait été élevé, lui en a dressé une seconde due à David d'Angers et inaugurée le 24 août 1843.

Plus tard ses amis et ses admirateurs lui en ont consacré une troisième, dans la cour de l'Ecole de médecine à Paris, le 16 juillet 1857. Elle est due aussi à David d'Angers. Le même artiste l'a représenté dans son magnifique fronton du Panthéon déposant ses ouvrages sur l'autel de la Patrie.

Une des rues de Paris, sur la rive droite de la Seine, porte le nom de Bichat. Il est à noter que Thoirette, qui a vu naître ce grand homme, ne possède aucun monument. Seule, une plaque commémorative, placée par les soins de la *Société d'émulation du Jura*, sur la façade de sa maison natale, qui appartient aujourd'hui à M. Ch Pinard, est chargée de rappeler aux visiteurs le savant qui à trente ans avait trouvé le moyen de révolutionner la science médicale. Il y a une anomalie dans ce fait que l'on dresse des statues à la mémoire des hommes illustres surtout ailleurs que dans l'endroit où ils ont vu le jour. Le souvenir, la vénération et enfin l'enseignement que ces monuments portent avec eux, s'attachent cependant bien mieux à la place vraie qu'ils devraient occuper. Autrement, ils ont le malheur, pour le peuple, de ne plus jouer que le rôle de décors.

C'est, pénétré justement de ces sentiments, que M. Ch. Pinard avait proposé, en janvier 1881, d'ouvrir une souscription destinée à l'érection d'un monument simple pour perpétuer à Thoirette la mémoire de Bichat et offert généreusement le terrain pour l'emplacement de ce monument et l'établissement d'un square. Il est regrettable que ce noble et équitable projet soit demeuré à l'état de lettre morte.

Le portrait de Bichat que nous avons choisi pour notre livre a été pris sur une gravure exécutée en 1800, deux ans avant sa mort. Il le représente à l'âge de 29 ans.

9. — Borda.

Jean-Charles de Borda, mathématicien et navigateur, est né à Dax le 4 mai 1733; il est mort à Paris le 20 février 1799. Savant physicien et profond mathématicien, excellent marin, après avoir fourni une brillante carrière dans les expéditions maritimes qui furent au XVIIIe siècle spécialement remarquables, il fut employé dans les grands ports de la France. Cette situation stable lui permit de donner un fécond essor à son goût des sciences mathématiques et mécaniques.

Lorsque l'Assemblée constituante de 1789, afin de créer un nouveau système de poids et de mesures, établi sur la mensuration métrique, ordonna qu'on déterminât avec précision la longueur d'un arc du méridien terrestre, Borda fut désigné, avec Delambre et Méchain, pour exécuter cette opération délicate. Ce fut lui qui dirigea tout ce qui se rattachait aux expériences de physique et qui proposa d'employer le platine pour fixer d'une façon invariable la mesure des bases.

Borda a été un inventeur fécond. C'est à lui qu'on doit la création du cercle répétiteur et à réflexion, si utile notamment à la prise des distances angulaires en mer, la méthode des doubles pesées, les thermomètres métalliques aptes à indiquer les plus minimes variations de température, et l'appareil ingénieux qui donne l'exacte longueur du pendule. Toutes ces créations ont amené de sérieux progrès dans la physique expérimentale et ont trouvé des applications presque immédiates dans l'expédition d'Egypte, qui fut si brillante en résultats scientifiques.

C'est avec raison qu'on offre Borda comme exemple permanent à la jeunesse et que le vaisseau-école de nos futurs officiers de marine porte ce nom comme le drapeau de la vraie science, profonde, sévère, vouée aux innombrables phénomènes maritimes.

Borda est aussi un des plus grands géomètres qu'ait

Jean-Charles de Borda
MATHÉMATICIEN ET NAVIGATEUR
1733 — 1799

produits la France. Biot a fait de lui ce portrait : « Il doit être regardé comme un des hommes qui ont le plus contribué aux progrès de l'art nautique, tant par les instruments perfectionnés qu'il a donnés aux marins, que par l'adresse avec laquelle il a su rapprocher d'eux les méthodes géométriques, sans rien ôter à celles-ci de leur précision. L'époque à laquelle il a publié ses observations doit être considérée comme celle où les marins français ont abandonné les routines de l'ignorance pour se guider par le flambeau d'une science exacte. »

Borda fit les campagnes maritimes de 1777 et 1778 avec le comte d'Estaing. Sur la recommandation de ce dernier, il fut nommé major général de l'armée navale. Louis XVI, qui aimait les sciences géographiques, s'intéressa à son tour à Borda, et, en 1781, il lui fit confier le commandement du vaisseau *le Guerrier*, et, en 1788, il le fit charger d'escorter avec *le Solitaire*, vaisseau de 74 canons, un corps de troupes que l'on envoyait à la Martinique. Lorsqu'il fut arrivé à destination, et après avoir descendu à terre tous les soldats, Borda se mit en croisière, mais attaqué par l'escadre ennemie, il soutint un long combat et dut se rendre, faute d'être en force suffisante, après une lutte héroïque. La réputation qu'il s'était acquise comme savant le fit traiter avec distinction par les Anglais, qui le renvoyèrent sur parole en France

Borda avait commencé ses études à Dax, au collège des Barnabites, et donné, dès cette époque, des indices remarquables de cette facilité surprenante qu'il avait à juger des objets présentés à son esprit. Le professeur dictait en français, l'élève écrivait en latin, et il faisait en même temps, sous des termes différents, une seconde traduction du devoir pour son voisin.

A 21 ans, en 1753, il avait été présenté à d'Alembert, qui l'interrogea sur les mathématiques, et qui écrivit : « Il ira certainement très loin. Je voudrais que sa position pût le faire songer à l'Académie. Ce sera un très grand sujet à coup sûr. »

Borda mit toujours un grand prix à la célébrité, mais beaucoup plus à la gloire d'avoir été utile aux hommes, a dit de lui Lefèvre-Gineau, dans la notice historique lue à la séance publique du 4 janvier 1800 de l'Institut national, auquel il avait appartenu comme membre de la première classe.

Une des rues de Paris, sur la rive droite de la Seine, porte le nom de Borda. Une belle statue lui a été érigée solennellement à Dax, sur la place de la Halle, à côté de la cathédrale, le 24 mai 1891, en présence du Président de la République, M. Sadi Carnot. Elle est l'œuvre de M. Aubé, l'un des auteurs du monument de Gambetta, sur la place du Carrousel, à Paris. Borda est représenté debout, revêtu de l'uniforme du corps de la marine, tenant à la main son appareil de réflexion, calculant le relèvement astronomique des côtes. A cette solennité, des discours consacrant sa gloire scientifique et exposant ses travaux et ses inventions, ont été successivement prononcés par le Président de la République, MM. Taillebond, secrétaire du Comité de souscription; Milhes-Lacroix, maire de Dax; l'amiral Pàris, Bouquet de La Grye, membres de l'Académie des sciences, et Barbey, ministre de la marine.

Jusqu'à l'érection de cette statue, le souvenir physique de Borda n'était rappelé que par un buste placé sur le vaisseau-école portant son nom.

10. — Louis Bréguet.

Louis-François-Clément Bréguet, physicien et constructeur d'instruments de précision, est né à Paris le 22 décembre 1804; il est mort le 27 octobre 1883 dans la même ville. Il a porté dignement un nom illustre. Il était petit-fils d'Abraham Bréguet qui, perfectionnant toutes les branches de son art, a égalé par le talent et par l'habileté, puis surpassé par la renommée les grands maîtres horlogers, Berthoud et Leroy, qui l'avaient formé. La première éducation de Louis Bréguet fut entièrement pratique. Son père l'avait placé en apprentissage à Neuchâtel, en Suisse. Il revint à Paris à l'âge de dix-huit ans, très habile ouvrier, mais fort peu instruit. Sans négliger dans les ateliers de son père aucun des travaux dont on lui confiait la direction, Louis Bréguet voulut remonter aux principes et devenir théoricien. Arago, ami de sa famille et bientôt le sien, l'y encouragea. C'est alors qu'il suivit comme externe les cours de l'Ecole polytechnique, et à l'étude de la mécanique il joignit celle de la physique et des mathématiques, sur lesquelles tout s'appuie.

Bientôt chef d'une maison importante, Louis Bréguet, pour conserver le premier rang parmi les plus habiles horlogers, n'eut besoin d'aucun effort. Son ambition aussi devint plus haute. Les phénomènes électriques lui révélèrent une voie nouvelle. Dès 1842, son premier travail fut très remarqué. C'est lui qui prépara les applications de Ruhmkorff, dont le célèbre appareil, sans lui, aurait sans doute été impossible. Louis Bréguet fut l'initiateur de la télégraphie électrique et ne cessa de prêter un concours ingénieux et pratique aux sciences pures. C'est ainsi qu'on le voit collaborer aux belles recherches sur la lumière de Foucault et de Fizeau. Lorsque Arago, peu d'années avant sa mort, proposa l'admirable expérience qui devait décider sans appel dans le grand procès entre les deux théories de l'émission et de l'ondulation de la lumière, eut besoin d'un miroir animé d'une rotation rapide, il s'adressa à lui : « Combien voulez-vous de tours ? lui demanda Bréguet. — Le plus que vous pourrez », fut la seule réponse. Bréguet en obtint plus de mille par seconde. Son appareil les comptait exactement.

Louis Bréguet a été le collaborateur, le conseiller d'Yvon Villarceau, de Gustave Froment, de Graham Bell et de bien d'autres savants et inventeurs. Il peut être considéré, en effet, comme le type parfait de ces habiles et ingénieux constructeurs d'instruments de précision, à la fois artistes et savants, qui rendent à l'industrie d'immenses services et qui deviennent une

Louis Bréguet
PHYSICIEN
CONSTRUCTEUR D'APPAREILS DE PRÉCISION
1804 — 1883

providence pour les astronomes et les physiciens et surtout pour les inventeurs.

Louis Bréguet est mort doyen du Bureau des longitudes, fondé par la Convention nationale, en 1794. Il était entré à l'Académie des sciences en 1783. M. Georges Berger, directeur de l'Exposition universelle de 1889, membre de la Chambre des Députés, a composé sur ses travaux une notice importante, publiée dans le *Journal des Débats* du 3 novembre 1883, reproduite dans la *Revue Scientifique*. Son éloge a été prononcé à l'Académie des sciences dans la séance hebdomadaire du 5 juillet 1886, par M. de Jonquières, son successeur. Son nom a été donné à une des rues de Paris, sur la rive droite de la Seine. Le portrait de notre livre a été dessiné d'après une photographie faite en 1860. Il avait alors 56 ans et il paraissait à peine avoir dépassé la quarantaine.

11. — Charles Bresse.

Jacques-Antoine-Charles Bresse, mathématicien et ingénieur, est né à Vienne (Isère), le 9 octobre 1822; il est mort à Paris le 22 mai 1883. Reçu à l'Ecole polytechnique en 1841, il en sortit en 1843 dans le corps des ponts et chaussées, dont il conquit successivement tous les grades jusqu'à celui d'inspecteur général de deuxième classe, qui lui fut conféré le 16 juillet 1881. Il avait été nommé répétiteur de mécanique appliquée, en 1848, à l'Ecole des ponts et chaussées, qu'il venait de quitter comme élève. En 1853, il fut chargé du cours à titre provisoire; en 1855, il devint professeur titulaire Il n'avait alors que trente-trois ans. Il a su élever à une grande hauteur l'enseignement dont il était chargé, et il a occupé cette chaire jusqu'à la fin de sa vie, c'est-à-dire pendant vingt-huit ans. Dès 1851, il avait été nommé répétiteur du cours de mécanique et de machines à l'Ecole polytechnique; puis, en 1863, examinateur des élèves sur cette branche de la science, et enfin, en 1879, professeur titulaire de ce même cours.

Bresse est l'auteur d'un travail important, publié en 1854, intitulé: *Recherches analytiques sur la flexion et la résistance des pièces courbes.* Cet ouvrage est accompagné de tables numériques pour calculer la poussée des arcs chargés de poids d'une manière quelconque et leur pression maximum sur une charge uniformément répartie. Cette question, d'un puissant intérêt pour l'art de l'ingénieur, alors surtout qu'il s'agit de la construction des grands arcs métalliques comme pour la tour Eiffel,

Charles Bresse
MATHÉMATICIEN ET INGÉNIEUR
1822 — 1883

avait été abordée par divers savants : Euler, en 1744; Lagrange, en 1769; Navier, en 1823. Mais la solution n'avait été donnée qu'au point de vue analytique. Il restait à coordonner toutes ces études, afin d'en rendre les résultats utiles aux constructeurs. Bresse a eu la bonne fortune de fixer le problème de l'équilibre intérieur et de la flexion des pièces courbes. Il l'a fait dans le cas général d'un nombre quelconque de charges isolées, en ramenant, par un ingénieux artifice, les cas de non-symétrie à ceux de symétrie et aussi aux cas d'une charge uniformément répartie sur toute la longueur, soit de l'arc, soit de sa projection horizontale. Toutes les formules qu'il en a déduites sont très appréciées des constructeurs. Ses méthodes sont entrées dans l'enseignement et la pratique.

Bresse est aussi l'auteur d'un autre travail capital qui a pour titre : *Calculs des moments de flexion dans une poutre à plusieurs tracés solidaires* Cette étude a pour objet tout ce qui se rapporte à la théorie des poutres droites métalliques, comme celles des ponts de chemins de fer. Ce traité est devenu classique.

Bresse avait été élu membre de l'Académie des sciences, dans la section de mécanique, en remplacement du général Morin, le 31 mai 1880. Son *Cours de mécanique appliquée* professé à l'Ecole des ponts et chaussées et son *Cours de mécanique et machines*, professé à l'Ecole polytechnique, ont été publiés avec de nombreuses figures en trois volumes par la maison Gauthier-Villars et fils. M. Marcel Bresse, son fils unique, ancien élève de l'Ecole polytechnique, continue avec distinction ses traditions dans le corps des ponts et chaussées. C'est lui qui a bien voulu nous confier une photographie, prise en 1880, pour exécuter le portrait que nous donnons.

12. — Paul Broca.

Paul Broca, chirurgien et anthropologiste, est né à Sainte-Foy-la-Grande (Gironde), en 1824. Il est mort à Paris, le 8 juillet 1880. Nommé professeur de pathologie chirurgicale à la Faculté de médecine, chirurgien des hôpitaux Saint-Antoine et de la Pitié, d'une grande habileté de main et doué de multiples ressources dans l'esprit, il a illustré malgré cela son nom, plus comme savant que comme praticien. Il est le fondateur de l'école anthropologique moderne et le créateur de la Société d'anthropologie qui ont pour but d'étudier toutes les questions se rattachant à l'histoire naturelle de l'homme, à son origine, à ses transformations à travers les âges et les révolutions du globe. Dans les derniers temps de

Paul Broca
CHIRURGIEN ET ANTHROPOLOGISTE
1824 — 1880

sa vie, le cerveau fut surtout l'objet de ses études de prédilection. Il préparait une monographie étendue de la morphologie de cet organe, quand il succomba à la rupture d'un anévrisme, affection sur l'étude et le traitement de laquelle il avait publié des recherches fort remarquables.

Paul Broca est l'auteur de nombreux ouvrages, parmi lesquels il faut citer ses *Etudes sur les animaux res-*

suscitants, ses *Mémoires sur l'hybridité animale et humaine*, ses *Instructions générales pour les recherches anthropologiques*, sa *Crâniologie* et sa *Crâniométrie*, son *Histoire de l'ordre des primates*, ses *Recherches sur la topographie crânio-cérébrale*, sur *l'indice orbitaire, l'angle orbito-occipital*, etc.

Broca s'est répandu sur beaucoup de travaux, dont l'évolution a été très profitable aux progrès de l'esprit humain. Dès 1857, il publiait un ouvrage sur l'utilité de la statistique en médecine et en thérapeutique. Il avait fait un heureux usage de cette science, dans son fameux traité des anévrismes. Il l'apprécia de plus en plus dans le cours de sa vie. Ses recherches sur la prétendue dégénérescence de la race française, sur la mortalité des nourrissons, montrent que s'il estimait la statistique, ce n'était pas seulement sur sa réputation, c'était pour la pratiquer par lui-même. Il a dit d'elle en excellents termes : « La statistique est l'anatomie et la physiologie du corps social. Sans elle, nous n'embrassons que de petits groupes, nos jugements ne sont que des impressions, et quand ces impressions ne nous trompent pas, elles ne nous font connaître qu'imparfaitement des faits qui ne sont que partiels et dont les lois nous échappent. »

C'est en 1861 que Broca entreprit ses admirables recherches sur le cerveau. Dans quatre mémoires successifs, il exposa pour quelle raison, malgré la chute du système phrénologique de Gall, il croit que le cerveau n'est pas, comme beaucoup le pensaient alors, un organe indivis où les différentes facultés n'ont aucun siège déterminé. Il émit, au contraire, cette doctrine, que les circonvolutions fondamentales des hémisphères cérébraux sont des organes distincts, ayant chacun des fonctions particulières. Un peu plus tard même, il en vint à constater que l'ensemble des circonvolutions cérébrales ne constitue pas un seul organe, mais plusieurs organes ou plusieurs groupes d'organes, et qu'il y a dans le cerveau de grandes régions séparées correspondant aux grandes régions de l'esprit

Il se préoccupa ensuite de distinguer ces grandes régions cérébrales et de quelle façon reconnaître leur correspondance aux grandes régions de l'esprit. Il indiqua la méthode à suivre et s'y engagea avec succès. En août 1861, il fit l'autopsie d'un homme qui, depuis vingt et un ans, avait perdu la faculté du langage. Le cerveau de cet individu était profondément altéré par le ramollissement, cause finale de la mort. Toutefois, par une analyse délicate, Broca se trouva porté à croire que le siège primitif de l'altération était dans la moitié postérieure de la troisième circonvolution frontale gauche. Des faits successifs vinrent corroborer cette appréciation, et la nouvelle doctrine reconnue du premier coup avec justesse par Broca, fut ratifiée par l'expérimentation et universellement acceptée.

Le 5 février 1880, Broca fut élu sénateur à vie. C'était un hommage rendu par la politique à la science. Ses amis et ses disciples, au nombre de trois cents, se réunirent dans un banquet pour célébrer cette élection. Broca prit la parole et dit : « Mes amis, je suis trop heureux! J'ai consacré ma vie à la médecine et à l'anthropologie, et la médecine et l'anthropologie m'ont comblé Oui, je suis trop heureux. Si j'étais superstitieux, je regarderais ma nomination au Sénat comme le présage de quelque grand malheur, peut-être comme un présage de mort! » Quelques mois plus tard, Broca succombait tout d'un coup, sans qu'il n'y eût là certainement qu'une concomitance fatale d'accidents et sans que la superstition n'eût rien à y voir. Broca était d'ailleurs son adversaire implacable, parce qu'elle est l'ennemie de la vérité et que c'est un voile dont les hommes aiment à se couvrir la face pour obscurcir ou grandir les choses.

Or, Broca, comme tous les adeptes de la méthode expérimentale, se plaisait à considérer la nature sous son état réel.

Broca appartenait à l'Académie de médecine et bientôt, certainement, l'Institut lui eût offert un fauteuil. Ses élèves et ses admirateurs lui ont érigé une statue à Paris, en juillet 1887. Elle est l'œuvre de M. Paul Choppin, sculpteur sourd-muet Broca est en redingote, debout, tête nue. Il contemple, Hamlet scientifique, un crâne qu'il tient de la main gauche, tandis qu'il serre dans la main droite un compas crâniométrique.

Le nom de Broca a été donné à une des rues de Paris, sur la rive gauche de la Seine.

Le portrait de Broca a été exécuté sur une photographie prise en 1878.

13. — Cail.

Jean-François Cail, industriel, est né à Chef-Boutonne (Deux-Sèvres), le 2 février 1804. Il est mort aux Plants, près de Ruffec (Charente), le 22 mai 1871. Fils d'un simple paysan, ayant reçu pour toute instruction quelques leçons du maître d'école de son village, Cail apprit l'état de chaudronnier et vint à Paris pour se perfectionner dans son métier manuel. Il entra comme ouvrier dans la maison de construction du chimiste Derosne, qui s'occupait de sucrerie et de distillation. Celui-ci fut frappé de la rare intelligence du jeune homme, de son activité, de son goût pour le travail, de sa hardiesse. Il l'engagea d'abord comme contremaître, puis comme chef de ses ateliers, et en 1824, il associa à sa maison le jeune Cail qui venait d'atteindre sa majorité. A partir de cette époque, l'usine Derosne et Cail commença à prendre une extension considérable, en s'occupant spécialement de toutes les nouveautés industrielles et en se consacrant à la construction des appareils à distiller les alcools, à fabriquer le sucre, des nouvelles presses monétaires de Tonnellier, des ponts métalliques, des locomotives, des locomobiles, des machines-outils.

Cail n'hésita pas à s'entourer des inventeurs, des savants, des ingénieurs les plus habiles, et à demander

Jean-François Cail
INGÉNIEUR ET CONSTRUCTEUR
1804 — 1871

conseil aux Flachat, Seguin, Savalle, Perdonnet, Lamé, etc. Les ateliers de la maison étaient alors sur le quai de Billy, sur la rive droite de la Seine. En septembre 1865, un incendie les détruisit. Ils furent transportés sur la rive gauche, dans l'immense usine de Grenelle, qui a pris et gardé le nom d'*Usine Cail*. En 1846, Derosne était mort. Resté seul, Jean-François Cail donna toute latitude à ses projets d'extension et il fonda successivement des succursales de sa maison à Douai, Valenciennes, Bruxelles ; en même temps, il devenait le fournisseur du matériel de toutes les grandes usines qui se créaient à l'étranger, dans les deux mondes et aux colonies françaises.

En 1870, il n'hésita pas à mettre ses établissements au service du Gouvernement de la Défense nationale. Il fabriqua pendant plusieurs mois des canons, des wagons blindés, des mitrailleuses, des locomotives et des chaloupes canonnières. Le 18 mars 1871, il s'alita, épuisé par le travail et les émotions du siège de Paris. Le petit chaudronnier de 1815 était devenu vingt fois millionnaire, officier de la Légion d'honneur et avait fait preuve du plus pur patriotisme. Au moment de mourir, ayant conservé toutes ses facultés il dit à sa femme : « J'aurai travaillé jusqu'à la fin. Je ne le regrette pas. Ce serait à refaire je le recommencerais ». Caractère distinctif de cette individualité savante : il refusa toujours de devenir membre d'une société agricole ou industrielle, ayant horreur des coteries. Il menait un monde à lui seul. Il se sentait *foule* Il ne voulait pas être *partie*.

La ville de Paris a donné son nom à une de ses rues, sur la rive droite de la Seine Le portrait que nous donnons a été fait d'après un original, communiqué par sa veuve en 1889.

14. — Lazare Carnot.

Lazare-Nicolas-Marguerite Carnot, le grand Carnot, mathématicien, est né à Nolay, non loin de Dijon, le 13 mai 1753. Il est mort, en exil, à Magdebourg le 2 août 1823. Son tombeau est resté dans le cimetière de cette ville avec cette simple épitaphe : *Carnot*, jusqu'au mois d'août 1889, date à laquelle ses cendres ont été ramenées en France et déposées solennellement au Panthéon, à Paris. Organisateur scientifique des vic-

Lazare Carnot
MATHÉMATICIEN
ÉCRIVAIN, POÈTE, HOMME POLITIQUE ET HOMME DE GUERRE
1753 — 1823

toires de la première République, il appartient à cette grande école militaire des généraux de la fin du xviiie siècle, qui étaient bons géomètres et forts mathématiciens.

Carnot fut un écrivain disert, un poète à ses heures, un cœur chaud et fidèle, une âme tendre, un vrai patriote. En 1773, il sortit de l'Ecole du génie militaire de Mézières, avec le grade de lieutenant et en 1783, il était nommé capitaine à l'ancienneté. C'est à cette époque qu'il composa un *Éloge de Vauban*, qui fut couronné par l'Académie de Dijon. Il reçut cette récompense des mains du prince de Condé, gouverneur de Bourgogne, futur général des Emigrés. Ce travail excellent, comme style et comme pensées, et qui mériterait d'être publié en petit livre populaire, valut à Carnot les félicitations d'un grand nombre de personnages, notamment celles de Buffon, du prince Henri de Prusse, frère du grand Frédéric. Vers le même temps, il publia aussi un *Essai sur les machines* dont il donna plus tard une nouvelle édition augmentée, sous le titre : *De l'équilibre et du mouvement.* Il s'occupa encore à ce moment-là des aérostats, et se mêla au débat qui s'éleva à cette époque relativement aux divers systèmes de fortification. Il publia sur ce sujet des mémoires où il se prononçait pour le maintien des places fortes qu'il nomme des *Monuments de paix*, parce que, dit-il, elles permettent de diminuer l'armée permanente et de laisser aux travaux productifs la partie la plus robuste de la population.

Il embrassa avec ardeur les principes de la Révolution ; il alla siéger à l'Assemblée législative, au nom du Pas-de-Calais, à côté de son frère, Carnot-Feulins. Réélu à la Convention nationale par le même département, il fut successivement envoyé à Bayonne et à Dunkerque pour mettre le pays en état de défense contre les agressions des Espagnols et des Anglais. Le 14 août 1793, il fut nommé membre du Comité du Salut public et chargé spécialement du personnel et du mouvement des armées. La France était au plus bas; il y avait crise financière, crise de subsistances, crise militaire. On sait comment elle se releva et l'on sait aussi que Carnot fut un de ceux qui contribuèrent à la sauver. Par un travail de dix-huit à vingt heures par jour, il sut constituer, mettre en action et relier entre elles, par une direction commune, les quatorze armées de la première République, leur communiquer le sentiment irrésistible de leur force, les lancer sur les chemins des triomphes, tracer les plans de campagne, inspirer toutes les manœuvres, enfin organiser scientifiquement la défense, l'attaque, la victoire Carnot sut encore avec un coup d'œil sûr tirer des rangs inférieurs les héros de l'avenir, Hoche et tant d'autres, et c'est lui qui sut deviner Bonaparte et qui le fit porter, malgré toutes les résistances de ses collègues, au commandement de l'armée d'Italie. Napoléon se souvint toujours qu'il avait eu Carnot pour premier protecteur et Bonaparte est bien le fils militaire de l'organisateur des victoires. Malgré les événements et les dissentiments politiques, une tendre sympathie ne cessa jamais de les unir l'un à l'autre. Tout le démontre. Quand, après le 18 brumaire, Bonaparte ouvrit les portes de la France à Carnot exilé par les gens de fructidor en 1797, il fut nommé, par le premier Consul, inspecteur des armées, puis ministre de la guerre, en 1800; mais il ne dissimula jamais son chagrin de voir peu à peu disparaître la République. Il donna sa démission, et, nommé membre du Tribunat, il vota contre le Consulat à vie, la création de la Légion d'honneur, et parla *seul* contre les projets de création de l'Empire, tout en mettant en dehors la personne même de Bonaparte, pour laquelle il conserva toujours une tendresse infinie.

Bonaparte ne lui tint pas rigueur, et quand le Tribunat ayant été supprimé, Carnot déclara vouloir entrer dans la retraite, il fit des démarches pour l'en dissuader

et n'ayant pu le faire revenir sur son parti, il lui dit :
« Monsieur Carnot, tout ce que vous voudrez, quand
vous voudrez et comme vous voudrez. » Carnot ne
demanda jamais rien, mais à l'heure suprême des revers
et des difficultés, après quatorze ans de silence et de
méditations, il reparut. Il reçut le commandement
d'Anvers en 1814. On s'aperçut alors que celui qui avait
dirigé toutes les armées de la République, nommé les
généraux, choisi et fait avancer Bonaparte, et qui avait
été membre du Directoire et ministre de la Guerre,
n'avait d'autre grade que celui de chef de bataillon du
génie, auquel il était arrivé par ancienneté. Seul il
s'était oublié. Quelle leçon pour notre époque !

Carnot défendit héroïquement Anvers; avec une intégrité antique, il administra cette ville, qui lui a dressé une statue le 1er mai 1865 Pendant les Cent-Jours, Napoléon nomma ministre de l'intérieur Carnot, qui signa les décrets et les circulaires : *Carnot, comte de l'Empire*. Après Waterloo, il fut membre du Gouvernement provisoire de 1815 ; mais bientôt proscrit pour avoir conservé une foi inébranlable aux principes de la Révolution et une pieuse affection pour Napoléon, il dut quitter la France, pour errer en Pologne et mourir en Allemagne. La modestie et la fidélité ont fait le fond moral du grand caractère de Carnot. Ce sont là des titres de gloire qu'on aurait le tort de négliger.

Lazare Carnot a eu un frère aîné, qui a été un jurisconsulte éminent de l'école de Beccaria. Avocat au Parlement de Dijon, Claude Carnot fut juge à Autun, commissaire des nouveaux tribunaux, puis nommé par Napoléon à la Cour de cassation, où il siégea jusqu'à sa mort, arrivée en 1835. Ni la première Restauration, ni Louis XVIII, ni Charles X, ni Louis-Philippe n'avaient osé l'écarter à cause de sa grande réputation de probité, de vertu, de philanthropie. Criminaliste de premier ordre, il a publié des travaux remarquables sur la science du droit criminel. Il s'employa toujours à faire triompher les idées de libéralisme, d'amélioration, repoussant impitoyablement toutes les sévérités des législateurs qui ne pensent, en fabriquant des lois, qu'à y distribuer, à tort et à travers, de la punition, de l'amende, de la prison. Comme Alexis de Tocqueville, il pensait qu'on ne saurait trop mettre d'humanité dans les lois. Son chef-d'œuvre est une étude sur le *Code d'instruction criminelle mis en harmonie avec l'humanité*.

Carnot-Feulins (1755-1836), le second frère de Lazare Carnot, a été député du Pas-de-Calais à l'Assemblée législative en 1791, et député de Saône-et-Loire à la Chambre de 1815. Lieutenant-général, ce fut un officier brave et brillant. Il a laissé une *Histoire du Directoire*, publiée en 1800 et qui n'est pas sans mérite.

Lazare Carnot a eu deux fils : 1° Sadi Carnot, né en 1796, qui fut un savant très remarquable, ancien élève de l'Ecole polytechnique, mort prématurément, et qui a laissé des travaux qui prouvent un esprit fécond et original, sur les mathématiques, la physique, et un ouvrage intitulé : *Réflexions sur la puissance motrice du feu et sur les machines propres à développer cette puissance*. Ces documents ont été publiés en 1878, avec un portrait, un fac-similé de Sadi Carnot, par M. Hippolyte Carnot, chez les éditeurs Gauthier-Villars et fils, à Paris ; 2° Hippolyte Carnot, né en 1801, qui a été ministre en 1848 et qui est mort sénateur en 1888, laissant deux fils, M. Sadi Carnot, président de la République française depuis décembre 1887, et M. Adolphe Carnot, ingénieur des Mines, chimiste de haut mérite.

La ville de Paris a donné le nom de Carnot à une des grandes avenues qui aboutissent à l'Arc de Triomphe de l'Etoile, au bout des Champs-Elysées.

Nous avons publié sur l'œuvre scientifique du grand

Carnot un volume qui appartient à la *Bibliothèque Gilon*. Nous nous permettons d'y renvoyer le lecteur curieux d'avoir des renseignements nouveaux sur les découvertes et les travaux intellectuels de cet homme vraiment illustre.

Le portrait que nous donnons est rare. Il représente Carnot à l'âge de soixante ans. Il a été dessiné d'après l'original, exécuté en 1813 par Louis-Léopold Boilly, peintre renommé de cette époque.

15 — Cauchy.

Augustin-Louis Cauchy, mathématicien, est né à Paris le 21 août 1779. Il est mort dans la même ville en 1857. Reçu à l'âge de quinze ans à l'Ecole polytechnique, le second, en 1804 (à cette époque il n'y avait pas de limites d'âge), il entra à sa sortie à l'Ecole des ponts et chaussées et dans le corps des ingénieurs. Mais il abandonna bientôt l'exercice de son emploi pour se livrer à l'enseignement et à l'étude des mathématiques. En 1816, il fut élu à l'Académie des sciences, ayant un peu plus de vingt-cinq ans, et fut nommé en même temps professeur de mécanique à l'Ecole polytechnique. Ayant perdu cette dernière situation, pour cause de refus de serment, après la Révolution de 1830, il se rendit à Prague en 1832, pour y diriger l'éducation scientifique du jeune duc de Bordeaux, destiné à garder dans l'histoire les noms de comte de Chambord et d'Henri V, sans avoir régné. En 1838, il revint à Paris et fut appelé à faire partie du Bureau des longitudes. Louis-Philippe ne voulut pas ratifier cette nomination. La République de 1848, qui fut le plus large, le plus généreux et le plus tolérant de tous les gouvernements que nous ayons eus en France depuis 1789, répara cette injustice en plaçant Cauchy dans la chaire d'astronomie mathématique de la Faculté des sciences de Paris, bien qu'il fût un légitimiste déclaré dans la vie privée.

L'algèbre et la mécanique sont redevables à Cauchy de nombreux perfectionnements. D'une grande fécondité, ce savant original et profond a publié plus de cinq cents mémoires dans la collection de l'Institut. Notons parmi

Augustin-Louis Cauchy
MATHÉMATICIEN
1789 — 1857

les plus célèbres ceux dont les titres suivent : *Méthode pour déterminer à priori le nombre des racines réelles* (1813); — *Théorie des ondes* (1815); — *Application du calcul des résidus à la solution des problèmes de physique mathématique* (1827); — *Sur la dispersion de la lumière* (1834); — *Développement des fonctions en séries ordonnées suivant les puissances ascendantes des variables* (1846). Il a réuni en deux volumes ses leçons très remarquables sur les *Applications du calcul infinitésimal à la géométrie.*

Cauchy a été un esprit tout à fait éminent. Analyste, penseur, mathématicien, praticien, chef d'école, professeur, écrivain, il a laissé des traces profondes dans la science, et bien qu'il y ait à reprendre dans quelques-unes de ses idées trop spiritualistes peut-être, ses doctrines sont restées vivantes et fécondes pour la plupart. Elles dominent dans l'enseignement et à l'Ecole polytechnique, où le fils de l'illustre chimiste Auguste Laurent, M. H. Laurent, répétiteur et examinateur dans ce grand établissement, veille et insiste constamment avec raison sur le maintien de leur vulgarisation. Affable et bienveillant, facile à aborder, il ne put jamais cependant laisser la parole à aucun visiteur. Si on l'intéressait, il prenait la plume pour rechercher à sa manière les problèmes et les vérités qu'on lui apportait ; il gardait la parole, car écouter fut toujours pour lui une chose impossible, tellement son cerveau débordait de pensées sans nombre. Travailleur infatigable, Cauchy a présenté à l'Académie des sciences vingt fois plus de rapports que tous ses collègues réunis, à temps égal.

Il avait été un enfant extraordinaire. On peut le comparer à Pascal pour la précocité dans des travaux où, de coutume, il faut le complet développement, même la virilité de l'intelligence. Ses premières années s'étaient passées dans sa famille, et il fut l'ouvrage de son père, homme très distingué, qui voulut rester pendant longtemps l'unique professeur de ses quatre fils. Passionnément épris des choses de l'intelligence, il leur avait inspiré un véritable amour de l'étude. Le goût et les aptitudes mathématiques d'Augustin Cauchy se révélèrent de bonne heure, comme le témoignent ses cahiers, dans lesquels ses travaux littéraires sont fréquemment interrompus par des calculs ou des figures géométriques.

Ses dispositions étaient si remarquables qu'elles attirèrent l'attention de Laplace et de Lagrange, qui le voyaient souvent étudier dans le cabinet de son père, alors secrétaire général du Sénat. Un jour que le second de ces deux savants se trouvait présent en même temps que Lacépède, il dit tout d'un coup : « Regardez ce petit jeune homme ; eh bien, il nous remplacera tous comme géomètre. »

Augustin Cauchy avait alors à peine douze ans. Aussi Lagrange craignait beaucoup qu'on n'abusât de ces dispositions surprenantes, et il insistait pour qu'on lui donnât avant tout une solide instruction littéraire. « Si vous n'y tenez pas fermement la main, disait-il à son père, son instinct l'entraînera ; il sera un grand mathématicien, mais il ne saura pas même écrire sa langue. »

Les goûts personnels de M. Cauchy père étaient trop bien d'accord avec ces sages conseils pour qu'il ne s'y rendît pas volontiers. Aussi, après avoir fait faire à son fils les études élémentaires sous sa direction immédiate, il l'envoya à l'Ecole centrale du Panthéon. Augustin Cauchy appliqua toujours avec ardeur aux études littéraires les facultés si vives de son intelligence. En 1804, quelques semaines avant d'être reçu à l'Ecole polytechnique, il terminait ses études classiques en remportant le grand prix d'humanité à la première distribution du Concours général.

Les œuvres d'Augustin Cauchy ont été publiées en vingt-six forts volumes par la maison Gauthier-Villars et fils, sous la direction scientifique de l'Académie des Sciences, à laquelle il avait appartenu pendant de longues années, et sous les auspices du ministère de l'instruction publique. Une étude très remarquable a été écrite sur sa vie et ses découvertes par M. C. A. Valson, ancien professeur à la Faculté des Sciences de Grenoble, doyen de la Faculté des Sciences à l'Université catholique de Lyon. De plus, l'académicien Babinet, de savante et spirituelle mémoire, a porté sur Cauchy, dans la *Revue des Deux-Mondes*, le jugement suivant que la postérité a ratifié :

« Les sciences mathématiques ont fait une grande perte en 1857. La mort a frappé l'illustre Cauchy, qui avait embrassé dans ses travaux toutes les parties des mathématiques, en conservant à chacune d'elles une supériorité incontestable. Il avait le sentiment des abstractions analytiques, comme les abeilles ont l'instinct de la construction et de l'approvisionnement des ruches. J'ai souvent eu avec lui d'interminables conversations d'où je sortais de plus en plus émerveillé de la haute portée de son génie. Je lui avais parlé du calcul des perturbations des planètes dont les révolutions sont pour la durée dans des rapports simples, comme, par exemple, les planètes Isis ou Hébé, qui mettent deux fois plus de temps que Mars a faire le tour du Soleil, ou encore la planète Daphné, qui fait trois révolutions contre une que fait Jupiter. La question, au dire de tous, est très ardue, mais si elle avait dû être tranchée par quelqu'un, elle l'eût été par Cauchy. La France perd en lui l'auteur de travaux de premier ordre, et, de plus, ceux qu'il eût encore exécutés. Cauchy assurait à la France le premier rang parmi les mathématiciens, et la dignité du caractère rivalisait chez lui avec la profondeur des méditations. Ainsi que Fontenelle l'a dit de Leibniz, il y avait en lui l'étoffe de plusieurs savants. »

Une des rues de Paris, sur la rive gauche de la Seine, a reçu son nom. Le portrait qui le représente a été dessiné sur nature, en 1854. Il avait alors 65 ans. Il nous a été communiqué par son neveu M. R. Cauchy, conseiller à la Cour des comptes, fils du frère cadet d'Augustin Cauchy, Eugène Cauchy, décédé en 1877, membre de l'Académie des Sciences morales et politiques.

16. — Chaptal.

Jean-Antoine Chaptal, comte de Chanteloup, agronome et chimiste, est né à Nogaret, petite ville du département actuel de la Lozère, en 1756. Il est mort à Paris en 1832. Chaptal a été un savant pratique et un ministre vulgarisateur. Il a su faire descendre la science

Chaptal
AGRONOME ET CHIMISTE
1756 — 1832

des hauteurs de la théorie dans les chemins de l'utilité courante. A ses yeux, le laboratoire du chimiste devait être le vestibule de l'atelier et de l'usine. A ce point de vue, on peut le compter parmi les fondateurs de la méthode expérimentale.

Reçu docteur en médecine à la Faculté de Montpellier, il y occupa la chaire de chimie, instituée en 1781.

A cette époque, il créa une fabrique qui donna au commerce français l'acide sulfurique et l'alun artificiel. En 1793, il fut à la tête des ateliers de Grenelle, pour y diriger la préparation du salpêtre. Quelque temps après, il fut chargé du cours de chimie végétale à l'Ecole polytechnique. Admis à l'Institut, lors de sa création, Bonaparte le fit entrer au Conseil d'Etat en 1799 et le nomma ensuite ministre de l'intérieur. Jamais une direction plus féconde ne fut donnée au bien-être et à la richesse de la France par un homme placé dans une situation officielle.

On doit à l'initiative intelligente de Chaptal un grand nombre de mesures et de fondations importantes : l'établissement des Bourses et des Chambres de commerce, des Chambres consultatives d'arts et de manufactures; la création de la Société de vaccine; la réorganisation des Monts de Piété; l'introduction du travail dans les prisons; le rappel dans les hôpitaux des Sœurs de charité qui en avaient été éloignées par la Révolution; la réglementation de l'exploitation des eaux minérales; la construction de nos routes nationales et départementales; l'inauguration de celles du Simplon et du Mont-Cenis; la fondation à l'Ecole de Médecine de Paris de cours d'accouchement, etc. Chaptal a pu se consacrer à toutes ces mesures parce qu'il fut ministre pendant une longue suite d'années et qu'il ne fut jamais arrêté dans l'application de ses idées, ni par les bureaux de son ministère, ni par ses collègues du Gouvernement. Napoléon, pour le récompenser, le nomma sénateur, trésorier du Sénat, comte de l'Empire et grand officier de la Légion d'honneur. Toutes ces distinctions étaient bien méritées.

Chaptal a introduit en France la teinture du coton par le rouge d'Andrinople, la culture du pastel et sa substitution à l'indigo. Il a perfectionné la fabrication des savons, donné une large attention au procédé de Berthollet pour le blanchiment. Il est l'auteur d'un grand nombre de traités tout à fait remarquables sur une foule de questions industrielles. C'est lui qui a vulgarisé dans les pays de vignobles le sucrage des vins, méthode appelée dans la pratique générale du nom de : chaptalisation. Il a encouragé Amand Savalle dans la création des grandes distilleries et les perfectionnements à donner à la rectification de la pureté des alcools. Chaptal a été un ministre comme il en faudrait beaucoup à tous les pays. Une des rues de Paris, sur la rive droite de la Seine, porte son nom, ainsi qu'un collège célèbre et prospère.

Le portrait que nous donnons de Chaptal a été dessiné d'après une gravure exécutée sur nature et publiée en 1800 à Paris.

17. — Michel Chasles.

Michel Chasles, géomètre, est né le 15 novembre 1793, à Épernon, chef-lieu de canton du département actuel d'Eure-et-Loir. Il est mort à Paris, le 18 décembre 1880. Il entra en 1812 à l'École polytechnique et en sortit en 1814. Successivement ingénieur, agent de change, professeur, il ne cessa de cultiver les sciences mathématiques et surtout la géométrie, qu'il a enrichie d'une foule de théorèmes nouveaux et importants. D'abord on le voit s'occuper de la transformation du cercle et de la sphère en ellipse et en ellipsoïde, par la réduction, en un rapport constant, de leurs ordonnées comptées à partir d'un diamètre ou d'un plan diamétral. Il arrive, par cette méthode, à étendre les résultats acquis par ses devanciers, sur l'enveloppe de la sphère tangente à trois autres, au cas où il s'agirait d'ellipsoïdes semblables et semblablement placés. Il se consacre ensuite à des recherches sur les sections coniques confocales, sur les perspectives stéréographiques. A partir de 1830, il collabore activement à la *Correspondance mathématique et physique de Belgique*. En 1837 paraît, sous les auspices de l'Académie royale des Sciences de Bruxelles, son *Aperçu historique sur l'origine et le développement des méthodes en géométrie*, suivi de deux mémoires sur la *dualité* et l'*homographie*.

C'est de cette époque qu'il faut faire dater la réputation de Michel Chasles. Jusqu'en 1852, il ne cesse de produire des travaux originaux sur les courbes et les surfaces, les lignes géodésiques. Alors il compose sa *Géométrie supérieure*. Elle met le comble à sa renommée et le place au nombre des mathématiciens originaux des temps modernes. En 1865, la Société royale de Londres lui décerne la médaille de Copley, la plus haute récompense honorifique que l'Angleterre puisse donner au savant le plus méritant de l'univers.

Grand amateur d'autographes, de vieux manuscrits, Michel Chasles a cru, pendant un instant, être mis en possession de mémoires authentiques de Pascal qui ne visaient rien moins qu'à démontrer que la découverte de l'attraction n'appartenait pas à Newton, mais bien à l'immortel auteur des *Pensées*. Mais ces documents ont été reconnus apocryphes et Michel Chasles, entraîné par son patriotisme, avait oublié d'appliquer toute la rigueur mathématique dans l'examen de ces pièces, au reste, merveilleusement contrefaites.

Michel Chasles a démontré avec un rare bonheur et une grande puissance qu'un même lien mystérieux et étroit réunit et rapproche toutes les vérités mathématiques. Il n'a jamais abandonné la géométrie, et on lui doit, dans l'une des théories les plus hautes et les plus difficiles du calcul intégral, d'élégants théorèmes admirés des analystes. Il a ajouté à la mécanique un chapitre devenu classique sur le déplacement des corps solides. Il a rencontré dans la théorie de l'attraction les plus belles solutions qui ont renouvelé la théorie de l'électricité statique. Ses travaux sur les ellipsoïdes, loués et vantés par Poinsot, ont eu la bonne fortune d'exciter

Michel Chasles
GÉOMÈTRE
1793 — 1880

entre les mathématiciens et les purs géomètres une féconde émulation, au grand profit de la science.

La maison Gauthier-Villars et fils a publié son *Traité de géométrie supérieure*, son *Traité des sections coniques*, dont il constitue la suite, et son *Aperçu historique sur l'origine et le développement des méthodes en géométrie, particulièrement de celles qui se rapportent à la géométrie moderne*. Ce dernier ouvrage est suivi d'un mémoire de géométrie sur deux principes généraux de la science : la dualité et l'homographie.

M. Joseph Bertrand, secrétaire perpétuel de l'Académie des Sciences, a prononcé, aux funérailles de Michel Chasles, un très beau discours, qui équivaut à un éloge historique.

Le portrait que nous donnons a été fait d'après une photographie prise en 1875. Michel Chasles avait alors 81 ans.

18. — Chevreul.

Michel-Eugène Chevreul, chimiste, est né à Angers, le 31 août 1786. Il est mort à Paris, au Jardin des Plantes, le mardi 9 avril 1889, à une heure du matin, « s'éteignant doucement comme une lampe où il n'y a plus d'huile, » selon l'expression d'un témoin de ses derniers moments, ayant vécu cent deux ans sept mois et huit jours. Il était le doyen des savants du monde entier.

Le père de Chevreul était un médecin distingué, qui lui inspira le goût de la science et l'envoya de bonne heure dans la capitale, où, mis en rapport avec Vauquelin, il fut pris par lui comme préparateur, bien que le nouveau venu eût à peine seize ans. Mais Chevreul, qui devait vivre de si longues années, fut très précoce en tout. Sous le Consulat, sa notoriété scientifique le désignait déjà à l'attention de Bonaparte, qui le chargea de plusieurs rapports scientifiques, et qui, plus tard, en 1813, le nomma officier de l'Université et professeur de chimie au lycée Charlemagne. A cette époque du blocus continental, il était attaché au laboratoire du Muséum d'histoire naturelle ; c'est là qu'il connut Michel Faraday, qui accompagnait Humphry Davy ; ils avaient obtenu tous les deux, de Napoléon toujours empressé de complaire aux savants, l'autorisation de passer par la France fermée aux étrangers, pour se rendre en Italie. Ces deux grands hommes avaient assisté à quelques-unes de ses premières expériences et lui avaient prédit qu'il irait

Chevreul
CHIMISTE
1786 — 1889

loin .. Chevreul aimait à rappeler ces souvenirs ainsi que les événements tragiques qu'il avait vu se dérouler sous ses yeux pendant la Révolution française. C'est ainsi qu'à l'âge de huit ans, sur la Grand'Place d'Angers, il avait été le témoin de plusieurs exécutions sur l'échafaud. Il avait gardé de cette impression sinistre une horreur invincible contre la peine de mort. Il ne manquait jamais de proclamer ses sentiments à cet égard, chaque fois qu'il en trouvait l'occasion.

Chevreul croyait à la perfectibilité indéfinie, morale et physique de l'homme et à la puissance illimitée de la science. La Tour Eiffel qui représente tant de notions acquises, était à ses yeux comme la synthèse vivante de tous les faits accumulés dans la théorie et la pratique, depuis un grand nombre de siècles. Il aimait dans les derniers temps de sa vie à visiter le Champ de Mars pour constater l'avancement des travaux de l'Exposition de 1889. Huit jours avant sa mort, il se fit amener encore une fois au Trocadéro, dans une voiture fermée. Quand on lui montra la Tour Eiffel, au sommet de laquelle flottait le drapeau tricolore, un sourire de joie illumina sa figure et il battit des mains pour applaudir à cet événement.

Chevreul a publié plus de 650 mémoires, communications, livres, brochures. Son premier travail est intitulé : *Examen chimique des os fossiles trouvés dans le département d'Eure-et-Loir*. Il a été imprimé en 1806 dans les *Annales de chimie*. Il avait alors vingt ans, tout juste. Ses belles recherches sur les corps gras d'origine animale l'amenèrent à explorer toutes les régions inconnues de la chimie organique et biologique. Cette admirable étude le conduisit à la découverte des bougies stéariques (1828-1831) qui ont introduit toute une révolution dans l'éclairage domestique et qui ont enrichi des milliers de personnes, sans que jamais il n'eût pensé à tirer de cette découverte, qui s'est répandue dans tout l'univers, que le prix de 12,000 francs qui lui fut décerné par l'Institut.

Nommé directeur des teintures à la Manufacture des Gobelins, il se consacra à l'étude des couleurs, de leurs applications aux arts industriels, à l'assortiment des objets colorés. Il a établi la loi du contraste chromatique simultané et expliqué les phénomènes dus au mélange et à la juxtaposition des couleurs. Il a prouvé d'une manière rigoureuse qu'on parvient à imiter un objet coloré en le peignant autrement qu'on le voit. L'esprit d'investigation de Chevreul s'est étendu sur une foule de découvertes admirables au point de vue scientifique, très précieuses à cause des applications pratiques qu'elles comportent. Les progrès de l'agronomie, de la physique, de la médecine, lui sont redevables des plus utiles applications, ainsi que la plupart des branches de l'industrie. La fabrication des savons, par exemple, n'est devenue importante que depuis ses recherches sur la saponification des corps gras par la soude, la potasse et la baryte. Doué d'un esprit philosophique profond, Chevreul a laissé des écrits élevés, notamment un livre sur la *Méthode à posteriori* qui peut être mis sur le même rang que la *Préface* de d'Alembert, placée en tête de l'Encyclopédie de Diderot, que le *Discours de réception* à l'Académie française de Buffon, la *Philosophie chimique* de J. B. Dumas, l'*Introduction à l'étude de la médecine expérimentale* de Claude Bernard.

Chevreul était entré à l'Académie des Sciences en 1826; presque jusqu'au dernier moment, il fut présent à toutes les séances. La dernière fois qu'il y vint, ce fut le 22 mai 1888. Il n'en manqua pas une pendant 63 ans !

En 1830, il fut nommé au Muséum d'histoire naturelle, comme successeur de Vauquelin, dans la chaire de chimie.

Chevreul attribuait sa longévité extraordinaire à son goût pour le travail, à sa sobriété et à ses principes culinaires. « La cuisine doit être scientifique, disait-il, et non point artistique. De plus il faut faire subir une forte cuisson à tous les aliments. Voilà le secret pour éviter les maladies et retarder la mort. » Ajoutons que c'était un buveur d'eau.

La statue de ce grand savant a été faite et érigée solennellement de son vivant dans les galeries du Muséum d'histoire naturelle, à Paris, à l'occasion de son centenaire, le 31 août 1886. Son nom a été donné à une des rues de Paris sur la rive droite de la Seine.

Le portrait qui le représente a été photographié par mon frère Jacques Barral, d'après nature, à la date même où il accomplissait la dernière journée de sa centième année.

19. — Clapeyron.

Benoit-Paul-Emile Clapeyron, ingénieur, est né à Paris le 27 janvier 1799. Il est mort le 28 janvier 1864 dans la même ville. Elevé au collège de Juilly, village du département de Seine-et-Marne, près Meaux, il fit des études classiques brillantes dans cette célèbre institution, fondée par les Oratoriens. Il fut reçu en 1816 à l'Ecole polytechnique, et, à sa sortie, en 1818, il entra à l'Ecole des Mines, à Paris. Après avoir terminé son stage d'ingénieur, il se rendit à Saint-Pétersbourg. Nous étions à l'époque de la seconde Restauration en France. La vie politique, extrêmement absorbante et passionnée, dominait tout et ne permettait pas aux jeunes générations, plus pratiques et très libérales, d'appliquer utilement leur activité.

Clapeyron fut accueilli avec empressement en Russie, et il fut chargé d'y créer les grandes voies ferrées qui, les premières, ont traversé la partie méridionale de ce vaste empire. Il avait quitté la France avec son camarade Lamé. Ils furent chargés tous les deux d'enseigner la mécanique à l'Ecole des Voies et Communications, ayant son siège à Saint-Pétersbourg. Leurs cours furent lithographiés et plus tard imprimés, puis adoptés officielle-

Clapeyron
INGÉNIEUR
1799 — 1864

ment, car ils apportaient des méthodes originales. Les leçons de mécanique rationnelle professées par Gabriel

Lamé étaient fondées sur le principe des vitesses virtuelles. Les leçons de mécanique appliquée faites par Clapeyron étaient établies sur le principe des forces vives. C'étaient là des idées nouvelles et fécondes. Tous les deux, en arrivant en Russie, avaient reçu le grade de major et la noblesse héréditaire, selon l'usage admis pour les savants que le gouvernement appelait de l'étranger.

Lamé et Clapeyron étaient depuis une dizaine d'années à Saint-Pétersbourg. Ils avaient été promus au grade de colonel et fréquentaient les salons de la plus haute aristocratie, lorsqu'éclatèrent simultanément la révolution de 1830 et la révolte de la Pologne. Ces événements jetèrent le trouble dans la société russe. Le gouvernement, hostile aux idées libérales, cherchait et trouvait des ennemis partout. Suspects de sympathie pour les Polonais et pour une révolution détestée, les Français excitaient en Russie les défiances de la police.

Clapeyron fut dénoncé pour avoir parlé trop librement. Il fut envoyé en mission à Witégra, sur la route d'Arkhangel, dans une région perdue, pour surveiller des travaux qui n'étaient ni commencés ni même projetés. Un cosaque, qui l'y attendait, lui communiqua sa consigne, qui consistait à lui obéir dans le village, mais à tirer sur lui s'il s'en éloignait. De puissantes influences et le besoin qu'on avait de ses conseils réduisirent l'exil de Clapeyron à quelques mois. Mais, vivement ému de sa disgrâce, justement inquiet de l'avenir, il envoya sa démission et quitta la Russie au plus vite, sans avoir reçu le plus faible dédommagement.

Cependant, rentré à Paris, la réputation qu'il avait acquise en Russie, l'avait suivi et le servit auprès des grands ingénieurs et financiers Flachat, Pereire frères, Perdonnet. Ils le chargèrent de tracer les lignes de Versailles (rive droite) et de Saint-Germain-en-Laye, ces deux chemins de fer classiques, restés historiques comme les pères de tous les autres. C'est lui qui, le jour de l'inauguration de la seconde de ces voies ferrées, le 27 août 1837, assista Emile Pereire dans le premier train qui emporta triomphalement la reine Amélie, la duchesse d'Orléans, les ducs d'Orléans, d'Aumale, de Montpensier, le maréchal Bugeaud, M. de Montalivet et tous les ministres de Louis-Philippe. Il devint ensuite ingénieur en chef de ces compagnies et professeur à l'Ecole des Ponts et Chaussées, à Paris.

De 1831 à 1834, Clapeyron avait composé son Mémoire sur la *Théorie mécanique de la chaleur*, qui est imprimé dans le *Journal de l'Ecole polytechnique*. Sadi Carnot, fils aîné de Lazare Carnot, avait publié en 1824, un ouvrage intitulé : *Réflexions sur la puissance motrice du feu*. C'est le premier travail dans lequel on ait franchi la distance qui sépare des idées vagues et incertaines de principes fondamentaux énoncés avec précision et d'une façon scientifique, formant un corps de doctrines sur les relations existantes entre la chaleur et le travail mécanique. Cet ouvrage, peu remarqué lors de son apparition, par le public et même par les savants, avait attiré l'attention de Clapeyron. Il se fit le commentateur de Sadi Carnot; il traduisit en langage algébrique les principes que celui-ci avait énoncés et démontrés par des raisonnements difficiles à suivre par tout le monde, et arriva à des conséquences nouvelles qui s'ajoutèrent aux propositions de Sadi Carnot. Clapeyron est un des hommes qui ont coopéré à la vulgarisation de la théorie mécanique de la chaleur, qui a enfanté tant de merveilles.

De 1837 à 1845, Clapeyron s'était occupé aussi des études et des projets des chemins de fer du Nord. Il a coopéré à leur exécution, et il est resté jusqu'à sa mort l'ingénieur-conseil de la Compagnie. En 1852, il a coopéré au même titre à l'exécution des chemins de fer du Midi, de Bordeaux à Cette et de Bordeaux à Bayonne.

Les grands ponts métalliques sur la Seine à Asnières, sur la Garonne, le Lot, le Tarn, pour le passage des lignes ferrées, ont été construits sur ses projets. C'est à cette occasion qu'il a formulé une méthode nouvelle et facile pour le calcul de tous les éléments de résistance d'une poutre portant sur un nombre quelconque de points d'appui et uniformément chargés.

C'est donc avec justice qu'en 1858 l'Académie des Sciences voulut consacrer tant de travaux et de services, en lui donnant le fauteuil de Cauchy.

Clapeyron avait des idées larges et fécondes sur toutes choses. Il les a développées en grande partie dans un livre excellent intitulé : *Vues politiques et pratiques sur les travaux publics en France*. Il avait aussi combiné un vaste plan pour créer une Ecole générale et spéciale, destinée à ouvrir aux jeunes gens de toutes les classes de la société les carrières consacrées à l'art universel de la construction. C'était un savant aussi modeste que profond, doué du caractère le plus aimable et le plus bienveillant. N'omettons pas, parmi ses titres d'inventeur, que c'est lui qui est l'auteur de la détente des machines à vapeur à double effet.

Son éloge a été prononcé en 1864 par Combes et Lamé. La ville de Paris a donné son nom à une des rues situées sur la rive droite de la Seine.

Le portrait de Clapeyron que nous avons fait exécuter pour notre livre, a été dessiné d'après l'original confié par son fils M. le colonel A. Clapeyron, né le 1er décembre 1834, ancien élève de Saint-Cyr, possédant à son actif dix-sept campagnes, accomplies brillamment en Afrique, au Mexique, en France, blessé à Sedan, prisonnier de guerre, après le 1er septembre 1870. Renommé par sa bravoure et ses talents d'officiers, la carrière du colonel Clapeyron fut brisée par tous les ressentiments politiques qui ont si tristement agité notre armée à la suite de nos désastres. Mis brutalement à la retraite, pour des rancunes exclusivement de parti, le colonel Clapeyron a dû rentrer dans la vie privée, tandis qu'il était admirablement préparé pour contribuer à la réorganisation militaire de la France. C'est ainsi que nous perdons par la passion et la haine un nombre important d'hommes généreux et clairvoyants.

20. — Combes.

Charles-Pierre-Mathieu Combes, ingénieur et métallurgiste, est né en 1801, à Cahors (Lot). Il est mort à Paris, le 21 janvier 1872. Fils unique d'un brave officier que le service n'avait pas enrichi, encore enfant quand il perdit son père, il put continuer, à titre de boursier au lycée de sa ville natale, les études commencées dans une petite pension. Comme il excellait en mathématiques, il fut envoyé à Paris pour se préparer aux examens d'entrée de l'Ecole polytechnique. Il fut reçu l'un des premiers et devint le sergent-major de la promotion de 1818. Deux ans après il passa à l'Ecole des Mines, où il obtint par ses qualités remarquables le titre si envié d'élève hors concours. Ingénieur des mines, suivant le choix qu'il avait fait, il fut d'abord chargé d'un voyage d'exploration d'où il rapporta deux mémoires qui furent imprimés dans les *Annales des Mines* et traduits en différentes langues.

Géologue sagace, métallurgiste habile, instruit dans l'art minier, Combes était né mécanicien. C'est en traçant son éloge académique, en 1885, que M. Joseph Bertrand a rappelé le mot si profond de Fontenelle : « Le mouvement perpétuel est, en mécanique, le seul problème qui soit impossible. » Ce jour-là le spirituel académicien a eu une vue de génie. En effet, répéter que le mouvement perpétuel était impossible, c'était rééditer un axiome. Mais en osant ajouter : *lui seul est impossible*, c'était marquer d'un trait puissant, sur chaque route de la science, la borne qu'on peut atteindre, sans jamais la franchir.

Un mémoire sur les machines à vapeur fut le premier pas dans la voie que Combes a suivie si loin. Ce travail reçut l'approbation de Navier et devait le conduire plus tard à présider la Commission officielle chargée d'étudier les occasions et les causes des accidents et des catastrophes. Dans les préceptes émis par Combes, les ingénieurs continuent à trouver des modèles, les mécaniciens des règles de prudence, l'administration des instructions précises, des décisions efficaces et sévères. Un train de chemin de fer arrêté sur la voie, demeure inébranlable contre les attaques du vent le plus violent. Pendant la marche, tout change ; le moindre effort le fait vaciller. Le frottement cependant n'est pas moindre ; mais il retarde la vitesse de translation, et, pour ainsi parler, s'y appliquant tout entier, reste sans résistance contre les balancements transversaux. La solide analyse de Combes a éclairci cette image, et a suggéré, pour combattre une instabilité fâcheuse, des données suivies par tous les bons constructeurs.

Combes devint successivement professeur à l'Ecole des Mines de Saint-Etienne, chef de la Compagnie de Sainte-Marie-aux-Mines, puis professeur d'exploitation à l'Ecole des Mines de Paris, et enfin directeur de ce célèbre établissement et inspecteur général. Il était entré en 1847 à l'Institut, puis à la Société nationale d'Agriculture et à la Société d'Encouragement pour l'Industrie nationale. Partout Combes a rendu les services les plus éminents ;

peu de savants plus laborieux ont appliqué plus utilement une science aussi assurée et aussi haute que la sienne. Combes a laissé un grand nombre de travaux, de publications, de mémoires. Il faut retenir, parmi les plus connus, les ouvrages suivants : *Traité de l'exploitation des mines;* — *Recherches théoriques et expérimentales sur les roues à réaction ou à tuyau;* — *Levées des plans souterrains;* — *Moyens de pré-*

Combes
INGÉNIEUR ET MÉTALLURGISTE
1801 — 1872

venir et de brûler la fumée des foyers où l'on consomme de la houille. — Une des filles de Combes a épousé un chimiste éminent, M. Charles Friedel, membre de l'Académie des Sciences. C'est elle qui a bien voulu nous communiquer une photographie de son illustre père, afin que nous puissions en faire exécuter le portrait que le lecteur a sous les yeux. Son nom a été donné à une rue de Paris, sur la rive gauche de la Seine.

21. — Coriolis.

Gaspard-Gustave de Coriolis, mathématicien, est né à Paris en 1792. Il est mort dans la même ville, le 15 septembre 1843. Il entra en 1808 à l'Ecole polytechnique et il en sortit en 1810 pour passer par l'Ecole des Ponts et Chaussées. Il avait un très vif penchant pour les mathématiques et il désirait beaucoup pouvoir s'y consacrer exclusivement. Il quitta, aussitôt qu'il pût le faire, la carrière d'ingénieur pour devenir répétiteur d'analyse et de mécanique à cette même Ecole où il avait été un élève brillant. Quelques années plus tard, il y succéda à Dulong, comme directeur des études.

Coriolis a fait de belles découvertes dans le domaine de la théorie et de la pratique. Il a démontré les lois d'accélération centrifuge composée, et c'est lui qui a indiqué les règles des mouvements multiples pour déterminer les vitesses. Jusqu'à lui, on n'avait pu traiter les questions de mouvements relatifs, parce que la force donnée ne faisait connaître que l'augmentation du mouvement absolu, dont on ne savait que faire. Le théorème auquel Coriolis a laissé son nom, en résolvant complètement la difficulté, a fourni les moyens de ramener à des questions de mouvements absolus toutes celles qui se rapportent aux mouvements observés à la surface de la terre. C'est ainsi notamment qu'on a pu expliquer la déviation vers l'Est des graves ou poids suspendus abandonnés à eux-mêmes, la rotation du plan d'oscillation d'un pendule, l'action séculaire exercée par les cours d'eau sur leur rive orientale dans notre hémisphère.

Coriolis a été, avec le général Poncelet, un des réformateurs de l'enseignement de la mécanique rationnelle; ce sont leurs méthodes qui ont conduit à une bonne pratique des machines industrielles. N'oublions pas d'ajouter que sa théorie des effets du jeu du billard est une des plus ingénieuses applications que l'on ait faites des théories abstraites de la mécanique à l'étude des phénomènes du mouvement compliqués de toutes les circonstances accessoires qui encombrent les questions courantes. Cette célèbre théorie date de 1835.

En 1842, peu de temps avant de succomber, Coriolis avait publié son célèbre *Traité de la mécanique des*

G. de Coriolis
MATHÉMATICIEN
1792 — 1843

corps solides et du calcul de l'effet des machines. D'une santé extrêmement chancelante, quotidiennement il devait, comme il le disait, résoudre en même temps que ses problèmes mathématiques celui de prolonger sa vie. « Ne me troublez pas, répétait-il chaque matin, et surtout épargnez mes instants. Qui sait si ce soir je serai encore vivant. Je sens mon corps défaillir. Mon esprit est seul debout. Il se peut qu'il s'anéantisse tantôt avec mes dernières et faibles forces. » Si Coriolis ne s'était pas éteint à peine âgé de cinquante et un ans, ses puissantes facultés intellectuelles, perfectionnées par l'âge et les méditations, eussent certainement accompli encore de belles et utiles découvertes dans le domaine inépuisable des mathématiques. Le portrait que nous donnons de lui le représente fidèlement avec son air souffreteux et méditatif. Il a été fait peu de temps avant sa mort.

Le nom de Coriolis a été donné, seulement en 1890, à une des rues de Paris, sur la rive droite de la Seine.

22. — Coulomb.

Charles-Augustin de Coulomb, physicien, est né à Angoulême, le 14 juin 1736. Il est mort à Paris, le 23 août 1806. Après avoir fait de brillantes études dans la capitale, il entra dans le génie militaire, et fut envoyé à la Martinique. Il y présida à la construction du fort Bourbon, et, de retour en France, il se consacra plus spécialement à des recherches de physique. C'est ainsi qu'il se fit connaître par ses expériences sur le frottement et la raideur des cordes. Il obtint plusieurs prix de l'Académie des Sciences, qui lui ouvrit ses portes à l'unanimité des voix, en 1782. et Louis XVI lui donna la croix de chevalier de Saint-Louis. En 1795, il fut admis à l'Institut, lors de sa création, et fut nommé quelques années plus tard, par Napoléon, inspecteur général de l'Université et chevalier de la Légion d'honneur.

On doit à Coulomb les lois qui président aux attractions et aux répulsions magnétiques qui varient en raison inverse du carré de la distance, ainsi que les attractions et les répulsions électriques. Il a démontré que ces dernières, pour une même distance, sont proportionnelles aux produits des deux quantités d'électricité. Pour faire cette démonstration, il a créé la balance de torsion, à laquelle il doit surtout sa réputation. Il inventa cet instrument à la suite d'expériences sur l'élasticité des fils métalliques. Ces études lui montraient que ces fils résistaient d'autant plus à la torsion qu'on les tordait davantage, pourvu, cependant, que cet effort n'allât pas

Charles-Augustin de Coulomb
PHYSICIEN
1736 — 1806

jusqu'à altérer leur structure moléculaire. La résistance de ces fils étant très faible, il eut l'idée de s'en servir comme d'une balance pour mesurer les plus petites forces du magnétisme et de l'électricité. A cet effet, il suspendait à l'extrémité d'un fil de fer une longue aiguille horizontale. Cette aiguille étant en repos, si elle s'éloigne tout à coup d'un certain nombre de degrés de sa position naturelle, tord le fil qui la tient suspendue, et les oscillations que celle-ci lui fait éprouver donnent par leur entrée le moyen d'évaluer la quantité de la force perturbatrice.

Ce fut à l'aide de cet instrument ingénieux que Coulomb entreprit une série de recherches sur la distribution de l'électricité et du magnétisme, dont les résultats ont concouru à établir définitivement sa renommée scientifique.

Coulomb a eu à souffrir la persécution pour la franchise de son caractère. Envoyé aux Etats de Bretagne, en qualité de commissaire du Roi, pour apprécier la possibilité et l'avantage d'un projet de canaux, il montra, dans cette mission, l'indépendance et la délicatesse de sa conscience. Malgré les Etats, il soutint l'opinion qu'il était inutile d'exécuter ce projet, à cause du peu de rapport qu'il y avait entre les dépenses énormes que cette exécution nécessiterait et le peu de services qui en résulterait. A son retour, en 1779, le mécontentement d'un ministre l'envoya dans la prison de l'Abbaye, à Paris. Mandé une seconde fois dans le même but, Coulomb soutint encore son opinion; il le fit avec tant de fermeté qu'il ouvrit enfin les yeux aux membres des Etats. Ceux-ci lui firent des offres brillantes, qu'il refusa. Ils le forcèrent à recevoir au moins une fort belle montre aux armes de la province de Bretagne. C'est ainsi qu'il ne laissa à ses fils, a dit Delambre, qu'un nom respecté, l'exemple de ses vertus et le souvenir des services éclatants rendus à la science. Mais de fortune, point.

Les travaux de Coulomb sont consignés dans les *Mémoires de l'Académie des sciences*, à partir de 1781. En 1779, il avait publié un ouvrage avec figures intitulé : *Recherches sur les moyens d'exécuter sous l'eau toutes sortes de travaux hydrauliques sans employer aucun épuisement.*

Le Congrès des électriciens en 1881, a donné le nom de Coulomb à l'unité électrique choisie pour représenter la quantité d'électricité que peut débiter pendant une seconde un courant d'une intensité d'*un ampère*. On a aussi baptisé du nom de *coulombmètre* un compteur d'électricité servant à enregistrer la quantité qui s'écoule dans une canalisation électrique à potentiel constant.

Les portraits de Coulomb sont extrêmement rares et défectueux. Celui de notre livre a été pris sur un croquis exécuté en Bretagne, en 1778, à l'époque de la mission de ce grand physicien auprès du gouvernement de cette province. Malgré sa médiocrité, c'est un document précieux à cause de sa nouveauté.

23. — Georges Cuvier.

Georges Cuvier, naturaliste, est mort à Paris le 13 mai 1832, chargé de gloire et d'honneurs, ayant fourni une carrière singulièrement remplie par les découvertes, mais étant encore dans toute la force du génie. Il était né à Montbéliard, le 23 août 1769, année célèbre parce qu'elle vit apparaître, à la fois : Napoléon, Alexandre de Humboldt, Chateaubriand, Walter Scott, Méhemet Ali, Wellington, Lannes, Marceau, Soult, Ney, Tallien, Mouton-Duvernet, les poètes Chènedollé et Esménard, Philippe Lebon, l'inventeur du gaz d'éclairage, le géomètre Hachette, le comte de Lavalette, directeur général des Postes en 1815, Bourrienne, de Norvins, le général Joubert, Dussault, l'un des fondateurs du *Journal des Débats*, le général Decaen, et bien d'autres que nous avons énumérés dans notre étude spéciale sur cette année illustre.

Cuvier a été un grand naturaliste et un profond écrivain. Il a créé l'anatomie comparée ; il a tracé dans un style coloré les lois de la subordination des formes et de la corrélation des organes qui ont donné le moyen de ressusciter tout un monde éteint et de reconstruire méthodiquement les espèces animales perdues, à l'aide de quelques débris fossiles, tantôt isolés, épars, tantôt confondus et mêlés.

A ces titres divers, il a rendu un immense service aux connaissances humaines, et du même coup il a créé la paléontologie ou science des corps organisés dont on n'a que les débris fossiles. Il a posé en principe : 1° qu'un certain rapport lie entre elles toutes les modifications de l'organisme et que certains organes ont sur l'ensemble de l'économie une influence décisive, d'où la loi dite des *subordinations des organes;* 2° que certains caractères s'appellent mutuellement, tandis que d'autres s'excluent nécessairement, d'où la loi dite des *corrélations de formes*. C'est en appliquant ces deux principes qu'il a pu déterminer, d'après quelques os, des espèces inconnues, détruites au cours des révolutions du globe. Anatomiste transcendant, Cuvier fut cependant un physiologiste médiocre et un philosophe à courte vue. Dans les dernières années de sa vie, il se déclara l'adversaire ardent des doctrines du transformisme mises en lumière par Etienne Geoffroy Saint-Hilaire et Lamarck.

On lui a érigé une statue à Montbéliard, due au ciseau de David d'Angers, et une autre à Paris, sur une belle fontaine, dans la rue qui porte son nom, sur la rive gauche de la Seine, près le Jardin des Plantes. En 1835, à peine mort, la France lui avait déjà élevé, dans la galerie de géologie du Muséum d'histoire naturelle, une première statue le représentant tenant dans sa main gauche le globe terrestre, qui semble, à l'approche de l'index de la main droite, se crevasser et s'ouvrir pour dévoiler ses secrets au grand naturaliste.

Il ne faut pas oublier que son frère Frédéric Cuvier

(1773-1838) a été, au second rang, un naturaliste remarquable et original dans ses vues. Il est le premier qui ait distingué chez les mammifères les limites séparant l'intelligence, qui se modifie sans cesse, de l'instinct, qui est invariable, et montré la part qu'on doit faire de ces deux facultés dans les actes des animaux. Il comparaissait l'habitude à l'instinct ; mais au lieu d'expliquer

Georges Cuvier
NATURALISTE
1769 — 1832

à l'exemple de Condillac, l'instinct par l'habitude, il voyait dans l'habitude une sorte d'instinct acquis. Il refusait, en résumé, aux animaux et n'accordait qu'à l'homme la réflexion qu'il définissait ainsi : *faculté de considérer intellectuellement, par un retour sur nous-mêmes, nos progrès et incessantes modifications.* Enfin, il tirait la domesticité des animaux de leur sociabilité.

Comme son immortel frère, Frédéric Cuvier fut aussi une âme simple. Il racontait souvent l'anecdote suivante au sujet du grand Cuvier, qui traitait tous les savants comme des égaux et prétendait être regardé par eux de la même façon. Il discutait un jour avec un jeune naturaliste un point d'anatomie, et il soutenait son avis modestement, tandis que son interlocuteur à chaque phrase répétait : « Monsieur le baron ! Monsieur le baron ! » A la fin, un peu impatienté, Cuvier l'interrompit, se retint et lui dit doucement : « Il n'y a pas de baron en science ; il n'y a que des savants cherchant la vérité pour s'incliner devant elle seulement. »

Georges Cuvier avait atteint rapidement cependant tous les honneurs. En 1796, il avait été nommé membre de l'Institut et professeur à l'Ecole centrale du Panthéon. La mort de Daubenton lui avait laissé, en 1799, la chaire beaucoup plus importante d'histoire naturelle au Collège de France. En 1802, il avait obtenu celle du Muséum. La classe des sciences physiques de l'Institut l'avait choisi pour secrétaire en 1809. L'Académie française et l'Académie des Inscriptions le comptèrent au nombre de leurs membres. Il avait été nommé successivement par Napoléon inspecteur général et conseiller de l'Université, conseiller d'Etat par Louis XVIII, directeur des cultes dissidents, baron et grand officier de la Légion d'honneur. Enfin, peu de temps avant sa mort, Louis-Philippe l'avait nommé pair de France. Toutes ces faveurs n'ont pu dépasser ses découvertes et sa gloire scientifique.

A la mort de Cuvier, on fit l'autopsie de son corps et on eut l'idée de peser son cerveau. On constata un poids extraordinaire de 1829 grammes, tandis que le chiffre moyen chez l'homme est de 1353 grammes, et, chez la femme, de 1225 grammes, soit une différence de 128 grammes entre les deux sexes.

On a donné son nom à une rue de Paris située sur la rive gauche de la Seine et bordant tout le Jardin des Plantes dans sa longueur Le portrait qui le représente a été exécuté d'après la belle et vivante gravure de Louis Boilly.

24 et 24bis. — Daguerre et Niepce.

Daguerre et Niepce! Ce sont ces deux noms qu'il aurait fallu inscrire, et non point seulement l'un d'eux.

Daguerre
PEINTRE ET PHYSICIEN
INVENTEUR DU DAGUERRÉOTYPE
1789 — 1851

Nous en développons la raison inéluctable au cours de cette notice jumelle, en donnant les deux portraits de ces inventeurs, dont il est impossible de séparer les travaux dans l'histoire des sciences.

Louis-Jacques-Mandé Daguerre, peintre et physicien, est né à Cormeilles, aujourd'hui village du département de Seine-et-Oise, en 1789 Il est mort à Petit-Bry-sur-Marne, près Paris, le 12 juillet 1851. Daguerre est le père non point de la photographie (c'est à Niepce que revient cette gloire), mais l'inventeur de la daguerréotypie. De bonne heure il put se livrer à son goût pour la peinture décorative et il devint rapidement un artiste de premier ordre pour l'ornementation théâtrale. Son pinceau se plaisait surtout aux paysages vaporeux, aux effets de nuit, aux grandes ruines. Plusieurs de ses décors, comme ceux du *Soleil tournant* dans *Aladin ou la Lampe merveilleuse* et de la *Lune mobile* du *Songe* sont restés célèbres. En 1822, il ouvrit au public un spectacle nouveau, le Diorama, qui eut une vogue immense jusqu'en 1839, époque à laquelle un incendie le détruisit en quelques heures.

Conduit par ses études de peinture, de perspective et d'optique à la recherche du problème de la fixation des images par l'action du soleil, il se mit en rapport, en 1826, avec Niepce, ayant appris que ce dernier, à Chalon-sur-Saône, quelques années auparavant, avait résolu la question. Ils firent ensemble un traité d'association, le 14 décembre 1829 ; mais Niepce, étant mort en 1833, Daguerre continua à perfectionner et à exploiter les procédés héliographiques mis en commun, en imposant son seul nom à cette découverte, tant il est vrai que les absents ont toujours tort, qu'ils soient vivants ou morts.

Chevreul a démontré dans un Mémoire historique, publié en 1873, dans le *Journal des Savants*, que la découverte de l'héliographie, tout à fait originale, appartient entièrement à Joseph-Nicéphore Niepce (1765-1833), quelle que soit l'estime qu'on professe pour Daguerre, et il a établi comment cette invention a donné successivement naissance à la daguerréotypie et à la photographie sur papier due dans la suite à Talbot. C'est Nicéphore Niepce qui a rempli le premier les deux conditions nécessaires pour fixer l'image de la chambre obscure, à savoir : 1° l'emploi d'une matière sensible à l'action de la lumière ; 2° l'emploi d'un liquide capable de dissoudre toute cette matière pénétrable qui n'a point été modifiée par la lumière à l'exclusion de

Nicéphore Niepce
CHIMISTE
INVENTEUR DE LA PHOTOGRAPHIE
1765 — 1833

celle qui l'a été. Daguerre ensuite a eu le mérite postérieur, mais incontestable aussi, de perfectionner la chambre obscure et de substituer au bitume de Judée, matière sensible à l'action de la lumière, l'argent ioduré beaucoup plus impressionnable.

Plus tard Talbot, en substituant le papier aux métaux et au verre employés comme plaques reproductrices de l'image, Niepce de Saint-Victor, petit-cousin de Nicéphore Niepce, en trouvant le moyen de réduire de

26 minutes à quelques secondes, la durée de l'exposition de la plaque sensible dans la chambre obscure, ont donné naissance au grand développement de la photographie moderne. Sans l'invention de l'héliographie de Nicéphore Niepce, Daguerre n'eût pas imaginé le daguerréotype, et sans le daguerréotype on ne serait pas parvenu à créer la photographie. L'invention de cette découverte appartient à ces deux hommes dont les travaux et le rôle respectif dans cette grande création sont très nettement établis. Joseph-Nicéphore Niepce a, le premier, trouvé le moyen de fixer par l'action chimique de la lumière, l'image des objets extérieurs. Louis-Mandé Daguerre a perfectionné les procédés photographiques de Niepce et a combiné dans son ensemble la méthode générale actuellement en usage. Telle est la vérité. C'est pourquoi nous regrettons de ne pas voir inscrits sur la Tour de 300 mètres, à côté l'un de l'autre, les deux noms inséparables de Niepce et Daguerre, comme leurs découvertes réciproques et leurs recherches personnelles sont liées indissolublement. Daguerre sans Niepce n'eût rien fait, et Niepce sans Daguerre serait resté dans l'ombre. Il était de notre devoir de réparer cette omission, au nom de la justice scientifique.

La ville de Chalon-sur-Saône a élevé, le 22 juin 1885, une statue à Nicéphore Niepce, dont le tombeau se trouve près de là, à Saint-Loup-la-Varenne. La ville de Paris a donné le nom de Daguerre à une de ses rues de la rive gauche de la Seine. De plus, un monument lui a été érigé, avec son buste par M. Capellaro, dans son pays natal, le 26 août 1883.

Les portraits de notre livre ont été faits, pour celui de Daguerre, d'après une peinture exécutée en 1845, et pour celui de Niepce, d'après un médaillon sculpté après sa mort.

25. — Henry de Dion.

Le comte Henry de Dion, ingénieur, est né à Montfort l'Amaury (Seine-et Oise), le 23 décembre 1828; il est mort à Paris le 13 avril 1878. Il fit ses études en Suisse et entra en 1848 à l'Ecole centrale des Arts et

Henry de Dion
INGÉNIEUR
1828 — 1878

Manufactures. En 1851, nous le voyons dans les bureaux des études du chemin de fer de Saint-Germain-en-Laye. Les facultés exceptionnelles dont la nature l'avait doué pour les sciences le portèrent à se consacrer de préférence à toutes les questions de résistance des matériaux et de mécanique, qui, à cette époque, n'étaient point familières, comme de nos jours, à la totalité des ingénieurs. Il fut distingué par Eugène Flachat et envoyé au chemin de fer du Midi, pour étudier le projet du pont de Langon. Cette entreprise toute nouvelle est restée l'œuvre personnelle de Henry de Dion.

Il avait achevé cette mission, lorsque Eugène Flachat fut désigné pour donner son avis sur une question qui agitait tous les esprits de la ville de Bayeux (Calvados) et donnait lieu à des polémiques passionnées. Il s'agissait de la restauration de la tour centrale de la cathédrale qui menaçait ruine et qu'on avait condamnée à une démolition immédiate. Eugène Flachat, au contraire, avec autant de justesse que de hardiesse dans le coup d'œil, déclara que la conservation de la tour lui semblait possible, à la condition d'en prendre seul la responsabilité, sans délai et avec complète liberté d'action, et d'y employer qui il voudrait. Le grand ingénieur avait jeté son dévolu sur Henry de Dion, qu'il avait vu à l'œuvre et auquel il allait confier ce travail redoutable.

En effet, la tour centrale de la cathédrale de Bayeux est une construction du XVe siècle, élevée sur les quatre piliers formant l'intersection de la nef du transept. Ces piliers étaient romans et les architectes, les trouvant trop faibles pour supporter le poids dont ils allaient les charger, avaient construit autour de chacun d'eux une enveloppe qui en augmentait le diamètre. Mais cette enveloppe n'était pas reliée avec le noyau central; de plus, le choix des matériaux avait été fait légèrement, en sorte que des tassements se produisirent peu à peu et que le poids de la tour vint à reposer sur les noyaux et les enveloppes, en les comprimant séparément. A l'époque où Henry de Dion arriva à Bayeux, les dommages étaient effrayants. Les murs étaient lézardés, l'enveloppe des piliers était écrasée, les désordres s'aggravaient chaque jour, chaque heure, pour ainsi dire, et la chute de la tour était imminente.

Le jeune ingénieur, soutenu par son illustre maître,

ne se laissa pas émouvoir. Il arrêta immédiatement un plan consistant à entourer les piliers d'un coffrage en bois dans lequel on coulerait du plâtre, pour apporter un secours temporaire et retarder l'anéantissement définitif, à monter des échafaudages taillés sur place, et à entourer la tour de ceintures de fer formées de barres posées à chaud, de manière à retarder la marche des lézardes et même à les refermer. Le succès de ce beau travail fut complet. Au bout de quelques semaines, la tour, dont le poids était d'environ trois millions de kilogrammes, reposait sur des échafaudages ; elle avait même été soulevée par l'effort des vérins. Les piliers furent démolis, reconstruits, et l'œuvre menée à bien, conformément au plan arrêté. Henri de Dion reçut, comme récompense, la croix de chevalier de la Légion d'honneur. Il avait vingt-cinq ans.

Pendant l'exécution de ces travaux mémorables, on n'eut à supporter qu'un seul événement pénible. Un puisatier fut enseveli sous l'écroulement d'une maçonnerie profonde. Par un hasard rare, les moellons firent voûte au-dessus de sa tête et le malheureux se trouva emprisonné vivant et sans blessures graves. On accourut et Henry de Dion, pour éviter de rompre l'équilibre des matériaux, causer la mort de l'ouvrier, fit faire un puits à quelque distance et percer une galerie pour rejoindre ce dernier. On atteignit la maçonnerie écroulée et on put passer à cet homme, qui se croyait perdu, au moyen d'un tube, des aliments liquides. Il fallait des précautions de tous les instants pour éviter l'éboulement. De Dion avait pris la direction du sauvetage. Lorsque, accablé de fatigue, il allait prendre quelques instants de repos, le malheureux, qui avait appris à reconnaître sa voix, le redemandait à grands cris, se croyant, dès qu'il ne l'entendait plus, abandonné et perdu. Enfin, après deux jours et trois nuits d'efforts et d'angoisses, le jeune ingénieur eut la suprême satisfaction d'arracher lui-même cet enterré vivant à son effroyable prison.

Après l'achèvement des travaux de Bayeux, Henry de Dion se rendit en Espagne pour le compte de la Compagnie belge de matériel de chemins de fer, et y monta plusieurs ponts en tôle. Puis il passa à la Guadeloupe où il construisit la sucrerie de M. le marquis de Rancougne, une des plus belles usines des colonies françaises. A son retour, il remplaça pendant une année M. Emile Trélat au Conservatoire des Arts et Métiers (cours de construction civile) et il accepta à l'Ecole centrale d'architecture la chaire de stabilité des constructions. La tâche que Henry de Dion entreprenait était difficile ; mais c'est là qu'il a rendu des services éminents et qu'il s'est illustré. Il faut le dire, c'est à lui que l'on doit la possibilité, appliquée avec tant de succès et de hardiesse, dans le palais des machines de l'Exposition universelle de 1889, de dresser les grandes fermes sans entrait dans les constructions métalliques. Déjà en 1867, il avait présenté une disposition nouvelle consistant à prolonger les piliers soutenant les fermes, au-dessus de la toiture, en employant seulement des tirants. Les fermes métalliques sans entrait, qui sont si élégantes et si audacieuses et qui sont devenues les éléments les plus justement admirés dans les constructions, sont l'œuvre de Henri de Dion.

Elu président de la Société des ingénieurs civils en 1877, il prononça le 5 janvier un discours inaugural, remarquable à plus d'un titre, dans lequel il insistait sur l'importance de l'histoire des sciences « Non seulement elle nous enseigne comment les idées ont pris naissance et se sont développées, mais elle nous montre aussi combien on passe à côté de la vérité et combien, lorsqu'on l'a trouvée, il faut encore d'efforts et de temps pour la répandre et pour lui donner la forme simple sous laquelle nous pouvons l'utiliser ».

A sa science, à ses qualités exceptionnelles de caractère droit et décisif, Henry de Dion joignait un grand patriotisme. Il était au Pérou, lorsqu'il apprit, en 1870, la déclaration de guerre ; il s'embarqua aussitôt pour la France et arriva à Paris avant le blocus. Nommé commandant du génie auxiliaire, ce fut lui qui construisit, sous le feu allemand, toutes les redoutes en avant de Champigny ; c'est à la suite de cette belle conduite qu'il fut promu au grade d'officier dans l'Ordre de la Légion d'honneur.

Henry de Dion était marié seulement depuis un an à sa cousine germaine, Mlle Le Vaillant du Chatelet, qui a conservé pour sa mémoire le culte le plus tendre et le plus jaloux, lorsqu'il tomba malade et fut enlevé dans la force du talent, à l'instant même où l'homme peut rendre tant de services, mais ayant laissé dans les sciences mécaniques et dans l'art de l'ingénieur des travaux qui ne périront pas.

Son portrait a été exécuté sur une photographie confiée par sa veuve.

26. — Delambre.

J.-B.-J. Delambre, astronome, est né à Amiens le 19 décembre 1749 ; il est mort à Paris le 18 août 1822. Savant de génie, ses hautes facultés ne s'éveillèrent que fort tardivement. Il n'avait pas moins de trente-six ans, en effet, quand il commença à étudier sous Lalande la science qui devait immortaliser son nom. Mais son début dans la carrière scientifique fut un coup de maître. Ses tables d'Uranus lui valurent en 1790 le prix de l'Académie des Sciences de Paris ; deux années après lorsqu'il présenta à ce corps savant ses tables de satellites de Jupiter et de Saturne, il fut nommé membre à l'unanimité des voix.

L'Assemblée constituante ayant décrété l'établissement du nouveau système métrique de mesures, Delambre reçut en 1791, avec Méchain, la mission de mesurer l'arc du méridien terrestre compris entre Dunkerque et Barcelone. Cette opération si importante fut sans cesse interrompue par les grands événements politiques qui se passèrent à cette époque à jamais mémorable ; elle ne put être terminée qu'en 1799. Napoléon, pour le récompenser, le nomma chevalier de la Légion d'honneur en 1804 et lui confia, en 1808, les fonctions de trésorier de l'Université récemment créée.

Delambre a été un libre esprit, comme Jérôme Lalande, Etienne Geoffroy Saint-Hilaire, Lamarck. Il a laissé une *Histoire de l'astronomie*, qui malheureusement est inachevée. Il est mort pendant qu'il en terminait la première partie qui est un chef-d'œuvre, au point de vue de la science comme de la valeur littéraire. Delambre avait été bien préparé pour composer un tel ouvrage. Il avait fait ses études au Collège de sa ville natale, où il connut l'abbé Delille, alors simple répétiteur des classes latines. Il était devenu, sous ce maître élégant, un très fort humaniste, un helléniste sagace, un écrivain brillant. Il en fit la preuve toute sa vie, dans tous ses livres, et notamment comme secrétaire perpétuel de l'Académie des Sciences. Chargé par ces fonctions d'écrire l'histoire annuelle et générale des mathématiques et d'apprécier les talents et les travaux de ses confrères décédés, il accomplit ce devoir, toujours dans les termes les plus littéraires. On sait aussi que c'est lui qui a rédigé les articles relatifs aux astronomes anciens et modernes dans la *Biographie universelle* de Michaud. Il le fit avec une modestie qui n'a d'égale que la profondeur de sa science. Qu'on y lise pour s'y rendre compte, la notice qu'il consacre dans cette célèbre encyclopédie à son collaborateur Méchain. On ne se douterait pas, si on ne le savait d'ailleurs, que c'est lui Delambre qui a partagé les travaux de Méchain, ou pour parler plus exactement que c'est à lui-même qu'est due la plus grande partie de leur conception.

L'éloge de Delambre a été prononcé par Cuvier, Biot, Arago, trois bons juges dans la valeur des hommes et des découvertes.

Delambre
ASTRONOME
1749 — 1822

Un trait caractéristique de Delambre a été rapporté par Cuvier, qui a raconté que lorsqu'il sentit sa fin approcher, il fit la revue de sa vaste correspondance, mit à part toutes les lettres qu'il avait reçues de chacun des savants français et étrangers avec lesquels il entretenait un commerce épistolaire, et pria sa femme d'apprendre à chacun d'eux qu'il pouvait réclamer ses lettres ou en ordonner la destruction.

La ville de Paris a donné le nom de Delambre à une des rues de la rive gauche de la Seine. Le portrait de notre livre a été exécuté d'après une gravure de Louis-Léopold Boilly, faite sur nature en 1803.

27. — Eugène Delaunay.

Charles-Eugène Delaunay, astronome, est né à Lusigny près de Troyes (Aube), le 9 avril 1816. Il périt le 6 août 1872, pendant un voyage exécuté à Cherbourg, sur une péniche, qui fit naufrage sur les côtes du Calvados. Il sortit le premier de l'Ecole polytechnique en 1836 et devint ingénieur des mines. Mais il quitta bientôt cette carrière pour se livrer à l'enseignement et à son goût pour les mathématiques.

Un fait particulier contribua à donner au jeune homme un goût spécial pour l'astronomie. Depuis 1856, l'Institut remet chaque année à l'élève sortant de l'école avec le numéro un, les œuvres complètes de Laplace, prix fondé par la veuve de l'illustre savant. Delaunay est le premier qui ait reçu ce prix religieusement décerné chaque année depuis cette époque. En lisant les œuvres de Laplace, il résolut de se consacrer aux études astronomiques. Il débuta dans cette carrière scientifique par un Mémoire, qui fut très remarqué, sur une nouvelle théorie analytique du mouvement de la lune (1846). Il se consacra ensuite à la composition d'excellents ouvrages élémentaires, qui ont puissamment concouru à populariser les mathématiques. Il faut citer au premier rang son *Cours élémentaire de mécanique* (1854); son *Cours élémentaire d'astronomie* (1855); son *Traité de mécanique rationnelle* (1856). En 1842, il avait obtenu le second grand prix de mathématiques, décerné par l'Institut de France, avec son travail sur le calcul des variations. Successivement il fut nommé professeur à l'Ecole polytechnique, à la Faculté des Sciences de Paris, puis membre de l'Académie des Sciences en 1855 et du Bureau des longitudes en 1862. Delaunay a émis le premier la véritable théorie des marées.

En 1870, il avait succédé à Le Verrier comme directeur de l'Observatoire de Paris et s'était consacré plus

Charles-Eugène Delaunay
ASTRONOME
1816 — 1872

spécialement à des études sur le ralentissement de la rotation de la terre, les saisons et à écrire un remarquable rapport sur les progrès de l'astronomie. A cette époque aussi le gouvernement de Napoléon III fit remettre à Eugène Delaunay une somme de 60,000 francs pour l'impression de ses *Tables de la lune*, auxquelles il travaillait depuis 25 ans et qui ont remplacé celles de Hansen. Son nom a été donné à une impasse de Paris, sur la rive droite de la Seine. Son portrait a été fait d'après un dessin exécuté sur nature en février 1870.

28. — Dulong.

P.-L. Dulong, chimiste et physicien, est né à Rouen en 1785; il est mort à Paris le 18 juillet 1838. A seize ans, il entra comme élève à l'Ecole polytechnique. Une grave indisposition l'obligea de quitter, avant la fin de la seconde année, cet établissement où il devait reparaître avec tant d'éclat, comme examinateur de sortie, comme professeur et comme directeur des études. L'art de guérir absorba tout d'abord tous ses moments. Il commença même à exercer la médecine dans un des quartiers les plus pauvres de Paris. La clientèle s'augmentait à vue d'œil, mais la fortune diminuait avec la même rapidité, car Dulong ne vit jamais un malheureux sans le secourir, et il s'était cru obligé d'avoir un compte ouvert chez le pharmacien, au profit de ses malades, qui, sans cela, n'auraient pas pu faire usage de ses prescriptions.

Les sciences lui parurent une carrière moins ruineuse, et Dulong quitta la médecine pour les cultiver. Mais il n'avait pas songé que là aussi surgissaient de continuelles occasions de dépenses. Jamais il ne se laissa arrêter par des difficultés d'argent, des dangers d'explosion. C'est ainsi qu'il perdit un œil et deux doigts de la main droite, en préparant, pour la première fois, le chlorure d'azote, et qu'à sa mort le patrimoine paternel qu'il avait reçu se trouva épuisé au point de ne laisser pour toute fortune à sa femme et à ses enfants que le souvenir de ses glorieux travaux.

Les découvertes de Dulong ont porté sur l'analyse de l'eau et sur la théorie de la chaleur. En chimie, c'est lui qui est l'inventeur du procédé resté classique consistant à faire passer un courant d'hydrogène bien sec sur de l'oxyde de cuivre chauffé au rouge et à recueillir la vapeur d'eau dans un récipient contenant de l'acide sulfurique concentré. En pesant le tube et le récipient avant et après l'expérience, on a le poids de l'oxygène, celui de l'eau et par suite de l'hydrogène.

En physique, Dulong a formulé les lois sur le refroidissement et fourni les données scientifiques nécessaires pour la rédaction de la loi sur les machines à vapeur.

Dulong
CHIMISTE ET PHYSICIEN
1785 — 1838

Il s'agissait de déterminer les tensions maxima de vaporisation à toutes les températures supérieures à celle de 100 degrés. Il fut désigné officiellement avec Arago pour exécuter ces expériences. Ces deux savants commencèrent par graduer exactement un manomètre à air comprimé par une colonne de mercure dont ils portèrent la hauteur jusqu'à vingt-quatre fois celle de la colonne barométrique. Ces recherches célèbres furent accomplies dans la tour du Collège Henri IV, derrière le Panthéon, à Paris. Le manomètre étant gradué, Dulong et Arago firent agir la pression de la vapeur sur le bain de mercure qui isolait l'air emprisonné dans l'appareil et purent ainsi déterminer les tensions jusqu'à 212 degrés. Ces deux illustres savants ne se doutèrent guère que soixante ans plus tard, un manomètre monstre de 300 mètres serait installé le long d'une tour de fer, plus de sept fois plus haute que la tour de pierre dans laquelle ils avaient opéré.

Dulong est encore l'auteur d'une série de découvertes sur les dilatations des liquides et des solides. Il est l'inventeur d'un précieux instrument nommé *cathétomètre* et du thermomètre à poids. Ses magnifiques travaux, devenus classiques, sont restés comme des modèles de sagacité, de pénétration, de patience. En les méditant, les jeunes savants peuvent voir se dérouler devant eux la voie pénible, laborieuse, semée de mille obstacles, mais la seule voie cependant par laquelle on puisse acquérir dans les sciences une gloire que le temps, l'esprit de système, les caprices de la mode n'ébranle pas. Les recherches de Dulong, décrites dans tous les traités scientifiques publiés dans le monde entier et dans toutes les langues, apprennent à la jeunesse à ne point déduire trop vite des conséquences exagérées, des découvertes que l'on fait. Ce n'est pas un des moindres services rendus au progrès de l'esprit humain par ce grand physicien et chimiste.

Le nom de Dulong a été donné à une rue de Paris, sur la rive droite de la Seine. Le portrait de notre livre a été fait sur un dessin de Ambroise Tardieu, exécuté d'après nature en 1825. N'oublions pas de rappeler que Dulong a été secrétaire perpétuel de l'Académie des Sciences.

29. — J.-B. Dumas.

Né à Alais (Gard), en 1800, Jean-Baptiste Dumas, chimiste, est mort à Cannes (Alpes-Maritimes), le 11 avril 1884. Avec Gay-Lussac, il peut être considéré comme le plus grand chimiste du XIXe siècle. Il fit ses

J.-B. Dumas
CHIMISTE
1800 — 1884

premières armes scientifiques à Genève, où il s'était rendu pour occuper une place de commis dans une pharmacie. Il avait à peine vingt ans lorsqu'il publia avec Constant Prévost des recherches sur divers sujets de physiologie et principalement des expériences sur la fécondation et sur le sang. Mais la pharmacie ne le retint pas et la physiologie ne l'absorba point.

Arrivé à Paris en 1821, il se voua exclusivement à la chimie, et fut bientôt en position d'entreprendre et d'achever les travaux les plus importants. Développement indépendant de la chimie organique et réforme de la chimie minérale, telle est l'ère qui commence avec Dumas. C'est lui qui a tracé le nouveau programme chimique et qui en a jeté les fondements par ses propres découvertes. Les idées qui avaient cours alors étaient tirées de l'étude des composés minéraux et ainsi formulées : Toutes les combinaisons chimiques sont formées de deux éléments immédiats qui sont eux-mêmes ou des corps simples ou des composés du premier degré.

Berzélius, l'illustre chimiste suédois, avait adopté cette conception qui remonte à Lavoisier et il l'avait renforcée par l'hypothèse électro-chimique. C'est ce qu'on appelait le dualisme. Dumas le battit en brèche. Étudiant, en 1834, l'action du chlore sur les composés organiques, il reconnut que ce corps simple possède « le pouvoir singulier de s'emparer de l'hydrogène et de le remplacer atome par atome. » Tel fut le premier énoncé d'une loi qui s'appuie aujourd'hui sur des milliers de cas analogues et qui forme le point de départ de la théorie des substitutions et des doctrines qui en découlent. Dumas y a attaché son nom, aidé par une foule de disciples. Laurent, de grande mémoire, y a collaboré activement et Charles Gerhardt a généralisé et simplifié les types chimiques, notion forte et juste.

J.-B. Dumas entra à l'Académie des Sciences en 1832. Cette même année il remplaça Thenard à l'Ecole polytechnique et fut appelé à la Faculté des Sciences de Paris comme professeur adjoint. Trois ans auparavant, il était arrivé, à la suite d'un brillant concours, à la chaire de chimie organique de la Faculté de Médecine.

C'est dans cette situation que son grand talent de professeur a atteint son apogée.

Dumas a été un réformateur dans les sciences et il a exercé aussi par ses aptitudes d'écrivain et d'orateur une action prolongée sur leur vulgarisation. Il a contribué à la création de l'Ecole centrale des Arts et Manufactures, avec Lavallée ; il y a professé pendant un quart de siècle. Sénateur, ministre, grand'croix de la Légion d'honneur, président de la Société d'Agriculture de France et de la Société d'encouragement pour l'Industrie nationale, quand il est mort il était devenu l'un des deux secrétaires perpétuels de l'Académie des Sciences, et l'un des Quarante de l'Académie française, en remplacement de Guizot. On lui a élevé une statue à Alais, sa ville natale, le 21 octobre 1889.

Les *Eloges et Discours académiques* de Dumas ainsi que ses admirables *Leçons sur la philosophie chimique* professées au Collège de France, en 1836, ont été publiés par la maison Gauthier-Villars et fils. Le portrait que nous donnons de lui a été exécuté sur une photographie faite en 1878 et dont il a fait hommage à mon père J.-A. Barral, à cette époque.

30. — Ebelmen.

Jacques-Joseph Ebelmen, chimiste, est né à Baume-les-Dames (Doubs), le 10 juillet 1814. Il est mort à Paris, le 31 mars 1852, ayant à peine atteint sa trente-huitième année, dans toute la force productrice du savant. Sorti de l'Ecole polytechnique en 1833, et de l'Ecole des Mines en 1836, il fut successivement nommé professeur adjoint de docimasie dans ce dernier établissement, puis administrateur et enfin directeur de la Manufacture de Sèvres, en 1847. C'est là qu'Ebelmen, dans un court espace de temps, a montré ses grandes qualités de chimiste et de chercheur, aussi patient qu'audacieux. En peu d'années, il a trouvé le moyen d'exercer une influence considérable sur les progrès artistiques, scientifiques et industriels de la fabrication de la porcelaine.

Il a d'abord perfectionné le coulage, et c'est lui qui a fait remplacer le bois par la houille dans la cuisson des pâtes, ce qui a permis d'obtenir des objets d'une pureté jusqu'alors inconnue et de réaliser du même coup d'importantes économies.

La cristallographie doit à Ebelmen des procédés nouveaux et très originaux comme idée théorique et application pratique, pour l'imitation par la voie sèche, de plusieurs pierres précieuses, telles que l'émeraude, le corindon, la spinelle, le péridot, l'hyalite et l'hydrophane. La méthode d'Ebelmen pour obtenir toutes ces combinaisons cristallisées a été étendue à beaucoup d'espèces minérales non sans succès.

Ebelmen s'est occupé aussi de recherches sur la composition et l'emploi des gaz des hauts fourneaux. Au moment de sa mort, il s'occupait avec Barral et Salvétat des moyens de fabriquer, pour l'usage domestique, des poêles émaillés, de façon à empêcher la diffusion dans l'air ambiant de l'acide carbonique et de l'oxyde de carbone produits par la combustion. Les calorifères recouverts d'émail sont les seuls qui soient hygiéniques, propres et charmants au regard. On les a délaissés peu à peu, à tort, pour les appareils en fonte et en tôle, fort dangereux et qui distillent dans l'air ambiant le gaz empoisonneur. On reviendra à leur usage forcément et pour le plus grand bien des usages domestiques.

Tous les travaux et mémoires d'Ebelmen ont été réunis en 1855, en deux volumes par ses amis. Ils constituent une mine féconde de renseignements précieux sur les faits acquis et d'indications à retenir pour des recherches à poursuivre.

Lorsque ce jeune savant, qui promettait tant pour l'avenir par son passé fécond, est mort, il venait de publier une étude tout à fait magistrale sur les altérations des roches stratifiées sous l'influence des agents atmosphériques et des eaux d'infiltration. Ebelmen y démontre

Ebelmen
CHIMISTE ET CRISTALLOGRAPHE
1814 — 1852

qu'il est possible de réaliser, par la synthèse chimique, tous les types qui manquent à la classification des minéraux cristallisés. Ces visées, alors téméraires, ont reçu de toutes parts, des savants des deux mondes, des approbations unanimes, manifestées par des découvertes nombreuses poursuivies dans cet ordre d'idées. Cette découverte fort importante date du 22 décembre 1851. Toutes les expériences poursuivies dans cette direction nouvelle ont consisté, a écrit Ebelmen lui-même, à dissoudre les éléments des corps qu'il s'agissait de faire cristalliser dans un silicate chargé d'un grand excès d'alcali, et à soumettre le tout à l'action d'une haute température, comme celle d'un four à porcelaine, ou du four à boutons de M. Bapterosses. L'excès d'alcali se volatilisait, et des cristaux se formaient au sein de la masse vitreuse liquide. La présence de la silice était nécessaire pour donner au fondant une certaine fixité et pour constituer un silicate fusible, au milieu duquel les cristaux pouvaient se développer avec la netteté désirable.

Depuis cette époque, sur les données d'Ebelmen, on a pu produire, au moyen de la synthèse chimique, un grand nombre d'espèces minérales, à l'état de pureté, et obtenir ainsi non seulement les types spécifiques qui manquaient pour la classification de beaucoup de minéraux cristallisés, mais acquérir encore les notions les plus précieuses sur les origines et les conditions de la cristallisation de ces espèces. C'est en employant des dissolutions dans le borax (biborate de soude) des substances qu'il voulait obtenir à l'état cristallisé, qu'il aboutit aux résultats les plus remarquables. Ces dissolutions chauffées à la température des fours à porcelaine, laissaient évaporer le borax avec une grande lenteur, et peu à peu, comme au sein d'un liquide, se déposaient les cristaux attendus. C'est ainsi qu'Ebelmen a reproduit le quartz, le fer chromé, l'émeraude, le pyroxène, l'enstatite, le corindon, le rubis, le cymophane, le péridot, la perowskite, etc.

La maison Gauthier-Villars et fils a publié en trois forts volumes, avec figures dans le texte, la *Chimie, Céramique, Géologie et Métallurgie* d'Ebelmen. — Une des rues de Paris, sur la rive droite de la Seine, porte son nom. Le portrait d'Ebelmen que nous donnons a été exécuté d'après un croquis fait en 1850 par le célèbre dessinateur Traviès pour mon père, dont il était l'ami. On sait que Traviès, mort en 1860, est le créateur du type populaire du bossu Mayeux. Ce fut un esprit mordant et satirique des plus élevés et des plus redoutables, pendant le règne de Louis-Philippe.

31. — Fizeau.

M. Armand-Hippolyte-Louis Fizeau, physicien, est né à Paris, le 23 septembre 1819. Il est le seul vivant, en 1891, des soixante-douze savants dont les noms sont inscrits sur la grande frise de la Tour Eiffel. De bonne heure il put se consacrer à l'étude des sciences physiques et mathématiques. Par ses travaux nombreux et d'ordre supérieur, tous marqués au coin d'une véritable originalité. il s'est placé au premier rang des physiciens du XIXe siècle. Il est, avant tout le monde, arrivé en 1849 à déterminer directement, par une méthode ingénieuse, la vitesse de la lumière dans l'atmosphère, et par une mémorable expérience instituée en 1856, il a démontré définitivement l'influence qu'exerce sur cette vitesse un mouvement de transport du milieu dans lequel elle se propage. Ces travaux lui valurent d'abord la croix de chevalier de la Légion d'honneur, et plus tard le Grand prix de dix mille francs de l'Institut. En 1860, il est entré à l'Académie des Sciences, dans la section de physique générale, en remplacement du baron Cagniard de Latour, et de 1864 à 1866, il a été examinateur de sortie, pour la physique, des élèves de l'Ecole polytechnique. Les *Annales de Chimie et de Physique*, les *Comptes rendus* des séances de l'Académie des Sciences contiennent la série de ses féconds mémoires et travaux.

C'est le 29 septembre 1851 qu'il a présenté l'ensemble de ses déterminations de la vitesse de la lumière dans l'atmosphère. Il a puissamment aidé aux moyens indiqués par Arago pour résoudre cette question dans le sens qui renverse le système de l'émission. Il a fait prévaloir le système des ondes. C'est ainsi que M. Fizeau a conquis un de ses plus beaux titres à la gloire scientifique en communiquant à l'Académie des Sciences ses recherches sur les hypothèses relatives à l'éther lumineux et en exposant l'expérience qui paraît démontrer que le mouvement des corps change la vitesse, avec laquelle la lumière se propage dans leur intérieur. Ce travail a fait époque dans les progrès de la physique. Jusqu'alors plusieurs théories avaient été proposées pour rendre compte du phénomène de l'aberration dans le système des ondulations, sans pouvoir donner satisfaction à l'assentiment général. Ces hypothèses, se rapportant à l'état dans lequel on doit considérer l'éther existant dans l'intérieur d'un corps transparent, pouvaient se réduire à trois principales :

1° L'éther est adhérent et comme fixé aux molécules du corps et partage, en conséquence, les mouvements qui peuvent être imprimés à ce corps ;

2° L'éther est libre et indépendant et n'est pas entraîné par le corps dans ses mouvements ;

3° L'éther est libre seulement pour une portion ; l'autre portion est fixée aux molécules du corps et partage seul ses mouvements.

Cette dernière hypothèse qui est due à Fresnel, participe des deux autres. Elle a été conçue dans le but de satisfaire à la fois au phénomène de l'aberration et à une expérience célèbre d'Arago, par laquelle l'illustre astronome avait démontré que le mouvement de la terre est sans influence sur la réfraction que la lumière des étoiles subit dans un prisme. Pour chacune de ces hypothèses, il faut considérer la valeur à attribuer à la vitesse de la lumière dans les corps en mouvement, en n'oubliant pas que la valeur de cette vitesse peut être changée par le fait même du mouvement.

En effet, si l'on suppose que l'éther est entraîné en totalité avec le corps, la vitesse de la lumière devra être augmentée de toute la vitesse du corps. Si l'éther est supposé libre, la vitesse de la lumière ne sera pas altérée. Enfin si une partie seulement de l'éther est entraînée, il est probable que la vitesse de la lumière sera augmentée

Louis Fizeau
PHYSICIEN
Le seul vivant en 1891, de tous les savants inscrits sur la Tour Eiffel
NÉ EN 1819

d'une fraction seulement de la vitesse et non point de la totalité, comme dans la première hypothèse.

C'est en adoptant la méthode d'Arago, fondée sur le phénomène des interférences et les principes de Fresnel sur la différence de réfraction qui existe entre l'air sec et l'air humide, que M. Fizeau a pu étudier directement dans deux milieux, l'atmosphère et l'eau, les effets du mouvement d'un corps sur la lumière qui le traverse. A cette fin, dans son expérience, il a joint le double tube d'Arago à l'appareil des deux lunettes conjuguées employées pour une première détermination de la vitesse absolue.

Le succès de ces belles recherches a entraîné l'adoption de l'hypothèse de Fresnel, ou du moins de la loi qu'il a trouvée pour exprimer le changement de la vitesse de la lumière par l'effet du mouvement des corps.

L'esprit aussi profond qu'inventif de M. Fizeau s'est étendu sur beaucoup d'autres sujets de physique. Par exemple, l'idée de transformer les plaques photographiques en planches à l'usage des graveurs, était si importante, que dès les premières applications du procédé de Daguerre, il s'en occupa pour résoudre le problème avec un grand bonheur. Voici un court aperçu du procédé curieux qu'il a imaginé :

On commence par soumettre la plaque à l'action d'une liqueur légèrement acide qui attaque l'argent, c'est-à-dire les parties noires de l'image, sans toucher au mercure qui forme les blancs. On obtient ainsi une planche gravée d'une rare perfection, mais d'un très faible creux. Or, la condition essentielle d'une bonne gravure, c'est la profondeur du trait, car si les creux sont trop légers, les particules d'encre au moment de l'impression surpassant en dimension la profondeur du trait, l'épreuve au tirage est nécessairement imparfaite. Pour pénétrer plus avant, on frotte la planche gravée et peu profonde d'une huile grasse qui s'incruste dans les cavités et ne s'attache pas aux saillies. On dore ensuite la plaque à l'aide de la pile voltaïque. L'or vient se déposer sur les parties saillantes et n'entre pas dans les creux abrités par le corps gras. En nettoyant ensuite la planche, on peut l'attaquer très profondément par l'eau forte, car les parties saillantes recouvertes d'or sont respectées par l'acide. On creuse ainsi le métal à volonté. Enfin, comme la mollesse de l'argent limiterait singulièrement le tirage, on recouvre la planche d'une couche de cuivre par les procédés galvanoplastiques. Le cuivre, métal très dur, supporte donc seul l'usure déterminée par le travail de l'impression.

En 1850, Arago se voyant menacé de cécité, désigna M. Fizeau, Léon Foucault, J.-A. Barral et Henri Walferdin pour terminer un certain nombre d'expériences commencées. Cette glorieuse confiance ne pouvait être accordée à de plus nobles esprits, comme l'avenir l'a prouvé.

M. Fizeau n'a pas cessé de poursuivre ses études sur la nature et les propriétés de l'éther. Il a découvert, en 1880, l'existence d'une variation particulière dans la force magnétique des aimants, variation qui paraît être en relation avec la direction du mouvement de la terre dans l'espace et propre à apporter des données nouvelles sur l'immobilité de l'éther lumineux et ses rapports avec la matière pondérable.

Le portrait de M. Fizeau a été fait d'après une photographie qu'il a bien voulu nous remettre au mois de mai 1889.

32. — Eugène Flachat.

Les noms des deux frères Flachat, Eugène et Stéphane, tous les deux ingénieurs, sont dignes de rester attachés à l'histoire du grand mouvement industriel et financier inauguré en France vers 1830 et d'où est sorti son réseau de chemins de fer, grâce au concours commun d'Émile et Isaac Pereire, de Lamé, de Clapeyron, de Perdonnet, du baron James de Rothschild, etc.

Eugène Flachat est né à Paris en 1802. Il est mort à Arcachon le 16 juin 1873. De 1823 à 1830, il prit part aux études d'un canal maritime de Paris au Havre, et après avoir étudié en Angleterre le système des locomotives sur rails, il revint en France en 1832, et se consacra à la construction de nos voies ferrées. Successivement il fut chargé, en qualité d'ingénieur en chef, de diriger l'établissement des lignes de Paris à Rouen, du Pecq à Saint-Germain-en-Laye, de Rouen au Havre, les lignes du Midi.

Pendant toute sa vie Eugène Flachat, outre la part personnelle qu'il a prise à la création de nos chemins de fer, a touché par ses écrits à toutes les questions industrielles du XIXe siècle : les docks, les canaux, la fabrication du fer et de la fonte, la percée des Alpes, les charbonnages, la batellerie, la navigation à vapeur maritime, l'isthme de Suez, etc.

La prodigieuse activité d'esprit d'Eugène Flachat a laissé une empreinte féconde et durable sur les nombreux ingénieurs qui se sont formés à son école. C'est lui qui a été l'initiateur de cette grande réforme des procédés de construction, à laquelle il a attaché son nom, l'introduction du métal. Soit qu'il imitât en les perfectionnant toujours les exemples précieux de l'industrie anglaise, soit qu'il imaginât des solutions entièrement neuves, Eugène Flachat sut, par son extraordinaire facilité, dans l'espace de deux à trois années, mener à bien l'édification des énormes charpentes métalliques de la gare Saint-Lazare de Paris, des ponts de Clichy, d'Asnières, du chemin de fer d'Auteuil, des charpentes en tôle ondulée des ateliers de Saint-Germain-en-Laye, enfin la construction des immenses ponts des lignes ferrées du Midi.

L'influence d'Eugène Flachat s'est exercée avec un rare bonheur sur toute la génération des ingénieurs qui ont été les triomphateurs de la merveilleuse Exposition universelle de 1889; ils comptent tous comme une bonne fortune d'avoir pu débuter dans un pareil milieu où allaient prendre naissance tant de progrès si nouveaux, qu'ils étaient encore peu compris et accueillis avec une méfiance extrême. Sous un chef aussi ardent, qui aimait la jeunesse, les progrès devaient être considérables. C'est ce qui en advint et ce n'est pas une petite gloire pour Eugène Flachat, sans compter ses travaux person-

Eugène Flachat
INGÉNIEUR
1802 — 1873

nels, que d'avoir animé de son souffle fécond toute une dynastie de puissants ingénieurs

N'oublions pas que parmi les mémorables entreprises d'Eugène Flachat, il faut garder le souvenir de la conservation de la tour de la cathédrale de Bayeux qui menaçait de s'effondrer. Il sut l'isoler, la maintenir, malgré son poids de trois millions de kilogrammes, pendant la reconstruction des soubassements, et la replacer sur un appui indestructible. Pour ce célèbre travail, il s'adjoignit Henry de Dion, auquel il donna la direction de ce tour de force mécanique sans précédent.

Stéphane Mony-Flachat, son frère utérin, ne peut-être séparé de lui dans l'histoire du progrès, car il a été son collaborateur et son associé dans l'exécution des grands travaux que nous avons rappelés. C'est lui qui a commencé la mise en exploitation du bassin houiller de Commentry. Il a laissé un *Traité de mécanique industrielle* qui est un ouvrage estimé, et il a été, en 1829, un des promoteurs du canal maritime de Rouen. Né à Paris en 1810, il est mort dans la même ville en 1875.

Le nom d'Eugène Flachat a été donné à une des rues de Paris, sur la rive droite de la Seine. Le portrait de notre livre a été fait d'après un dessin pris sur nature en 1869.

33. — Léon Foucault.

Jean-Bernard-Léon Foucault, physicien, est né à Paris le 18 septembre 1819; il est mort dans la même ville le 11 février 1868. Esprit pénétrant, subtil, sagace, distingué, il a fait de nombreuses inventions, qui toutes portent en elles un caractère d'originalité extrêmement remarquable. Les instruments dont il a créé les modèles ont atteint des perfectionnements inconnus jusqu'alors et ont permis d'arriver à la mesure d'éléments qu'on pourrait appeler infinitésimaux.

Léon Foucault avait commencé par se consacrer à la microscopie médicale. Il se lia ensuite avec Arago et M. Fizeau. Dès lors, sa voie fut tracée. Quand il a succombé prématurément à un excès prolongé de travail, à peine âgé de quarante-neuf ans, il était officier de la Légion d'honneur et il appartenait à l'Académie des Sciences depuis trois ans. Il était entré au *Journal des*

Débats en 1845, et il n'avait pas cessé d'y rédiger le feuilleton scientifique d'une plume juste et élégante, image de son imagination bien équilibrée et délicate.

Dans le domaine de l'électricité, les travaux de ce savant ont porté sur les régulateurs, les appareils photo-électriques, l'arc voltaïque et la pile. Ils sont venus les premiers corroborer expérimentalement les faits déjà

Léon Foucault
PHYSICIEN
1819 — 1868

acquis relativement à la transformation de la chaleur en mouvement, et de la production calorique par mouvement. Foucault a imaginé un disque de cuivre rouge engagé en partie dans l'intervalle compris entre deux pièces de fer doux, pouvant recevoir d'un système de rouages mûs par une manivelle, une rotation de cent cinquante à deux cents tours par seconde. Tant que le courant n'est pas excité, la manivelle présente une faible résistance; lorsque le courant passe, la résistance commence, augmente selon la vitesse imprimée à la manivelle, en même temps que le disque s'échauffe Avec une pile composée de trois couples de Bunsen, en trois minutes on peut élever la température de 10 degrés jusqu'à 60 degrés centigrades et fatiguer l'opérateur par la résistance. Ce phénomène est dû à des courants d'induction qui portent le nom de *courants de Foucault*.

Dans le domaine de l'optique, le principal perfectionnement apporté par Léon Foucault à la théorie des phénomènes consiste dans la détermination expérimentale de la vitesse de la lumière. La méthode qu'il a créée a permis de comparer entre elles les vitesses d'un rayon de lumière dans le vide, dans l'air et dans tous les milieux transparents. L'optique doit encore à Foucault d'importants perfectionnements apportés à la construction des télescopes pour rendre plus certaines les observations nocturnes.

Dans le domaine de la mécanique, les découvertes de Léon Foucault sont de premier ordre. C'est à lui que l'on doit la révélation inattendue du mouvement continu de rotation du plan continu d'oscillation d'un pendule, servant à démontrer le mouvement terrestre de la rotation du globe. Cette expérience établie au Panthéon, à Paris, attira la foule autour du gigantesque appareil qu'il avait fait suspendre au sommet de la coupole du dôme, à 83 mètres de hauteur. Elle est rapportée dans tous ses détails dans le tome Ier des Comptes-rendus de l'Académie des Sciences, de 1851.

Les œuvres scientifiques de Léon Foucault ont été réunies par les soins de sa mère et publiées chez l'éditeur Gauthier-Villars et fils, avec une notice biographique de M. Joseph Bertrand, secrétaire perpétuel de l'Académie des Sciences, l'un des Quarante de l'Académie française, en juillet 1878.

Le portrait que nous donnons a été fait sur un dessin exécuté d'après nature, au mois de juin 1867, quelques semaines avant la fatale époque où Léon Foucault fut frappé d'une attaque d'apoplexie. Peu à peu, il perdit l'usage de ses jambes, de ses mains, sa langue s'embarrassa et sa vue s'affaiblit. Au milieu de cet effondrement physiologique, son intelligence demeura intacte. L'infortuné grand savant assista ainsi à sa lente disparition, ne se faisant aucune illusion sur son effroyable état. Son entourage assistait, avec un morne désespoir, à cette destruction partielle et progressive d'un homme de génie. Léon Foucault restait stoïque, prononçant seulement parfois ces terribles mots, indiquant le désespoir de son moi intérieur · « Malheur! Malheur! » ou bien encore : « O Dieu, que vous ai-je fait? » Et quand il rendit le dernier soupir, vaincu par ce cruel martyre, ses lèvres contractées laissèrent encore échapper ce mot funeste, suprême représaille de ses souffrances morales et physiques : « Malheur! »

34. — Le baron Fourier.

Jean-Baptiste-Joseph, baron Fourier, mathématicien, est né à Auxerre, le 21 mars 1768 Il est mort à Paris, le 16 mai 1830. Son père était un tailleur d'habits. Il devait devenir l'un des plus grands géomètres du XIXe siècle, membre de l'Institut, secrétaire perpétuel de l'Académie des Sciences, l'un des Quarante de l'Académie française, et.... baron, et préfet du premier Empire. Il fut extrêmement précoce; devenu orphelin à huit ans, il fut recueilli par une dame, qui avait été séduite par la gentillesse et la pétulance de son esprit. A treize ans, les heures réglementaires du travail ne suffisaient plus à satisfaire son insatiable curiosité. Des bouts de chandelles soigneusement recueillis dans la cuisine, les corridors et le réfectoire du collège, servaient de nuit, dans un âtre de cheminée fermé avec un paravent, à éclairer les études solitaires par lesquelles Fourier préludait aux travaux qui, peu d'années après, devaient honorer son nom et sa patrie. Il voulait se présenter à l'Ecole militaire réservée aux nobles. On ne le lui permit pas. Sa demande à l'effet de subir l'examen de l'artillerie, quoique vivement appuyée par Legendre, fut repoussée par le ministre avec ces mots, tout à fait cyniques, a dit Arago : « Fourier n'est pas noble. Il ne peut entrer dans l'artillerie, serait-il un second Newton ! »

Fourier n'ayant pu ceindre l'épée prit l'habit de bénédictin et se rendit à l'abbaye de Saint-Benoît-du-Loir. Mais il n'y resta pas longtemps, les idées de liberté et de régénération sociale de la France s'étant emparées de lui en 1789. Ses anciens maîtres cependant lui confièrent alors la principale chaire de mathématiques de l'Ecole militaire d'Auxerre. Au bout de quelques mois, il se rendit à Paris pour lire devant l'Académie des Sciences un Mémoire sur la résolution des équations numériques de tous les degrés. Il retourna à Auxerre, y prit une part active aux événements et fut appelé par Monge à l'Ecole polytechnique, dès sa fondation. Napoléon le désigna pour faire partie de l'expédition d'Egypte, et quelques années plus tard il devait le faire baron. Il ne revint en France qu'en 1802, époque à laquelle il fut nommé préfet de l'Isère, fonctions qu'il conserva jusqu'en 1815. A cette époque, il rentra dans la vie privée et se consacra entièrement à la science et à ses devoirs de double académicien. Ses travaux sur la théorie mathématique de la chaleur, sur la chaleur centrale du globe terrestre, sur la résolution générale des équations algébriques, sur l'analyse des équations déterminées, constituent ses principaux titres de gloire, comme ses éloges de Delambre, de Bréguet, d'Herschell, du physicien Charles, assurent ses principaux titres littéraires.

Fourier avait conservé dans sa vieillesse la grâce, l'urbanité, les connaissances variées qui, un quart de siècle auparavant, avaient donné tant de charmes à ses leçons de l'Ecole polytechnique. On prenait un extrême

Joseph Fourier
MATHÉMATICIEN
1768 — 1830

plaisir à le fréquenter, à l'entendre. Cependant, n'approchait pas de lui qui voulait, fût-on un important personnage. « Il est étrange, disait à ce sujet un des chambellans de la Cour de Charles X, à qui le domestique de Fourier ne voulait pas permettre de dépasser l'antichambre, — il est vraiment singulier que votre maître soit plus difficile à aborder qu'un ministre ! »

Fourier, qui était alité, entend le propos, saute à bas

de son lit, ouvre la porte de la chambre et, face à face avec le courtisan : « Joseph, s'écrie-t-il, dites à monsieur que si j'étais ministre, je recevrais tout le monde, parce que tel serait mon devoir. Comme simple particulier, je reçois qui bon me semble et quand bon me semble. » Déconcerté par la vivacité de la boutade, le grand seigneur ne répondit pas un mot, partit et ne revint plus.

Fourier était doué d'une constitution qui lui promettait de longs jours. Mais, comme le dit Arago dans ses souvenirs sur ce grand mathématicien, les dons naturels ne peuvent rien contre les habitudes antihygiéniques que les hommes se créent comme à plaisir. Pour se dérober à de légères atteintes rhumatismales, Fourier s'habillait, pendant l'été même, comme ne le font pas les voyageurs condamnés à hiverner au milieu des glaces polaires. « On me suppose de l'embonpoint, disait-il en riant. Soyez assuré qu'il n'en est rien. Si, à l'exemple des momies égyptiennes, on me soumettait à l'opération du désemmaillottement, on ne trouverait comme résidu qu'un corps fluet. » Dans les appartements de Fourier, toujours peu spacieux et fortement chauffés en toutes saisons, les courants d'air auxquels on était exposé près des portes, ressemblaient au terrible simoun du désert. Le baron Larrey, son ami, son ancien compagnon dans l'expédition d'Égypte, son collègue à l'Institut, ne réussit jamais à lui faire modifier ce régime funeste, cause de sa fin prématurée.

La ville d'Auxerre a élevé une statue à Fourier, le 4 mai 1849. Ses œuvres ont été réunies par les soins de M. Gaston Darboux, membre de l'Académie des Sciences, sous les auspices du ministère de l'instruction publique, et publiées en deux forts volumes in-4°, par MM. Gauthier-Villars et fils, éditeurs à Paris.

Le portrait de notre livre a été pris sur une lithographie exécutée d'après nature en 1823 par Jules Boilly.

35. — Fresnel.

Jean-Augustin Fresnel, physicien, est né à Broglie, près de Bernay, dans cette partie de l'ancienne province de Normandie qui forme aujourd'hui le département de l'Eure, le 10 mai 1788. Il est mort à Ville-d'Avray, près Paris, le 27 juin 1827. Il entra à seize ans et demi à

Augustin Fresnel
PHYSICIEN
1788 — 1827

l'Ecole polytechnique, où son frère aîné l'avait précédé d'une année. Sa santé était extrêmement faible, et faisait craindre qu'il ne pût pas supporter les fatigues d'un aussi rude noviciat. Mais ce corps débile renfermait une âme vigoureuse. Lorsqu'il sortit de cet établissement, après avoir été un élève des plus brillants et avoir reçu les félicitations publiques du géomètre Legendre, pour la solution difficile d'un problème de géométrie, il entra à l'Ecole des Ponts et Chaussées, qu'il quitta avec le titre et les fonctions d'ingénieur ordinaire et fut envoyé en Vendée d'abord, puis successivement dans les départements de la Drôme et de l'Ille-et-Vilaine.

Fresnel ne se consacra aux sciences pures qu'en 1814. Le premier mémoire qu'il ait rédigé remonte à cette époque. C'est un essai destiné à rectifier l'explication fort imparfaite du phénomène de l'aberration annuelle des étoiles. A partir de ce moment, les mémoires succédèrent aux mémoires, les découvertes aux découvertes, avec une rapidité dont l'histoire des sciences offre peu d'exemples. Le 28 décembre de cette année, on le voit écrire de Nyons : « Je ne sais pas ce qu'on entend par polarisation de la lumière. Priez M. Mérimée, mon oncle, de m'envoyer les ouvrages dans lesquels je pourrai l'apprendre. » Huit mois après, ses travaux le plaçaient parmi les plus célèbres physiciens du temps, et en 1819 il remportait un prix proposé par l'Académie des Sciences sur la question si difficile de la diffraction. C'est Grimaldi qui avait aperçu le premier ces singuliers accidents de lumière auxquels il donna ce nom. Newton en fit ensuite l'objet d'une recherche toute spéciale. Il crut y voir des preuves manifestes d'une action attractive et répulsive très intense, qu'exerceraient les corps sur les rayons qui passent dans leur voisinage. Cette vue, en la supposant réelle, ne pourrait s'expliquer qu'en admettant la matérialité de la lumière. Le phénomène de la diffraction méritait donc, par cette seule raison, de fixer au plus haut degré l'attention des physiciens. Plusieurs, en effet, l'étudièrent, mais par des méthodes inexactes. Fresnel fut le premier qui donna à ce genre d'observations une perfection inespérée en montrant qu'il n'est pas nécessaire pour constater les bandes diffractées de les recevoir sur un écran, comme Newton et, tous les autres expérimentateurs l'avaient fait jusque-là, qu'elles se forment nettement dans l'espace même où l'on peut les suivre avec toutes les ressources qui résultent de l'emploi du micromètre astronomique armé d'un fort grossissement.

Les travaux de Fresnel sont presque tous relatifs à l'optique. D'abord il s'occupa de la réfraction, puis des interférences, de la polarisation, de l'émission des ondes, pour aboutir à sa découverte capitale, à celle des phares lenticulaires ou à lentilles décroissantes, qui l'a immortalisé justement, car elle a été un immense bienfait pour la navigation. Sa santé, toujours précaire, ne put résister à tant de fatigues intellectuelles. A peine âgé de trente-neuf ans, il s'éteignit épuisé. Quelques jours avant sa mort, Arago fut chargé d'aller lui porter la médaille de Rumford que la Société Royale de Londres lui avait décernée. « Je vous remercie, lui dit-il d'une voix éteinte, d'avoir accepté cette mission. Je devine combien elle a dû vous coûter, car vous avez senti que la plus belle couronne est bien peu de chose, quand il va falloir la déposer sur la tombe d'un ami. »

Arago répondit : « C'est un témoignage d'immortalité que j'apporte à votre grande âme. Il vous prouve que le monde entier reconnaît l'importance de vos travaux. Votre nom ne périra pas. Comptez sur tous les savants, vos amis et vos admirateurs, comptez sur moi-même, pour conserver le culte de votre mémoire. »

Un monument à été élevé à Broglie (Eure), à la mémoire d'Augustin Fresnel, le 14 septembre 1884, sur l'initiative du duc Albert de Broglie, l'un des Quarante de l'Académie française.

La ville Paris a donné son nom à une de ses rues de la rive droite de la Seine. Le portrait de notre livre a été fait sur la lithographie exécutée d'après nature en 1823 par Jules Boilly.

36. — Gay-Lussac.

Auguste-Louis Gay-Lussac, le plus grand chimiste du XIXe siècle avec J.-B. Dumas, est né à Saint-Léonard-le-Noblat (Haute-Vienne), le 6 décembre 1778; il est mort à Paris, le 9 mai 1850. Son père était procureur du Roi et joignait à son nom de Gay celui de Lussac, provenant d'une terre qu'il possédait, afin de se désigner plus facilement parmi les nombreux membres de sa famille. Le jeune Gay-Lussac était destiné à illustrer cette double appellation, que les Allemands devaient travestir d'une façon si étrange, lorsque, vers 1873, le gouvernement prussien donna l'ordre de traduire en langue teutonique les noms des rues de toutes les villes d'Alsace-Lorraine. C'est ainsi qu'à Mulhouse la rue Gay-Lussac prit le nom de rue du *Joyeux-Lussac (Froelich Lussac straat)*. Depuis lors cette appellation fantaisiste a été rectifiée sur les vives réclamations de la science française.

En sortant de l'Ecole polytechnique, en 1800, avec le titre d'ingénieur des ponts et chaussées, il préféra ne pas suivre cette carrière et il se livra à ses penchants pour la chimie et la physique. Berthollet l'accepta comme préparateur et peu après le fit nommer répétiteur du cours de Fourcroy. Il ne tarda pas à se faire connaître par des travaux originaux. Sa première découverte touche à la dilatation des gaz. Le 2 août 1804, il fit une importante ascension aérostatique avec Biot pour vérifier les diminutions de la force magnétique à de grandes hauteurs. Vingt-trois jours après, il entreprit seul un nouveau voyage aérien. Il s'éleva à 7,016 mètres et constata qu'à cette altitude une clef approchée de l'aiguille aimantée la déviait comme à la surface du sol.

Cette grande hauteur dans les airs ne devait être dépassée que 46 années plus tard, le 27 juillet 1850, par Barral et Bixio qui atteignirent 7,849, après avoir eu à supporter une température de 39 degrés au-dessous de zéro.

Gay-Lussac a entrepris successivement des recherches sur la théorie de la capillarité, l'acide chlorhydrique

Gay-Lussac
CHIMISTE
1778 — 1850

oxygéné, les alcools, le cyanogène, l'acide prussique, l'iode découvert par Courtois; il a fixé les règles des analyses des matières animales et végétales. Il a fait faire des progrès marqués à la science par l'esprit philosophique de ses méthodes d'investigation. Il a été le premier à démontrer expérimentalement que la physique et la chimie doivent marcher d'accord. La première, plus simple, éclaire la seconde qui est plus complexe.

Gay-Lussac avait fait un mariage d'amour. En 1809, il s'était épris d'une jeune lingère entre les mains de laquelle il avait vu un livre de chimie, en allant faire des emplettes. Il s'en éprit et l'épousa sans aucune fortune.

Cette longue union fut exceptionnellement heureuse. Avant de mourir, Gay-Lussac dit à celle qui avait été pour lui une compagne admirable : « Aimons-nous jusqu'au dernier moment. — La sincérité des attachements est le seul bonheur sur la terre. »

Quelque temps auparavant, voyant ses forces diminuer, ne voulant pas laisser des travaux inachevés, il avait donné l'ordre à son fils Louis de brûler un traité intitulé : *Philosophie chimique*. Cependant les premiers chapitres étaient entièrement terminés. Il avait pris cette résolution cruelle à son cœur de savant, parce qu'il constatait qu'il ne pourrait en composer les conclusions.

Au moment suprême de quitter la vie, ce fut son seul regret, bien qu'il dît : « S'il m'était donné de recommencer l'existence, je ferais en toute circonstance ce que j'ai déjà fait une fois. » Combien nombre d'hommes voudraient tenir un pareil langage au terme final, mais combien peu de personnes aussi pourraient le faire avec quelque vraisemblance !

La ville de Limoges a érigé une belle statue à Gay-Lussac, sur la place d'Aine, le 11 août 1890. Elle est due au ciseau du sculpteur Aimé Millet. La ville de Paris a donné son nom à une grande rue de la rive gauche de la Seine, non loin du Panthéon et du jardin du Luxembourg. Le portrait de notre livre a été fait sur un dessin donné par Gay-Lussac lui-même à mon père, en 1847. Elle représente le grand savant à l'âge de quarante ans, c'est-à-dire durant l'année 1818.

37. — Henri Giffard.

Henri Giffard, ingénieur et inventeur, est né à Paris le 8 janvier 1825. Il est mort dans la même ville le 15 avril 1882. Il fit ses études classiques au collège Bourbon, aujourd'hui lycée Condorcet, et entra aussitôt dans les ateliers du chemin de fer de Saint-Ger-

Henri Giffard
INGÉNIEUR
1825 — 1882

main-en-Laye. Il avait été poussé à rechercher cette modeste situation par une passion irrésistible pour la mécanique. Dès l'âge de quatorze ans, il trouvait le moyen de faire l'école buissonnière pour aller voir manœuvrer les wagons dans les gares. Il brûlait déjà du désir de conduire une locomotive. Il y réussit bientôt et il eût l'âpre plaisir de faire glisser sur les rails, aussi vite qu'il le pouvait, les premiers trains du chemin de fer de l'Ouest. Il éprouva cette passion naissante et indomptable du mécanicien pour sa machine, que M. Emile Zola a décrit avec tant d'éclat et de vérité dans son admirable roman de *La Bête humaine*.

Henri Giffard se forma seul, par la pratique jointe à l'étude qu'il fit dans sa jeunesse des cahiers de jeunes amis qu'il avait à l'Ecole centrale. Ce fut là l'unique concours qu'il obtint pour acquérir les principes indispensables des sciences. Mais il fut toujours animé par un besoin d'invention et de recherches, qu'aucune distraction ne put jamais interrompre. Doué d'une habileté de doigts peu commune, mince, nerveux, souple, agile, sobre, il savait tout faire par lui-même et se servait de tout objet pour le transformer en mécanisme. C'est ainsi qu'on le surprenait éventrant un fauteuil de son cabinet pour en arracher un ressort dont il avait besoin pour une expérience ; c'est encore ainsi qu'on le voyait confectionner un photomètre avec deux crayons fixés dans le carton d'un almanach, afin de faire réussir rapidement une démonstration.

A dix-huit ans, Henri Giffard fit sa première invention. Elle touchait à la navigation aérienne et devait le conduire, en 1852, une dizaine d'années plus tard, à réaliser une des plus mémorables expériences de l'histoire scientifique du xixe siècle. Les ascensions aérostatiques à grandes hauteurs, délaissées depuis celles de Gay-Lussac et de Biot, en 1804, avaient été remises en honneur par celles accomplies en juin et juillet 1850 par Barral et Bixio. Il s'agissait de construire un aérostat dirigeable, de forme allongée, ayant 44 mètres de longueur et 12 mètres de diamètre. Ce navire aérien d'un nouveau genre cubait 2,500 mètres. Il était muni d'un propulseur à hélice et il était actionné par une machine de la force de trois chevaux-vapeur. Henri Giffard s'éleva seul dans les airs, et réussit le premier à se dévier sensiblement de la ligne du vent.

Henri Giffard devait renouveler cette expérience en 1855, et ne jamais abandonner l'étude du grand problème de la navigation aérienne. En 1867, c'est lui qui construisit le premier aérostat captif à vapeur. En 1868, il en construisit un second qui cubait 12,000 mètres, qu'il fit installer à Londres et qui lui causa une perte sèche de *sept cent mille francs*, perte qu'il éprouva sans proférer une seule plainte, un seul regret. En 1878, il n'hésita pas à construire son grand ballon captif à vapeur cubant 25,000 mètres et qui est resté comme un des chefs-d'œuvre de la mécanique moderne. Que n'eût-il pas fait pour l'Exposition universelle de 1889, pour lutter de merveilles avec cette merveilleuse Tour Eiffel qui a inscrit son nom avec orgueil sur ses flancs audacieux !

Henri Giffard avait pu faire face à toutes ces colossales dépenses par l'argent gagné par l'invention de son injecteur. En quelques années il était devenu plusieurs fois millionnaire et l'argent ne cessant d'affluer entre ses mains, il en faisait l'usage le plus noble, le plus utile et le plus conforme à ses goûts. L'injecteur Giffard est, en effet, une des grandes découvertes mécaniques de notre siècle. Son principe est tellement surprenant, singulier, que des milliers d'appareils ont fonctionné avant que les mathématiciens aient pu en donner une théorie claire et satisfaisante. Ce petit mécanisme, qui permet à toutes les machines de s'alimenter automatiquement, est resté tel qu'il a été créé originairement en 1858. Il est aujourd'hui d'un emploi universel ; toutes les locomotives du monde entier en sont munies.

En 1876, la Société d'encouragement pour l'Industrie nationale décerna à Giffard la grande médaille Prony des arts mécaniques pour l'invention de son injecteur.

Lorsque, en 1861, on annonça officiellement la création de cet appareil, la surprise fut générale ; elle redoubla encore quand on connut son mode d'action. Rien n'avait fait concevoir la possibilité des curieux résultats obtenus du premier coup. Quelques expériences de Venturi avaient fait connaître les entraînements des liquides ; mais il était étrange et digne d'admiration de constater qu'on pouvait employer directement la pression de la vapeur d'une chaudière, à faire pénétrer malgré la pression intérieure, l'eau d'alimentation dans cette chaudière. La vapeur sortant ne saurait en effet y rentrer par le seul fait de la conversion du travail correspondant à sa pression ou force vive. Mais lorsque, mue avec une grande vitesse, elle communique cette force vive à l'eau avec laquelle elle se confond par condensation, celle-ci y pénètre facilement par son choc, quand sa masse est dans un rapport convenable avec la quantité de vapeur condensée. Il n'y a aucune perte de chaleur par l'alimentation des chaudières à l'aide de l'injecteur Giffard, parce que tout le calorique contenu dans la vapeur rentre avec l'eau dans la chaudière.

Henri Giffard a encore inventé un mode de suspension pour les wagons, qui est extrêmement doux. Il a indiqué le moyen de fabriquer industriellement de l'hydrogène à l'aide de la vapeur d'eau mise en contact avec du minerai de fer pulvérisé. Il a perfectionné une foule d'inventions courantes. En 1859, l'Institut de France lui avait décerné le Grand Prix de mécanique. Dédaigneux des honneurs, sans ambition, surtout sans brigue, Henri Giffard est mort sans qu'un ministre ait songé à le décorer. Quant à lui, il n'y pensa jamais. Travailler, inventer, faire du bien, c'étaient ses seules satisfactions. Il fit toujours, ainsi que nous l'avons dit, un noble emploi de sa fortune en encourageant les sciences, l'industrie, en dotant les savants pauvres, en commanditant les découvertes nouvelles, les journaux scientifiques, dont quelques-uns sans lui n'auraient pas pu échapper aux douloureuses lenteurs de la période de fondation. En mourant, il laissa par testament 100,000 francs aux pauvres de Paris, 50,000 francs à l'Académie des Sciences, et des sommes identiques à la Société d'encouragement pour l'Industrie nationale, à la Société des Ingénieurs civils, à la Société des Amis des Sciences, 100,000 francs au personnel de la maison Flaud, et des pensions et des legs sans nombre à des amis, des collaborateurs, des serviteurs, et après avoir fait une large part à sa famille, il crut bien agir en laissant plusieurs millions de francs à l'Etat, émettant le vœu que ce capital considérable fût consacré à des œuvres scientifiques.

Depuis 1882 jusqu'à ce jour (décembre 1891), l'Etat, ce grand insouciant, n'a pas encore abouti à réaliser une seule application utile et féconde. Pour Henri Giffard, une seule chose a été faite : son nom a été donné à une des rues de Paris, sur la rive gauche de la Seine. Maigre honneur pour tant de générosité et de merveilleuses inventions !

Notre dessin est la reproduction d'un portrait exécuté en 1863. Henri Giffard avait alors trente-huit ans. Lorsqu'il est mort, il avait cinquante-sept ans accomplis. La décoration qu'il porte est un ruban étranger. Nul n'est prophète dans son pays, dit le proverbe.

Henri Giffard a laissé un frère, qui est l'inventeur du fusil sans poudre, envoyant le projectile par la dilatation brusque d'un gaz comprimé. Cette application originale et inattendue de la physique expérimentale date de 1890.

38. — Ernest Goüin.

Ernest Goüin, ingénieur et industriel, est né à Tours (Indre-et-Loire), le 24 juillet 1815. Il est mort à Paris, le 23 mars 1885. A sa sortie de l'Ecole polytechnique, en 1836, il fut classé le premier dans l'état-major. Il donna sa démission pour entrer à l'Ecole des Ponts et Chaussées. Le grand mouvement industriel, trait caractéristique de notre époque et auquel nous faisons allusion fréquemment dans les notices de ce livre, commençait à se dessiner. Les chemins de fer et la navigation à vapeur occupaient notamment toutes les intelligences. Ernest Goüin se rendit en Angleterre pour compléter ses études techniques. Après un séjour de quelques mois dans les ateliers mécaniques les plus renommés, il fut chargé par M. Clarke, directeur de la traction du chemin de fer de Paris à Orléans, alors en construction, du contrôle de l'exécution des locomotives que cette compagnie avait commandées aux ateliers de Sharp, à Manchester. C'est là que se décida sa vocation. Il devait bientôt prendre dans toute l'Europe une part considérable à l'industrie de la mécanique, des constructions métalliques et des voies ferrées.

De 1839 à 1845, Ernest Goüin fut ingénieur de la traction et des ateliers des lignes de Paris à Saint-Germain, Versailles et Saint-Cloud. Ces petites lignes, qui semblent peu de chose actuellement, furent la pépinière des plus hautes personnalités du monde si considérable des chemins de fer. Avoir occupé un des premiers rangs dans cette compagnie minuscule auprès des Flachat, Pereire, Perdonnet, Le Chatelier, Lamé, Marc Seguin, Clapeyron, Polonceau, etc., est un titre d'honneur. Bien des expériences y furent faites. C'est là que fut tentée l'application de la pression atmosphérique à la propulsion des trains, c'est là que fut installé le premier télégraphe électrique. Ernest Goüin fut l'ingénieur des machines atmosphériques, machines colossales pour leur temps. Il alla étudier à Londres les premiers appareils de télégraphie qu'il rapporta en France et installa sur la ligne de Saint-Germain-en-Laye.

Ernest Goüin
INGÉNIEUR ET INDUSTRIEL
1815 — 1885

En 1846, il fonda ses magnifiques ateliers de construction de locomotives et de machines de filature, aux Batignolles; trois ans après, il introduisit en France les ponts en fer et quelques années plus tard, il fondait des chantiers de navires en bois et en fer, à voiles et à vapeur, à Nantes, sur les bords de la Loire.

Ernest Goüin ne fut pas seulement un des principaux constructeurs de la France, un grand industriel aux idées vastes, ce fut encore un cœur généreux, dont la bienfaisance fut inépuisable, un esprit ouvert à tous les progrès, à toutes les idées nouvelles.

Les ateliers qu'il a créés aux Batignolles ont produit des œuvres remarquables, entre autres les ponts d'Asnières, Mâcon, Culoz, de Szegedin, et de Pesth en Hongrie, du Pô en Italie, du Moerdyck en Hollande, et un grand nombre d'autres en Roumanie, en Russie, en Australie, en Algérie, au Sénégal. A l'exécution de ces importants ouvrages d'art, il joignit bientôt l'étude et la construction de lignes de chemins de fer, comme celles de la traversée des Pyrénées près Saint-Sébastien, des Apennins près Naples, des Carpathes en Roumanie, des Alpes du Tyrol, du réseau du Bône-Guelma en Algérie et Tunisie, du Dakar Saint-Louis au Sénégal et de nombreux chemins de fer d'intérêt local en Belgique et en France.

Ernest Goüin a été président du Conseil de prud'hommes de la Seine, fonction absorbante et délicate, président de la Chambre de commerce de Paris de 1873 à 1878, et conseiller municipal de la capitale durant 15 ans, de 1860 à 1875. Quand il est mort, il était commandeur de la Légion d'honneur, régent de la Banque de France. Il a laissé un fils éminent, M. Jules Goüin, qui continue son œuvre et ses traditions.

Des paroles éloquentes ont été prononcées à ses obsèques par Ernest Fouquet, ingénieur des plus distingués, et par Emile Augier, l'un des Quarante de l'Académie française. C'est l'auteur illustre de *la Ciguë* et de *l'Aventurière* qui a rappelé ce mot admirable du chancelier de l'Hôpital, à propos des immenses charités d'Ernest Goüin : « Souvenez-vous que vous n'emporterez là-haut que ce que vous aurez donné ici-bas. »

Le portrait de notre livre a été exécuté sur une photographie représentant Ernest Goüin à l'âge de 60 ans.

39. — L'abbé Haüy.

René-Juste Haüy, minéralogiste, est né à Saint-Just, petit village du département actuel de l'Oise, le 28 février 1743. Il est mort à Paris le 23 juin 1822. On le considère comme le fondateur de la minéralogie expérimentale, qu'il a établie sur la base suivante : « La

René-Juste Haüy
MINÉRALOGISTE
1743 — 1822

forme cristalline élémentaire d'un corps dépend de la composition chimique de ce corps, et les formes, si différentes, en apparence, des cristaux qu'il peut fournir, résultent simplement du mode d'empilement des cristaux primitifs. » Du même coup il créait la cristallographie. Par ses travaux très remarquables, il a produit l'essor de la chimie minéralogique, en concevant la liaison intime entre la composition chimique de chaque corps et la forme des cristaux élémentaires auxquels chacun de ces corps donne naissance.

En 1783, Haüy fut reçu à l'Académie des Sciences. Il fit partie de l'Institut lors de sa formation, en 1795. Bonaparte fit faire des démarches auprès de lui par Monge, afin de le décider à suivre l'expédition d'Egypte. Mais, d'une nature timide, casanière et appartenant aux ordres (il était prêtre et abbé), il déclina cet honneur et cette peine. Il continua paisiblement à Paris sa brillante carrière, au Muséum d'histoire naturelle, où il professa, et à l'Ecole des Mines, où il organisa l'admirable collection de cristaux qui fait l'admiration du monde savant.

Haüy aimait à raconter comment il fut initié à la science qu'il devait illustrer. En fréquentant le Jardin des plantes pour regarder les fleurs, il vit la foule entrer au cours de minéralogie de Daubenton. Il y pénétra avec elle et resta sous le charme d'y trouver un sujet d'étude plus analogue que les végétaux à ses premiers goûts pour la physique. Il s'étonna alors profondément d'observer une constance dans les formes compliquées des plantes, dans toutes les parties des corps organisés, et de ne point pouvoir constater le même fait dans les formes des minéraux. « Comment, se disait-il, la même pierre, le même sel se montrent-ils en cubes, en prismes, en aiguilles, sans que leur composition change d'un atome, tandis que la rose a toujours les mêmes pétales, le gland la même courbure, le cèdre la même hauteur et le même développement ? »

Ce fut rempli de ces idées, qu'examinant des minéraux chez un de ses amis, il laissa tomber par mégarde un beau groupe de spath calcaire cristallisé en prismes. Un de ces prismes se brisa de manière à montrer sur sa cassure des faces non moins lisses que celles du dehors, et présentant l'apparence d'un cristal nouveau tout différent du prisme pour la forme. Haüy ramassa ce fragment. Il en examina les faces, les inclinaisons, les angles. A sa grande surprise, il découvrit qu'elles sont les mêmes que dans le spath en cristaux rhomboïdes, que dans le spath d'Islande. Un monde nouveau apparut aussitôt à sa pensée. Rentré dans son cabinet, il prit un spath cristallisé en pyramide hexaèdre. Il le casse, et il en voit sortir ce rhomboïde, ce spath d'Islande. Les éclats qu'il en fait tomber sont eux-mêmes de petits rhomboïdes. Il brise un troisième cristal, celui que l'on nommait lenticulaire. C'est aussi un rhomboïde qui se montre dans le centre, et des rhomboïdes plus petits qui s'en détachent. « *Tout est trouvé*, s'écrie-t-il, plein de joie. J'ai découvert le principe de la cristallisation. »

En 1803, le Premier Consul avait chargé Haüy d'écrire un *Traité de physique* à l'usage des collèges, en lui accordant six mois pour ce travail. Quatre mois après il était terminé et en état d'être présenté à Bonaparte. C'est ce livre que l'Empereur devait plus tard lire et méditer dans ses loisirs forcés de l'Ile d'Elbe.

Valentin Haüy (1745-1822), son frère puîné, est le célèbre instituteur des aveugles, celui auquel ces infortunés doivent de pouvoir acquérir de l'instruction par la création des méthodes de lecture en relief. Il est le premier qui ait fait fabriquer des livres en gros caractères, très sensibles au toucher, et qui ait appris par ce moyen à de jeunes aveugles la lecture, le calcul et les éléments de la géographie.

Le portrait de René-Juste Haüy reproduit dans notre livre, a été exécuté d'après le dessin fait d'après nature par Louis-Léopold Boilly, en 1819. Haüy est en costume d'académicien.

40. — Jamin.

Jules Jamin, physicien, est né le 31 mai 1818, au village de Termes (Ardennes); il est mort le 13 février 1886 à Paris. Elève brillant du collège de Reims, il remporta en août 1838 neuf prix et le prix d'honneur des sciences, dans le concours général qui eut lieu cette année-là entre les lycées de Paris et ceux des départements. Au mois d'octobre suivant, il fut reçu le premier à l'Ecole normale supérieure, et trois ans après, en 1841, il en sortait premier agrégé des sciences physiques et fut envoyé comme professeur à Caen. Au bout de deux ans, il fut appelé à Paris au collège Bourbon, aujourd'hui Lycée Condorcet. En 1844, il devint professeur au Lycée Louis-le-Grand, où il continuait ses travaux commencés à Caen, et, en 1847, il pouvait se faire recevoir docteur ès-sciences physiques avec une thèse devenue classique sur la réflexion de la lumière et la surface des métaux.

La précision, l'élégance et la solidité de son enseignement, la valeur de ses travaux scientifiques le désignèrent pour une chaire de l'enseignement supérieur. En 1852, il fut nommé professeur de physique à l'Ecole polytechnique. En 1863, il fut appelé à la Faculté des Sciences de Paris, où, jusqu'au dernier jour, il attira un nombreux auditoire avide de l'entendre. C'est dans ces deux chaires de l'Ecole polytechnique et de la Sorbonne qu'il déploya son admirable talent d'exposition, son incomparable habileté à simplifier les questions les plus ardues. Les conférences qu'il fit pendant plusieurs années de suite, pour l'Association scientifique, sur les inventions nouvelles dues à l'électricité, attirèrent la foule, qui put admirer cette élocution claire et facile, qu'on doit appeler l'*éloquence des sciences*, et dont quelques hommes privilégiés, comme Arago, Claude Bernard, Barral, le docteur Pajot, Perdonnet, ont été les modèles.

Dans ses travaux, Jamin a embrassé les sujets les plus variés. Ses recherches d'optique, de magnétisme, d'électricité ; ses études sur la compressibilité des liquides, sur la capillarité, l'hygrométrie, les chaleurs spécifiques, les

Jules Jamin
PHYSICIEN
1818 — 1886

points critiques du gaz, les anneaux colorés ; ses inventions touchant la lumière électrique, les interférences de la lumière réfléchie, et la polarisation elliptique négative de la fluorine, etc., attestent l'originalité et la souplesse de son esprit.

Jamin aimait la musique et les lettres. Il était peintre habile. Habitué à se lever de grand matin, il dessinait, il peignait, et le dimanche il allait au Louvre étudier les œuvres des maîtres. Sa famille conserve plusieurs de ses toiles, et l'église de Termes possède un tableau de sa composition. Il avait coutume de dire : « Si les artistes et les savants se souvenaient un peu plus qu'ils sont soumis à cette nécessité d'observer les apparences optiques des objets naturels, ils mettraient en commun, pour en profiter séparément, une nombreuse série de faits les intéressant au même degré. » Chez lui, le littérateur était à la hauteur du savant, comme le prouvent, en dehors de ses leçons, ses discours, ses éloges et son *Traité général de physique*. Il était entré en 1868 à l'Académie des Sciences et, à la mort de J.-B. Dumas, il avait été désigné pour lui succéder comme secrétaire perpétuel.

Jamin a beaucoup fait pour répandre le goût des recherches dans le domaine si vaste de l'électricité, et pour vulgariser les admirables applications dues au génie pratique de tous ces inventeurs qui, comme les Gustave Trouvé, Radiguet, de Méritens, Chardin, Planté, Gadot, chez nous, et à l'étranger, les Edison, Graham Bell, Gramme, Van Rysselberghe et mille autres, ont étendu leur esprit de découvertes à tout ce qui touche aux beaux-arts aussi bien qu'à l'industrie, à l'art militaire, à la navigation nautique et aérienne, à la thérapeutique, à la chirurgie, aux usages domestiques. Le sujet paraît inépuisable et l'avenir réserve bien des surprises aux générations futures.

Le cours de physique professé à l'Ecole polytechnique par Jamin a été publié par la maison Gauthier-Villars et fils en quatre forts volumes. Le portrait de notre livre le représente en costume d'académicien. Il a été exécuté sur une photographie donnée à mon père par Jamin lui-même, en 1879.

41. — Jousselin.

Louis-Didier Jousselin, ingénieur, est né à Blois le 1er avril 1776. Il est mort à Vienne-en-Val (Loiret) le 3 décembre 1858, à l'âge de 82 ans. Elevé dans une famille qui fut activement mêlée aux grands événements politiques de la fin du XVIIIe siècle, il put cependant tra-

Louis-Didier Jousselin
INGÉNIEUR
1776 — 1858

verser, non sans danger, la tourmente révolutionnaire et poursuivre, au milieu de l'agitation du pays, de fortes études qui devaient assurer le succès de sa brillante et utile carrière.

La loi du 7 vendémiaire an III (28 septembre 1794) avait décrété la création à Paris de l'Ecole centrale des

Travaux publics qui, le 5 prairial an IV (24 mai 1795), devait prendre le nom définitif d'Ecole polytechnique, appelée à devenir si célèbre dans le monde entier. Jousselin subit brillamment les épreuves du concours et fit partie de la première promotion, la promotion de fondation, comme on l'appelle. Parmi les élèves, au nombre de 440, qui la formèrent, il faut citer Biot, Lancret, Malus, Francœur, Poinsot, Brochant de Villiers, Chabrol de Volvic, Jomard, Rohault de Fleury, le baron de Walckenaër, le général Baron Berge, comte de Sainte-Aulaire, Auguste de Wailly, Lamandé, etc. Parmi les premiers professeurs, notons Lagrange, Prony, Monge, Hachette, Chaptal, Berthollet, Guyton de Morveau, Vauquelin, etc.

A sa sortie, deux ans après, Jousselin fut admis à l'Ecole des Ponts et Chaussées et nommé ingénieur ordinaire. Il débuta par Dieppe, passa par Vitry-le-François, où il étudia un projet important de navigation de la Veyle, par Orléans, d'où, par arrêté général du directeur des ponts et chaussées, il fut envoyé le 6 mai 1808 à Maestricht pour diriger les travaux du grand canal du Nord, dont la construction venait d'être décidée. Il fut ensuite promu au grade d'ingénieur ordinaire, faisant fonction d'ingénieur en chef, du département des Bouches-du-Rhin, à Bois-le-Duc.

L'activité et l'énergie apportées par Jousselin dans la direction du service difficile des travaux de ces départements frontières, le firent passer dans le département des Bouches-de-l'Elbe, à Hambourg, le 6 juin 1810. Là, il participa aux travaux de défense de la place, lors du siège mémorable que soutint le maréchal Davout, prince d'Eckmühl, contre l'armée russe. Il présida à la construction d'un pont immense en charpente, jeté en cent vingt jours à l'embouchure de l'Elbe, sur une longueur de 3 kilomètres; ce qui permit le ravitaillement de la ville par la place d'Harbourg, située de l'autre côté du fleuve. Cette œuvre hardie sauva la situation. L'armée russe fut obligée de lever le siège dans les premiers jours de mars 1815. Aux Cent jours, le maréchal Davout, en proposant pour Jousselin une récompense exceptionnelle, écrivit à Napoléon : « C'est à l'ingénieur en chef Jousselin que nous devons, avec les vingt-cinq mille hommes que nous commandions, de n'avoir pas été traînés comme prisonniers en Sibérie. » Dans les mémoires si intéressants du maréchal Davout, mis en ordre par sa fille, la marquise de Blocqueville, on retrouve fréquemment le souvenir des services rendus par Jousselin, à Hambourg. Le 4 mars 1815, il fut nommé inspecteur divisionnaire du corps des ponts et chaussées. Il n'avait que 39 ans. C'est le seul exemple d'un ingénieur promu si jeune au grade d'inspecteur général. Destitué à la rentrée des Bourbons, Jousselin fut replacé comme ingénieur en chef plus tard à Orléans et à Nevers, où il conçut et étudia le projet du canal latéral à la Loire ; mais ce n'est qu'en 1830 qu'on lui restitua le titre et les fonctions d'inspecteur général des ponts et chaussées.

Il rendit de grands services pendant son séjour à Orléans ; il y activa les travaux publics, et devint populaire dans cette ville au point que la municipalité dut donner son nom à une des rues et qu'il fut élu député d'Orléans en 1831.

Il fit partie de la Chambre législative jusqu'en 1835, dans les rangs de l'opposition. Après une discussion orageuse avec Casimir Périer, à la tribune, contre les humiliants traités de 1815, il fut mis d'office à la retraite. Cette mesure était injuste et prématurée. Elle produisit un sentiment général d'indignation. Mais la politique n'en fait jamais d'autres !

Jousselin était corpulent et de haute stature. Au

moral, il était bon et bienveillant. Le portrait que nous donnons de lui a été pris dans une collection de figures consacrée à tous les députés français en 1833. Il avait alors quarante-sept ans et il représentait le département du Loiret.

42. — Lagrange.

Joseph-Louis Lagrange, géomètre, est né à Turin le 25 janvier 1736 d'une famille française de Touraine, alliée à celle de Descartes et fixée dans cette ville en 1672. Il est mort Paris le 10 avril 1813. Son père, trésorier de la guerre, avait joui d'une fortune considérable, qu'il perdit dans des entreprises hasardeuses. Lagrange considérait ce malheur comme l'origine et la cause de la félicité de sa vie. « Si j'avais eu de la fortune, disait-il, je n'aurais probablement pas fait mon état des mathématiques ; et dans quelle carrière aurais-je trouvé les mêmes avantages? » En effet Lagrange a été un homme parfaitement heureux, admiré, dès ses premières découvertes, par de grands esprits comme Euler, d'Alembert, Clairaut, Condorcet, etc. Il devait mourir membre de l'Académie des Sciences, sénateur, grand officier de la Légion d'honneur, comte de l'Empire, sans oublier que ses restes devaient être déposés au Panthéon et son éloge public prononcé le même jour par Laplace et Lacépède. Il a imprimé les traces de son génie à toutes les branches des mathématiques, depuis la trigonométrie sphérique, à laquelle il donna la forme analytique qu'elle a conservée et qu'il a enrichie de théorèmes nouveaux, jusqu'à la mécanique céleste dans ce qu'elle a de plus élevé.

En même temps qu'il a introduit de magnifiques découvertes dans la science, Lagrange a apporté des réformes dans la méthode. C'est à lui qu'est due la substitution de la forme analytique à la forme synthétique. C'est de son professorat à l'Ecole polytechnique et à l'Ecole normale supérieure que date l'usage d'exposer les principes, de les discuter, de les comparer, d'en faire en un mot un objet d'enseignement. C'est encore lui qui a eu le mérite de montrer les avantages que procurent les bonnes notations et qui a su donner aux équations

Lagrange
GÉOMÈTRE
1736 — 1813

un caractère symétrique. Lagrange a été un professeur de premier ordre et un savant de génie, car il a fait des découvertes.

Dans le domaine de la science, il s'est attaché à la résolution algébrique des équations de degrés supérieurs. Le problème dans toute son étendue était justement considéré comme insoluble. Mais il pouvait se résoudre par abaissement. C'est ce moyen de solution que Lagrange s'attachait à développer. Pour y parvenir, il créa la méthode des transformations composées, au moyen de laquelle on forme une équation dont les racines puissent avoir avec deux ou trois racines de la proposée, une relation donnée. Le calcul des différences finies, la géométrie et la mécanique analytiques, le calcul des fonctions et des variations, les éléments d'algèbre et d'arithmétique, etc., ont reçu de Lagrange des formules nouvelles. Dans tout ce qu'il a touché, il a su apporter une forme simple, élégante, lumineuse.

Chevreul qui, par la date de sa naissance (1786) et sa longévité séculaire, a été l'ami de la plupart des savants illustres du commencement du XIXe siècle, revenait souvent sur le nom de Lagrange. Il se plaisait à rappeler que le grand mathématicien l'emmenant dans sa voiture à une séance de l'Académie des Sciences, lui montrait avec complaisance les formules régulières d'un de ses mémoires et leur arrangement symétrique, en lui apprenant que le sentiment de l'art n'est point étranger aux géomètres et que l'algèbre a son style.

Le Piémont ayant été réuni à la France, une commission extraordinaire de la République française fut envoyée au père de Lagrange, alors âgé de quatre-vingt-dix ans, pour le complimenter officiellement, au nom du Directoire, d'avoir donné le jour à un fils qui illustrait aussi brillamment la patrie par ses travaux et ses découvertes.

Lagrange laissa en mourant une grande quantité de manuscrits. En 1815, Carnot étant ministre de l'intérieur de Napoléon pendant les Cent jours, les fit acquérir par le gouvernement. Sur le rapport de l'Académie des Sciences, ces papiers furent classés et déposés à la bibliothèque de ce corps savant. Ils ont servi à réunir et à publier, de 1867 à 1889, sous les auspices du ministère de l'instruction publique, les œuvres complètes de cet illustre et profond savant. Elles constituent un magnifique monument scientifique en quatorze volumes in-4°, publiés par la maison Gauthier-Villars. Elles comprennent, bien entendu, le traité de la *Mécanique analytique*, ce livre, disait Alexandre de Humboldt qui est le fruit d'un des plus grands efforts de l'esprit humain. Rappelons aussi que Napoléon, très bon juge en matière de science, avait appelé Lagrange *la haute pyramide des mathématiques*.

Le nom de Lagrange a été donné, seulement en 1890, à une des rues de Paris, sur la rive gauche de la Seine. Le portrait que nous avons choisi pour notre livre a été pris sur un dessin exécuté sur nature, en 1808, par Louis Boilly.

43. — Lalande.

Joseph-Jérôme Le Français de Lalande, astronome, est né à Bourg-en-Bresse le 11 juillet 1732. Il expira à Paris le 4 avril 1807, au matin, en disant à ses enfants qui l'entouraient, selon Delambre : « Maintenant je n'ai plus besoin de rien. »

C'est en observant la grande éclipse de soleil de 1748 qu'il se détermina pour l'astronomie. Ses parents l'avaient envoyé, pour étudier le droit, à Paris; il obtint la permission de suivre les observations et le cours d'astronomie de Delisle au Collège de France et d'abandonner définitivement la chicane pour la science. Il fit bien. Bien d'autres devraient imiter cet exemple. Le monde n'en irait que mieux.

A vingt ans, Lalande fut envoyé à Berlin pour y confronter les expériences que Lacaille avait exécutées au Cap. Il fut reçu par Frédéric II et fit la connaissance de Maupertuis, de Lamettrie, d'Argens, et rapporta un travail important sur les planètes qui devaient devenir l'objet des préoccupations du reste de sa vie. En 1753, il fit construire un héliomètre, resté fameux, pour déterminer les diamètres apparents de la lune et du soleil. En 1760, il prit la direction de la *Connaissance des temps* et introduisit, pour la première fois, dans ce recueil célèbre de nombreuses notices biographiques dont l'usage s'est conservé depuis et dure toujours. A cette même époque il donna une nouvelle édition améliorée des tables de Halley, pour les comètes et les planètes, augmentée des tables des satellites de Jupiter. En 1762, il succéda à Delisle dans la chaire d'astronomie du Collège de France, qu'il a occupée avec un éclat incomparable, jusqu'à la fin de ses jours. Il y a formé un très grand nombre de disciples et c'est lui qui a ouvert les esprits aux études astronomiques.

Lalande a composé de nombreux ouvrages et publié plus de 150 mémoires dans le recueil de l'Académie des Sciences, dont il fut un des membres les plus populaires. Mais son *Traité d'astronomie* est resté son chef-d'œuvre et a eu de nombreuses éditions. Il avait une nature exubérante. Il a eu de nombreux démêlés scientifiques avec Lemonnier, Bernardin de Saint-Pierre, Hell, Napoléon et d'autres personnalités marquantes de son temps. Il disait : « Je suis toile cirée pour les censures et éponge pour les louanges. » C'était un libre esprit et il ne craignait même pas de faire preuve publique d'athéisme, ce qui lui valut une verte réprimande de l'Empereur, qui ne plaisantait pas sur la religion, la considérant comme un excellent moyen de conduire les peuples. En 1773, il avait été cause d'un incident singulier. Il avait préparé pour une lecture à l'Académie des Sciences un mémoire sur les comètes, qu'une circonstance indifférente l'empêcha de remettre en temps utile. On se figura que Lalande y prédisait à courte échéance la destruction de notre planète. L'émotion fut telle que le lieutenant de police demanda la communication de ce mémoire. Il n'y trouva rien d'alarmant et, pour calmer les esprits, il en ordonna la publication immédiate. Cela eut un effet tout contraire ; le monde resta persuadé qu'on avait supprimé le passage intéressant.

Lalande
ASTRONOME
1732 — 1807

Lalande n'a point renouvelé la science astronomique dans ses fondements, comme Copernic et Kepler, même comme les Cassini, Bradley et Lacaille ; mais il a su répandre l'instruction et le goût de cette science, la plus merveilleuse de toutes. Une des rues de Paris, sur la rive gauche de la Seine, porte son nom.

Son neveu et son élève, Le Français de Lalande (1766-1839), un astronome très distingué, fit un grand nombre d'observations utiles, établit la théorie de l'orbite de la planète Mars, décrivit la partie stellaire du ciel visible à Paris et compta jusqu'à cinquante mille étoiles sur l'horizon de la capitale. Il avait épousé, en 1788, Marie-Jeanne-Amélie Harlay, qui partagea son goût pour l'astronomie et aida son oncle et son mari dans leurs travaux. Cet amour des sciences valut à cette femme remarquable un madrigal, qui fit du bruit dans les fastes de ce temps et qui finissait par ces deux vers :

. . . .
Si vous n'étiez et le sinus des Grâces
Et la tangente de nos cœurs !

On ne pouvait être à la fois et plus galant et plus géométrique !

Le portrait de Lalande a été fait d'après un dessin exécuté d'après nature par Louis Boilly, en 1799.

44. — Lamé.

Gabriel Lamé, géomètre, est né à Tours le 22 juillet 1795. Il est mort à Paris en 1870. Admis à l'Ecole polytechnique un des premiers, il fit partie de la promotion de 1815, qui fut licenciée en 1816, à cause de ses idées libérales. Il en sortit comme élève ingénieur des mines et suivit bientôt son ami Clapeyron en Russie, pour prendre la direction des grands travaux de viabilité que l'empereur Alexandre avait décidé d'y faire exécuter à l'imitation de la France. Pendant onze ans de séjour dans ce pays, il remplit les fonctions de professeur à la célèbre Ecole des Voies de communication, à Saint-Pétersbourg. Ce grand établissement est destiné à former des ingénieurs civils plutôt que militaires. Les élèves y restent six années et en sortent avec le grade de lieutenant. Lamé y était chargé avec Clapeyron d'y enseigner le calcul différentiel et intégral, la mécanique appliquée, l'art des constructions.

Gabriel Lamé se distingua à Saint-Pétersbourg par un esprit de précision extrême et une extraordinaire puissance de travail. Lorsqu'il revint en France, en 1832, il fut nommé professeur de physique à l'École

Gabriel Lamé
GÉOMÈTRE
1795 — 1870

polytechnique. En même temps il prit comme ingénieur une part active à l'établissement de nos premières voies ferrées et présida à la construction des lignes de Paris à Versailles (rive gauche) et à celle de Saint-Germain-en-Laye. Son nom doit être réuni à ceux des Flachat, Perdonnet, Pereire, Clapeyron, etc., qui sont les premiers promoteurs de la révolution qui s'est accomplie dans nos moyens de transport.

En 1845, Lamé échangea sa chaire à l'Ecole polytechnique contre la place d'examinateur de sortie pour la physique, la mécanique et les machines. En 1848, il fut nommé professeur de calcul des probabilités à la Faculté des Sciences de Paris. Il a illustré cette chaire par la création d'une série de cours, en dehors du programme universitaire, sur la théorie mathématique de l'élasticité, sur la chaleur, l'analyse des fonctions elliptiques. Poussé par un vif élan de vocation, doué d'un admirable talent d'exposition, Lamé a introduit des théories nouvelles qui ont exercé une heureuse influence sur le progrès des sciences qu'il était chargé d'enseigner. Il faut noter principalement ses ouvrages de physique mathématique et ceux où il traite de l'application des principes de la mécanique céleste aux phénomènes moléculaires.

En 1863, Lamé fut atteint malheureusement d'une surdité presque complète qui l'obligea à donner sa démission de professeur et à se renfermer exclusivement dans les études de cabinet pour lesquelles il était moins fait. Il appartenait à la section de géométrie de l'Académie des Sciences depuis l'année 1843, époque à laquelle il avait succédé à Puissant.

Lamé pensait que la physique expérimentale ne devait avoir qu'un règne passager et qu'elle devait faire place plus tard à la physique rationnelle. En même temps qu'il regardait comme nécessaire cette science d'attente pour répondre aux besoins incessants des arts industriels, il conseillait de tenir les jeunes gens au courant des progrès lents, mais sûrs, de la physique mathématique, et par suite il croyait urgent de développer toutes les ressources de l'analyse.

La maison Gauthier-Villars et fils a publié ses *Leçons sur les fonctions inverses des transcendantes et des surfaces isothermes*, ses *Leçons sur les coordonnées curvilignes et leurs diverses appli-*

cations et ses *Leçons sur la théorie analytique de la chaleur*. Son éloge a été prononcé par M. Joseph Bertrand dans la séance publique annuelle de l'Académie des Sciences, le 27 décembre 1877.

Le portrait de Lamé a été pris sur un dessin exécuté en 1840. Il avait alors quarante-cinq ans. A cette époque mon père était élève à l'Ecole polytechnique et Lamé était son professeur de physique.

45. — Laplace.

Pierre-Simon Laplace, astronome et mathématicien, qui devait devenir ministre, sénateur, marquis, pair de France, membre de l'Académie française, de l'Académie des Sciences et du Bureau des longitudes, associé de tous les corps savants de l'Europe, grand'croix de la Légion d'honneur, décoré de tous les ordres étrangers, est né à Beaumont-en-Auge, en Normandie, d'un simple cultivateur, le 28 mars 1749. Il est mort à Paris le 5 mars 1827. Par la profondeur de son génie, il a montré une fois de plus que l'astronomie est la science dont l'esprit humain peut le plus justement se glorifier. Elle doit cette prééminence incontestée à l'élévation de son but, à la grandeur de ses moyens d'investigation, à la certitude, à l'utilité, et à la magnificence inouïe de ses résultats. Laplace a abordé avec autant de bonheur que de hardiesse le sublime problème de l'ordre éternel des cieux, nié par Euler, et dont Newton doutait. Ses recherches ont établi que les orbites des planètes varient continuellement, que leurs grands axes tournent incessamment autour du soleil, pôle commun ; que leurs plans éprouvent un déplacement continu ; mais qu'au milieu de ce désordre apparaît un élément important de chaque orbite. C'est la longueur de son grand axe dont dépend la révolution périodique et qui maintient l'ordre perpétuel.

Laplace a doté la France, l'Europe, le monde savant de trois magnifiques compositions : le *Traité de mécanique céleste*, l'*Exposition du système du monde*, le *Théorie analytique des probabilités*. Le premier date de 1799, le second de 1802, le troisième de 1812. Faisons comme Arago, au lieu d'établir une longue liste d'admirateurs illustres de ces trois beaux ouvrages, choisissons les appréciations brèves et caractéristiques d'un de ces hommes de génie à qui la nature a donné la rare faculté de saisir du premier coup d'œil les points culminants des objets. Le 27 vendémiaire an X (17 septembre 1802), après avoir reçu un volume de la *Mécanique céleste*, le général Bonaparte écrivit à Laplace : « Les *premiers six mois* dont je pourrai disposer, seront employés à lire votre bel ouvrage. » Ces mots, les *premiers six mois*, enlèvent à la phrase les banalités d'un remerciement ordinaire, et renferment une juste appréciation de l'importance et de la difficulté de la matière.

Le 5 frimaire an XI (27 janvier 1803), la lecture de quelques chapitres du volume que Laplace lui avait dédié était pour le général Bonaparte « une occasion nouvelle de s'affliger que la force des circonstances l'eût dirigé dans une carrière qui l'éloignait de celle des sciences. Au moins je désire vivement, ajoutait-il, que les générations futures, en lisant la *Mécanique céleste*, n'oublient pas l'estime et l'amitié que j'ai portées à son auteur. »

Le 17 prairial an XIII (6 septembre 1805), le général, devenu Empereur, écrivait encore de Milan : « La *Mécanique céleste* me semble appelée à donner un nouvel éclat au siècle où nous vivons. » Enfin, le 12 août 1812, Napoléon, à qui le *Traité du calcul des probabilités* venait d'arriver, écrivait de Witepsk la lettre que nous transcrivons textuellement :

« Il fut un temps où j'aurais lu avec intérêt votre *Traité du calcul des probabilités*. Aujourd'hui je dois me borner à vous témoigner la satisfaction que j'éprouve toutes les fois que je vous vois donner de nouveaux ouvrages qui perfectionnent et étendent la première des

Laplace
ASTRONOME ET MATHÉMATICIEN
1749 — 1827

sciences et contribuent à l'illustration de la nation. L'avancement, le perfectionnement des mathématiques sont liés à la prospérité de l'Etat. »

Les œuvres complètes de Laplace ont été publiées sous les auspices et la responsabilité de l'Académie des Sciences, en huit volumes, édités par la maison Gauthier-Villars et fils. Chaque année elles sont données par l'Institut, en séance solennelle, à l'élève entré à l'Ecole polytechnique avec le n° 1. C'est une des clauses du testament généreux laissé par la marquise de Laplace, qui fut la digne veuve du grand astronome. C'est un magnifique monument scientifique.

La statue de Laplace, par J. Garraud, a été inaugurée en 1844, dans les galeries de l'Observatoire de Paris. La maison qu'il a habitée à Arcueil existe toujours. Elle est située au n° 41, Grande-Rue. Elle appartient à un de ses descendants, M. le comte de Colbert-Laplace, membre de la Chambre des députés, qui lui a conservé tout son caractère avec un soin pieux et jaloux, pour lequel le monde lui garde une grande gratitude. C'est un illustre lieu de pèlerinage pour les savants.

Il n'est pas inutile de résumer ici la célèbre hypothèse de Laplace sur la formation du système stellaire et qui constitue un de ses principaux titres de gloire. D'après cette hypothèse hardie, toute la matière actuellement agglomérée dans les diverses masses de l'ensemble solaire, aurait formé autrefois une nébuleuse planétaire, engendrée d'une seule masse gazeuse, rendue lumineuse par une haute température et dissociée par la chaleur en éléments premiers irréductibles et homogènes, tous identiques.

Cette masse ellipsoïdale, animée d'un mouvement de translation dans l'espace et d'un mouvement de rotation rapide sur elle-même, se serait séparée en anneaux ellipsoïdaux, non pas concentriques, mais possédant un foyer unique et qui seraient devenus ainsi indépendants les uns des autres, quant à leur impulsion rotative.

Ensuite, chacun de ces anneaux se serait condensé lui-même en une masse ellipsoïdale dans laquelle d'autres anneaux indépendants se seraient un à un formés. Chacun de ces anneaux, en se condensant à son tour en sphéroïde, serait devenu satellite de la masse sphéroïdale plus grande en se conservant toutefois à leur foyer commun et en donnant elle-même naissance aux planètes.

Le soleil serait le noyau central de la nébuleuse restée agglomérée au foyer commun, après toute une dislocation d'annulaires emboîtant d'autres systèmes d'anneaux. Et par un refroidissement successif obtenu par des milliers de millions d'années, ces événements successifs auraient produit le système solaire tel qu'il existe actuellement.

Telle est la célèbre hypothèse, formée d'éléments multiples et qui sont des vues de l'esprit, mais d'un esprit général et qui, jusqu'à de nouvelles découvertes dues à l'observation et à l'expérimentation, doit demeurer comme la vérité scientifique.

Le nom de Laplace a été donné à une rue de Paris, sur la rive gauche de la Seine, située derrière le Panthéon et proche de la Bibliothèque Sainte-Geneviève. Il existe de nombreux portraits de Laplace. Celui que nous avons choisi pour notre livre a été fait d'après un dessin exécuté en 1806.

46. — Lavoisier.

Antoine-Laurent de Lavoisier, chimiste, de physicien, physiologiste, agronome, est né à Paris le 26 août 1743. Il est mort décapité sur l'échafaud dressé place de la Révolution, aujourd'hui place de la Concorde, le 8 mai 1794, à 5 heures du soir, le cinquième des fermiers généraux condamnés, immédiatement après son beau-père, Jacques Paulze. C'est le créateur de la chimie moderne, en ce sens que c'est lui qui, par ses travaux sur l'oxygène et la composition de l'air, a ouvert la voie à toutes les découvertes contemporaines. Pendant de longs siècles, une science demeure à l'état latent ; un homme de génie arrive. Cela suffit pour la féconder à jamais. Depuis plus de cent ans, la chimie était embourbée dans la malheureuse théorie du phlogistique qui obscurcissait le chemin des recherches des savants de bonne volonté. En faisant éclater la vérité, Lavoisier a rendu le plus grand des services qu'un novateur puisse apporter au progrès général.

C'est au mois de septembre 1777 que Lavoisier déposa à l'Académie des Sciences un mémoire, sous ce titre : *Sur quelques substances qui sont constamment dans l'état de fluide aériforme au degré de chaleur et de pression habituelles de l'atmosphère*. C'est dans ce beau travail qu'il établit que les expressions *air*, *vapeurs*, *fluides aériformes*, ne désignent qu'un mode particulier de la matière et qu'il montre que si la chaleur volatilise les corps, toute pression apporte à ce changement une résistance qu'on peut évaluer.

Les travaux de chimie n'occupèrent pas seuls Lavoisier. La physique aussi lui doit d'importantes et belles découvertes. Il a été le premier à démontrer que les molécules des corps obéissent à deux forces antagonistes : 1° le calorique qui tend à les écarter ; 2° l'attraction qui tend à les réunir. Suivant que l'une ou l'autre de ces forces prédomine, ou bien qu'elles s'équilibrent toutes les deux, le corps passe par les états solide, liquide, gazeux. Quant à l'espace que les molécules laissent entre elles, il n'est pas le même pour toutes les substances. Lavoisier a pris ce principe comme point de départ pour expliquer comment il se fait que, pour élever la température de divers corps d'un degré, il faut employer des quantités variables de calorique.

On peut ranger aussi Lavoisier au nombre des fondateurs de la physiologie expérimentale, car pendant plusieurs années ses recherches eurent pour but de diriger la chimie vers les problèmes physiologiques. On lui doit la célèbre théorie de la respiration qui, légèrement modifiée par les découvertes récentes, règne en maîtresse aujourd'hui.

Lavoisier s'est occupé aussi d'agronomie. Il possédait et cultivait une belle propriété dans le Blésois. Il améliora tous les procédés de culture et chercha à appliquer la chimie à l'agriculture.

Lavoisier
AGRONOME, CHIMISTE, PHYSICIEN, PHYSIOLOGISTE
1743 — 1794

Les principaux travaux de Lavoisier touchent à la transpiration des animaux, à la nature de l'eau, à la calcination de l'étain, à l'existence de l'air dans l'acide nitreux, à la combustion du phosphore et du soufre, à la dissolution du mercure dans l'acide nitrique, à la composition du diamant. Il a démontré expérimentalement la vérité de l'hypothèse de Newton que ce minerai, cause de tant de folies, n'est pas autre chose que du carbone pur. Notons encore ses recherches sur l'acide oxalique, le platine, l'efflorescence, l'acide carbonique.

Lavoisier avait une plume élégante. Il a laissé des écrits remarquables, notamment dans les *Annales de chimie* et dans le *Journal de physique*. Ses œuvres ont été réunies et publiées en quatre forts volumes sous les auspices de l'Académie des Sciences, de 1861 à 1864.

Malgré ses services et ses titres à l'admiration de tous, Lavoisier dut monter sur l'échafaud. C'est une des plus regrettables victimes de notre grande Révolution, qui ne lui pardonna pas d'appartenir à la classe exécrée des vingt-huit fermiers généraux dont les têtes tombèrent le même jour sous le fatal couteau de la guillotine. On a rapporté qu'au moment de sa condamnation, Lavoisier demanda au tribunal un délai de quelques jours afin de pouvoir terminer la correction des épreuves de ses *Mémoires de chimie* qu'on imprimait, et que le président lui répondit brutalement : *La République n'a pas besoin de savants; il faut que la justice suive son cours.* Dans tous les temps, il y a des bêtes brutes et des imbéciles. Ces mots ne déshonorent pas la République, qui était pleine de savants et gouvernée par des savants; ils souillent seulement Coffinhal-Dubail, qui les a prononcés. En effet, dans ce temps-là, comme plus tard sous le Consulat et l'Empire, ainsi que nous l'avons exposé dans l'*Histoire des Sciences sous Napoléon Ier*, la Convention, les comités, les commissions regorgeaient de savants. Il suffit de citer : Carnot, Berthollet, Fourcroy, Lalande, Monge, Laplace, Lagrange, Legendre, Parmentier, Daubenton, Lamarck, Hassenfratz, Romme et cent autres. Ce sont eux qui ont sauvé la patrie des exactions et des scélératesses des fous et des coquins.

Une belle statue de Lavoisier, par Dalou, a été érigée en 1889 dans le grand amphithéâtre des nouveaux bâtiments de la Sorbonne. Le musée de l'Hôtel des Monnaies, à Paris, possède une rare médaille représentant le profil du grand chimiste. C'est elle que le dessin de notre livre a reproduite. Son nom a été donné à une des rues de la capitale, sur la rive droite de la Seine. Lalande, Fourcroy, Cuvier, Quénaud, ont écrit de belles biographies de Lavoisier. M. Grimaux a publié en 1888 un gros volume sur sa vie, d'après des documents nouveaux, et le 30 décembre 1889, M. Berthelot, le digne continuateur de Lavoisier, a lu, dans la séance publique annuelle de l'Académie des Sciences, une notice sur l'action féconde de ses doctrines dans les applications et les théories modernes.

Il existe aussi une biographie manuscrite et inédite composée par Mme Lavoisier sur son mari, dont elle partagea toujours les travaux avec le plus grand dévouement. Malheureusement, elle s'arrête à l'année 1799.

Ajoutons que Lavoisier était très méthodique et qu'il avait un ordre méticuleux. Il gardait tous ses manuscrits, toutes ses notes, la copie autographe des lettres qu'il écrivait et les originaux de celles qui lui étaient adressées. Après sa mort, Mme Lavoisier, née Paulze, qui fut la perle des épouses, rangea avec un soin jaloux ces papiers dont elle restait héritière. Ils passèrent ensuite à Mme Léon de Chazelles, sa petite-nièce, qui les classa avec l'aide de son mari. Aujourd'hui ils sont conservés pieusement au château de la Canière, près d'Aigueperse (Puy-de-Dôme), par M. Étienne de Chazelles, qui y a joint les instruments, les livres de Lavoisier et les dessins de Mme Lavoisier.

Lavoisier avait été élu membre de l'Académie des Sciences, en remplacement du chimiste Baron, le 18 mai 1768. Il avait exactement vingt-quatre ans huit mois et vingt-trois jours, étant né le 26 août 1743. Arago, admis ayant vingt-trois ans, est le seul savant ayant fait partie de cette glorieuse assemblée à un âge aussi peu avancé.

47. — Louis Le Chatelier.

Louis Le Chatelier, ingénieur, est né à Paris le 20 février 1815. Il est mort dans la même ville le 10 novembre 1873, enlevé prématurément à l'âge de 59 ans, dans la force intellectuelle et l'éclat de la renommée. Esprit multiple, aux vues larges et encyclopédiques, l'art des mines et de la métallurgie, l'exploitation des chemins de fer, l'agronomie, lui doivent des travaux de premier ordre. C'était une intelligence créatrice, avec le sens très pratique de la vulgarisation immédiate. On peut le considérer aussi comme un des fondateurs des lignes ferrées en France. C'est un des septante-deux savants du Panthéon Eiffel que nous avons eu le bonheur d'approcher et de voir à l'œuvre. Dans ce nombre, nous devons citer dans les mêmes conditions : Arago, Becquerel, Bélanger, Belgrand, Bréguet, Broca, Cail, Chevreul, Clapeyron, Combes, de Dion, Delaunay, Dumas, Fizeau, Flachat, Foucault, Gay-Lussac, Giffard, Goüin, Jamin, Le Verrier, Morin, Pelouze, Perdonnet, Perrier, Regnault, Schneider, Seguin, Thenard, Tresca, Wurtz. Ainsi qu'on le voit, la pléiade est illustre, et c'est une bonne fortune que d'avoir pu connaître de tels hommes.

Louis Le Chatelier est peut être l'un des plus modestes, parmi ces célébrités, mais ce n'est pas un des moins méritants et l'un de ceux dont l'œuvre soit la moins féconde. C'est principalement dans les dernières années de sa vie que nous avons pu l'observer de très près, à l'époque où il venait d'acquérir une propriété dans une partie nouvellement desséchée du département des Landes, à l'ouest de Bordeaux. Il avait formé le projet d'en achever l'assainissement par une méthode nouvelle et au moyen d'engrais spéciaux, dont il avait étudié la nature et préparé la composition d'après les éléments des terres dont il avait fait de nombreuses analyses. Sur ces questions spéciales de chimie agricole, il avait eu, en ma présence, de fréquentes conférences avec mon père, fort compétent dans la matière.

Louis Le Chatelier avait fait à Paris, au collège Rollin, de brillantes études, couronnées, l'année de son entrée à l'Ecole polytechnique, par un succès peu com-

Louis Le Chatelier
INGÉNIEUR
1815 — 1873

mun : le premier prix de mathématiques spéciales et le second prix de physique au Concours général. Il fut admis en 1834 dans ce glorieux établissement, pépinière de la plupart des grands savants du XIXᵉ siècle. En 1836 il en sortit dans les premiers numéros, pour passer à l'Ecole des Mines. Il y fit ses études complètes, en deux années seulement, et, à la suite, il accomplit un seul voyage d'instruction de sept mois, dans le Nord de la France, en Belgique, puis en Allemagne.

A cette époque, l'industrie des mines et la métallurgie prenaient leur essor. Louis Le Chatelier y appliqua ses remarquables aptitudes, après avoir observé l'état de toutes les questions techniques. C'est ainsi qu'il vit dans le département du Pas-de-Calais les recherches par sondages qui se faisaient pour trouver le prolongement du bassin houiller du département du Nord, recherches qui furent alors infructueuses, mais qui devaient être reprises quelques années plus tard avec un éclatant succès. En Belgique, il visita les nombreuses mines à fer nouvellement créées ou en voie de création. En Allemagne, il étudia les premières échelles mécaniques et les premiers emplois des câbles en fil de fer mis au service de l'extraction, en remplacement des câbles ou des chaînes. Il étudia aussi l'emploi de l'air chaud, inventé quelques années auparavant en Ecosse pour les hauts-fourneaux, et qui commençait à jouer un rôle important dans la métallurgie. Il s'adonna ainsi aux méthodes nouvelles au moyen desquelles Plattner, en Ecosse, montrait que le chalumeau, dans certaines conditions, pouvait devenir un instrument très précieux pour les analyses quantitatives et qualitatives de la chimie métallurgique.

Le résultat de ce voyage, fécond en longues études, fut la composition successive de quatre Mémoires importants, qui obtinrent les honneurs de l'insertion aux *Annales des Mines*. Ce travail terminé, Louis Le Chatelier fut envoyé en résidence à Angers avec le titre d'aspirant, et fut nommé ingénieur ordinaire de seconde classe, le 1er juin 1841. Au point de vue industriel, la contrée n'était que d'une importance secondaire. Pour un esprit investigateur, ce champ d'action limité ne devait pas rester stérile. Louis Le Chatelier profita de sa situation pour entreprendre l'étude nouvelle et complète des houilles des bassins de la Vendée, ainsi que les minerais de fer des environs de Segré, exploités par les anciens et puis délaissés. Il les signala à l'attention des maîtres de forge, et c'est à dater de cette époque qu'ils ont pris une importance sérieuse. Dans ces fonctions, il étudia encore l'action des eaux corrosives employées dans les mines et les carrières à l'alimentation des chaudières à vapeur. Son Mémoire fut apprécié en haut lieu et jugé assez important par l'administration supérieure pour être inséré dans les *Annales des Mines*, puis tiré à part et envoyé aux préfets avec une circulaire officielle en date du 12 octobre 1841.

Nous touchons, à ce moment-ci, à une époque solennelle pour la France et pour la carrière de Louis Le Chatelier. C'est à cet instant que la grande industrie des chemins de fer, après de longues hésitations et des pronostics fâcheux, restés célèbres, parce qu'ils étaient émis par des orateurs illustres, dans nos Chambres politiques, allait enfin prendre en France un développement définitif. A la fin de 1842, nous n'avions encore que 600 kilomètres de lignes ferrées, en tronçons isolés, dans la Loire, le Nord, l'Alsace, le Gard, l'Hérault. De Paris même, on ne pouvait se rendre en chemin de fer qu'à Saint-Germain-en-Laye, Versailles et Corbeil. La Belgique comptait des voies plus étendues que les nôtres. Cependant les lignes de Rouen et d'Orléans étaient en construction et beaucoup d'autres en projet ou en préparation. Les pouvoirs publics, en outre, après les débats auxquels nous avons fait allusion plus haut, avaient promulgué la fameuse loi de 1842. Il était évident qu'ils s'ouvraient de brillantes perspectives aux ingénieurs capables d'entrer résolument dans cette carrière nouvelle. Louis Le Chatelier n'hésita pas. Il demanda et il obtint en 1843 de passer dans le service du contrôle, où il resta jusqu'en 1845, occupé aux questions capitales de tracé, de construction et d'exploitation. Dans l'intervalle, en 1844, il avait reçu du gouvernement de Louis-

Philippe la mission d'aller étudier les mêmes questions sur place, en Allemagne, qui avait alors l'avantage de compter 2,830 kilomètres de chemins de fer en exploitation, c'est-à-dire quatre fois plus que nous.

Le Chatelier rapporta de ce voyage un ouvrage extrêmement important, nourri de faits et de vues larges. Il parut en 1845 sous le titre de : *Chemins de fer d'Allemagne.* Il fut du plus utile secours à tous les ingénieurs français, qui y trouvèrent la description complète du réseau allemand, et pour chaque ligne, le système d'exécution, le tracé, la voie, les stations, le matériel, les frais d'établissement, l'exploitation et le produit de l'exploitation. Ce travail capital fit date dans la carrière de son auteur qui, en 1846, demanda à l'administration des mines un congé pour prendre un rôle actif comme ingénieur de chemins de fer. C'est à ce titre que de 1846 à 1848, il fut successivement chargé d'organiser le service du matériel sur le chemin de fer du Nord, puis l'exploitation et la traction sur le chemin de fer du Centre Ensuite il fut chargé de préparer la voie de celui de Paris à Chartres.

Dans le même temps, selon son habitude constante de mener de front, avec ses occupations principales, des travaux spéciaux d'espèce différente et très absorbante, il fit, avec Ernest Goüin, le grand constructeur qui appartient aussi au Panthéon Eiffel, des expériences intéressantes sur les locomotives en marche. Sa part contributive dans ces recherches expérimentales a été exposée dans une brochure publiée en 1849 sous le titre de : *Etude sur la stabilité des machines locomotives en mouvement.*

On peut ainsi résumer l'objet de cette étude, si importante pour l'exploitation des chemins de fer, et dans laquelle Louis Le Chatelier a fait preuve d'une rare sagacité d'esprit. On sait que dans une machine quelconque en mouvement, les diverses pièces qui la forment, indépendamment des forces extérieures qui sont appliquées au système, sont soumises à des réactions mutuelles dues aux forces d'inertie développées sur tous les points matériels dont le mouvement n'est pas actuellement rectiligne et uniforme. Il va de soi que la force d'inertie est généralement plus grande, pour un point matériel donné, que sa masse, sa vitesse et son accélération sont d'autant plus grandes. En particulier, dans une locomotive circulant d'un mouvement uniforme, sur une voie, les points matériels qui tournent avec les essieux des roues sont tous animés par une certaine force centrifuge. Toutes ces forces ne s'annulent pas si l'axe de l'essieu n'est pas un axe principal de rotation passant par le centre de gravité. D'autre part, les pièces animées d'un mouvement alternatif, comme, par exemple, le piston et sa tige, réagissent sur le bouton de la bielle qu'ils conduisent, avec une force variant d'intensité et de sens, selon la valeur et la direction de leur accélération actuelle. Toutes ces forces, dues à l'inertie, variables d'un instant à l'autre en direction ou en grandeur, ou à la fois en grandeur et en direction, peuvent être calculées. C'est ainsi que l'on reconnaît que dans une locomotive allant à grande vitesse, elles peuvent prendre des valeurs numériques comparables aux forces extérieures qui sont en jeu sur la machine.

Considérées dans leurs composantes horizontales et leurs composantes verticales, ces forces sont capables de donner des couples tendant à produire des oscillations autour de trois axes rectangulaires, l'un vertical, les deux autres horizontaux, l'un parallèle et l'autre transversal à la voie. C'est de là que résultent les mouvements parasites connus sous le nom de mouvement de lacet, de roulis, de galop, ainsi que les pressions variables entre les rails et les jantes des roues. Louis Le

Chatelier chercha à calculer les contre-poids à fixer sur les roues mêmes, pour faire disparaître ou amoindrir les effets de ces forces contradictoires. Il y parvint, au grand avantage de la douceur de la marche de la machine, ainsi que de la conservation et de l'uniformité d'usure des roues des machines et des rails de la voie. Le Chatelier est le premier qui se soit astreint à cette étude technique d'une façon spéciale et approfondie. La pratique des contrepoids recommandée par lui, a été adoptée dans tous les pays du globe. Cette invention a popularisé son nom dans les deux mondes.

A la fin de 1849, Le Chatelier fut désigné pour remplacer, dans la direction du contrôle des chemins de fer du Nord, de l'Est et de l'Ouest, Bineau, qui venait d'être nommé ministre des travaux publics. Il conserva ces fonctions jusqu'au 21 mai 1850, époque à laquelle il devint ingénieur en chef de seconde classe. En 1852, il fut nommé membre de la commission centrale des machines à vapeur. Le 1er juin 1855, il quitta le service de l'administration et prit un congé qui devait se prolonger jusqu'au 1er octobre 1868. Durant les treize années de cet intervalle, il consacra sa vie, d'une façon très active, à toutes les entreprises financières et techniques qui, sous l'impulsion si remarquable des frères Emile et Isaac Pereire, ont transformé le monde économique et fait la richesse et la puissance matérielle de la France. Il participa à tous ces beaux travaux de canaux, de chemins de fer, de routes, de ponts, de viaducs, de mise en culture des Landes qui ont marqué en France ces années prospères. Il fit partie aussi, à cette époque, du comité de fondation de l'Encyclopédie du XIXe siècle, projetée par les frères Pereire et qui comptait parmi ses principaux membres Emile Augier, Baudrillart, Claude Bernard, Berthelot, Barral, Victor Duruy, Charles Duveyrier, Hervé Faye, Jamin, Littré,

Milne Edwards, Sainte-Beuve, Vacherot, Viollet-le-Duc, Zeller. Le président était Michel Chevalier. MM. Emile et Isaac Pereire, qui avaient mis à la disposition de l'œuvre un million, s'étaient réservés la vice-présidence. M. Eugène Pereire, aujourd'hui président de la Compagnie transatlantique et fils d'Isaac Pereire, en était le secrétaire général. Le but grandiose de ce projet était celui-ci : « Exposer comment doivent être employées les différentes ressources intellectuelles, morales, matérielles, que présente la société moderne, pour la réalisation du progrès social que le genre humain poursuit depuis un siècle, et établir le bilan des grandes conquêtes de la science dans toutes les branches de l'esprit humain. » Cent volumes du format in-octavo devaient être consacrés à ce beau projet. Des matériaux d'un prix inestimable ont été réunis et discutés par toutes ces sommités de l'intelligence, durant neuf années d'un travail préparatoire assidu et régulier. Les événements, à jamais déplorables, de 1870 et de 1871, ont mis un obstacle sacrilège et définitif à leur glorieuse terminaison. M. Eugène Pereire en possède les illustres débris. Il ne tient qu'à lui de sauver du néant, pour le plus grand bien de l'humanité et pour sa propre renommée et celle de ses augustes parents, quelques-uns de ces précieux manuscrits.

A la veille de l'année 1870, toutes ces affaires étant terminées ou sur le point de recevoir une solution définitive, Louis Le Chatelier rentra dans le corps des mines, mais sans reprendre le service ordinaire. Il fut chargé d'une mission scientifique, consistant à étudier les procédés alors usités en France et à l'étranger pour la marche à contre-vapeur des machines locomotives, ainsi que la méthode due à M. Siemens pour la production directe de l'acier et du fer fondu sur la sole d'un four à réverbère. La première idée, qui est devenue simple et féconde depuis qu'elle a été élucidée par Le Chatelier d'une façon définitive, était demeurée, jusque-là, pleine d'obscurité et stérile. Voici en quoi elle consiste.

De tout temps, on savait qu'en renversant l'admission dans une machine locomotive en marche, les pistons, au lieu de recevoir le travail moteur de la vapeur venant de la chaudière, et s'échappant ensuite à la cheminée, aspiraient l'air de la cheminée et la refoulaient dans la chaudière, recevant ainsi un travail résistant qui venait, soit sur les pentes, en déduction du travail moteur de la gravité, soit, quand il fallait ralentir ou arrêter, en atténuation de la demi-force vive possédée par le train. Mais avec ce système, on avait un prompt échauffement et un grippement des surfaces frottantes, une rapide augmentation de pression dans la chaudière et bientôt la suspension de l'injecteur Giffard servant à l'alimentation, appareil que nous avons décrit dans la notice consacrée à son inventeur, au n° 37 de ce livre.

L'usage du renversement de la distribution était donc peu pratiqué, jamais pour un long temps ou dans les circonstances normales, mais tout au plus accidentellement, dans quelques cas exceptionnels, par exemple lorsqu'un obstacle inattendu se présentait sur la voie, obligeant le mécanicien à user de toutes ses ressources pour arrêter son train le plus promptement possible. Divers moyens avaient été proposés pour éviter ces inconvénients en partie. Mais aucun n'était satisfaisant. L'idée de la contre-vapeur consiste essentiellement à amener, à l'aide de tuyaux munis de robinets, à la base de l'échappement ou dans la boîte du tiroir, un mélange approprié d'eau et de vapeur venant de la chaudière, ou même, plus simplement, de l'eau de la chaudière, qui forme, dans le tuyau d'échappement, en revenant à une pression peu supérieure à la pression atmosphérique, le mélange indiqué. Cette idée appartient bien à Le Chatelier qui, le premier, a démontré expérimentalement que le mélange d'eau et de vapeur doit être, dans l'échappement, en quantité telle, qu'on voit un panache de vapeur humide sortir par le haut de la cheminée. On est certain alors que les pistons aspirent, non de l'air, mais une atmosphère artificielle formée de vapeur sursaturée, analogue à de l'eau pulvérisée. Dès lors, toutes les difficultés disparaissent. Aujourd'hui toutes les locomotives sont munies de ce dispositif très simple qui met aux mains du mécanicien un moyen puissant et toujours prêt pour modérer la vitesse en toutes circonstances. Un diplôme d'honneur décerné à Le Chatelier à l'Exposition universelle de Vienne, en août 1873, est venu consacrer définitivement le haut mérite de cette invention.

Le procédé de Le Chatelier pour la production directe de l'acier fut tenté en France dans les usines de Fourchambault. Il échoua parce que, par esprit d'économie, au lieu de faire venir des briques siliceuses d'Angleterre, on prit des briques insuffisamment réfractaires. Le four fondit, on renouvela l'essai dans des conditions convenables, et il réussit complétement.

Le 16 juin 1872, Louis Le Chatelier fut nommé au grade d'inspecteur général dans le corps des mines. A la même date, il prit sa retraite, motivée, non par la fatigue et le besoin de repos, mais par la surdité dont il était affecté. Cette renonciation au service administratif fut pour lui le signal de nouveaux travaux d'agronomie et de chimie, que la mort vint interrompre brutalement au bout de quelques mois.

Louis Le Chatelier avait un esprit prompt, pratique, sympathique. De relations sûres et délicates, c'était un ami fidèle, un collègue dévoué. Officier de la Légion d'honneur et de l'ordre de Léopold de Belgique, commandeur de l'ordre de Charles III d'Espagne, chevalier de l'ordre de François Joseph d'Autriche, membre du conseil de la Société d'encouragement pour l'Industrie nationale, il était tout désigné pour entrer prochainement à l'Institut. Son nom a été donné à une des rues de Paris, sur la rive droite de la Seine. Son éloge a été écrit par M. Callon, inspecteur général des mines, et inséré dans les *Annales des Mines*. Un discours a été prononcé sur sa tombe, le jour de ses funérailles, par M. Gruner, inspecteur général des mines, et M. A. Ronna lui a consacré une notice dans le journal *le Temps* du 15 novembre 1873.

Le portrait exécuté pour notre livre a été fait d'après une photographie communiquée par la famille.

Louis Le Chatelier a laissé une fille et cinq fils, qui portent dignement son nom dans les carrières qu'ils ont choisies.

48. — Legendre.

Adrien-Marie Legendre, géomètre, est né à Paris, le 18 septembre 1752. Il est mort à Auteuil, le 9 janvier 1834. C'est un des plus illustres représentants des sciences mathématiques et son nom peut être inscrit à côté de ceux d'Euler, de Laplace, Monge, Lalande, Lagrange, Poinsot. Il a fait des découvertes de premier ordre et sa vie a été longue, paisible, utile, glorieuse, toute consacrée aux cultes de la pure géométrie. Issu d'une famille pauvre, il eut le bonheur d'être pris en affection par l'abbé Marie, chargé du cours de mathématiques au Collège Mazarin et de devenir, ayant terminé ses classes, le protégé de d'Alembert, qui le fit nommer professeur à l'Ecole militaire de Paris. Ayant ainsi le pain quotidien, il eut l'idée de concourir pour le prix proposé par l'Académie de Berlin en 1782. Son mémoire fut couronné. Il portait le titre : *Recherches sur la trajectoire des projectiles dans les milieux résistants*. L'année suivante, il présenta à l'Académie des Sciences de Paris un travail sur l'attraction des ellipsoïdes. Renvoyé à l'examen de Laplace, celui-ci déclara que le théorème de Legendre constituait un pas nouveau en géométrie, que l'analyse en était très savante et annonçait un esprit des plus distingués. L'Académie, dès l'année suivante, le désigna comme membre adjoint.

Legendre
GÉOMÈTRE
1752 — 1834

En 1787, il produit son *Mémoire sur la figure des planètes*, puis successivement des recherches sur les lignes géodésiques, la triangulation de la terre, les fonctions elliptiques, les intégrales particulières des équations différentielles. Enfin, en 1794, il fit paraître ses *Eléments de géométrie*, dont le succès fut instantané, énorme et dure toujours. L'année précédente il avait épousé une jeune fille qui l'avait caché pendant la Terreur en 1793 et qui fut pour lui une admirable compagne, aussi dévouée qu'intelligente. On doit retenir son nom, parce que Mlle Coulim continua, après la mort de Legendre à aider de sa bourse les jeunes gens que les difficultés matérielles arrêtaient dans leur carrière scientifique ; qu'elle laissa à l'Ecole polytechnique, à sa mort, en 1856, un fonds annuel pour la création de bourses, et qu'elle légua à la commune d'Auteuil la maison de son mari, payée des droits d'auteur des *Eléments de géométrie*, pour en faire une école.

Il est intéressant de rapporter à ce sujet un souvenir d'Arago. Le désintéressement se rencontre fréquemment chez les savants. Ce n'est presque jamais pour en profiter personnellement qu'ils cherchent à amasser une modeste aisance. Mais n'ont-ils pas à songer, eux aussi, à leurs familles, aux êtres chéris qu'ils laissent en quittant ce monde? Faut-il les priver de cette douce satisfaction dont les derniers moments de Legendre ont donné l'exemple? Ce grand géomètre vit arriver la mort avec le sang-froid le plus remarquable. Il fit ses dernières dispositions et il s'occupa des détails de son enterrement devant sa femme et Arago avec une liberté d'esprit dont l'antiquité seule pourrait citer d'aussi beaux exemples. Arago crut, au moment où tout était perdu sans espoir, pouvoir sans inconvenance entretenir Mme Legendre de son avenir. Il crut pouvoir l'assurer que si elle restait sans fortune, le pays certainement viendrait à son secours et que l'Académie des Sciences appuierait de toute son influence les démarches faites pour arriver à ce but. Cet entretien transmis à Legendre amena cette réponse : « Ma femme, tu feras tes remerciements à M. Arago. Je n'attendais pas moins de son attachement, mais le plaisir que j'en éprouve n'est pas sans mélange. Il m'est pénible de penser que mon meilleur ami ait pu croire que j'avais eu assez peu de prévoyance pour laisser ton sort, pour laisser tout ton avenir à la merci d'un caprice ministériel. J'ai été traité durant ma longue carrière comme je pouvais le désirer. Je ne veux pas qu'après ma mort personne puisse dire que la veuve de Legendre est à la charge du pays. » Ces nobles paroles étaient à l'adresse d'un homme digne de les comprendre. On a vu plus haut quel exemplaire usage Mme Legendre sut faire de la petite fortune laissée par son mari.

Legendre a marqué ses travaux dans la géométrie d'une empreinte si féconde et si originale, que, depuis deux mille ans, cette branche des mathématiques n'avait rien reçu de pareil jusqu'en 1785. Il suffit du passage d'un homme de génie pour éclairer tout d'un coup d'un jour éclatant les points les plus obscurs de la science. La géométrie n'est devenue populaire que depuis les découvertes de ce profond esprit, dont l'action a été immédiate et s'est répandue dans le monde entier.

La ville de Paris a donné le nom de Legendre à une de ses rues de la rive droite de la Seine. Le portrait choisi pour notre livre a été fait sur un croquis donné par Legendre à Arago, en 1829, et transmis à mon père par le célèbre astronome.

49. — Le Verrier.

Urbain-Jean-Joseph Le Verrier, astronome, est né à Saint-Lô (Manche), le 11 mars 1811. Il est mort à Paris le 23 septembre 1877, jour anniversaire du plus grand événement de sa vie. C'est en effet le 23 septembre 1846 que la planète Neptune, dont l'existence et la place dans le ciel avaient été révélées par lui, fut pour la première fois aperçue à l'Observatoire de Berlin. Il entra à l'Ecole polytechnique en 1831. Il en sortit dans les premiers rangs avec le titre d'ingénieur des manufactures de tabac de l'Etat. Il se consacra à quelques recherches de laboratoire qui furent publiées dans les *Annales de physique et de chimie*. Nommé, en 1837, répétiteur du cours de géodésie et de machines à l'Ecole polytechnique, il remplaça deux ans après, comme professeur titulaire, Savary, mort en 1839. Le Verrier s'ignorait encore. Cependant des recherches sur la stabilité du système solaire et sur la détermination des limites entre lesquelles doivent osciller les inclinaisons mutuelles des orbites des planètes principales, le désignèrent à l'attention d'Arago. Celui-ci le poussa à continuer ses nouvelles études et le décida à se consacrer aux observations astronomiques. Le Verrier profita de cet appui pour apporter des perfectionnements à la théorie de Mercure et s'occuper tout spécialement des comètes périodiques. Ces travaux lui ouvrirent les portes de l'Académie des Sciences, le 19 janvier 1846, où il succéda au comte Cassini, le dernier de la glorieuse et longue dynastie cassinienne qui pendant 207 ans (de 1625 à 1832) a illustré les sciences astronomiques, géographiques et botaniques.

C'est à cette époque que Le Verrier entreprit sur la théorie d'Uranus, le grand travail qui l'a conduit à la découverte de la planète Neptune, par la seule puissance du calcul; c'est un des plus beaux efforts de l'esprit humain. Cette découverte, à bon droit, a immortalisé son nom.

Pendant de longues années la planète d'Uranus avait fait le désespoir des astronomes, qui ne parvenaient pas à fixer sa position, bien que des savants de génie, comme Laplace et Delambre, par exemple, s'en fussent occupés. Les divergences étaient grandes sur les irrégularités du mouvement et les incertitudes de cet astre rebelle. Le Verrier s'attacha à cette solution. Il forma des équations qui devaient lier la masse et les éléments de l'orbite de la planète inconnue aux perturbations caractéristiques d'Uranus. Il parvint à resserrer entre des limites assez rapprochées les coordonnées de l'astre fugitif, à leur fixer une époque définie, puis peu à peu il assigna la place exacte où on pourrait voir la planète à l'époque qu'il désigna. La prédiction se trouva justifiée ; le jour même, qui était le 23 septembre 1846, où M. Galle, de Berlin, en reçut la nouvelle, il dirigea aussitôt une lunette vers le point du ciel indiqué par Le Verrier. Il y vit la planète annoncée et lui donna le

Le Verrier
ASTRONOME ET MÉTÉOROLOGISTE
1811 — 1877

nom de Neptune, qu'elle a conservé, malgré les protestations verbales et écrites d'Arago, qui voulait, avec raison, la baptiser du nom de son auteur. La sensation produite par cette découverte fut immense et de tous les côtés les honneurs et les félicitations tombèrent comme une nuée d'étoiles filantes sur le jeune astronome, pour lequel le gouvernement de Louis-Philippe créa une chaire d'astronomie à la Faculté des Sciences de Paris.

Le mémoire développé composé par Le Verrier sur la planète Neptune a été publié dans *la Connaissance des temps* pour 1849. En le lisant, on reste stupéfait de l'étendue d'esprit qu'il a fallu pour obtenir un tel résultat à l'aide des seuls chiffres. Cela donne une grande idée de la puissance du calcul et de sa perpétuité.

Le Verrier a été nommé, en 1853, directeur de l'Observatoire de Paris, à la mort d'Arago. Il y créa le service des avertissements aux ports, que bénit le marin, celui des dépêches agricoles qui couvrent maintenant toute la France, et qui restent la base la plus certaine de l'étude, si pleine d'avenir et de résultats imprévus, des grands mouvements de l'atmosphère. Il y établit aussi un service météorologique pour renseigner les aéronautes au moment où ils quittent la terre sur la direction des vents. C'est nous qui avons eu l'honneur d'inaugurer ce service le 24 septembre 1864, lors de notre première ascension dans le ballon le Géant, faite à Bruxelles, en présence du roi Léopold Ier, à la porte de Schaerbeek, en face du magnifique Jardin botanique. Il a fondé en 1864 l'Association scientifique de France, fusionnée depuis quelques années avec l'Association pour l'avancement des Sciences. Député, sénateur, c'est comme savant qu'il restera, comme astronome de premier ordre, ayant eu le bonheur d'attacher son nom à une découverte de génie. Une statue a été érigée à Le Verrier dans la cour d'honneur de l'Observatoire de Paris, le 25 juin 1889, et son nom a été donné à une des rues voisines de cet établissement.

La découverte de Le Verrier est fréquemment corroborée par les découvertes nouvelles. C'est ainsi que dans la séance du 18 novembre 1889 de l'Académie des Sciences, on a entendu une communication de M. Faye, sur la comète Winnecke. Le mouvement de cet astre a été utilisé pour déterminer la masse de la planète Jupiter, ainsi que celle de la planète Vénus. La valeur trouvée pour ce dernier élément est exactement celle que Le Verrier avait déduite de ses longs calculs. Cette vérification est un fait remarquable qui augmente encore la gloire de l'illustre astronome qui avait opéré dans des conditions très difficiles.

L'éloge de Le Verrier a été prononcé par MM. J.-B. Dumas, Janssens, Tresca, Faye, Joseph Bertrand et Yvon Villarceau.

Le portrait que nous donnons a été fait d'après la peinture exécutée par Daverdoing en 1846, époque de la découverte qui a immortalisé le nom de Le Verrier, âgé alors de trente cinq ans et demi. Pradier a fait un très beau buste de Le Verrier, en 1850.

50. — Malus.

Etienne-Louis Malus, physicien, est né à Paris, le 23 juillet 1775. Il est mort en 1811, dans la même ville, atteint d'une phtisie galopante, qui l'enleva aux sciences, à peine âgé de trente-sept ans. Ses premières études furent littéraires, principalement, et il acquit une connaissance très approfondie des auteurs qui font la gloire des lettres grecques et latines. Arago raconte qu'il retrouva dans ses papiers deux chants d'un poème épique intitulé *La fondation de la France* ou *la Thémélie*, plus deux tragédies achevées : l'une sur la prise d'Utique et la mort de Caton, l'autre retraçant les horribles péripéties de la famille des Atrides et intitulée *Electre*. Il se peut que Malus y attacha plus d'importance qu'aux découvertes qui l'ont immortalisé. Heureusement qu'il fit marcher de front les alexandrins avec es calculs de l'algèbre, les formules de la géométrie et les problèmes de la physique. Il put entrer, grâce à ces dernières études, à l'Ecole polytechnique, qui décida de sa vocation scientifique, bien qu'il fut admis à Metz comme élève sous-lieutenant du génie, le 20 février 1796. Nommé capitaine quelques mois après, il fut envoyé à l'armée de Sambre-et-Meuse. Les événements de la guerre le conduisirent sur les rives du Rhin, à Toulon et en Egypte. Là, il fit bientôt partie de l'Institut du Caire, créé par Bonaparte, et commença ses recherches sur la lumière. Revenu en France, il publia, en 1807, son *Traité d'optique analytique* et son *Mémoire sur le pouvoir réfringent des corps opaques*. En 1808, il remporta le prix proposé par l'Académie des Sciences pour une théorie mathématique de la double réfraction. Peu de temps après, il fit son admirable découverte de la polarisation par réflexion, et inventa le goniomètre répétiteur, qui porte son nom. C'est, en effet, à la fin de 1809 que les vues de Malus prirent une grande extension. Partisan déclaré et inébranlable du système de l'émission, il reconnut expérimentalement que la lumière qui passe à travers une lame de verre offre, sous des inclinaisons convenables, des traces évidentes d'une polarisation partielle, et que, si l'on forme une pile de lames, le rayon naturel qui la traverse est complètement polarisé à sa sortie. Le 13 août 1810, l'Académie des Sciences lui avait ouvert ses portes.

Malus a laissé un agenda célèbre sur lequel il traçait, pendant les longues heures de méditation de la campagne d'Egypte, des pensées qui ne dépareraient pas les recueils publiés par quelques-uns de nos philosophes. Nous en détachons les suivantes, qui peignent son caractère :

— Comme on ne peut donner aux enfants l'idée du bien, il faut leur en donner l'habitude.

— Je n'aime pas les hommes qui pèsent leurs bienfaits.

— La médiocrité est un état désirable, puisqu'il exige peu de frais.

— L'espoir est une source de bonheur qu'il ne faut pas négliger.

Etienne-Louis Malus
PHYSICIEN
1775 — 1811

— C'est être l'esclave des premiers venus que de s'offenser et se chagriner de leurs injustices.

— Il faut exercer la patience, vertu absolument nécessaire à la félicité dans l'existence morale.

— Lors même qu'on étouffe la raison, la conscience vient, comme un corps de réserve, opposer une barrière au dérèglement.

— Il faut puiser ses jouissances dans les affections du cœur, le rêve de l'imagination et le spectacle de la nature.

Le nom de Malus a été donné à une des rues de Paris, sur la rive gauche de la Seine.

Le portrait que nous donnons a été fait d'après un dessin ayant appartenu à Arago.

51. — Gaspard Monge.

Gaspard Monge, géomètre, est né à Beaune, en Bourgogne, en 1746. Il est mort à Paris, le 18 juillet 1818. Son père était un petit marchand coutelier ambulant, qui fit tous les sacrifices pour mettre ses trois fils au collège de la petite ville qu'il habitait. L'aîné, celui qui devait devenir le grand Monge, fut, dès son début, un sujet d'élite. Il remportait les premiers prix dans toutes les facultés; ses maîtres trouvaient un plaisir particulier à inscrire, à côté de son nom, la formule quelque peu maniérée des écoles de cette époque : *Puer aureus*. Cette expression voulait dire : Enfant comparable à l'or, c'est-à-dire *élève d'élite*. A quatorze ans, il exécuta une pompe à incendie dont les effets frappèrent d'admiration les personnes les plus instruites. « Comment, lui demanda-t-on, avez-vous pu, sans guide et sans modèle, mener à bonne fin une pareille entreprise? — J'avais, répondit-il, deux moyens de succès infaillibles; une invincible ténacité et des doigts qui traduisaient ma pensée avec une fidélité géométrique. »

Gaspard Monge passa par l'Ecole militaire de Mézières, d'abord comme élève, puis comme répétiteur et professeur. C'est là qu'il commença ses immortels travaux touchant la géométrie descriptive qu'il a créée. En 1794, il fut nommé à l'Ecole normale pour y professer l'analyse transcendante. Il le fit avec tant d'éclat qu'un jour Lagrange, qui avait assisté à une de ses leçons pleines de vues nouvelles, lui dit : « Vous venez, mon cher confrère, d'exposer des choses très élégantes; je voudrais les avoir faites. »

En 1777, Monge s'était marié d'une façon curieuse. Ayant rencontré chez des amis de Rocroy une personne de vingt ans, Mme veuve Horbon, il en devint fortement épris. Il lui demanda sa main directement, sans prendre la peine de recourir, suivant l'usage, à l'entremise d'un

Gaspard Monge
GÉOMÈTRE
1746 — 1818

tiers. Mme Horbon hésitait à répondre affirmativement, son premier mari, maître de forges, lui ayant laissé les ennuis d'une liquidation compliquée. « Ne vous arrêtez pas, madame, à de pareilles vétilles, dit Monge. J'ai résolu dans ma vie des problèmes bien autrement difficiles. Ne vous préoccupez pas non plus de mon peu de fortune, les sciences y pourvoieront. » Le mariage eut lieu et cette union fut toujours sans nuage.

En 1783, Monge entra à l'Académie des Sciences à la place de Bezout, et, jusqu'en 1789, il se consacra aux mathématiques et à des recherches de météorologie. Lorsque la Révolution éclata en juillet, il embrassa avec enthousiasme les idées de régénération proclamées par l'Assemblée constituante. Il fut nommé ministre de la marine le 10 août 1792. Il prit la part la plus active à la création des moyens de défense dont la France avait un besoin impérieux. Son passage aux affaires fut signalé par un redoublement d'activité dans tous les ports maritimes.

Monge, en 1795, fut nommé membre de la Commission chargée de choisir les chefs-d'œuvre cédés par le Pape et envoyé en Italie. Il retourna à Rome l'année suivante pour y coopérer à l'établissement de la République. C'est là qu'il se lia avec Bonaparte d'une amitié que rien ne put jamais altérer, et quand l'expédition d'Egypte fut décidée, il fut désigné un des premiers pour en faire partie.

Lorsque, dans la première séance de l'Institut du Caire, le 23 août 1798, on agita la nomination du président, le général en chef déclina ces fonctions dans les termes suivants : « Il faut placer Monge et non pas moi à la tête de l'Institut. Cela paraîtra en Europe beaucoup plus raisonnable. » Monge devint l'âme de toutes les recherches scientifiques. C'est lui qui trouva l'explication du mirage, phénomène totalement inconnu jusqu'alors en Europe, et qui, présentant aux yeux des soldats harassés et mourant de soif, la vaine apparence d'une nappe d'eau qui fuyait à mesure qu'ils approchaient, les égarait loin des colonnes et causait la mort de beaucoup d'entre eux. Il explora les ruines de Péluse, dont il reçut plus tard le nom comme titre de noblesse. A son retour en France, il consacra son temps à mettre en ordre tous les documents rapportés, et il reprit ses fonctions à l'Ecole polytechnique qu'il aimait tout particulièrement et à la fondation de laquelle il avait pris la part la plus considérable. « J'ai quatre passions, disait-il souvent : La géométrie, l'Ecole polytechnique, Bonaparte et Berthollet ! »

La ville de Beaune a élevé une statue à Monge en 1849, et la ville de Paris a donné son nom à une des grandes artères de la rive gauche de la Seine.

Son portrait a été fait d'après un dessin exécuté par Louis-Léopold Boilly, en 1797, lorsque Monge était ministre de la marine.

52. — Le général Morin.

Arthur-Jules Morin, mathématicien et physicien, connu dans le monde scientifique sous le nom de *Général Morin*, est né à Paris le 17 octobre 1795. Il est mort dans la même ville le 20 février 1880. En 1813 il entra à l'Ecole polytechnique. Il en sortit pour passer à l'Ecole d'application de Metz, deux ans après. Nommé lieutenant au bataillon des pontonniers, il devint capitaine en 1829. Ayant fait à cette époque, dans le chef-lieu de notre ancien département de la Moselle, un cours de mécanique appliquée aux machines, avec des vues nouvelles et originales, il fut noté par le ministère de l'instruction publique, et, dix ans plus tard, il était appelé à Paris, au Conservatoire des Arts et Métiers, comme professeur.

Le succès de ses leçons ainsi que l'importance de ses travaux lui valurent un rapide avancement, et, fait à conserver, c'est peut-être le seul général arrivé à ce haut titre, par l'unique valeur de ses découvertes, sans avoir à son actif des campagnes militaires. C'est ainsi qu'il devint chef d'escadron en 1841, lieutenant-colonel en 1846, colonel en 1848, général de brigade en 1852, général de division en 1855, le tout sans sortir du Conservatoire, si ce n'est pour aller commander pendant quelques mois l'artillerie du camp du Nord. C'est un soldat pacifique, qui n'a fait que des campagnes scientifiques. Savant très remarquable, il a donné une vive impulsion au progrès de la mécanique expérimentale, par la parole, par ses écrits, par ses découvertes. Il est l'inventeur de la manivelle dynamométrique, qui sert à mesurer la force des moteurs animés, et de l'appareil à indications continues, au moyen duquel on étudie la loi de la chute des corps et qui est resté classique dans les laboratoires de physique. On lui doit des expériences et des perfectionnements touchant le frottement des axes de rotation, les roues hydrauliques, la pénétration des projectiles, la rupture des corps solides, les pendules balistiques, le tirage des voitures, la résistance de l'air, la ventilation, le chauffage, les machines élévatoires des eaux, etc. Son ouvrage intitulé *Notions géométriques sur les mouvements et leurs transformations* est considéré comme un livre de premier ordre.

Le général Morin avait remplacé Coriolis à l'Académie des Sciences en 1843, et en 1848, il avait été appelé à la direction du Conservatoire des Arts et Métiers à Paris. Pendant son administration dans cet établissement, la valeur des collections s'est élevée de un million à trois millions de francs. Elles ont été mises dans un ordre parfait, et c'est à son initiative que l'on y est aussi redevable de la création successive de quatre nouveaux cours publics, comprenant : 1° les constructions civiles; 2° l'économie industrielle; 3° la filature et le tissage; 4° la teinture, la céramique et la verrerie.

Le général Morin était un caractère et un vrai savant, avec un cœur chaud et délicat. Il est intéressant de faire savoir comment il comprenait pour son propre compte les tendresses du foyer domestique. A l'âge de quatre-vingt-quatre ans, on le vit réapprendre, presque en cachette, ses mathématiques élémentaires, qu'il était bien en droit d'avoir un peu oubliées. Et, par tous les temps, il allait deux fois par semaine en faire leçon à son petit-fils qui se préparait aux examens de l'Ecole militaire de Saint-Cyr. On n'en aurait rien su, si par un excès de

Le général Morin
MATHÉMATICIEN ET PHYSICIEN
1795 — 1880

zèle et d'exactitude, il n'était pas venu trouver son collègue Tresca, pour le consulter sur quelques points sur lesquels le grand et vénérable professeur n'était pas assez sûr de lui. — Voilà un bel exemple à méditer pour les pédants et les faux savants de ce monde!

Le portrait de notre livre a été fait sur une photographie que le général Morin a donnée à mon père en 1875. Il avait alors soixante-seize ans.

53. — Navier.

Claude-Louis-Marie-Henri Navier, mathématicien, est né à Dijon, le 15 février 1785. Il est mort à Paris, le 23 août 1836. Il entra à l'Ecole polytechnique en 1802; il en sortit en 1804 pour passer par l'Ecole des Ponts et Chaussées. Il eut l'idée à cette époque d'annoter les ouvrages de Gauthey, le célèbre ingénieur, son grand-oncle, ainsi que le volume sur l'*Architecture hydraulique*, de Bélidor, et d'en publier de nouvelles éditions. Ces travaux le conduisirent, en 1824, à l'Académie des Sciences, ainsi qu'à l'Ecole polytechnique, où il professa l'analyse et la mécanique. Il fut chargé d'aller étudier en Angleterre la construction des ponts suspendus et d'établir, à son retour, celui des Invalides sur la Seine, qui, en 1857, a été remplacé par le pont de l'Alma. Il avait commencé par jeter sur le fleuve une seule arche de 155 mètres d'ouverture, dont l'effet monumental rehaussait le système ingénieux de suspension. Par suite de la rupture d'une conduite-maîtresse des eaux de la ville, les fouilles non comblées et les remblais déjà effectués furent inondés à un tel point que l'on conçut des craintes sérieuses pour la solidité de l'édifice; on ajourna les travaux de réparation, puis on y renonça, et ce beau projet, sur lequel l'auteur fondait beaucoup d'espérance, fut rejeté et le pont démoli, en 1827. Cet événement causa un profond chagrin à Navier. Cependant il avait été soutenu par de Prony, qui avait parié qu'on pouvait mener à bien une si hardie entreprise en augmentant la résistance des contreforts.

Navier a formulé en physique-mathématique des théories qui ont conservé son nom et qui font partie aujourd'hui de l'histoire de cette science. Son mérite consiste surtout à avoir abordé hardiment l'établissement des grandes constructions, et préparé toute une génération d'ingénieurs savants et audacieux, les auteurs de ces immenses travaux qui sillonnent aujourd'hui la France et le monde, sur les routes, les voies ferrées, à travers les montagnes, les canaux, les fleuves, les rivières, dans les ports de mer et les villes de l'intérieur.

Navier a publié de nombreux mémoires sur la navi-

Navier
MATHÉMATICIEN
1785 — 1836

gation des canaux, les ponts suspendus, la mécanique, les mathématiques, l'art du constructeur, dans les *Annales de Chimie*, les *Comptes-rendus de l'Académie des Sciences*, le *Bulletin de la Société philomatique*. Ses travaux ont opéré dans la théorie de la résistance et de l'élasticité des solides une heureuse et féconde révolution. Ses leçons ont été annotées d'une façon très remarquable par M. de Saint-Venant, membre de l'Académie des Sciences, mort en 1886. Il en est résulté une nouvelle édition du *Cours de Navier*, excellente à tous les points de vue et mise au progrès du jour.

Le nom de Navier a été donné à une des rues de Paris, sur la rive droite de la Seine. Le portrait que nous donnons a été fait sur un dessin datant de 1831 et ayant appartenu à mon père.

54. — Jules Pelouze.

Théophile-Jules Pelouze, chimiste, est né à Valognes (Manche) le 26 février 1807. Il est mort à Paris en 1867. C'est un des élèves les plus brillants de Gay-Lussac, qui, de bonne heure, l'accueillit dans son laboratoire et encouragea ses goûts pour le travail et les recherches. Après l'avoir employé comme préparateur, il le fit nommer professeur de chimie à Lille, puis répétiteur à l'Ecole polytechnique et enfin essayeur à la Monnaie. Gay-Lussac lui disait souvent : « Enseignez d'abord avant de chercher. Enseigner, c'est apprendre deux fois. Et quand vous saurez bien, vous trouverez mieux. » Pelouze, qui était doué d'une imagination vive et d'une ardeur infatigable, suivit les conseils de son maître et n'eut qu'à s'en féliciter, car il devint un novateur fécond en chimie organique, en chimie minérale, en chimie industrielle, qu'il a enrichies tour à tour d'importantes découvertes. De 1863 à 1867, nous avons eu le bonheur de l'assister dans des expertises chimiques faites en commun avec J.-A. Barral, et nous avons été les témoins des ressources inépuisables de son esprit toujours en éveil et heureux dans ses prévisions.

Pelouze a découvert la loi des acides pyrogénés et il a donné un procédé pour la fabrication du tannin. Il a fait les premières recherches concluantes sur les propriétés et la composition du sucre de betteraves en démontrant son identité avec celui de canne. Il a préparé le premier le coton-poudre, qu'il nomma pyroxile, et c'est lui qui a indiqué et isolé l'éther œnanthique, auquel les vins doivent leur bouquet. Dans la fermentation butyrique, il a signalé la production synthétique

Jules Pelouze
CHIMISTE
1807 — 1867

d'un corps gras avec la glycérine et un acide. — Voilà son lot de découvertes en chimie organique.

En chimie minérale, il a mis au jour une nouvelle classe de sels, les nitrosulfates, dont l'acide composé de trois éléments, le soufre, l'azote et l'oxygène, appartenait à un genre inconnu auparavant. Il a donné une méthode nouvelle pour le dosage du cuivre, découvert le cyanure verdâtre de fer et perfectionné les procédés de fabrication du verre en y introduisant l'emploi du sulfate de soude.

La chimie industrielle est redevable à Jules Pelouze de la préparation en grand de la soude artificielle et de la découverte de l'aventurine, matière à base de chrome dont les lapidaires se sont emparés. N'oublions pas ses travaux sur la distillation du gaz d'éclairage.

Ce n'est pas seulement, dans le laboratoire que Pelouze s'est montré partisan du fait expérimental, mais aussi dans le célèbre *Traité de chimie* publié avec la collaboration de M. E. Fremy, aujourd'hui directeur du Muséum d'histoire naturelle à Paris. Cet ouvrage est des plus abondants en informations précises, en détails nombreux et positifs. Nommé membre de l'Académie des Sciences en 1837, en remplacement de Deyeux, il était devenu peu après le successeur de Thenard au Collège de France. Il a été avec Barreswil un des chimistes qui ont aidé Claude Bernard dans ses études physico-chimiques appliquées à la physiologie expérimentale. Il a laissé beaucoup d'élèves et parmi les meilleurs, il faut citer Péan de Saint-Gilles, mort prématurément, et M. Aimé Girard, actuellement professeur au Conservatoire des Arts et Métiers et à l'Institut astronomique à Paris.

Pelouze aimait à rappeler qu'après s'être familiarisé avec les manipulations de la chimie pharmaceutique, il avait concouru pour le service des hôpitaux et avait été nommé interne à la Salpêtrière. Placé sous les ordres de Magendie, professeur au Collège de France et Le Chevalier, professeur à l'Ecole supérieure de Pharmacie, ce ne fut pas dans ce milieu cependant qu'il trouva ce patronage puissant et amical qui, après avoir décidé de son avenir, l'accompagna pendant toute sa vie. Le hasard seul le lui donna. Le dimanche, il allait passer la journée auprès de son père, alors employé aux forges de Charenton. En revenant d'une de ces visites, surpris au milieu de la route par un orage, il voulut prendre place dans un *coucou* de banlieue qui passait et qui ne contenait avec le cocher somnolent qu'un seul voyageur. Il fit signe, mais la voiture ne s'arrêta pas. Alors il courut vivement, sauta à la bride du cheval. Le voyageur intervint aussitôt. C'était Gay-Lussac, revenant lui-même des forges et qui avait loué la voiture pour son usage personnel. Il permit à Pelouze de prendre place auprès de lui. La conversation s'engagea, prit un tour scientifique et, comme conclusion, le grand chimiste offrit au débutant de le recevoir dans son laboratoire. C'est ce qui décida de l'avenir et de la fortune de Pelouze.

On serait ingrat envers le laboratoire que Pelouze créa à son tour, si nous ne rappelions pas qu'il fut le théâtre de l'une des plus grandes découvertes de la physiologie moderne. C'est dans cet asile scientifique, dont Claude Bernard fut un des hôtes assidus, qu'il découvrit le vrai rôle du foie, organe fondamental, dont la fonction restait obscure, et c'est là que fut constatée la production du sucre qui s'y élabore.

Une des rues de Paris, sur la rive droite de la Seine, a reçu le nom de Pelouze. Son portrait a été fait sur un dessin exécuté en 1860 et ayant appartenu à mon père.

55. — Perdonnet.

Albert-Auguste Perdonnet, ingénieur, est né en 1801, à Paris. Il est mort à Cannes, en 1867. Il fit ses études en partie au Collège Sainte-Barbe, en France, puis en partie chez le célèbre Pestalozzi, à Yverdun, en Suisse. Il entra en 1821 à l'École polytechnique, qu'il quitta avant la fin des études réglementaires, en 1822, pour se faire simple ingénieur civil. D'une imagination fougueuse et d'un esprit très libéral, il rêvait les grands travaux et la vie très active. Il s'enrôla dans la même voie que les Flachat, Lamé, Pereire, Polonceau, Talbot, etc., et se consacra à la construction et à l'exploitation de nos premiers chemins de fer, dont il s'occupa non seulement comme praticien, mais aussi comme théoricien. Il fut un des croyants de la première heure et n'hésita pas à donner toutes ses facultés, tout son loisir, toutes ses ressources à ces vastes entreprises. Professeur éloquent, audacieux dans ses développements et dans ses prévisions, Perdonnet fut traité d'insensé, lorsqu'il ouvrit à l'Ecole centrale des Arts et Manufactures un cours de chemins de fer, en annonçant l'immense révolution que leur établissement provoquerait dans notre industrie, dans notre commerce, dans nos habitudes, et cela avant un temps peu éloigné.

Perdonnet était directeur du matériel de la ligne gauche de Versailles, lorsque se produisit le terrible accident du 8 mai 1842, dans lequel l'amiral Dumont d'Urville trouva la mort avec beaucoup d'autres victimes. Quand il arriva sur le lieu du sinistre, son impression fut tellement forte que ses cheveux blanchirent en quelques instants. Il atteignait à peine quarante et un an. Il avait suivi les cours de Vauquelin, l'illustre chimiste, et il aimait à expliquer, avec la théorie de son maître sur cette matière, la décoloration subite de sa chevelure abondante, transformation causée par une vive émotion. Vauquelin, mort en 1829, avait assisté à des accidents semblables pendant la Révolution, et, dans un mémoire célèbre présenté à l'Académie des Sciences, le 3 mars 1806, il supposait que dans ces moments de crise où la nature est bouleversée, et où conséquemment les fonctions physiologiques sont suspendues ou changées de caractère, il se développe dans l'économie animale un agent qui, passant jusque dans les cheveux, en décompose la matière colorante. Mais quel agent pourrait produire cet effet? Les acides seuls en paraissent capables. Ce qu'il y a de certain, c'est que des cheveux noirs plongés pendant quelque temps dans un acide, et notamment dans l'acide chlorhydrique oxygéné, blanchissent très sensiblement.

La production rapide d'un acide dans l'économie ani-

Auguste Perdonnet
INGÉNIEUR
1801 — 1867

male ne paraît pas impossible, en considérant qu'un mouvement de colère chez les hommes, aussi bien que chez les animaux, suffit pour changer la nature de certaines de leurs humeurs et les rendre toxiques, et en voyant que le fluide électrique détermine même souvent dans les matières animales et végétales la formation ou au moins le développement d'un acide ou d'un alcali, suivant les circonstances. C'est de la bouche même de

Perdonnet, en 1863, que nous avons recueilli cette théorie chimique très rationnelle et conforme aux lois physiologiques. A cette époque, le célèbre ingénieur avait encore une belle et longue chevelure, mais d'une blancheur éblouissante et qui lui donnait véritablement grand air.

Perdonnet a laissé un nombre considérable d'ouvrages sur la métallurgie et tout ce qui touche aux travaux multiples de l'ingénieur. Son ouvrage classique est un livre magistral intitulé : *Traité élémentaire des chemins de fer*. Président de l'Association polytechnique, il a fait des conférences populaires qui attiraient la foule, sur toutes les questions de sciences et de progrès à l'ordre du jour. D'une haute stature, parlant d'abondance et en termes éloquents, il laissait une trace profonde dans la mémoire de ses auditeurs qui l'applaudissaient avec enthousiasme.

Nous nous souvenons d'un fait mémorable qui le dépeint tout entier. On lui avait demandé de présider la distribution des prix à la fin de l'année scolaire 1861, au Collège Sainte-Barbe. Quand il arriva, quelques instants avant la cérémonie, le directeur de cette célèbre institution, Alexandre Labrouste, homme lettré, classique, très fin et spirituel, et qui préparait toujours avec le plus grand soin les excellents discours qu'il nous faisait annuellement, le regarda avec inquiétude, ne lui voyant aucun papier en mains, et lui demanda s'il avait pensé à l'allocution imposée au président. — « Je n'ai rien préparé du tout, répondit Perdonnet, et je ne sais même pas ce que je vais dire à nos enfants. Cela dépend même de ce que vous direz vous-même, puisque vous parlez le premier. Mais soyez sans crainte. Je m'en tirerai et je vous fournirai même des citations latines. »

Alexandre Labrouste fut atterré. C'était la première fois qu'un discours classique serait prononcé sans avoir été longuement mûri et travaillé. Et ce ne fut pas sans effroi qu'il donna le signal du départ pour le lieu de la solennité, où se trouvaient réunies plus de deux mille personnes. Et une heure après, lorsqu'il eut terminé la lecture si claire et si nette de son discours, dont nous ne perdions jamais un trait, ce n'est pas sans trouble qu'il dit : « La parole est au président, le camarade Perdonnet. » Auguste Perdonnet se leva, dominant de sa haute stature toute l'assemblée, en frac noir, mais cravaté du cordon de commandeur de la Légion d'honneur, la poitrine couverte de décorations, la tête blanche, le regard perçant. Il exerça tout de suite une impression de grandeur sur l'auditoire. Il promena ses yeux sur l'assistance et commença avec majesté.

Jamais nous n'avions assisté à un spectacle semblable, et nos professeurs le trouvaient d'un détestable exemple. Jamais cependant, nous entendîmes un discours aussi beau, aussi éloquent, aussi pénétrant. C'était le cœur qui parlait, et l'on sait que c'est un inspirateur sans pareil. Nous eûmes des citations latines, même grecques — ce qui lui valut l'indulgence de notre cher directeur, qui ne lui pardonna qu'à moitié l'immense succès obtenu contre toutes les règles qu'on nous enseignait. — « Cela n'empêche pas, dit Alexandre Labrouste, vous m'avez fait joliment peur. Mais il faudra m'écrire votre discours pour que nous puissions le faire imprimer dans notre compte rendu. — Jamais de la vie, répondit Perdonnet, car je ne m'en souviens plus. Mais, si vous voulez, je vous composerai un autre discours. — Je m'en doutais, répliqua Labrouste ; aussi on a eu le soin de sténographier vos paroles. »

D'un cœur chaud et généreux, Perdonnet ne cessa jamais d'accueillir les jeunes savants, avec la plus grande bienveillance, et de patronner les idées nouvelles, les innovations utiles. Il fut un apôtre scientifique dans toute la force du terme. Il a rendu des services signalés au progrès et à l'Ecole centrale des Arts et Manufactures, cette féconde pépinière des ingénieurs modernes et dont il a gardé la direction pendant plusieurs années jusqu'à sa mort.

La ville de Paris a donné le nom de Perdonnet à une des rues qui avoisinent la gare des chemins de fer de l'Est, sur la rive droite de la Seine. Le beau portrait que nous donnons a été fait d'après nature, en 1864, par M. H. Rousseau. L'original appartient à M. L. Guiguet, dessinateur de haut mérite, qui a été pendant de longues années un des professeurs de l'Association polytechnique, présidée par Auguste Perdonnet, et qui a rendu tant de services à l'enseignement public.

56. — Le général Perrier.

Le général François Perrier, géographe et mathématicien, membre de l'Académie des Sciences, depuis le 5 janvier 1880, en remplacement de M. de Tessan, dans la section de géographie et de navigation, est né le 18 avril 1833, à Valleraugue (Gard), où ses compatriotes se préparent à élever un monument à sa mémoire. Il est mort à Montpellier le 19 février 1888. Directeur du service géographique au ministère de la guerre, il était considéré, à juste titre, comme le restaurateur de la géodésie française et son représentant le plus éminent à l'étranger. Il avait fait ses études classiques au Lycée de Nîmes, puis ses études supérieures au Collège Sainte-Barbe, où il fut l'élève de Barral, en même temps que M. Eiffel. Il entra à l'Ecole polytechnique en 1853, pour en sortir officier d'état-major. Lieutenant en 1857, il était capitaine en 1860, chef d'escadron en 1874, lieutenant-colonel en 1879 et général de brigade en 1887.

Parmi les travaux les plus importants du général Perrier, il faut citer la belle opération géodésique qui unit l'Espagne à l'Algérie, par dessus la Méditerranée, en faisant passer par la France un arc du méridien s'étendant du Nord de l'Angleterre jusqu'au Sahara, c'est-à-dire un arc qui excède en étendue les plus grands arcs mesurés jusqu'alors.

Le général Perrier
GÉOGRAPHE ET MATHÉMATICIEN
1833 — 1888

La réussite de cette opération fut complète. Elle frappa justement tous les esprits et rendit le nom de Perrier populaire. Ce succès remarquable avait été préparé par de longs travaux sur la triangulation, le nivellement de la Corse et son rattachement au continent; sur les belles opérations exécutées en Algérie qui ont demandé quinze années d'efforts et qui ont conduit à la mesure d'un arc de parallèle de près de 10 degrés d'étendue, offrant un intérêt tout particulier pour l'étude de la terre; sur la révision de la méridienne de France, inaugurée par Borda, Delambre et Méchain en 1792 et poursuivie par Arago et Biot en 1806. Le général Perrier sut habilement utiliser, pour ce grand travail, tous les progrès réalisés depuis le commencement du siècle dans la construction des instruments et dans les méthodes d'observation et de calcul.

Les mérites du général Perrier, comme savant militaire, avaient fixé d'une manière toute particulière l'attention du département de la guerre et celle du général Boulanger, qui, alors ministre, avec un grand sens patriotique, avait agrandi son poste de directeur de la géographie de l'armée, en lui donnant une importance considérable par la réunion de la géodésie, de la topographie et de la cartographie, toutes sciences qui, bien étudiées en temps de paix, préparent la victoire pour les temps de guerre.

Il faut ajouter qu'en 1882, le général Perrier avait reçu la mission d'aller assister en Floride, dans le Sud-Est des Etats-Unis, au passage de la planète Vénus. Grâce à son activité et à son habileté, ses observations eurent un succès complet et ont servi au progrès astronomique.

Le portrait que nous donnons représente François Perrier en costume de général de brigade, au début de l'année 1887, époque à laquelle il venait d'être promu à ce grade. Ainsi que pour le général Morin, les services militaires du général Perrier sont surtout des services scientifiques. Il n'en est pas moins grand à cause de cela.

Souhaitons tous de voir, dans un temps prochain, la Guerre céder le pas à la Science. — *Cedant arma scientiæ!* Tel doit être le cri de la civilisation et du progrès.

57. — Jules Pétiet.

Jules-Alexandre Pétiet, ingénieur, est né à Paris le 5 août 1813; il y est mort à la fin de 1885. Petit neveu de Claude Pétiet, homme d'Etat et administrateur français (1749-1806), neveu du général baron Pétiet (1784-1858), il entra dans le grand mouvement industriel qui

Jules Pétiet
INGÉNIEUR
1813 — 1885

commença à animer la France dès 1825, après avoir passé par l'Ecole centrale des Arts et Manufactures, récemment fondée par Lavallée. En 1829, il en sortit avec le diplôme d'ingénieur métallurgiste. En 1842, il fut attaché par Perdonnet au service du chemin de fer de Versailles (rive gauche). Trois ans après, il passa à l'exploitation des lignes du Nord et devint chef du matériel en 1848. En 1867, il prit la direction de l'Ecole centrale et y continua les glorieuses traditions de Perdonnet qui venait de mourir et qui l'avait désigné pour son successeur.

Le service général des chemins de fer a reçu de Pétiet des améliorations considérables et incessantes. Non seulement il donnait l'exemple par ses indications pratiques, par la parole, mais aussi par ses écrits Il a laissé sur la matière des ouvrages qui ont été lus et médités par les brillantes générations d'ingénieurs qui se sont succédé depuis plus de vingt ans dans les administrations de l'Etat, les usines particulières, les chantiers publics.

Jules Pétiet a publié aussi un Mémoire resté célèbre sur l'accident du 8 mai 1842 et l'examen des questions techniques soulevées par l'acte d'accusation contre la Compagnie du chemin de fer de Paris à Versailles. Il a été le collaborateur d'Eugène Flachat dans les Rapports composés pour l'établissement du canal du Rhône au Rhin, ainsi que celui de Le Chatelier pour son *Traité de fabrication du fer et de la fonte*. On lui doit encore une collection de projets, de traités et de travaux relatifs aux chemins de fer, qui constitue une source de documents précieux sur la matière.

Jules Pétiet aimait à rappeler que son grand-oncle Claude Pétiet avait été enterré avec grande pompe, en 1806, au Panthéon. Il avait mérité ce suprême honneur par les services rendus à la France et à la cause de la civilisation pendant la Révolution et l'Empire. Nommé gouverneur de la Lombardie, en 1800, par le Premier Consul, pendant plusieurs années il avait administré avec sagesse et habileté cette province, au point de réussir à rendre populaire la domination française. Il n'avait pas hésité à créer des routes, à faire augmenter les canaux, convaincu que c'est par les voies de communication nombreuses et faciles qu'on peut surtout rendre une contrée heureuse et prospère. Etant ministre de la guerre, pendant la Convention nationale, c'est lui aussi qui avait rendu l'arrêté du 27 juillet 1795, qui constituait le comité d'artillerie, à peu près tel qu'il est resté encore de nos jours. C'est encore lui qui fit transporter au couvent des Dominicains de Saint-Thomas d'Aquin les pièces d'armes et armures enfermées au couvent des Feuillants, pour former le musée d'artillerie. Jules Pétiet était fier justement de tous ces services rendus à la patrie par son illustre ancêtre, et toujours il chercha à s'en inspirer dans les actes de sa vie.

Le portrait que nous donnons a été fait d'après un dessin exécuté en 1868.

58. — Louis Poinsot.

Louis Poinsot, mathématicien, est né à Paris le 3 janvier 1777. Il est mort dans la même ville le 15 décembre 1859. C'est un des savants restés illustres qui ont fait partie de la première promotion, appelée promotion de fondation, de l'Ecole polytechnique, et dont nous avons cité les principaux noms dans la notice sur Jousselin. A dix-neuf ans il en sortit avec le titre d'ingénieur des ponts et chaussées. Mais ayant plus de goût pour l'enseignement et les études théoriques, il quitta les services publics pour entrer comme professeur au Lycée Bonaparte. De là il passa bientôt comme examinateur de sortie et membre du conseil de perfectionnement du grand établissement qu'il avait inauguré comme élève. Dès l'année 1803, à peine âgé de vingt-six ans, il publia ses fameux *Éléments de statique*. Cet ouvrage, qui traite des parties fondamentales de la mécanique, présente ce caractère essentiel de renfermer des principes nouveaux dans une des matières le plus anciennement connue, inventée par Archimède, perfectionnée par Galilée, Huyghens et Newton. Poinsot est un novateur et son nom est resté attaché à l'enseignement des mathématiques, bien qu'on ait abandonné sa statique dans les programmes classiques, parce qu'on a décidé que les notions de cette section de la mécanique ne devaient pas être présentées isolément. Mais ses données sont restées.

Louis Poinsot a été, du reste, un géomètre philosophe qui écrivait sur les plus importants sujets de la mécanique, dans un langage d'une inimitable clarté et dont il n'a point légué le secret. C'est à lui qu'est due l'ingénieuse théorie des *couples*, à l'aide de laquelle il a introduit tant d'heureuses simplifications dans l'enseignement de la statique. Avant lui, on avait bien considéré l'existence de deux forces égales, parallèles, contraires, non appliquées au même point, et on avait remarqué que l'action d'un tel système ne peut être contrebalancée par aucune force unique; mais on n'avait vu là qu'un cas singulier et on n'avait nullement soupçonné que cette considération renfermait le germe d'une partie essentielle de la statique. Poinsot a donc obéi à une vue de génie en créant de toutes pièces la théorie des couples.

Une découverte de Poinsot plus brillante et plus féconde pour les mathématiques, est celle de son admirable théorème sur le mouvement d'un solide abandonné à lui-même. Elle constitue un des plus grands pas accomplis depuis Huyghens dans la mécanique. Cette découverte plane au-dessus des vicissitudes de la mode et des changements des programmes universitaires. Notons encore ses recherches sur les polygones et les polyèdres réguliers, les sections angulaires, les cônes circulaires roulants et l'application de l'algèbre à la théorie des nombres.

Louis Poinsot avait été nommé inspecteur général de

l'Université, en 1813, par Napoléon, puis membre de l'Académie des Sciences, la même année, en remplacement de Lagrange. La Restauration le délaissa ; mais Louis-Philippe le nomma pair de France et grand officier de la Légion d'honneur En 1852, Napoléon III voulut aussi récompenser le savant que son oncle avait distingué et il l'appela à faire partie du Sénat, en juillet.

Louis Poinsot
MATHÉMATICIEN
1777 — 1859

Lorsque Poinsot mourut, chargé d'honneurs et d'années, en 1859, il avait donné la preuve que les mathématiques conduisent à tout.

Les *Éléments de statique* de Poinsot ont été publiés par la maison Gauthier-Villars et fils. Son nom a été donné à une des rues de Paris, sur la rive gauche de la Seine.

Le portrait que nous avons choisi a été exécuté d'après le médaillon dû au grand sculpteur David d'Angers.

59. — Poisson.

Siméon-Denis Poisson, mathématicien, est né à Pithiviers, aujourd'hui chef-lieu d'arrondissement du département du Loiret, le 4 juin 1781. Il est mort le 25 avril 1840, à Paris.

Agé de dix-sept ans, il fut reçu le premier de sa promotion, à la fin de 1798, à l'Ecole polytechnique, pour laquelle il s'était préparé presque seul, sans le secours de professeurs nombreux. Son père, comme président de district, recevait régulièrement un exemplaire du journal périodique de ce grand établissement naissant. Amateur passionné de lecture, l'enfant accaparait la brochure, y trouvait l'énoncé de questions qu'il résolvait assidûment. Cet exercice développa les talents mathématiques que la nature avait déposés en garde dans la vaste tête de celui qui était destiné à devenir une des illustrations scientifiques de la France. A sa sortie de l'Ecole, Poisson fut chaudement recommandé par Lagrange, et, peu de temps après, on lui confia les fonctions de répétiteur, au commencement de 1800. En 1802, il devint professeur suppléant, et professeur titulaire en 1806. En 1808, il fut élu à une place d'astronome au Bureau des longitudes, et, en 1809, il fut chargé d'enseigner la mécanique rationnelle à la Faculté des Sciences de Paris. Successivement, en 1812, en 1815, en 1816, en 1820, en 1827, il fut nommé examinateur de sortie à l'Ecole de Saint-Cyr, à l'Ecole polytechnique, géomètre du Bureau des longitudes, conseiller de l'Université. Le 23 mars 1812, il était élu membre de l'Académie des Sciences.

Ces divers emplois, remplis simultanément, procurèrent à Poisson une grande aisance et lui laissèrent tous les loisirs suffisants pour se consacrer aux recherches mathématiques, physiques et astronomiques. C'est alors qu'il produisit ses mémoires sur l'élimination, les équations différentielles, le calcul des variations, la cour-

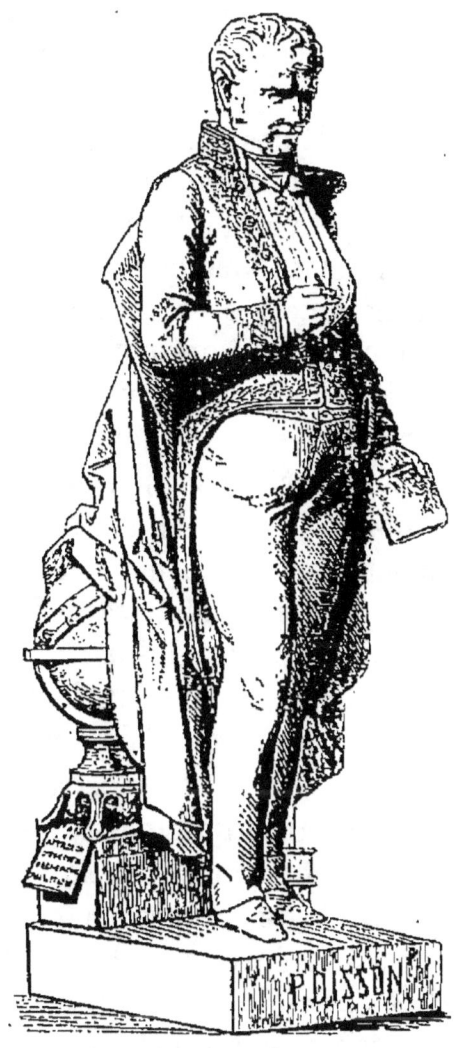

Siméon-Denis Poisson
MATHÉMATICIEN
1781 — 1840

bure des surfaces, le calcul des probabilités, et puis ses recherches sur la physique générale, la physique terrestre, l'électricité, le magnétisme, la capillarité, les lois de l'équilibre des surfaces élastiques, l'invariabilité du jour sidéral, les mouvements de la lune autour de la terre, etc. Poisson ne fut pas seulement un profond géomètre ; il fut un professeur extrêmement remarquable. Il avait l'habitude de dire : « La vie n'est bonne qu'à deux choses : à faire des mathématiques et à les professer. »

Poisson a rassemblé des souvenirs touchants sur son père et sa mère. Il ne manquait jamais d'envoyer au premier un exemplaire de tous les mémoires qu'il publiait. L'ancien soldat, quoique complètement étranger aux mathématiques, en faisait sa lecture quotidienne. L'introduction, qui présentait l'historique de la question, finissait à la longue par disparaître sous le frottement continuel des doigts tournant et retournant les feuillets. Mais la partie centrale des mémoires où se trouvaient des signes de différentiation et d'intégration, était moins détériorée ; là même on voyait, par des traces évidentes, que le père était resté fréquemment en contemplation devant l'œuvre du fils.

Quant à sa mère, Poisson lui écrivait avec une grande régularité, surtout après la mort de son père. L'humble femme ne se mettait guère en frais de rédaction dans ses réponses. Ses lettres étaient des copies de celles de son fils, avec un simple changement dans les pronoms. Si Poisson avait écrit : « Je prépare un mémoire d'astronomie ; je m'occuperai ensuite de la seconde édition de mon *Traité de mécanique*, etc. », on était certain de trouver dans la réponse maternelle : « Tu prépares un mémoire d'astronomie ; tu t'occuperas ensuite de la seconde édition de ton *Traité de mécanique*, etc. » C'était l'empreinte naïve de l'admiration profonde que la mère professait pour son fils adoré, admiré du monde savant.

Rappelons que c'est à peine admis à l'École polytechnique, que Poisson trouva une démonstration simple, concise, élégante, d'un important théorème d'algèbre, relatif à l'élimination, sur lequel l'analyse n'avait encore produit qu'un volume énorme, et presque illisible. Laplace voulut connaître un géomètre qui débutait si prématurément. Quelques minutes d'entretien accrurent encore la haute opinion que la lecture du Mémoire sur l'élimination lui avait déjà inspirée. Ses espérances, l'auteur de la *Mécanique céleste* les caractérisa sur-le-champ d'une manière à la fois énergique et familière, par ces vers, passés proverbes, de Jean de Lafontaine :

> Petit poisson deviendra grand,
> Pourvu que Dieu lui prête vie.

On a vu ce qu'il advint du futur grand géomètre. Ce travail fut le premier et brillant anneau de la longue série de Mémoires, au nombre de 351, qui ont été catalogués par Poisson lui-même et qui lui ont donné un rang si éminent parmi les savants du XIXe siècle. J.-A. Barral a reproduit cette liste dans le tome deuxième des œuvres de François Arago, à la suite de l'éloge de Poisson.

La ville de Pithiviers a élevé une statue à Poisson, due à Deligand et fondue par Charnot, le 15 juin 1851, sur une de ses places publiques. C'est elle que le dessin de notre livre réimprime. Une des rues de la ville de Paris, sur la rive droite de la Seine, porte son nom.

60. — Polonceau.

Ce nom représente une dynastie d'ingénieurs du plus haut mérite, qui compte encore aujourd'hui des membres distingués dans l'administration de nos chemins de fer et dans le corps de nos ingénieurs civils. Antoine-René

Polonceau, le premier et l'ancêtre, est né à Reims, le 7 octobre 1778, il est mort à Roche, dans le département du Doubs, le 29 décembre 1847 Il fit partie de la troisième promotion de l'Ecole polytechnique, en 1797, et deux ans après il entra dans le corps des Ponts et Chaussées. Il fut chargé par Bonaparte d'ouvrir à travers les Alpes cette route du Simplon qui restera comme un des plus beaux monuments de cette époque, et de faire transporter au sommet du mont Saint-Bernard les énormes blocs de marbre destinés à ériger un monument à la mémoire du général Desaix. Il parvint par des moyens ingénieux et nouveaux à surmonter les obstacles de cette difficultueuse ascension. Quelque temps après il fut chargé des travaux de navigation dans le département du Pas-de-Calais, et Napoléon le chargea de nouveau d'aller présider à la création de la route de Grenoble en Italie par le mont Genèvre. Il créa pour lui les fonctions d'inspecteur ingénieur en chef du département du Mont-Blanc qu'il considérait comme région de première importance au point de vue de la défense militaire de la France. C'est Antoine-René Polonceau qui a terminé la magnifique route du Mont-Cenis. On lui doit l'introduction dans notre pays du procédé d'empierrement de l'ingénieur anglais Mac-Adam, qu'il perfectionna et rendit facile par l'emploi du rouleau de compression, en usage partout aujourd'hui. Polonceau était toujours à la recherche des idées nouvelles et des améliorations. C'est ainsi qu'il a fait adopter un système de ponts à bascule simplifié, qu'il a substitué le béton aux pilotis dans les constructions hydrauliques, et qu'il a inauguré les grands ponts en fonte sur le modèle desquels il a édifié le pont des Saints-Pères ou du Carrousel, qui est un chef-d'œuvre de grâce, de légèreté, de rigidité et de solidité. Tout en élevant ce beau monument à sa mémoire, Polonceau s'occupait activement d'étudier les tracés de plusieurs chemins de fer qui lui avaient été demandés par diverses Compagnies. La ligne de Paris à Rouen et la traversée de cette ville ont été exécutées entièrement d'après ses plans.

Le portrait d'Antoine-René Polonceau que nous donnons a été fait sur le croquis exécuté en 1845 d'après nature, par François Bella, qui devait devenir plus tard,

Antoine-René Polonceau
INGÉNIEUR
1778 — 1847

à la mort de son père, directeur de l'Ecole d'agriculture de Grignon.

Antoine-René Polonceau s'est aussi intéressé aux questions d'agriculture. Il a publié une notice sur les chèvres asiatiques à duvet de cachemire, un traité de l'aménagement des eaux pour l'irrigation des prairies et il a été un des fondateurs de l'Ecole de Grignon, créée par Auguste Bella.

Son fils, Jean-Barthélemy-Camille Polonceau, est né à

Chambéry en 1813. Il est mort à Viry-Châtillon, près de Paris, en 1859. Il passa par l'Ecole centrale des Arts et Manufactures et fut distingé par Perdonnet qui l'attacha à la construction du chemin de fer de Versailles (rive gauche). En 1848, il devint directeur des lignes d'Alsace, et en 1850 directeur de la traction du chemin de fer d'Orléans. Camille Polonceau s'est attaché spécialement à perfectionner les locomotives et le matériel roulant. — Le nom de Polonceau a été donné à une des rues de Paris, sur la rive droite de la Seine.

61. — Le général Poncelet.

Le général Jean-Victor Poncelet, géomètre français, est né à Metz le 1er juillet 1788. Il est mort à Paris le 22 décembre 1867. Il accomplit rapidement ses études classiques, faisant deux années d'une seule, pour s'adonner aux mathématiques, pour lesquelles il se sentait un penchant irrésistible. Admis en 1807 à l'Ecole polytechnique, dans les premiers rangs, il en sortit parmi les numéros moins élevés, s'étant trop spécialisé dans la branche qui faisait sa passion. Il passa par l'Ecole d'application de Metz et prit part à la campagne de Russie. Fait prisonnier à Saratoff, sur le Volga, il chercha dans le travail une distraction aux souffrances de la captivité et de l'isolement. Réduit à ses souvenirs du Lycée de Metz et des Ecoles militaires où il avait cultivé avec prédilection les ouvrages de Monge et de Carnot, privé de tout livre et de tout instrument, il commença par reprendre aux éléments ses études mathématiques.

Rentré en France en 1814, il jeta les bases des recherches originales qui l'ont illustré et publia, en 1822, l'ouvrage qui a été le principal fondement de sa renommée, c'est-à-dire le *Traité des propriétés projectives des figures*. Il publia successivement sa *Théorie des centres des moyennes harmoniques et des polaires réciproques*, son *Analyse des transversales*, sa *Théorie des involutions multiples*. Jusqu'en 1834, il resta à Metz, où il créa les cours de mécanique institués à l'Ecole d'application et à l'hôtel de ville. A cette époque, il fut appelé à Paris par son élection à l'Académie des

Le général Poncelet
GÉOMÈTRE ET MÉCANICIEN
1738 — 1867

Sciences, le 17 mars, pour remplacer Hachette dans la section de mécanique, et par sa nomination comme professeur dans la chaire de mécanique appliquée, créée exprès pour lui à la Faculté des Sciences. En 1848, il fut nommé général, par l'heureuse influence d'Arago. Il commanda l'Ecole polytechnique de cette année jusqu'à 1850 et fut élu représentant du peuple à l'Assemblée constituante. En 1830, il avait été conseiller général de la Moselle. Là se bornent ses titres politiques.

Rentré dans la vie privée, il se consacra avec plus d'ardeur que jamais aux sciences; non seulement Poncelet a été un géomètre original, mais il a été aussi un mécanicien remarquable. C'est à lui autant qu'à Coriolis qu'on doit la simplification supérieure apportée à l'enseignement de la mécanique rationnelle. Adversaire scientifique de Cauchy, Poncelet s'est proposé de donner à la géométrie les ailes dont l'algèbre était pourvue depuis longtemps avant lui, c'est-à-dire le moyen de reproduire par des constructions, les singularités des solutions algébriques embarrassées d'imaginaires. Doué d'une hardiesse, d'une originalité de conception extraordinaires, il fut un *créateur*, titre qu'il est plus rare et plus difficile de mériter qu'on ne pense, et porta dans tous les domaines sa sagacité et son merveilleux esprit d'analyse. C'est lui qui, en étudiant, le premier, les mouvements géométriques des corps, jeta les fondements de la science qu'Ampère constitua plus tard, et qui, sous le nom de *cinématique,* fait partie maintenant du programme d'enseignement classique. C'est à lui qu'est due la roue hydraulique qui a gardé son nom et qui est restée comme un modèle de machine, traduisant par la plus grande somme d'effet utile, la force motrice qu'elle reçoit. C'est encore lui qui a créé cette admirable théorie des polaires dont l'application à la géométrie a renouvelé la face de cette science, en remplaçant, par de rapides et lumineux raisonnements, les démonstrations pénibles et compliquées des anciennes méthodes.

Poncelet a légué à l'Académie des Sciences une somme de 25,000 francs pour récompenser annuellement l'auteur, français ou étranger, qui composerait le travail le plus important pour le progrès des mathématiques pures ou appliquées. Son éloge a été prononcé par M. Joseph Bertrand dans la séance publique du 27 décembre 1875.

Tous les ouvrages de Poncelet ont été publiés par la

maison Gauthier-Villars et fils. Son nom a été donné à une des rues de Paris, sur la rive droite de la Seine.

Le portrait que nous avons choisi pour notre livre a été fait sur un dessin exécuté d'après nature et qui a appartenu à mon père. C'est le croquis du projet de son buste qui est aujourd'hui au Palais de l'Institut de France et qui a été fait lorsque Poncelet n'était que commandant d'artillerie. La copie de ce dessin a été prise par mon neveu Maurice Joleaud de Saint-Maurice, avocat à la Cour d'appel de Paris et officier d'académie.

62. — Le baron de Prony.

Gaspard-Clair-François-Marie-Riche, baron de Prony, ingénieur, est né à Chamelet (Rhône) le 22 juillet 1755. Il est mort à Paris le 31 juillet 1839. Son père était membre de l'ancien Parlement des Dombes. Il fit ses études à Toissey, dans son pays natal, et entra le 5 avril 1776 à l'Ecole des Ponts et Chaussées. Prony, qui travailla jusqu'à quatre-vingt-quatre ans, était devenu de bonne heure, en France, la personnification de l'art de l'ingénieur. L'administration publique aurait cru encourir le blâme le plus sévère si elle avait commencé des travaux de quelque importance avant d'avoir consulté le savant académicien. Napoléon, par exemple, quand on discutait devant lui des projets du domaine de l'ingénieur civil, faisait toujours entendre ces paroles sacramentelles : « Qu'en pense Prony ? »

Prony mérita tous ces suffrages en mettant à profit des connaissances analytiques de l'ordre le plus élevé, en perfectionnant la théorie si difficile de la poussée des voûtes, la théorie non moins ardue de la poussée des terres et de l'épaisseur des murs de revêtement, en établissant les règles à suivre dans toutes les questions relatives aux eaux courantes des rivières, des canaux, des tuyaux de conduite, de l'emploi de la force élastique de la vapeur d'eau et de la température, etc.

Après avoir collaboré à la construction du pont de la Concorde, à Paris, à la réparation du port de Dunkerque, il fut chargé, par Napoléon, de grands travaux en Italie : régularisation du cours du Pô; amélioration des ports de Gênes, d'Ancône, de Venise ; assainissement des Marais-Pontins. Il est l'inventeur du flotteur à niveau constant, qui rend tant de services à l'hydraulique physique, ainsi que du frein auquel le public reconnaissant a lié son nom. Cet instrument donne des bases sincères, exemptes de toute controverse raisonnable, aux transactions des constructeurs de machines et des acheteurs. Il fournit les moyens d'étudier la force des plus forts moteurs, dans toutes les conditions possibles de vitesse. Il a déjà rendu de grands services à la mécanique pratique. Il a satisfait, enfin, à un immense besoin de la science et de ses applications industrielles.

L'introduction du système métrique ayant pour corollaire naturel la substitution de la division centésimale du cercle à la division sexagésimale, il fallait combiner de nouvelles tables trigonométriques. La Convention nationale, sur le rapport de Carnot, invita Prony, alors directeur du cadastre, à les composer. C'était en l'an II. Le pouvoir souhaitait qu'elles ne laissassent rien à désirer quant à l'exactitude et, ajouta-t-il, elles devaient former le *monument le plus vaste, le plus imposant qui eût jamais été exécuté ou même conçu.* On ne doutait de rien à cette époque. Prony voulut se trouver à la hauteur d'une mission formulée dans des termes si inusités. Les dix-sept volumes du format grand in-folio qui renferment les tables, encore manuscrites en 1891, du Cadastre de Prony, surpassent de beaucoup, comme le prescrivait le programme républicain, non seulement tous les travaux de ce genre que les hommes eussent entrepris jusque-là, mais aussi ce que jamais ils avaient osé concevoir de plus étendu. Ces prodigieuses tables appartiennent à la Bibliothèque de l'Observatoire de Paris. Le gouvernement qui en ordonnerait l'impression s'honorerait et sauverait ce monument scientifique des dangers d'une destruction problématique, mais possible.

Le baron de Prony
INGÉNIEUR
1755 — 1839

Prony avait un grand caractère et un cœur chaud. Arago a raconté, qu'en 1837, à quatre-vingt-deux ans, un demi-siècle après l'évènement, il était venu le supplier de ne pas oublier, en écrivant l'éloge de Carnot, de dire que ce grand citoyen lui avait sauvé la vie en 1793.

La ville de Paris a donné le nom de Prony à une de ses rues de la rive droite de la Seine. Le portrait qui représente ce savant ingénieur, le glorieux ancêtre et le modèle de nos ingénieurs modernes, a été fait sur un dessin exécuté par Louis Boilly en 1796. Prony avait alors quarante et un ans.

63. — Victor Regnault.

Henri-Victor Regnault, chimiste et physicien français, est né le 21 juillet 1810, à Aix-la-Chapelle, qui faisait partie de l'Empire français. Il est mort à Paris le 19 janvier 1878. C'est un de ces savants qui n'ont pas eu le don de l'invention et qui n'ont introduit dans la science aucune grande découverte, mais qui ont su porter l'art des expériences à un degré extraordinaire de perfection et, par là même, ont rendu des services signalés au progrès.

Admis à l'Ecole polytechnique, en 1830, époque mémorable pendant laquelle on vit les élèves de cet illustre établissement se répandre dans les rues de Paris et combattre sur les barricades pour la cause de la liberté, il en sortit dans le service des mines, en 1832. Il quitta cette carrière pour entrer dans le laboratoire de Gay-Lussac, qu'il devait bientôt suppléer comme répétiteur de chimie, puis comme professeur titulaire, en 1840, à l'Ecole polytechnique. C'est à partir de cette époque qu'il composa son cours élémentaire de chimie, publié en deux volumes, de 1847 à 1849, et qui a été réédité bien des fois, avec de nombreuses gravures originales dans le texte. Après avoir fait un important travail sur les éthers, il s'adonna presque exclusivement à la physique, dans son laboratoire, tout en professant la chimie dans son cours. Ses travaux sur cette science ont porté principalement sur les vapeurs et les gaz, la théorie de la dilatation de la vapeur et la détermination des capacités calorifiques. Il a revu expérimentalement la loi formulée par Mariotte sur la compressibilité des gaz entretenus à une température constante, et vérifié de nouveau les minutieuses recherches entreprises par Arago et Dulong, sur la pression de l'air. Grâce à des expériences d'une admirable précision, Regnault a fixé toutes les constantes numériques qui entrent dans le

Victor Regnault
CHIMISTE ET PHYSICIEN
1810 — 1878

calcul des effets de la chaleur et de la compression, et il a été amené à reconstruire toute une partie de la science. Il s'est attaché à déterminer les pertes de calorique qu'un gaz subit lorsqu'il se détend, c'est-à-dire lorsque sa pression diminue. Jusque-là, par exemple, on attribuait l'échauffement d'un projectile qui traverse l'air avec une grande vitesse, l'incandescence des bolides qui parcourent l'atmosphère, à un frottement, à une friction contre les molécules gazeuses. Regnault a démontré que c'est uniquement à la compression de l'air qu'est dû le dégagement de chaleur.

Regnault a fait aussi des recherches intéressantes sur l'hygrométrie et sur la respiration des animaux. Ingénieur en chef des mines, en 1848, il fut nommé directeur de la manufacture de Sèvres en 1854. Il appartenait à l'Académie des Sciences depuis 1847. Il avait reçu, en 1866, la médaille de Copley, de la Société royale de Londres, et, en 1875, de l'Université de Leyde, le diplôme de docteur ès-sciences mathématiques et physiques.

Victor Regnault est le père d'Henri Regnault, le grand peintre, auteur de *Salomé* et du portrait équestre du *général Prim*, tué glorieusement et si prématurément, le 19 janvier 1871, à Buzenval, par une balle prussienne, à peine âgé de vingt-huit ans. Nous considérons comme un honneur sans prix, d'avoir été pour ce puissant artiste, son camarade pendant notre enfance, son ami dans la vie, et son compagnon d'armes pendant l'invasion allemande 1870.

L'éloge funèbre de Victor Regnault a été prononcé par MM. Daubrée, Debray, Jules Jamin, au nom du corps des Mines et au nom de l'Institut. M. Edouard Laboulaye a rempli le même devoir au nom du Collège de France qui, pendant trente années, a compté Regnault au nombre de ses professeurs. Son nom a été donné à une des rues de Paris, sur la rive gauche de la Seine. Le portrait de notre livre a été fait d'après une photographie donnée par Victor Regnault à mon père, en 1872.

64. — Frédéric Sauvage.

Pierre-Louis-Frédéric Sauvage, mécanicien, est né à Boulogne-sur-Mer le 19 septembre 1785 ; il est mort dans la maison de santé de Picpus, à Paris, le 16 jan-

Frédéric Sauvage
MÉCANICIEN
1785 — 1857

vier 1857. C'est l'inventeur de l'hélice qui règne aujourd'hui en maîtresse sur tous les bâtiments de navigation maritime et fluviale. Cette création admirable lui valut des persécutions sans nombre, la ruine, la douleur d'être emprisonné pour dettes par des créanciers imbéciles et cruels (comme il y en a trop) et de finir fou dans un asile d'aliénés. Sa ville natale lui a érigé une statue après sa mort, minime compensation pour tant de luttes et tant d'admirables travaux. Cette statue, due au ciseau du sculpteur Lafrance, a été inaugurée le 12 septembre 1881, grâce aux concours réunis de la Ville et de la Chambre de commerce de Boulogne-sur-Mer.

Frédéric Sauvage fut d'abord employé dans l'administration du génie militaire, puis il devint constructeur de navires en 1811. C'est à partir de cette époque que son génie prit son essor pour le conduire à une série de créations ingénieuses qui ont été la gloire et le tourment de sa vie. En 1821, il fonda à Eblingen, près Marquise, dans le département du Pas-de-Calais, un établissement pour le sciage et le polissage du marbre. C'est là qu'il éleva son moulin horizontal donnant un mouvement continu, quelle que soit la direction du vent. En 1825, il inventa son physionomètre, machine originale permettant de prendre l'empreinte des objets en les touchant, et donnant ainsi à la plastique le moyen de couler des moules et de faire des reproductions à l'infini. Il inventa ensuite le réducteur, sorte d'application du pantographe à la sculpture; le soufflet hydraulique, au moyen duquel on élève l'eau à une hauteur déterminée par le poids de la colonne du liquide.

Mais l'idée qui absorba toute sa vie fut de débarrasser les bâtiments à vapeur des roues à aubes qui alourdissent les formes et gênent les manœuvres. En poursuivant obstinément la recherche d'un propulseur qui pût être facilement placé sous l'eau, son esprit juste et droit dégagea de l'observation et de l'hypothèse une des plus belles inventions du XIXe siècle. C'est en étudiant la manœuvre des petites embarcations dirigées par un seul homme à l'arrière, au moyen d'un seul aviron, qu'il fut conduit à assigner à l'hélice sa forme et son emplacement. C'est l'observation de cette manœuvre de la godille, vue par tant de gens avec indifférence, qui devint le point de départ de ses essais. Cette induction de génie réalisa la navigation moderne. Mais les débuts de cette application furent hérissés de difficultés inouïes. Frédéric Sauvage y consacra ses veilles, y dévora ses ressources, y épuisa sa santé, y sacrifia sa liberté. Usé par des années de luttes et de misère, par des fatigues physiques sans nombre, des souffrances morales sans cesse renaissantes, ce grand esprit se troubla et Frédéric Sauvage, après avoir passé par la maison pour dettes, tellement l'homme est souvent bête et méchant, finit ses jours dans une maison de fous. Pendant ce temps-là l'hélice triomphait partout.

La première fois qu'elle fut appliquée en grand, c'est le 21 juillet 1843. MM. Normand et Barnès, armateurs au Havre, en avaient pourvu un magnifique aviso à vapeur, nouvellement construit, le *Napoléon*, et qui était commandé par le lieutenant de vaisseau marquis de Montaignac, mort amiral de France le 9 juin 1891. Mais le nom de Frédéric Sauvage fut à peine prononcé, et pendent ce temps-là, le pauvre grand homme avait été enfermé pour dettes à la prison de la ville. De Saint-Adresse où il habitait, Alphonse Karr put voir ce jour-là le *Napoléon* à hélice sortir des bassins du port du Havre et rentrer salué par les acclamations de la foule. Il publia dans les *Guêpes* un article éloquent et vengeur, où il plaida chaleureusement la cause du génie méconnu et persécuté. C'est une des belles pages de ce noble écrivain, une des belles actions de la vie de ce grand et glorieux vieillard, qui en compte beaucoup à son actif et qui s'est éteint en 1890.

« Il y avait un homme qui n'était point sur le *Napoléon*, dit Alphonse Karr dans cet article, un homme qui n'avait pas été admis à prendre sa part de cette promenade triomphale, un homme que les journaux ne nomment pas. Cet homme était simplement Sauvage, l'inventeur des hélices ; Sauvage qui depuis treize ans travaille et lutte : deux ans d'abord pour trouver et appliquer son hélice ; ensuite onze ans contre l'incrédulité, l'envie et la malveillance. J'écris dans ce moment une des impressions les plus tristes que j'ai ressenties de ma vie. Je savais que Sauvage était enfermé dans la prison du Havre, pour une misérable dette contractée pour l'hélice, niée jusqu'alors et aujourd'hui triomphante. On regardait avec fierté rentrer le *Napoléon*, et personne, excepté moi, peut-être, ne pensait à l'inventeur. J'allais voir Sauvage dans sa prison... »

Cet article eut un retentissement considérable. On s'arrangea pour rendre Sauvage à la liberté et on lui donna un peu plus tard une misérable pension de 2,000 francs.

Le portrait que nous donnons de Frédéric Sauvage est celui qui a été déssiné par Gavarni sur le déclin de la vie du glorieux et infortuné inventeur. C'est un document douloureux et très vivant.

Une des rues de Paris, sur la rive gauche de la Seine, ainsi qu'une des rues de la ville du Havre, portent le nom de Frédéric Sauvage. Un très bon livre a été écrit par M. G. Paillart sur la vie et les inventions de Frédéric Sauvage ; il a été publié en 1881 par la maison Dentu. N'oublions pas d'ajouter qu'avec Alphonse Karr, le baron Séguier se fit à l'Académie des Sciences le défenseur éloquent des découvertes de Sauvage. Ce sont deux exemples qui consolent des autres ignominies humaines, dont beaucoup, hélas ! se font sous le manteau de la loi, avec le concours de la force publique.

Quelle histoire poignante à raconter que celle de tous les chefs-d'œuvre et de toutes les inventions conçues dans les prisons, les cachots et même les cabanons ! Elle sera humiliante à lire autant que douloureuse à composer. Peut-être tenterons-nous un jour cette narration vengeresse.

65. — Eugène Schneider.

Joseph-Eugène Schneider, industriel, est né à Bideshoff (Meuse) le 29 mars 1805. Il est mort à Paris le 27 novembre 1875. On peut le considérer comme le véritable fondateur des magnifiques établissements du Creuzot, car c'est lui qui leur a donné le développement

Eugène Schneider
INDUSTRIEL
1805 — 1875

énorme qu'ils ont pris depuis 1845, époque à laquelle il en reçut la direction à la place de son frère qui venait de mourir. En 1860, il en transforma complètement l'outillage et assura leur renommée, en soumissionnant la fourniture des locomotives des chemins de fer de Londres, les plus belles machines du monde entier.

Rappelons que les établissements métallurgiques et

miniers du Creuzot datent de 1781. A cette époque, il se forma une première société industrielle patronnée par Louis XVI. Le territoire primitif fut un bourg aride, composé de quelques cabanes; mais l'usage du charbon minéral prit bientôt de l'extension et le canal du Centre ayant été décrété, ces deux circonstances décidèrent de l'avenir du pays. Comme fonderie de canons, le Creusot obtint de nombreuses commandes de la première République et du premier Empire. Cette prospérité commençante devait recevoir une nouvelle impulsion des frères Chagot en 1818. Elle prit un caractère décisif à l'arrivée de la famille Schneider. De quelques centaines d'habitants, la population s'est élevée à 30,000 âmes, et ce qui valait alors quelques centaines de mille francs vaut des millions à l'heure présente.

Eugène Schneider était entré dans la vie sans fortune et même sans appui. Il parvint à obtenir un petit emploi dans la maison de banque du baron Sellière. Là il put faire preuve utilement de la vivacité de son intelligence; sa rare aptitude aux affaires lui valurent d'être nommé, à vingt-cinq ans, directeur des forges de Bazeilles. Lorsqu'il passa au Creuzot comme successeur de son frère, il le remplaça aussi comme membre du conseil général et député du département de Saône-et-Loire. Réélu en 1846, 1852, 1857, 1868, 1869, ministre en 1851, président du Corps législatif en 1867 et en 1870, dans sa longue carrière politique il s'est montré homme pratique, parlant avec clarté et simplicité des intérêts matériels du pays. C'est surtout comme industriel qu'Eugène Schneider a développé des capacités hors ligne d'administrateur et d'organisateur.

Son œuvre est le Creuzot, œuvre gigantesque qu'il a consacrée aux merveilles de l'industrie et aux améliorations devant être apportées à nos armements militaires sur terre et sur mer. C'est une des gloires industrielles et une des forces actives de la France et du monde entier.

Nous ne devons pas oublier qu'Eugène Schneider présida, le 4 septembre 1870, la dernière séance du Corps législatif et qu'il descendit dignement de son fauteuil, après avoir prononcé ces mémorables paroles : « Messieurs, dit-il au milieu de l'agitation. M. Gambetta, qui ne peut être suspect à aucun de vous, et que je tiens, quant à moi, comme un des hommes les plus patriotes de notre pays, vous a adressé des exhortations au nom des intérêts sacrés de la patrie. Croyez-moi, en ce moment, la Chambre est appelée à délibérer sur la situation la plus grave. Elle ne peut le faire que dans un esprit conforme aux nécessités de la situation, et, s'il en était autrement, M. Gambetta ne serait pas venu vous demander de lui prêter l'appui de votre attitude. » La foule s'étant précipitée de toutes parts dans la salle, Eugène Schneider leva la séance, descendit du fauteuil présidentiel, quitta le palais du Corps législatif, rentra dans la vie privée et vécut dans la retraite pour s'occuper exclusivement du développement du Creuzot, qui n'a cessé de prospérer et de grandir.

Parti de rien et rapidement arrivé à tout, Eugène Schneider fut l'incarnation la plus complète et la plus digne de cette puissance toute moderne, et dont la domination toujours croissante a commencé modestement il y a cinquante ans avec le règne de la vapeur : la grande industrie.

Jusqu'en 1830, les concentrations de forces sociales et de puissance matérielle n'avaient qu'un domaine restreint. Elles ne possédaient qu'un instrument et une matière, la richesse, l'argent ; en dehors des pouvoirs de l'Etat et des royautés morales de l'intelligence et du savoir, il n'existait qu'une puissance matérielle et tangible : la finance, la banque. Il y avait *les rois de l'or :*

les Rothschild. Survint la vapeur. Les forces industrielles éparses et disséminées furent forcées de se concentrer en s'étendant. La grande industrie sortit de cette concentration. En quelques années d'autres royautés se constituèrent et s'établirent. Il y eut *les rois du fer*.

Cette puissance toute jeune, toute neuve, faite non plus des caprices de la fortune et des hasards de la spéculation, mais des calculs hardis de la science et des labeurs énergiques de l'intelligence, fut beaucoup plus que la puissance financière démocratique et personnelle. Elle ne devait rien au passé, rien au hasard, rien à l'héritage. Le présent livre, au reste, est l'attestation vivante de cette peinture fidèle que nous en traçons, et la Tour Eiffel en est comme la consécration triomphale, palpable et définitive. Il lui fallait un monument dans la plus belle ville du monde. Elle la possède désormais. Mais, à cette époque, elle était à l'état latent. Accessible au premier venu, elle appartenait à qui la pouvait prendre : au plus intelligent, au plus habile, au plus fort. Ce fut vite fait. En moins de quelques années, des hommes jeunes et nouveaux sortirent de l'obscurité : Clapeyron, Flachat, Ernest Goüin, Lamé, Le Chatelier, Polonceau, Schneider, Marc Seguin, Talabot, les Pereire, etc. Tels sont les puissants ingénieurs, créateurs du monde industriel moderne. Au milieu d'eux Eugène Schneider brille d'un vif éclat.

Il a laissé un fils, M. Henri Schneider, qui lui a succédé dans la direction du Creuzot et qui représente le département de Saône-et-Loire à la Chambre des députés.

Le portrait d'Eugène Schneider que nous avons reproduit a été exécuté d'après le dessin donné par le journal *l'Illustration*, en 1875, au moment de la mort de ce grand industriel, un des ardents pionniers du progrès au XIXe siècle.

66. — Marc Seguin.

Marc Seguin, ingénieur et physicien, est né à Annonay le 20 avril 1786. Il est mort dans la même ville

Marc Seguin
INGÉNIEUR ET PHYSICIEN
1786 — 1875

le 25 février 1875. Il descendait d'une famille originaire d'Egypte, et son père, François Seguin, fut marié à une demoiselle Montgolfier. Il était l'aîné de quatre fils, et, dès son plus jeune âge, il fit preuve d'un esprit d'observation et d'invention déjà fort remarquable. En 1799, il fut envoyé à Paris pour y parfaire son éducation. Il travailla sous les yeux et sous la direction de son oncle, Joseph Montgolfier, alors membre de l'Institut et conservateur des Arts et Métiers, et se passionna pour les mathématiques, la physique, la chimie, l'astronnomie, surtout pour la mécanique.

De retour à Annonay, il s'occupa d'abord d'une industrie nouvelle, celle des draps et des feutres destinés à la fabrication du papier. Son but était d'établir sa réputation, d'augmenter sa fortune et d'acquérir les aptitudes commerciales, qui cadraient mal avec sa nature ardente, mais lui étaient indispensables. Il ne tarda pas à faire preuve d'une grande ingéniosité dans l'esprit, en créant les roues hydrauliques à augets courbes. Peu après, il eut l'idée d'introduire en France et de perfectionner le système des ponts suspendus, en remplaçant les barres et les chaînes par des câbles en fil de fer. Il fit d'abord, comme essai, en 1822, dans le voisinage de sa fabrique, un pont qui avait 18 mètres de long En 1825, le grand pont de Tournon, qui se composait de deux travées de 85 mètres d'ouverture, fut inauguré solennellement. A la même époque. on le voit établir un service de bateaux à vapeur entre Valence et Lyon. En 1826, il obtient avec ses frères la concession du chemin de fer de Saint-Etienne à Roanne, qui fut d'abord consacré au transport des charbons. Cette ligne présentait des difficultés nombreuses. Il sut les vaincre toutes.

Mais l'œuvre capitale de Marc Seguin est l'invention de la chaudière tubulaire qui a été la cause efficiente des grandes vitesses sur les voies ferrées. Elle date de 1828. Elle produisit une révolution capitale dans la locomotion. C'était un trait de génie de s'emparer des grossières chaudières de ses devanciers, pour imaginer de placer l'eau dans la capacité où se jouait la flamme, et de lancer, au contraire, cette flamme dans les tubes destinés d'abord à recevoir l'eau. De cette façon, on put construire des chaudières de petite dimension, d'un poids médiocre, capables de fournir une abondante vapeur motrice. L'application de la chaudière tubulaire devint bientôt universelle et porta le nom de Marc Seguin dans les deux mondes.

Le nom de Marc Seguin doit être rapproché de celui de Stephenson. Si l'ingénieur anglais a mis la locomotive en mouvement, notre compatriote lui a donné la grande vitesse. Son nom vivra tant que nous verrons des locomotives dévorer l'espace. Au reste, Marc Seguin a été une vaste intelligence, et ses recherches se sont étendues sur les plus importants problèmes : les causes de la cohésion, la propagation de la force, la navigation aérienne, etc.

Marc Seguin appartenait à l'Académie des Sciences depuis 1845. Sa statue, due à l'habile ciseau de M. Maubach, est faite et sera érigée dans les environs d'une des grandes gares de la capitale — sa véritable place — pour rappeler aux générations futures la révolution qu'il a apportée dans la traction à vapeur.

La ville de Paris a donné le nom de Marc Seguin à une de ses rues, sur la rive droite de la Seine. C'est son fils, M. Augustin Seguin, directeur des grands chantiers de construction de la Buire, à Lyon, qui nous a communiqué le portrait si vivant de notre livre. Dans sa stature et dans ses traits, Marc Seguin ressemblait beaucoup au grand Arago, son contemporain, car tous les deux sont nés en 1786. Il en avait aussi le cœur chaud, l'âme ardente, l'esprit ouvert à tout.

67. — Charles Sturm.

Charles Sturm, mathématicien, est né à Genève, alors chef-lieu du département du Léman, le 29 septembre 1803. Il est mort à Paris le 18 décembre 1855. Il quitta le collège en 1818 pour suivre les cours publics; mais, en 1819, son père étant mort, il resta le seul soutien de sa mère, de sa sœur et de ses frères, et il dut donner des leçons. C'est alors qu'il entra comme précepteur dans l'illustre famille de Broglie. Il y trouva le pain quotidien pour lui et les siens et toutes facilités pour se consacrer à son goût pour les sciences. En 1827, avec M. Colladon, son ami d'enfance, Sturm remporta le grand prix de mathématiques décerné par l'Académie des Sciences de Paris, pour le meilleur mémoire sur la compression des liquides. Ampère, Arago, Fourier suivaient avec intérêt les travaux des deux amis et saisissaient toutes les occasions de leur être utiles.

Deux ans plus tard, en 1829, Sturm trouva seul son fameux théorème qui l'a placé au rang des illustres géomètres du XIXe siècle. On sait que ce théorème, qui a gardé son nom, constitue le complément de la résolution des équations numériques, permettant de déterminer le nombre des racines réelles comprises entre deux limites désignées. Il a été utilisé dans une foule de recherches qui ont fait avancer la science, et en particulier dans les investigations d'un calculateur, astronome célèbre. Nous avons nommé Le Verrier. Sturm, pour arriver à établir la vérité de son beau théorème, avait emprunté la nouvelle méthode analytique de Joseph Fourier, afin de résoudre les équations numériques. C'est en s'appuyant sur son propre fonds et sur la nouvelle découverte de l'illustre mathématicien dont nous venons de rappeler le nom, qu'il parvint à déterminer, non plus de simples limites, mais le nombre exact des racines d'une équation quelconque, qui sont comprises entre deux quantités données.

Ce magnifique travail est entré de lui-même dans l'enseignement; il a surgi comme un corollaire d'importantes recherches sur la mécanique analytique et sur la mécanique céleste. L'énonciation du théorème de Sturm

Charles Sturm
MATHÉMATICIEN
1803 — 1855

D'après l'esquisse unique faite en 1822 par M. Daniel Colladon.

est trop longue pour que nous puissions la reproduire ici dans tout son développement; il nous suffira encore d'ajouter, au court exposé fait plus haut, qu'il n'a pas seulement l'avantage de fournir plus simplement que la méthode de Lagrange, le nombre des racines réelles d'une équation numérique comprise entre deux nombres fixes; mais qu'il s'accommode sensiblement mieux des transformations, des perfectionnements qui mènent près du but définitif de la résolution des équations littérales. Le théorème de Sturm a fait faire des progrès évidents à la géométrie supérieure. L'originalité dans les idées et la solidité dans l'exécution assurent à ce savant une place à part, car il a eu le bonheur de rencontrer une de ces découvertes uniques, destinées à traverser les siècles sans changer de forme, et en gardant le nom de l'inventeur, comme le cylindre et la sphère d'Archimède.

On doit encore à Sturm des travaux curieux sur la vision, l'optique, la mécanique, les variations du mouvement, les courbes de poursuite, etc. En 1829, il devint professeur au Collège Rollin; en 1838, il fut nommé professeur d'analyse algébrique à l'Ecole polytechnique, et, en 1840, il remplaça Poisson dans la chaire de mathématiques de la Faculté des Sciences de Paris.

Elu membre de l'Académie des Sciences, en 1836, en remplacement d'Ampère, il devint successivement associé de la Société royale de Londres et des Académies de Berlin et de Saint-Pétersbourg. Il fut un des lauréats de la médaille de Copley, cette suprême récompense que l'Angleterre décerne aux savants les plus méritants choisis dans le monde entier. Les cours d'analyse et de mécanique professés par Sturm, à l'Ecole polytechnique, ont été publiés par la maison Gauthier-Villars et fils, en quatre forts volumes.

Le portrait que nous donnons de Sturm est rarissime. Il a été exécuté d'après l'esquisse unique faite en 1822, par M. Daniel Colladon, qui nous l'a remise pour notre livre. A l'appui de son authenticité indiscutable, nous reproduisons la lettre d'envoi de son illustre et vénérable auteur. M. Daniel Colladon, l'ami et le collaborateur de Sturm, est né à Genève le 15 décembre 1802. Il est aujourd'hui le doyen de la science des deux mondes.

Il appartient à la science française par ses travaux et son titre de correspondant de l'Institut de France. En 1829, il a occupé brillamment la chaire de mécanique à l'Ecole centrale des Arts et Manufactures. Quelques années plus tard, quand il retourna dans son pays, il devint professeur à l'Académie de Genève. Au nombre de ses nombreux et beaux travaux, il faut rappeler le

Daniel Colladon
INGÉNIEUR ET PHYSICIEN
Né à Genève le 15 décembre 1802.

dynamomètre de son invention, adopté par l'Amirauté anglaise, l'utilisation de l'air comprimé pour le creusement des longs tunnels, le principe des fontaines lumineuses expérimentées avant 1840 et qui a été appliqué avec tant de succès à l'Exposition universelle de 1889, à Paris, au pied de la Tour de 300 mètres.

C'est en se basant, en effet, sur les nombreuses et belles recherches de ce glorieux contemporain des savants les plus fameux du XIXe siècle, qu'on a pu établir l'éblouissant spectacle des fontaines lumineuses qui ont été, avec la Tour Eiffel, les deux plus grandes attractions de l'Exposition universelle de 1889. Dès 1841, M. Daniel Colladon trouva le moyen d'éclairer à l'intérieur une veine d'eau jaillissante, en appliquant très ingénieusement le principe physique connu sous le nom de réflexion totale de la lumière. Les comptes rendus de l'Académie des Sciences de Paris renferment, à la date du 24 octobre 1842, l'intéressant mémoire descriptif du véritable inventeur des fontaines éclairantes et multicolores. M. Daniel Colladon y explique de quelle façon il a rendu, dans ses cours, visibles pour ses élèves, les diverses formes que prend un jet fluide en sortant par des orifices variés. C'est pour y parvenir qu'il a été conduit à éclairer intérieurement une veine placée dans un espace obscur. Il a reconnu le premier que cette disposition est très convenable pour le but proposé et qu'elle offre dans ses résultats une des plus belles et des plus curieuses expériences, que l'on puisse montrer dans une leçon d'optique. Elle se répandit dans les laboratoires de physique, en France et en Angleterre. En 1853, l'Opéra de Paris mit ce brillant phénomène en action dans le ballet d'*Elias et Mysis*, à l'aide d'instruments construits par Dubosc sur les instructions de M. Colladon. Une dizaine d'années plus tard, à l'origine du *Faust* de Gounod, le jet de feu que Méphistophélès fait jaillir d'un tonneau de vin fut une veine liquide fortement éclairée par la réflexion totale de la lumière électrique et colorée par un verre rouge. Un peu plus tard, dans la *Biche au Bois*, une des plus célèbres féeries du répertoire dramatique, on vit de petites fontaines lumineuses construites sur ce même principe, qui produisirent des effets merveilleux sur la vaste scène du théâtre de la Porte-Saint-Martin.

A tous ces titres divers, la présence du portrait de M. Daniel Colladon est parfaitement justifiée auprès de celui de son ami Sturm dans ce Panthéon Eiffel. Dans cet hommage que nous lui rendons avec bonheur, nous sommes heureux aussi d'acquitter envers ce grand petit

Monsieur Georges Baval,

le 23 Décembre 1890.

Je viens de recevoir votre lettre ainsi que la demande qui y est contenue, pour un portrait de mon ami M. Charles Sturm. J'ai le plaisir de vous envoyer son portrait, dont la ressemblance à cet âge était frappante. Je suis heureux de pouvoir vous offrir le portrait lui-même; je prends bonne note de ce que vous me dites dans votre lettre et je vous prie d'agréer mes salutations bien dévouées

D. Colladon

Lettre autographe de M. Daniel Colladon accompagnant l'envoi du portrait de Charles Sturm.

pays qu'on appelle la Suisse, pépinière d'hommes illustres, une parcelle de la gratitude que la France lui doit pour sa noble conduite en 1871. Un hommage identique doit être rendu de même à cet autre noble et aussi grande petite nation qu'on nomme la Belgique, autre créatrice de savants célèbres.

68. — Le baron Thenard.

Louis-Jacques Thenard, chimiste, est né au bourg de La Louptière, près Nogent-sur-Seine, aujourd'hui dans le département de l'Aube, le 4 mai 1777. Il est mort à Paris le 21 juin 1857. Simple fils de paysan, sans aucun bien, il vint de bonne heure dans la capitale dans le seul but de s'instruire et de tâcher d'acquérir le titre de docteur en médecine. Il était accompagné de deux de ses amis qui voulaient devenir pharmaciens. Ils réunirent leurs modestes économies et se logèrent tous les trois dans une mansarde du quartier Latin, en demandant à la femme d'un porteur d'eau qui habitait la maison de prendre leur argent et de les faire vivre pendant un certain temps. Le calcul fait, les ressources se réduisaient à 48 sous par jour. La mère Bateau était un brave cœur, mais elle exigeait de ses hôtes une sévère exactitude ; quand elle avait desservi, il fallait attendre au lendemain ou s'adresser ailleurs. « Quelques jours de rude abstinence qu'elle me força à subir, raconte Thenard, me firent contracter une habitude de ponctualité dont je ne me suis jamais départi, ainsi qu'un grand désir de soulager ceux qui peuvent souffrir de la faim. » Plus tard, lorsqu'il fut devenu très riche par ses découvertes et son mariage avec la petite-fille de Conté, le grand industriel, il fonda la *Société des Amis des Sciences*, qu'il dota généreusement, pour venir en aide aux enfants des savants morts dans la pauvreté.

Admis par Vauquelin, comme aide de laboratoire, Thenard s'attira peu à peu l'amitié de l'illustre chimiste par la facilité de son caractère et la sagacité de son esprit. Grâce à sa position, il entra comme répétiteur du cours de chimie à l'Ecole polytechnique, et, quelques années plus tard, il devait y remplacer son maître comme professeur.

Les premiers travaux de Thenard datent de 1799. Un jour, Chaptal, ministre de l'intérieur, le fit appeler dans son cabinet et lui dit sans aucun préambule : « Le bleu d'outre-mer nous manque. C'est un produit rare et cher et la Manufacture de Sèvres a besoin d'un bleu qui

Thenard
CHIMISTE
1777 — 1857

résiste au grand feu. Voici 1,500 francs, va me découvrir un bleu remplissant les conditions que je t'indique. — Mais, dit Thenard, je... — Je n'ai pas de temps à perdre, reprend Chaptal, va-t-en et rapporte-moi mon bleu au plus vite. » Un mois après, Thenard avait résolu le problème. Sa fortune grandit alors rapidement. Il devint successivement professeur au Collège de France, membre du Comité consultatif des Arts et Manufactures, membre de l'Institut en remplacement de Fourcroy (1810), membre de la Légion d'honneur (1815), vice-président du Conseil supérieur de l'instruction publique, président de la Société d'encouragement pour l'Industrie nationale, doyen de la Faculté des Sciences, député, pair de France, chancelier de l'Université, etc.

En 1825, le roi Charles X le fit baron pour le récompenser des leçons de chimie qu'il avait données au duc d'Angoulême, bien plus que pour cette fameuse phrase qu'il avait laissé échapper, plutôt par l'effet de sa candeur naturelle que par un excès de flatterie : « Monseigneur, voici *deux gaz qui vont avoir l'honneur* de se combiner devant Votre Altesse Royale. »

Le passage de Mercure sur le Soleil, en mai 1753, avait été observé au château de Bellevue par les astronomes de Louis XV. Suivant le langage du temps, *l'astre eut l'honneur de passer devant le Roi de France.*

La répétition inconsciente de cette boutade naïve, par Thenard, soixante-douze ans plus tard, fut mise, par erreur, sur le compte de Gay-Lussac, par M. de Cormenin. Elle ne lui appartient pas. Non seulement nous avons comme preuves à l'appui le témoignage verbal donné à mon père par Arago, mais encore une lettre que nous a adressée personnellement, le 8 février 1890, de Saint-Léonard (Haute-Vienne), le fils unique de l'illustre chimiste, M. Louis Gay-Lussac. De plus, c'est à l'Ecole polytechnique, au cours de chimie de Thenard, où le jeune prince avait été conduit à l'improviste par son précepteur, que cette adulation extra-scientifique fut formulée par Thenard dans son embarras. Gay-Lussac avait un caractère froid, réservé ; il était toujours maître de lui-même et ne commit jamais quelques-uns de ces impairs dont Thenard était coutumier, à cause de sa timidité native. C'est ainsi que la première fois qu'il professa, il prit la fuite au milieu de sa leçon, en apercevant Fourcroy et Vauquelin qui étaient venus l'écouter, et, trente années plus tard, il se mit à balbutier en pleine Sorbonne, en voyant Berzélius parmi son auditoire. « Messieurs, excusez mon trouble, dit-il, mais vous le comprendrez en apprenant que M. Berzélius est parmi vous. » Des applaudissements éclatèrent et le grand chimiste suédois fut forcé d'aller s'asseoir à la place d'honneur, près du professeur qui avait ainsi dénoncé sa présence.

Les découvertes de Thenard, les plus importantes se rapportent au bleu qui porte son nom, à l'eau oxygénée, au bore, à la préparation en grand du potassium et du sodium par des réactions purement chimiques, à la fabrication de la céruse, à l'épuration des huiles d'éclairage, etc. Thenard s'est efforcé de multiplier les applications industrielles de la chimie et de les étendre aux beaux-arts. C'est ainsi qu'il a fourni aux peintres une belle couleur bleue minérale à base de cobalt, un mastic hydrofuge pour la peinture à fresque. Son *Traité élémentaire de chimie théorique et pratique*, dont la première édition date de 1813, a régné dans les écoles jusqu'en 1860. On peut dire que presque toute l'Europe, pendant cinquante ans, a appris la chimie par le livre de Thenard.

Thenard a laissé un fils, Paul Thenard, qui s'est illustré dans la chimie agricole et qui est mort en 1884, membre de l'Académie des Sciences. M. Arnould Thenard, petit-fils du grand Thenard, continue les illustres traditions de ses ancêtres. Il a fait, notamment, des recherches remarquables sur l'action de l'électricité en effluve, pour produire la synthèse du protocarbure ou gaz des marais.

La ville de Sens a élevé le 31 juillet 1861, une statue à Thenard, due au sculpteur Droz, et la ville de Paris a donné son nom à une de ses rues de la rive gauche de la Seine, en face du Collège de France.

Le portrait de notre livre a été exécuté d'après une gravure de G. Ballot, prise sur nature en 1845, ayant appartenu à mon père.

69. — Tresca.

Henri-Edouard Tresca, ingénieur et mécanicien, est né à Dunkerke (Nord) le 12 octobre 1814. Il est mort à Paris le 21 juin 1885. Admis en 1832 à l'Ecole de Saint-Cyr, il n'y entra pas, et se prépara pour l'Ecole polytechnique, où il fut reçu en 1833. Il en sortit comme ingénieur-élève des ponts et chaussées. Mais il ne resta pas longtemps dans cette carrière. Nommé en 1835, il donna sa démission en 1841 pour exercer librement la profession d'ingénieur civil. Il commença par la construction de deux usines pour la fabrication de l'acide stéarique et la distillation des huiles minérales, trouvant, chemin faisant, un nouveau moyen d'extraction des huiles et imaginant un vérin hydraulique portatif qu'il proposa d'appliquer au pesage des voitures sur les routes.

En 1850, il fut nommé ingénieur chargé du classement des produits français à l'Exposition universelle de Londres. Son activité et ses connaissances étendues attirèrent l'attention sur lui. En 1852, il entra au Conservatoire des Arts et Métiers, auquel il a consacré le restant de sa vie. En 1854, il succéda au général Morin, dans la chaire de mécanique. Il fut aussi nommé à cette époque inspecteur des Ecoles d'Arts et Métiers de France. Investi de cette fonction à un moment où elle n'avait rien d'enviable, il dut se rendre dans le Midi, où le choléra sévissait avec violence. Il se trouvait à Aix, capitale de la Provence, d'habitude si animée, si exubérante. Tout était plongé dans un silence morne; les rues désertes n'étaient parcourues que par des funèbres convois. A l'hôtel, à table, il était solitaire. Un convive devait pourtant l'y rejoindre, le soir. C'était l'un des professeurs de l'école qu'il venait d'inspecter. Mais il manqua au rendez-vous, foudroyé par une attaque de

Henri-Edouard Tresca
INGÉNIEUR ET MÉCANICIEN
1814 — 1885

choléra dans l'école même. Tresca s'y rend immédiatement, la licencie et y reste seul, attaché à son devoir.

A partir de cette année, le nom de Tresca n'a cessé de grandir par les cours de mécanique qu'il est chargé de professer à l'Ecole centrale des Arts et Manufactures et à l'Institut agronomique, par la création des *Annales du Conservatoire* et ses études nombreuses, variées, théoriques et appliquées, avec une grande audace, mais une parfaite justesse, sur ce qu'il a appelé *l'écoulement des solides*.

Il a déployé des prodiges d'habileté pour découvrir expérimentalement les lois de ces phénomènes. Il est parvenu à pénétrer à l'intérieur de la matière ductile, à y introduire des nuées d'éclaireurs, qui lui rendaient un compte fidèle des modifications profondes qu'y déterminaient les colossales pressions auxquelles il la soumettait.

Tresca a exposé les conclusions de cette hardie théorie dans son capital mémoire sur le *poinçonnage des métaux*. Remarquant que la déformation de ces corps comprend trois périodes, celle de l'élasticité parfaite, étudiée notamment par Navier et Cauchy, puis celle de l'élasticité imparfaite ou de déformation partiellement permanente, enfin celle de plasticité, comprenant le laminage, le forgeage, l'emboutissage, etc., il aperçut dans cette dernière période qu'expressivement il appelle aussi de fluidité, où l'élasticité est comme vaincue, que l'effort à exercer normalement à travers toute face intérieure, pour produire une petite extension ou compression normale d'une proportion déterminée, est de même intensité que l'effort de cisaillement à exercer tangentiellement à cette petite face pour produire un glissement relatif de même proportion ou mesure. Tel est l'exposé du principe théorique nouveau de l'égalité de deux coefficients de déformation plastique, normale et tangentielle, proposé par le profond esprit scientifique de Tresca.

Tresca a rendu des services signalés aux Commissions du mètre et de l'unification de l'heure. C'est lui qui a proposé la forme définitivement adoptée pour les mètres-étalons à distribuer à toutes les nations. Elle procure, à poids égal, une résistance vingt-cinq fois plus grande que le modèle ancien de nos archives, ce qui fait, ainsi que Tresca aimait à le dire, qu'il était possible de donner des coups de bâton avec son mètre sans l'altérer. Ses travaux, mémoires, notes, rapports, cours ont été réunis, mis en ordre et publiés en onze volumes, par ses fils MM. Alfred, Edouard et Gustave Tresca, en mars 1889, et offerts à cette époque à l'Académie des Sciences, dont il était membre, par les dignes enfants de ce grand et modeste savant.

Le portrait de Tresca a été exécuté sur une photographie communiquée par sa famille. Elle le représente en costume d'académicien, couvert des nombreuses décorations envoyées par tous les gouvernements pour le récompenser des nombreuses découvertes accomplies dans le domaine théorique et pratique de la science.

70. — Triger.

Charles-Jean Triger, ingénieur, est né à Paris le 11 janvier 1800; il y est mort le 30 juin 1872. C'est le créateur du système de fondation tubulaire par l'air comprimé, appliqué pour la première fois dans les terrains aquifères de la Loire, en 1845. Il était alors chargé de la direction de l'établissement et de l'exploitation des houillères de Chalonnes (Maine-et-Loire), situées dans une île de notre grand fleuve central de France. Triger imagina et se servit d'un procédé tout nouveau pour se mettre à l'abri d'un envahissement des eaux dans le forage des puits d'extraction. Il y fit descendre un tube en fonte formé d'anneaux cylindriques, de un à un mètre et demi de rayon, boulonnés entre eux. Après avoir établi sur la partie supérieure un appareil, auquel on a donné le nom de *sac-à-air*, il y comprima de l'air atmosphérique au moyen d'une machine soufflante. Cet air, agissant comme un piston, repoussa l'eau qui se trouvait dans le tube, par dessous les bords de la partie inférieure, et les ouvriers descendus au fond du puits, purent y continuer leur travail de forage sans être incommodés ni gênés. C'est ainsi qu'on arriva à dépasser les couches aquifères du lit de la Loire et que l'on put continuer à extraire des masses de charbon de cette mine, ouverte au fond d'un fleuve.

En 1852, un ingénieur anglais appliqua ce système aux travaux de fondation du pont de Rochester, et pendant quelque temps on accorda à nos voisins d'outre-Manche la découverte de cet admirable procédé, qui appartient à un ingénieur français, à Triger. Cette méthode de faire travailler les ouvriers sous l'eau, en les plaçant dans des cloches remplies d'air comprimé, a rendu d'immenses services à l'art des constructions sous-fluviales, sous-marines et souterraines. Elle a été appliquée avec succès aux fondations des piles des ponts de Mâcon, de Moulins (sur l'Allier), de Szegedin, sur la Theiss en (Hongrie), de Kehl, sur le Rhin, des ponts sur le Rhône appartenant à la ligne ferrée de Paris-Lyon-Méditerranée et du magnifique pont d'Argenteuil, sur la Seine ; enfin, le procédé Triger a été adopté pour la construction des fondations de la Tour Eiffel.

C'est encore lui qu'on a employé pour la construction colossale des piliers du pont du Forth en Ecosse, inauguré le 4 mars 1890. M. Eiffel a déclaré que cette entreprise était le travail en fer le plus magnifique qu'on ait exécuté jusqu'à ce jour. C'est une véritable merveille de l'art de l'ingénieur, qui dépasse tous les types précédents, par la longueur de ses travées atteignant chacune plus d'un demi-kilomètre; il surpasse ainsi le célèbre pont suspendu d'East River à New-York. L'ensemble du pont constitue une poutre de plus de 1,500 mètres de longueur, reposant seulement sur trois appuis. Comme à la Tour Eiffel, les ouvriers ont travaillé à des hauteurs vertigineuses, suspendus à l'extrémité d'un câble ballotté à tous les vents de la mer.

Le *Firth of Forth*, au-dessus duquel a été lancé cet ouvrage audacieux, se rencontre un peu au nord d'Edimbourg, où il forme l'embouchure de la rivière Forth. C'est un point très populaire en Angleterre. Il a fourni aux romanciers de nombreux épisodes relatifs aux

Charles-Jean Triger
INGÉNIEUR
1800 — 1872

Highlanders. La profondeur des deux bras du Firth atteint une moyenne de 60 mètres. Les travaux de fondation ont été commencés en 1883 et ont pu être continués à l'air libre, pour les piliers de la rive du nord; pour les autres de la rive méridionale, les plus difficiles à édifier, il a fallu avoir recours à la méthode de Triger. C'est grâce à son emploi qu'on a pu terminer ce pont gigantesque en fer à l'embouchure d'un fleuve impétueux, pour servir de voie de raccordement à des trains lancés à toute vapeur.

Cette belle conquête de la science de l'ingénieur avait valu à Triger, en 1853, le grand prix de mécanique de l'Institut de France. Les deux dernières applications qu'on en a faites pour la construction de la Tour Eiffel et l'établissement du pont du Forth consacrent définitivement le nom de son inventeur.

Le portrait de Triger le représente à l'âge de 36 ans, c'est dire qu'il date de l'année 1835, cet habile ingénieur étant né dans les premiers jours de la dernière année du XVIIIe siècle. Malgré toutes les contestations, il n'y a pas à hésiter, il ne faut pas tenir compte de la consonnance du millésime, l'an 1800 n'appartient pas au XIXe siècle. Le siècle actuel a commencé le 1er janvier 1801 et finira le 31 décembre 1900. Le XXe siècle s'ouvrira donc, à minuit sonné, le 1er janvier 1901. Ainsi le veulent la logique et le système décimal.

71. — Vicat.

Louis-Joseph Vicat est né à Nevers le 31 mars 1786. Il est mort en 1861 à Grenoble. C'est un ingénieur du plus rare mérite, qui a eu le bonheur d'attacher son nom à une découverte pratique et féconde du plus haut intérêt pour les constructions. Le premier il a démontré scientifiquement que les propriétés des chaux naturelles dépendent de l'argile disséminée dans leur composition ; le premier aussi il a préparé de la chaux hydraulique de toutes pièces sur les chantiers du pont de Souillac, dans le département et sur la rivière de la Dordogne, qu'il fut chargé de construire en 1811. Les piles de ce pont magnifique reposent sur des masses de béton formées avec de la chaux hydraulique artificielle, fabriquée d'après les données de Vicat. Depuis cette époque, on peut se procurer facilement et à bas prix de la chaux faisant promptement prise dans l'eau partout où ce produit devient nécessaire pour la durée et la solidité des fondations hydrauliques.

La découverte de Vicat a eu une influence énorme sur le développement des grands travaux exécutés, depuis quatre-vingts ans bientôt, dans le monde entier, pour l'établissement des canaux, des écluses, des voies fer-

Louis-Joseph Vicat
INGÉNIEUR
1786 — 1861

rées, des ponts, des chaussées, des jetées maritimes, des ports, etc. Chargé par Napoléon qui, tout de suite, entrevit l'importance d'une découverte si modeste en apparence, de continuer ses travaux sur les ciments et les mortiers, Vicat inspecta une partie de la France, et notamment les bassins du Rhône et de la Garonne, pour y découvrir les gisements de chaux hydraulique naturelle. En même temps, il donna aux ingénieurs des départements les instructions nécessaires pour la préparation industrielle de ce produit devenu indispensable. Il perfectionna aussi la fabrication du ciment romain. Sans Vicat, il est certain que toutes nos lignes de chemins de fer auraient trouvé beaucoup plus de difficultés à se développer. Toutefois, elles auraient coûté beaucoup plus cher, à cause des détours nécessités par des constructions de pierre restées impossibles sur les fleuves, les rivières et les marais.

En 1833, l'Académie des Sciences pour récompenser les services de Vicat, le nomma membre correspondant, et en 1837, elle lui décerna un de ses prix. En 1841, le Conseil municipal de Paris lui offrit solennellement un vase d'argent d'une valeur de 2,400 francs. Deux ans après, la Chambre des députés ne voulant pas demeurer indifférente à l'égard d'un homme resté pauvre, malgré l'importance de ses travaux, lui vota à titre de récompense nationale, sur le rapport et les conclusions d'Arago, une pension annuelle de 6,000 francs, reversible sur ses enfants. En 1846, Louis-Philippe le promut au grade de commandeur dans l'ordre de la Légion d'honneur.

Vicat avait fait ses études à l'Ecole centrale de l'Isère; à seize ans, il était entré comme vice-trésorier dans la marine qu'il quitta venant d'être reçu à l'Ecole polytechnique, d'où il passa en 1806 dans le corps des ponts et chaussées. Il a laissé une grande quantité de mémoires publiés dans les *Annales de physique et de chimie* ainsi que divers ouvrages dont les plus importants sont ses *Recherches expérimentales sur les chaux de construction, les bétons et les mortiers* (1818) et ses *Recherches physiques de la destruction des composés hydrauliques par l'eau de mer* (1856).

Avant Vicat, on ne savait pas préparer de la chaux artificiellement et il résulte de ses découvertes qu'avec de la chaux et de l'argile toute construction devient facile. Arago calculait que dans l'espace de trente années, durant laquelle on édifiait moins qu'à cette époque, où il parlait (1844), les découvertes de Vicat avaient procuré à l'Etat seulement, une économie de 200 millions de francs. « Il est certain, ajoutait Arago, qu'en s'assurant par un brevet d'invention, la fabrication privilégiée de la chaux artificielle, cet ingénieur aurait fait une fortune immense. » Ce n'est pas uniquement la France, c'est le monde entier qui lui doit de la reconnaissance, car partout les gouvernements, les ingénieurs, les constructeurs, les particuliers, ont mis à profit ses procédés, sans lui payer un liard de redevance. La gratitude étrangère s'est soldée par zéro envers Vicat ; celle de la France, si prodigue souvent de statues inutiles élevées à des médiocrités, s'est manifestée, comme nous l'avons dit, par une maigre pension de 6,000 francs votée par le Corps législatif, à titre de récompense officielle, pour le savant, le grand ingénieur, l'homme désintéressé et modeste, s'il en fut jamais. C'est un exemple funeste, car une semblable ingratitude de la part des corps constitués n'est pas faite pour encourager le détachement des inventeurs.

Le portrait de Vicat a été fait sur un dessin exécuté en 1848 et ayant appartenu à mon père.

72. — Wurtz.

Adolphe Wurtz, chimiste, est né à Strasbourg en 1818 ; il est mort à Paris le 12 mai 1884, professeur et doyen de la Faculté de Médecine, professeur à la Sorbonne, membre de l'Institut et de l'Académie de Médecine, sénateur, maire du VII° arrondissement de la capitale. De bonne heure, il accepta les nouvelles doctrines chimiques qui commençaient à s'imposer avec

Dumas, Laurent, Charles Gerhardt, et après s'être fait recevoir docteur en médecine, il se tourna spécialement vers l'étude de la chimie et devint agrégé de l'Ecole de médecine de Paris, après un concours des plus brillants. De mémorables découvertes ont marqué sa carrière. Celle des ammoniaques composées le placèrent au premier rang. Peu après, il découvrit les radicaux alcooliques mixtes et imagina pour cela une réaction qui, après lui avoir servi à faire les premières synthèses régulières d'hydrocarbures, a été employée depuis pour obtenir de nombreux carbures aromatiques et fonder sur une base expérimentale la nature de ces composés.

La découverte des glycols et de l'oxyde d'éthylène est son grand titre de gloire. En précisant et en fixant l'existence d'alcools polyatomiques, il étendit la théorie des types, et prépara l'évolution chimique, en en montrant la raison d'être dans la propriété des atomes qu'on appelle leur *atomicité* ou leur *valence*. Cette découverte fut suivie de celles de synthèses de bases oxygénées, parmi lesquelles la choline ou névrine est particulièrement intéressante, à cause de son existence dans l'organisme animal. Notons encore ses études sur la combinaison de l'acide iodhydrique avec l'amylène, la découverte des alcools tertiaires, de l'aldol.

Professeur éloquent, par la vivacité de sa parole, la clarté de son exposition, Wurtz émerveillait et captivait ses nombreux auditeurs. En enseignant, il marchait constamment et faisait un nombre considérable de pas. On a calculé que pendant une heure que durait chacune de ses leçons, il parcourait ainsi plus de six kilomètres. Il a professé pendant trente-cinq ans. A raison de quatre cours par semaine et de quarante semaines par an, cela donne un joli chiffre de chemin abattu, s'élevant à 16,600 kilomètres, soit plus de dix-sept fois la plus grande longueur de la France, qui, du Nord au Sud, par le méridien de Zuycoot au col d'Arrès, mesure 976 kilomètres ou 244 lieues. C'est le compte fait par un de ses plus fidèles préparateurs.

On peut rapprocher de cet itinéraire fabuleux celui

Adolphe Wurtz
CHIMISTE
1818 — 1884

qu'accomplissait Lord Palmerston qui, chaque soir, en jouant au billard pendant deux heures consécutives, avait parcouru un espace valant cinq kilomètres, avant de se mettre au lit, et cela après une journée des plus actives et des plus remplies.

Les laboratoires de l'Ecole de Médecine et de la Sorbonne, que Wurtz dirigeait, furent toujours ouverts aux chercheurs et aux jeunes gens. Il y travaillait publiquement, de manière à faire profiter de ses recherches ceux qui l'entouraient. Il semait les idées à pleines mains et il était aussi fier d'une découverte faite par l'un de ses élèves qu'il était modeste pour les siennes propres. M. Ch. Friedel, gendre de Combes, digne successeur de Wurtz à l'Académie des Sciences, a raconté quelle large part ce grand corps savant prit aussi dans ses préoccupations. Rarement, il se passait une séance sans qu'il entendît sa voix vibrante, soit qu'il exposât quelques-uns de ses travaux, soit qu'il prît part à l'une de ces discussions célèbres, dans lesquelles il déployait toute sa verve, inébranlable dans ce qu'il regardait comme vrai, tenant tête à tous, même à Dumas, son maître. Il avait le feu sacré de la science.

Wurtz a laissé un traité de chimie biologique, un traité de chimie atomique et un dictionnaire de chimie, qui sont devenus des œuvres classiques.

Le portrait de notre livre a été exécuté sur une gravure faite sur nature en 1880, ayant appartenu à mon père.

CHAPITRE TROISIÈME

LES GRANDES HAUTEURS NATURELLES

et monumentales.

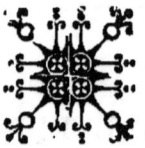

CHAPITRE TROISIÈME

LES GRANDES HAUTEURS NATURELLES

ET MONUMENTALES

De tout temps, l'homme a voulu pénétrer dans les régions supérieures de l'atmosphère. — Les ailes d'Icare. — Les aérostats. — La tour de Babel. — Tableau des plus hautes montagnes du globe terrestre. — Les grandes ascensions en ballons. — Causes physiologiques et anatomiques qui rendent les hautes altitudes meurtrières à l'homme. — Les rapaces. — Le condor. — Les grands végétaux passés et actuels. — Les grands arbres historiques. — Les grands instruments scientifiques. — Liste des cent édifices les plus élevés de l'univers. — Liste des quarante ponts les plus longs de l'univers. — La science de l'hypsométrie. — Hauteur totale des éditions successives des œuvres de M. Emile Zola, d'après M. Paul Alexis. — *Mens agitat molem :* L'esprit meut la matière. — C'est la devise du xix° siècle.

Depuis les époques les plus reculées, les hommes ont tenté de pénétrer très loin dans les couches aériennes qui enveloppent le globe terrestre. Ils ont essayé de poursuivre leur marche hardie à travers l'atmosphère, soit au moyen d'appareils mécaniques, imitation du système ailé des oiseaux, comme l'exécuta Icare, fils de Dédale, d'après l'antiquité grecque, soit en installant des belvédères sur le faîte des arbres gigantesques, soit en escaladant les cimes des plus hautes montagnes, soit en s'élançant dans les nuages, à l'aide de ballons gonflés avec de l'air ambiant dilaté par le chauffage, avec du gaz hydrogène carboné ou avec du gaz hydrogène pur.

Dans les temps bibliques, la tradition rapporte que les fils de Noé voulurent édifier une tour énorme pour atteindre le ciel. Dieu aurait anéanti, par la confusion des langues, ces efforts téméraires, ce qui a fait donner au mot *Babel* cité par la Bible, le sens de désordre. En réalité, l'expression *Bab-el*, ou plutôt *Bab-Ilou* signifie Porte du Dieu Ilou. Ce sont les Chaldéens nommés Babyloniens par les Grecs, créateurs d'une des plus merveilleuses villes de l'Univers,

Babylone, aux cent murs, étonnement du monde,

qui identifièrent la célèbre tour de l'Ancien-Testament avec celle de Barsippa, ville de Babylonie. Là se voyait une vaste pyramide à gradins, inachevée de mémoire d'homme, et qui n'avait pas plus de cent mètres, en réalité.

Les montagnes les plus élevées atteignent de 8,000 à 9,000 mètres. C'est un des pics des Hymalaya, sur le plateau central de l'Asie, séparant l'Hindoustan du Thibet, qui seul mesure sur le globe terrestre ce dernier chiffre. Au reste, c'est cette chaîne montagneuse, d'une longueur de 2,250 kilomètres, qui possède le monopole des plus hautes cimes du monde entier, d'après le tableau suivant, résumant l'état actuel de nos connaissances sur l'hypsométrie des montagnes.

Asie.

CHAINES	CIMES	ÉLÉVATION	
Himalaya	Chalamary.	9,000	mètres.
—	Gaurisankar	8,839	—
—	Kintchindjinga	8,581	—
—	Dawalagiri.	8,180	—

Amérique.

Andes du Chili	Volcan d'Aconcagua	7,127	—
Andes de Quito	Chimboraco	6,530	—
Chaîne du Mexique	Volcan du Popocatepetl	5,400	—
Montagnes rocheuses	Pic James	3,500	—

Afrique.

Côtes de Zangubar	Kilimandjaro	6,100	—
Montagnes du Tchériffe.	Pic de Teyde	3,710	—

Océanie.

Nouvelle-Guinée	Nana-Kha	4,870	—
Montagnes d'Owaihi.	Mouna-Roa	4,840	—

Europe.

Alpes.	Mont-Blanc	4,810	—
Pyrénées	Néthou-Maladetta	3,404	—
Sicile.	Volcan d'Etna	3,315	—

Les ascensions aérostatiques les plus audacieuses, celles de Gay-Lussac, en 1804, de Barral et Bixio, en 1850, dans la suite, celles de Glaisher, Maxwell, Sivel et Crocé-Spinelli, Gaston Tissandier, Jovis et Mallet, n'ont pas dépassé dix mille mètres. Et pour atteindre à ces dernières hauteurs, meurtrières à l'organisation humaine, il a fallu se précautionner d'appareils respiratoires remplis d'oxygène. En effet, lorsque l'air se raréfie par quelque cause, telle que l'ascension en aérostat ou sur les montagnes, l'homme et les mammifères ne peuvent supporter longtemps cette raréfaction, lorsqu'elle devient exagérée, qu'ils se trouvent à des altitudes supérieures à 5,000 mètres. Seuls les oiseaux, et surtout les oiseaux de haut vol, tels que les rapaces, peuvent affronter impunément ces élévations extraordinaires. Parmi ces derniers, le condor particulièrement s'élève et se maintient à des altitudes de 7,000 à 8,000 mètres. Il y séjourne et s'y tient longtemps, bien que se trouvant dans une atmosphère qui serait mortelle pour un mammifère. Cet oiseau de proie doit cette faculté surprenante à ce que son milieu intérieur échappe, au moyen d'un mécanisme approprié, à la dépression du milieu extérieur. En d'autres termes, l'oxygène contenu dans le sang artériel ne varie pas à ces grandes hauteurs, parce qu'il existe chez le condor et les rapaces d'énormes sacs pneumatiques reliés aux ailes et n'entrant en fonction que lorsqu'elles se meuvent. Si les ailes s'élèvent, ils se remplissent d'air extérieur. Si elles s'abaissent, ils refoulent cet air dans le parenchyme pulmonaire. En sorte que, au fur et à mesure que l'air se raréfie, le travail de l'aile de l'oiseau qui s'y appuie augmente forcément, et forcément aussi augmente le volume supplémentaire d'oxygène qui traverse le poumon.

La compensation de la raréfaction de l'air extérieur

par l'augmentation de la quantité inspirée est donc assurée et par contrecoup aussi l'invariabilité du milieu respiratoire propre à l'oiseau. Cette digression physiologique, dont la théorie est due à Campana et Claude Bernard, explique les souffrances que l'homme endure lorsqu'il parvient à une certaine élévation dans l'atmosphère.

Les végétaux connus les plus élevés ont de 25 à 150 mètres environ. D'ailleurs la hauteur des arbres est très variable. Il en est qui n'atteignent que trois à quatre fois la taille de l'homme, tandis que d'autres ont des mensurations considérables. C'est ainsi que les eucalyptus, en Australie, prennent des dimensions qui sont colossales et qui laissent bien loin celles de nos ormeaux, de nos platanes et de nos peupliers. Les botanistes voyageurs qui ont parcouru les régions australiennes, rapportent qu'ils ont vu une espèce alpestre de la Nouvelle-Galles du Sud, l'*Eucalyptus amydalina* qu'on retrouve aussi dans les montagnes de la Tasmanie où elle avait été découverte par La Billardière, mesurant 152 mètres de hauteur sur 7 à 8 mètres de diamètre.

La région du versant occidental des montagnes de la Sierra Nevada, en Californie, possède aussi des arbres dont les proportions colossales peuvent être comparées avec les géants de l'Australie. Le *Sequoia sempervirens*, le *Wellingtonia gigantea*, s'élèvent à plus de 100 mètres avec des troncs ayant 12 mètres de diamètre, ce qui représente environ 36 mètres de circonférence. L'un de ces monstres de la création végétale, dans les environs de San-Francisco, a été perforé de part en part d'une sorte de tunnel de 12 mètres de longueur, suffisamment large et élevé pour faire suite à la grand'route et laisser passer les diligences.

Un certain nombre de conifères, parmi lesquels on

distingue le cèdre du Liban, atteignent communément 50 mètres. Remarquons que les arbres groupés en forêts épaisses dans les terrains fertiles s'abritent mutuellement entre eux. Comme ils sont très rapprochés les uns des autres, ils s'allongent démesurément et acquièrent par suite des hauteurs extraordinaires avec des largeurs étroites. C'est ainsi qu'on a mesuré en Australie des eucalyptus colorés n'ayant que 30 centimètres de diamètre avec des élévations de 50 à 80 mètres. La tige est absolument nue jusqu'aux deux tiers de la hauteur. On a même observé un *eucalyptus colossea* mesurant 100 mètres et qui ne commençait à avoir des branches qu'à 90 mètres.

Parmi les grands arbres historiques étrangers, citons encore un *Washingtonia gigantea*, abattu à Calaveras, en Amérique du Nord, sur le versant de l'Océan Pacifique, mesurant 118 mètres de hauteur, avec un diamètre de 10 mètres au pied et de 5 mètres à 38 mètres d'élévation. Des voyageurs ont affirmé avoir vu et mesuré en Amérique, à Tacoma, sur le territoire de Washington, des arbres mesurant 220 mètres de hauteur. A la base de ces géants, le feuillage était si éloigné du sol qu'on ne pouvait distinguer qu'à l'écorce du tronc la famille botanique à laquelle ils appartenaient. On a peine à se figurer dans notre vieille Europe une pareille force de croissance.

Cependant les flores fossiles de la France, de l'Angleterre, de l'Allemagne, de la Scandinavie, offrent, par exemple, des types de fougères de 15 mètres de haut, dont les tiges avaient jusqu'à 1 mètre de diamètre ou 3 mètres de tour.

Les lycopodiacées qui, aujourd'hui, dans les pays froids ou tempérés, sont des plantes rampantes s'élevant à peine d'un décimètre au-dessus du sol, et qui, à l'Equateur même, au milieu des circonstances les plus favorables, ne montent pas à plus d'un mètre, avaient en Europe, dans le monde primitif, jusqu'à 25 mètres de hauteur.

Il faudrait être aveugle pour ne point trouver dans ces énormes dimensions une nouvelle preuve de l'excessive température dont jouissait notre pays avant les dernières irruptions de la mer.

Actuellement, dans les plus belles forêts de l'Europe, dans celle de Fontainebleau en France, dans celle de Soignes, en Belgique, aux environs de Waterloo, en Autriche, en Russie, beaucoup de chênes atteignent et dépassent 50 mètres. Mais les autres essences végétales ont des dimensions infiniment plus modestes.

Le plus grand arbre historique de Paris est enclos dans la cour d'honneur de l'Institut national des Sourds-Muets, situé rue Saint Jacques, non loin de l'Eglise Saint-Jacques-du-Haut-Pas. Sa hauteur de 45 mètres, de la base au faîte, le dénonce facilement à la vue de plusieurs points de la ville. Il a 6 mètres de circonférence au pied. Le printemps de 1891 l'a encore vu avec une végétation admirable. Au reste ses branches très saines n'ont jamais cessé de se couvrir, tous les ans, de nombreuses pousses verdoyantes. Le bois est plein de sève et vigoureusement constitué. Son origine remonte à l'an 1600. La tradition lui a conféré le nom d'*Orme de Sully*, car il paraît que c'est l'un des ormes que le ministre et l'ami d'Henri IV fit planter, sur l'ordre du monarque, à la porte de chaque église.

Quant aux monuments construits par la main des hommes, ils peuvent lutter en hauteur avec les végétaux, mais non point avec les montagnes, œuvre des révolutions géologiques, ainsi que le lecteur a pu facilement s'en rendre compte. Avant d'aborder l'hypsométrie des édifices humains, il est intéressant de connaître la hauteur de quelques instruments de physique, remarquables par leur élévation et les expériences, devenues historiques, auxquelles ils ont servi. En voici la nomenclature :

1º. — Baromètre à eau du Laboratoire des études physiques, établi dans la Tour Saint-Jacques, à Paris, par M. Joseph Jaubert, en 1889. La planche qui le soutient a 13 mètres de longueur et 25 centimètres de largeur; le tube a 2 centimètres de diamètre et une hauteur de . . . 12^{m}65

2º. — Axe polaire du grand Equatorial coudé, inventé par M. Maurice Lœwy, membre de l'Académie des Sciences de Paris (le coude qui tourne autour de cet axe mesure 4 mètres; l'objectif a 60 centimètres de diamètre; le poids total de cette lunette astronomique, la plus grande qui existe, est de 12,000 kilogr.). 18^{m}00

3º. — Pendule du Laboratoire des études physiques, établi dans la Tour Saint-Jacques, à Paris, en 1887 . . . . 39^{m}35

4º. — Pendule de Léon Foucault, établi au Panthéon, à Paris, en 1851. . . . . 68^{m}00

5º. — Pendule de la Tour Eiffel, établi par M. Mascart, membre de l'Académie des Sciences, en 1890. . . . . 115^{m}00

Voici maintenant la liste, présentée pour la première fois, des cent édifices les plus considérables, dus au génie de l'homme et disséminés, à la fin du XIXe siècle, dans les contrées les plus civilisées de l'univers terrestre. Nous la donnons par ordre d'accroissement, d'après nos recherches personnelles.

1. — Cloche du Kremlin, à Moscou (son poids est de 107,232 kilogrammes). . . . . 6^{m}33

2. — Tour carrée du grand Equatorial coudé du système de M. Maurice Lœwy, membre de l'Académie des Sciences, construite à l'Observatoire de Paris, en 1891 . . . . 20^{m}00

3. — Monument du barrage de la Gileppe près Verviers (Belgique) (lion 13^{m}50; — piédestal 8 mètres). Ensemble . . . . 21^{m}50

4. — Monument de Pierre-le-Grand, à Saint-Pétersbourg, par Falconet, statuaire français (rocher, 22 mètres; statue équestre, 5 mètres). Ensemble . . . . 27^{m}00
5. — Obélisque de Louqsor, à Paris, sur la place de la Concorde . . . . 27^{m}00
6. — Plateforme de l'Observatoire, à Paris . . . . 27^{m}00
7. — Phare d'Eddystone, au sud de Plymouth (Angleterre), sur la Manche . . . . 28^{m}00
8. — Tour centrale de l'Institut de physique à l'Université allemande de Strasbourg . . . . 28^{m}00
9. — Colonne de Pompée, à Alexandrie (Egypte) . . 28^{m}75
10. — Tour de l'ancien château-fort de Montlhéry, en France . . . . 29^{m}00
11. — Mur du postscenium du Théâtre romain d'Orange, en France . . . . 34^{m}00
12. — Monument du Niederwald, dans l'arrondissement prussien de Wiesbaden, statue colossale de femme personnifiant l'Allemagne, *Germania*, érigé le 28 septembre 1883, pour perpétuer le souvenir des victoires de 1870 et 1871, et la restauration de l'Empire d'Allemagne qui en fut la conséquence (socle de pierre, 25 mètres; statue en bronze, 10^{m}59). Hauteur totale . . 35^{m}59
13. — La Sainte-Chapelle, à Paris . . . . 36^{m}66
14. — La Tour des Cornes, à Ispahan (Perse) . . . 37^{m}00
15. — Tour centrale du château de Monstuart (Angleterre), appartenant à Lord Bute . . . . 40^{m}00
16. — Phare de Cordouan (Gironde), en France . . . 43^{m}00
17. — Statue de la Liberté éclairant le monde, par Bartholdi, placée comme phare à l'entrée du port de New-York (Etats-Unis d'Amérique). 43^{m}00
18. — Colonne Trajane, à Rome . . . . 43^{m}70
19. — Colonne de la Grande-Armée, place Vendome, à Paris . . . . 45^{m}00
20. — Monument du Lion anglais, à Waterloo (Belgique) . . . . 45^{m}00
21. — Colonne Alexandrine, à Saint-Pétersbourg (Russie) . . . . 47^{m}00
22. — Mur du barrage de la Gileppe près Verviers (Belgique) . . . . 47^{m}00

23. — Arc de Triomphe de l'Etoile, à Paris.	49m00
24. — Colonne de Juillet 1830, à Paris	50m00
25. — Flèche de la chapelle de Bon-Secours, près Rouen	50m00
26. — Tour ogivale de l'Eglise de Lisseweghe (Flandre orientale, Belgique)	50m00
27. — Colonne de la Constitution sur la place du Congrès, à Bruxelles. Le fût de la colonne a 47 mètres; elle est surmontée d'une statue en bronze de Léopold Ier, haute de 4 mètres. — Elévation totale.	51m00
28. — Tour Saint-Jacques La Boucherie, à Paris . .	51m87
29. — Dôme de la chapelle de l'Escurial, près Madrid (Espagne).	52m00
30. — Cheminée d'appel du haut-fourneau de Pittsburg (Etats-Unis d'Amérique).	53m00
31. — Tour penchée de Pise (Italie)	53m50
32. — Colonne de Napoléon, à Boulogne-sur-Mer (France)	53m60
33. — Phare en fer de la Nouvelle-Calédonie (Océanie) construit en 1885	55m00
34. — Tour de la cathédrale de Troyes (France) . . .	56m00
35. — Dôme de l'ancienne église de Sainte-Sophie, transformée en mosquée, à Constantinople (Turquie d'Europe)	58m00
36. — Arcade monumentale du Palais du Cinquantenaire de l'indépendance belge, à Bruxelles. .	60m00
37. — Dôme bizantin de l'église Sainte-Marie, à Bruxelles	60m00
38. — Tour du Collège Henri IV, à Paris	60m00
39. — Elévation du pont sur la Douro, à Porto (Portugal), construit par M. Eiffel	61m00
40. — Phare électrique à éclipses, de Planier, près Marseille	62m50
41. — Clocher de l'église gothique de Notre-Dame, à Dinant (Belgique)	67m00
42. — Colonne dite Le Monument, à Londres . . .	67m04
43. — Tours jumelles de l'église collégiale SS.-Michel et Gudule, à Bruxelles.	68m00
44. — Tours de Notre-Dame, à Paris.	68m00
45. — Cathédrale de Metz	69m00

46. — Tour de l'église Saint-Bavon, à Harlem (Hollande).	70ᵐ00
47. — Tour de la nouvelle gare de Chicago (Etats-Unis d'Amérique)	70ᵐ00
48. — Mâture d'un vaisseau français de 120 canons prise au-dessus de la quille	73ᵐ00
49. — Tour de l'église Saint-Ouen, à Rouen (France)	78ᵐ00
50. — Tour du Palais du Parlement canadien, à Ottava (Dominion du Canada, Amérique du Nord). .	80ᵐ00
51. — Tour des halles, à Bruges (Belgique).	80ᵐ00
52. — Tour de la cathédrale de Reims (France) . . .	82ᵐ00
53. — Temple des francs-maçons, à Chicago (Etats-Unis d'Amérique).	82ᵐ00
54. — Dôme du Panthéon, à Paris	83ᵐ00
55. — Clocher de l'église de la Trinité, à New-York (Etats-Unis d'Amérique).	86ᵐ00
56. — Tour du Rathaus, à Berlin (Allemagne) . . .	88ᵐ00
57. — Viaduc de Kinzua (Etats-Unis d'Amérique) . .	92ᵐ00
58. — Hôtel du journal *The New-York World*, à New-York (Etats-Unis d'Amérique).	93ᵐ00
59. Sommet du Capitole à Washington (Etats-Unis d'Amérique	93ᵐ00
60. — Tour de l'église Saint-Laurent, à Rotterdam (Hollande)	94ᵐ00
61. — Tour de l'hôtel de ville de Bruxelles (Belgique), y compris la statue de l'archange Saint-Michel patron de la ville (statue 8ᵐ02 ; tour 91ᵐ61). Ensemble.	96ᵐ63
62. — Tour des Asinelli, à Bologne (Italie).	97ᵐ00
63. — Tour de la cathédrale Saint-Rombaut, à Malines (Belgique).	97ᵐ50
64. — Viaduc de la Tardes, près Montluçon (France), construit par M. Eiffel	100ᵐ00
66. — Cheminée de l'usine Clark Thread and Cᵒ, à Kearney, près New-York (Etats-Unis d'Amérique)	102ᵐ75
67. — Tour de la cathédrale de Magdebourg (Allemagne)	103ᵐ60
68. — Tour de la cathédrale d'Utrecht (Hollande) . .	104ᵐ00
69. — Flèche des Invalides au-dessus du pavé de Paris	105ᵐ00
70. — Cheminée de l'usine des Estaings, près Rive-de-Gier (France).	108ᵐ00

71. — Dôme de la cathédrale de Milan (Italie) . . .	109m00
72. — Flèche de la cathédrale d'Amiens (France) . .	111m00
73. — Cathédrale de Saint-Paul, à Londres, ...	111m30
74. — Cheminée des ateliers Dobson et Barlow, à Glascow (Ecosse)	112m00
75. — Tour Saint-Michel, à Bordeaux (France) . . .	113m00
76. — Grande flèche de la cathédrale de Chartres (France)	116m00
77. — Tour carrée du beffroi, à Gand (Belgique) . . .	118m00
78. — Dôme de l'église Sainte-Marie-des-Fleurs, à Florence (Italie)	119m00
79. — Tour de l'église Saint-Pierre, à Hambourg (Allemagne)	119m00
80. — Tour de l'église de Notre-Dame, à Bruges (Belgique)	120m00
81. — Sommet du dôme du Palais de justice à Bruxelles (Belgique)	122m00
82. — Cheminée à vapeur de l'usine de Croix, près Lille (France) 105 mètres. En comprenant les fondations qui ont 18 mètres, elle atteint . .	123m00
83. — Flèche de la cathédrale gothique d'Anvers (Belgique), non compris la croix.	123m40
84. — Viaduc du Garabit (département du Cantal, en France), construit par M. Eiffel	125m00
85. — Tour de l'église Saint-Michel, à Hambourg (Allemagne)	130m00
86. — Clocher de la cathédrale de Fribourg-en-Brisgau (Allemagne)	132m00
87. — Cheminée des ateliers Tennant and Co, à Glascow (Ecosse)	132m00
88. — Tour de l'église Saint-Martin, à Landshut (Bavière)	133m00
89. — Tour de la cathédrale de Saint-Etienne, à Vienne (Autriche)	135m50
90. — Cheminée de l'usine Townsend, à Glascow (Ecosse)	138m00
91. — Flèche de la cathédrale de Strasbourg (Alsace) .	142m00
92. — Coupole de Saint-Pierre, à Rome.	143m00
93. — Tour de Saint-Nicolas, à Hambourg (Allemagne).	144m20
94. — Grande pyramide de Chéops (Egypte)	146m00
95. — Flèche de la cathédrale de Rouen (France) . .	150m00
96. — Cathédrale de Cologne (Allemagne)	159m00

97.	Clocher de la cathédrale d'Ulm (Allemagne).	161m00
98.	Clocher de l'hôtel de ville de Philadelphie (Etats-Unis).	166m79
99.	Obélisque de Washington (Etats-Unis)	169m60
100.	Tour Eiffel, à Paris	300m00

Ce sont les Américains, ainsi qu'on le constate, qui jusqu'en 1888, ont possédé le monument le plus élevé. En 1873, ils avaient émis l'idée, restée à l'état de projet, de construire une colonne en métal ayant mille pieds, c'est-à-dire 300 mètres en chiffre rond, pour marquer à Washington le souvenir du premier centenaire de l'indépendance des Etats-Unis de l'Amérique du Nord. Ils ont édifié seulement, et avec peine, un obélisque en granit avec revêtement en marbre, dont l'élévation est de 169m60 et dont le coût a dépassé 7 millions de francs. Les travaux commencés en 1874, interrompus, puis repris en 1877, de nouveau abandonnés, continués en 1880, furent enfin achevés en 1885. Ajoutons, pour la vérité historique, qu'en 1833, le célèbre ingénieur anglais Trevitick avait eu l'idée, bientôt délaissée, de construire une tour en fonte, mesurant environ 300 mètres.

En parallèle de ces grandes élévations monumentales, il est curieux de pouvoir placer en comparaison la longueur, c'est-à-dire l'élévation horizontale, si nous pouvons nous exprimer ainsi, d'édifices et de constructions dus à la main de l'homme. Voici la liste des plus grands ponts qui existent en 1892. Nous rappelons constamment avec soin les dates de l'instant même où nous parlons, car le progrès marche sans s'arrêter, la merveille du jour est destinée à être dépassée par le contingent de l'avenir. C'est le devoir strict d'un historien scientifique. Nous donnons cette liste par ordre accroissant comme pour les monuments en élévation verticale :

1.	Pont de Kullembourg	147m70
2.	Pont de Saint-Louis, sur le Mississipi	156m00

3. — Pont de Poughkepsee.		157m00
4. — Pont de Maria-Pia, sur le Douro (Portugal)		160m00
5. — Pont du Garabit, en France, construit par M. Eiffel.		165m00
6. — Pont Luiz 1er, sur le Douro (Portugal).		172m00
7. — Pont-Neuf, sur la Seine, à Paris		231m00
8. — Pont de Roanne, sur la Loire		232m00
9. — Pont de Tours, sur la Loire.		234m00
10. — Pont du Monongahela		244m00
11. — Pont de la Guillotière, à Lyon.		263m00
12. — Pont sur la Theiss, à Szegedin.		355m00
13. — Pont sur la Saône, près Fribourg.		382m00
14. — Pont Britannia, près Bangor		464m00
15. — Pont suspendu de Brocklyn		488m00
16. — Pont de Bordeaux, sur la Gironde.		501m00
17. — Pont sur la rivière Goraï (Grandes Indes).		529m00
18. — Pont sur le Mississipi, près Dubuque		536m00
19. — Pont de Cubzac, sur la Dordogne.		545m00
20. — Pont sur le Leck, près Kullembourg.		665m00
21. — Pont sur le Tamar, près Saltarh		666m00
22. — Pont Saint-Esprit, sur le Rhône.		738m00
23. — Pont sur le Pô, près Mezzana-Corti.		758m00
24. — Pont sur le Danube, près Stadlau.		769m00
25. — Pont sur le Weichsel, près Dirschau.		837m00
26. — Pont sur le Missouri, près Omaha.		850m00
27. — Pont sur le Mississipi, près Quincy		972m00
28. — Pont sur le Dniéper, à Pultava (Russie).		974m00
29. — Pont sur le Rhin, près Mayence		1028m00
30. — Pont sur le Dniester, près Kiew		1081m00
31. — Pont sur le Pongaduba (Grandes Indes)		1130m00
32. — Pont sur le Volga, près Syssran		1485m00
33. — Pont Victoria, sur le Saint-Laurent.		1500m00
34. — Pont sur la Delaware, à Philadelphie		1500m00
35. — Pont sur l'East-River (Etats-Unis)		1500m00
36. — Pont sur l'Ohio, près Louisville		1625m00
37. — Grand pont de Saint-Louis, sur le Missouri		1993m00
38. — Pont de Parkersburg		2147m00
39. — Pont-viaduc du Moerdyck, en Hollande		2499m00
40. — Pont du Forth, en Ecosse		2674m65

Parmi ces ponts célèbres, les plus curieux sont ceux du Moerdyck et du Forth. Le premier a été construit en

Hollande, pour le chemin de fer de Breda à Dordrecht, de 1868 à 1871. Il se compose d'un viaduc de plus de 1,400 mètres en 14 travées, avec un pont suspendu sur un chenal séparé. La longueur totale est de 2,499 mètres. Le second est celui de Forth, en Ecosse, inauguré le 3 mars 1890. C'est le pont le plus long de l'univers, actuellement. Il est ainsi décomposé : il a une longueur de 1,631^{m}55 entre les deux immenses piles d'extrémité des viaducs. Il faut y ajouter celles des deux principales travées qui ont 921^{m}55 chacune. Les deux immenses consoles, ce que les Américains et les Anglais nomment les *cantilevers*, ces gigantesques losanges de fer, appuyés par leur partie la plus large sur les lourdes piles qui s'élèvent dans la mer, ont de chaque côté de la pile 207^{m}40 et 210^{m}37. Ces *cantilevers* ressemblent à des Tours Eiffel qui seraient écrasées et renversées. Deux tours rapprochées constituent ainsi un arc, une travée. Chaque pile en a reçu deux, qui se font en quelque sorte équilibre, et l'on comprend aisément comment le montage a pu s'opérer à partir de chaque pile. Les deux tours avançaient dans le vide, jusqu'à ce que ces armatures de fer, de plus en plus amincies à mesure qu'on s'éloignait des piles, vinssent à se rencontrer. Les ingénieurs, cela exécuté, n'avaient plus qu'à faire courir un grand tablier métallique, pour recevoir les trains, à travers ces vastes *cantilevers*. Ce pont a coûté 75 millions de francs. Sa construction a duré sept années, et quatre mille ouvriers y ont travaillé. Parmi eux, on a compté une forte proportion d'Italiens qui, avec les Chinois, dans le monde entier, sont les hommes qui acceptent les salaires les plus bas. Parmi cette armée de laborieux, cinquante-six ont été tués par accident, ce qui fait un quart pour cent. C'est peu et c'est beaucoup. C'est peu en comparaison des victimes des champs de bataille des guerres politiques. C'est beaucoup, parce que avec la perfection de l'outillage, les morts accidentelles devraient être nulles, si l'ouvrier n'était souvent téméraire et dédaigneux des recommandations prudentes qui lui sont faites.

Les deux grandes piles extrêmes du Forth-Bridge (Pont du Forth), ainsi que les Anglais l'ont baptisé, ont été élevées sous la direction d'un ingénieur français, M. Coiseau. On a calculé qu'il faudrait cinq Tours Eiffel pour former une seul arche, où il n'est pas entré moins de 60,000 tonnes d'acier et de fer.

Une nouvelle communiquée des Etats-Unis d'Amérique le 28 décembre 1890, nous a appris qu'on allait établir à New-York un pont suspendu, pour le chemin de fer sur le North-River, entre les rues dénommées Seventieth, Seven-first, jusqu'à la Thirthy-eighth street, à proximité de Broadway. New-York et New-Jersey seront ainsi reliés par une voie aérienne, sur des piles très distancées, qui n'aura pas moins dans tout son parcours, de 25 kilomètres de longueur. Les trains rapides le traverseront en 13 minutes et demie. La hauteur du pont au-dessus de la North-River sera de 50 mètres et le coût de l'entreprise est évalué à 5 millions de dollars, soit 25 millions de francs. Les travaux doivent commencer en mars 1892. Ce pont d'une longueur gigantesque dépassera donc de beaucoup tous les autres viaducs aériens de l'univers.

A toutes ces notions d'hypsométrie générale (on nomme ainsi, de deux mots grecs, la science de la mensuration des hauteurs), il est piquant d'ajouter un dernier document, tout littéraire. M. Paul Alexis, le très remarquable romancier expérimental, a calculé que l'amoncellement des éditions successives des livres de M. Emile Zola, l'illustre chef de l'école naturaliste, constituait une élévation trois fois haute comme la Tour Eiffel, c'est-à-dire 900 mètres, à la fin de l'année 1891. C'est le cas de rappeler la pensée de Virgile : *Mens agitat mo-*

lem. L'esprit meut la matière. N'est-ce point la devise de notre époque? Jamais — qu'il s'agisse de pierre, de fer, de fonte, de papier — l'intelligence humaine n'a remué et animé de son infatigable souffle des masses plus considérables qu'au déclin du XIXe siècle.

CHAPITRE QUATRIÈME

LES ORIGINES DE LA TOUR EIFFEL

CHAPITRE QUATRIÈME

LES ORIGINES DE LA TOUR EIFFEL

Décret du Président de la République française ordonnant une Exposition universelle en 1889. — Le concours des plans et devis à l'hôtel de ville de Paris. — Projet de M. Eiffel. — La commission en retient l'idée d'une construction de 300 mètres à placer à l'entrée principale. — Tour et Pylône. — Etymologie du mot Tour. — Contradiction de langage. — Rapport de M. Eiffel. — Description scientifique d'une construction pylonique de 300 mètres d'élévation. — Conditions de résistance et de stabilité de la Tour de 300 mètres. — Raisons de sa construction en métal et non en maçonnerie. — Ses avantages pratiques et scientifiques. — Opinions des savants. — Les objections. — La protestation des artistes et des littérateurs. — Réponse de M. Eiffel. — Réplique et conclusion de M. Edouard Lockroy. — Les petits écrits passent et les grands monuments restent.

Lorsqu'un décret de M. Jules Grévy, Président de la République française, parut en novembre 1884, au *Journal officiel,* annonçant qu'une Exposition universelle aurait lieu en 1889, pour célébrer le centenaire de la Révolution de 1789, et qu'un concours d'études était ouvert pour les bâtiments à édifier et les innovations à y introduire, tous les travailleurs se mirent en campagne avec une ardeur sans pareille. Les plans et devis présentés furent réunis à l'hôtel de ville et soumis publiquement à la curiosité générale. Un des prix fut remporté par M. Eiffel et ses collaborateurs. La commission retint de son projet l'idée d'une Tour de 300 mètres à placer à l'entrée de l'Exposition, comme point d'attraction extraordinaire.

M. Eiffel, qui avait eu l'occasion de construire de hautes piles métalliques pour supporter de longs viaducs de chemins de fer, avait été amené tout naturellement à penser que l'on pouvait donner à ces piles des élévations notablement supérieures à celles qu'on avait atteintes jusque-là. De l'ensemble de ses études théoriques et de ses applications pratiques, il tira cette conclusion qu'on pouvait édifier une tour ou plutôt un pylône de 300 mètres au moins. Il est piquant de noter en passant que c'est par antiphrase que l'on écrit *Tour Eiffel*. Une tour, le mot le dit de lui-même, est un objet cylindrique, aux angles arrondis, et non point une construction à quatre faces rectangulaires. Mais, peu importe, l'expression a passé dans le langage courant, et personne ne s'en étonne, pas plus que de beaucoup d'autres contradictions étymologiques. Voici la reproduction du remarquable Rapport annexé par M. Eiffel à ses dessins et plans. Ce document est un modèle de méthode technique et de clarté, digne d'être conservé et médité par nos jeunes ingénieurs :

I. — *Description scientifique d'une construction pylonique de* 300 *mètres d'élévation*. — La principale difficulté que l'on rencontre pour l'établissement des hautes piles métalliques est la suivante : dans le mode habituel de construction, on dispose dans le plan de grandes faces normales à l'axe du viaduc un système de treillis très énergique destiné à résister à l'action du vent. La base des piles venant naturellement à s'élargir en raison de l'augmentation de la hauteur, ces barres de treillis, par suite de leur longueur, deviennent d'une efficacité à peu près illusoire. On peut bien leur donner la forme de caissons, ainsi que nous en avons les premiers fait l'application, de manière à ce que chacune d'elles soit susceptible de travailler aussi bien à la traction qu'à la compression ; mais, néanmoins, elles restent un grand sujet de difficulté, si l'écartement des pieds de la pile atteint 25 ou 30 mètres. Il y a donc avantage à se débarrasser complètement de ces pièces accessoires dont le poids devient relativement très élevé, et à donner à la pile une forme telle que tous les efforts tranchants viennent se concentrer dans ses arêtes, et ce en la

Vue panoramique de la Tour Eiffel
DOMINANT L'EXPOSITION UNIVERSELLE DE 1889
Commencée le 28 janvier 1887, elle a été terminée le 31 mars 1889.

réduisant à quatre grands montants dégagés de tout treillis de contreventement, et réunis simplement par quelques ceintures horizontales très espacées.

S'il s'agit d'une pile supportant un tablier métallique et si l'on ne tient compte que de l'effet du vent sur le tablier lui-même, lequel est toujours très considérable par rapport à celui exercé sur la pile, il suffira, pour pouvoir supprimer les barres de contreventement des forces verticales, de faire passer les deux axes des arbalétriers par un joint unique placé sur le sommet de cette pile. Il est évident, dans ce cas, que l'effort horizontal du vent pourra le décomposer directement suivant les axes de ces arbalétriers et que ceux-ci ne seront soumis à aucun effort tranchant.

Si, au contraire, il s'agit d'une très grande pile, telle que notre construction actuelle dans laquelle il n'y a plus au sommet la réaction horizontale du vent sur le tablier, mais simplement l'action du vent sur la pile elle-même, les choses se passent différemment, et il suffit pour supprimer l'emploi des barres de treillis, de donner aux montants une courbure telle que les tangentes à ces montants, menées en des points situés à la même hauteur, viennent toujours se rencontrer au point de passage de la résultante des actions que le vent exerce sur la partie de la pile qui se trouve au-dessus des points considérés. Enfin dans le cas où l'on veut tenir compte, à la fois de l'action du vent sur le tablier supérieur du viaduc, et de celle exercée sur la pile elle-même, la courbe extérieure de la pile se rapproche sensiblement de la ligne droite.

Une haute pile de viaduc, telle que nous la concevons, serait donc ainsi simplement constituée par quatre montants d'angles, en forme de caissons. Les parois en seraient évidées, afin de diminuer la surface offerte au vent. La base dont le rapport avec la hauteur serait aussi grand qu'on le désirerait, permettrait de donner à la construction toute la stabilité désirable.

Nous avons étudié dans cet ordre d'idées une grande pile de viaduc de 120 mètres de hauteur et de 40 mètres de base, aux avantages pratiques de laquelle nous croyons fermement et que nous espérons avoir un jour l'occasion d'appliquer à un grand ouvrage. C'est l'ensemble de ces recherches qui nous a conduits à étudier une tour ou pylône, atteignant la hauteur tout à fait inusitée de 300 mètres. En voici sommairement la description.

L'ossature se compose essentiellement de quatre montants formant les arêtes d'une pyramide à faces courbes; chaque montant offre une section carrée décroissant de la base au sommet et forme un caisson courbe à grands treillis, ayant 15 mètres de côté à la base et 5 mètres au sommet. L'écartement des pieds des montants est de 100 mètres d'axe en axe; ces montants reposent sur de solides massifs de fondations dans lesquels, pour donner un excès de stabilité, ils viennent s'ancrer. Au premier étage, c'est-à-dire à 70 mètres environ au-dessus du sol, les montants sont réunis par une galerie vitrée de 15 mètres de largeur faisant le tour de la construction. Cette galerie, d'une surface de 4,200 mètres carrés y compris les balcons, servirait de lieu de réunion, soit pour des restaurants, soit pour différents services dont nous parlerons plus loin. Au deuxième étage est une salle carrée, également vitrée, de 30 mètres de côté. Au sommet est installée une coupole vitrée avec balcon extérieur de 250 mètres carrés, d'où l'on découvrira le magnifique panorama de 120 kilomètres d'étendue qui se développera sous les yeux des spectateurs. On pourra procéder sur cette terrasse à des observations et à des expériences scientifiques; on y installera un foyer électrique destiné à l'éclairage de l'Exposition de 1889. A la partie inférieure de la tour et sous chacune des faces est une arche grandiose de 80 mètres d'ouverture et de 50 mètres de hauteur, qui, par son bandeau largement ajouré et par ses tympans portant des ornements de colorations diverses, forme le principal élément de la décoration.

II. — *Conditions de résistance et de stabilité de la Tour de 300 mètres.* — J'arrive maintenant aux conditions de résistance. La décomposition des efforts dus au vent s'établit d'après les principes que nous avons posés précédemment. Supposons, pour un instant, que nous avons disposé dans les faces un treillis simple formant une paroi résistant aux efforts tranchants du vent dont les composantes horizontales seront : P', P'', P''', P''''. Pour calculer les efforts agissant dans les trois pièces coupées par un plan horizontal quelconque, il suffit de déterminer la résultante P de toutes les forces extérieures agissant au-dessus de la section, et de décomposer cette résultante en trois forces passant par pièces coupées. Si la forme du système est telle que, pour chaque coupe horizontale, les deux arbalétriers prolongés se coupent sur la force extérieure P, les efforts dans la barre de treillis seront nuls et l'on pourra supprimer cette barre. C'est l'application de ce principe qui constitue une des particularités de notre système. On arrive de cette façon à ce que la direction de chacun des éléments des montants s'infléchit suivant une courbe facile à tracer, et en réalité la courbe extérieure de la tour reproduit à une échelle déterminée la courbe même des moments fléchissants dus au vent.

L'incertitude qui existe sur les effets du vent et sur les données à adopter, tant pour l'intensité même que pour la valeur des surfaces frappées, nous a conduits à nous mettre dans des conditions de prudence particulières. En ce qui concerne l'intensité, nous avons admis deux hypothèses : l'une qui suppose que le vent a sur toute la hauteur de la tour une force constante de 300 kilogrammes par mètre carré; l'autre que cette intensité va en augmentant de la base, où elle est de 200 kilogrammes, jusqu'au moment, où elle atteint 400 kilogrammes. Quant aux surfaces frappées, nous n'avons pas hésité à admettre l'hypothèse que, sur la moitié supérieure de la tour, tous les treillis du caisson étaient remplacés par des parois pleines; que sur la partie intermédiaire où les vides prennent plus d'importance, chaque face antérieure était comptée à quatre fois la surface réelle des fers; au-dessous (galerie du premier étage et partie supérieure des arcs), nous comptons la surface antérieure comme pleine; enfin, à la base de la tour, nous comptons les montants comme pleins et frappés deux fois par le vent.

Ces hypothèses sont plus défavorables que celles qui sont généralement adoptées pour les viaducs. Avec ces surfaces, nous avons fait les calculs dans l'un et l'autre cas de répartition de l'intensité du vent, et on peut voir facilement que les deux polygones funiculaires auxquels on arrive sont à peu de chose près identiques. Dans l'hypothèse d'un vent uniforme de 300 kilogrammes sur toute la hauteur, l'effort horizontal total sur la construction est de 3,274 tonnes, et le centre d'action est situé à 92^{m}30 au-dessus de l'appui. Le moment de renversement est donc de :

$$M^a = 3,284 \times 92^m30 = 303, 113 \text{ tonnes-mètres}.$$

Quant au moment de stabilité, le poids total de la construction est le suivant :

Métal	4,800 tonnes.
Planchers hourdés, 5,500^{m3} à 300 kilogr. . . .	1,650 —
Divers	50 —
Total . . .	6,500 tonnes.

La base de la tour étant de 100 mètres, le moment de stabilité sera de : $M^a = 6,500$ tonnes $\times \dfrac{100}{2} = 325,000$ tonnes-mètres, qui est supérieur au moment de renversement.

Dans la deuxième hypothèse, celle d'un vent variant de 200 à 400 kilogrammes, l'effort horizontal n'est plus que de 2,874 tonnes, mais le centre d'action s'élève à 107 mètres au-dessus de l'appui, et le moment de renversement est donc de : $M^a = 2,874 \times 107 = 307,518$ *tonnes métriques*. Ce chiffre est presque identique à celui de la première hypothèse et reste inférieur au moment de stabilité. Mais nous pouvons augmenter encore notablement le degré de sécurité en amarrant chacune des quatre membrures des montants au massif du soubassement au moyen de trois tirants de 0^m11 de diamètre, qui intéresseront un cube de maçonnerie suffisant pour doubler le coefficient de sécurité.

Relativement aux fondations, il suffit de donner quelques chiffres pour montrer qu'elles seront très faciles à exécuter. Elles sont ainsi constituées. Chacune des membrures d'angle s'appuie sur un massif carré en maçonnerie ordinaire de 6 mètres de hauteur et de 8 mètres de côté, reposant sur une base en béton de 4 mètres d'épaisseur et de 9 mètres de côté. Ces massifs, qui sont traversés par des amarrages d'une longueur de 8 mètres, sont reliés les uns aux autres par un mur de 1 mètre d'épaisseur, et il reste entre eux une grande salle vitrée d'environ 250 mètres carrés qui sera utilisée pour les accès aux ascenseurs et l'installation des machines.

Dans ces conditions, la charge sur le sol de fondation,

dans le cas du vent de 300 kilogrammes, sera la suivante :

1° Charge due au montant métallique :

Pour la charge propre . $\dfrac{6{,}500}{5} = 1{,}625$ tonnes ⎫
⎬ 3,162 tonnes.
Pour l'effet du vent . . $\dfrac{307{,}518}{2 \times 100} = 1{,}537$ — ⎭

2° Charge due aux maçonneries . . . . . . 5,400 —

Ensemble . . . . 8,562 tonnes.

Ces 8,562 tonnes se répartissent sur une surface de 324 mètres, soit par centimètre carré : $\dfrac{8.562{,}000}{3{,}240{,}000} = 2^k6$ en moyenne. Sur l'arête la plus comprimée, cela fait 4 50.

Enfin, quant au travail maximum du fer, nous observerons qu'il doit être établi en vue d'un vent de 300 kilogrammes, lequel est tellement exceptionnel qu'il n'y en a pas encore d'exemple à Paris, et nous fixerons ce coefficient de travail à 10 kilogrammes, ce qui, dans les circonstances ordinaires des vents dans la capitale, correspondra à un travail effectif de 6 à 7 kilogrammes. Du reste, ce coefficient de 10 kilogrammes est usuel en Allemagne et en Autriche pour les grandes charpentes métalliques qui ne sont pas soumises, comme les ponts, aux trépidations dues aux trains. Nous l'avons appliqué nous-mêmes, et d'une manière générale, à la gare de Buda-Pesth, et en France les compagnies de chemins de fer l'appliquent aussi pour les grandes charpentes. La part du coefficient total, dû aux charges propres, est dans notre tour de 5 kilogrammes et la part due au vent de 300 kilogrammes est de 5 kilogrammes également, laquelle se réduira à 1 ou 2 kilogrammes pour les vents violents ordinaires à Paris.

Je dois parler aussi de la flèche que peut prendre une tour de cette nature sous l'influence du vent. La question a de l'intérêt, non pas au point de vue de la flèche qui peut se produire dans les limites extrêmes des vents de 300 et 400 kilogrammes, dont on n'a pas à s'inquiéter, puisque le sommet de la tour n'est plus alors abordable, mais il est bon de s'en rendre compte pour le cas des vents violents ordinaires, afin de savoir si les personnes qui seraient sur la plate-forme supérieure pourraient s'en trouver incommodées. Si l'on prend les classifications des vents indiqués dans l'ouvrage de Claudel, et si l'on calcule les flèches qui correspondent aux pressions indiquées, on reconnaît que ces flèches sont les suivantes :

DÉSIGNATION DES VENTS	VITESSE PAR SECONDE	PRESSION PAR MÈTRE CARRÉ	FLÈCHES PRISES PAR LA TOUR
Très forte brise . .	10^{m}00	13 kil 54	0^{m}038
Brise faisant serrer les hautes voiles .	12^{m}00	19 » 50	0^{m}055
Vent très fort . .	15^{m}00	30 » 47	0^{m}086
Vent impétueux .	20^{m}00	54 » 16	0^{m}153
Tempête	24^{m}00	78 » 00	0^{m}221

Ces chiffres sont tout à fait rassurants, et comme les oscillations seront d'une extrême lenteur, en raison de la grande longueur de la partie fléchissante, il est certain que l'effet en sera complètement insensible, et qu'il sera beaucoup moindre que dans les phares en maçonnerie où l'élasticité des mortiers est la cause la plus déterminante des flèches observées.

Les dépenses de construction de la Tour s'élèveront à 4,905,000 francs, en dehors des prix des ascenseurs.

III. — *Pourquoi la Tour est en métal et non en maçonnerie.* — Avant d'aller plus loin et d'indiquer les services que pourrait rendre une pareille construction, il y a quelques mots à dire sur l'emploi de la matière que nous avons choisie. Celui du fer ou de l'acier semble tout indiqué pour la grande résistance du métal sous un faible poids, par le jeu de surface qu'il permet d'exposer au vent, enfin par son élasticité qui solidarise toutes les pièces et permet d'en faire un ensemble dont toutes les parties sont susceptibles de travailler à l'extension ou à la compression et qui, étant toutes calculables, donnent une sécurité complète.

Quant à la préférence, dans notre projet, donnée au fer sur l'acier, nous avons longtemps hésité. Cependant, comme dans le cas actuel, il est peu important d'avoir une légèreté particulière, laquelle, au point de vue de la résistance au vent, est plutôt nuisible qu'utile, comme avec ces grandes dimensions la résistance au flambage est, pour la plupart des pièces, un élément prédominant, et enfin comme avec l'acier travaillant à un coefficient plus élevé que le fer, on aurait des flèches et des vibrations plus grandes sous l'effet du vent, nous nous sommes décidés à donner la préférence au fer. Mais cependant ce n'est que l'étude détaillée et définitive qui, en tenant compte de la question de la dépense et des cours comparatifs des deux métaux, fixera sur l'emploi, soit du fer, soit de l'acier, et nous réservons notre choix jusqu'à ce moment.

Le métal, quel qu'il soit, présente un avantage particulier : c'est que la construction est *amovible* et qu'il permet, sans frais excessifs, le déplacement de la Tour dans le cas où, pour une cause quelconque, on jugerait utile de la transporter en un point de Paris autre que l'Exposition. Nous évaluons la dépense de ce déplacement de 6 à 700,000 francs.

En dehors du métal, nous avons voulu nous rendre compte de ce que donnerait l'emploi des maçonneries. Nous avons étudié deux solutions, l'une dans laquelle on combinerait la maçonnerie avec le fer, l'autre qui comporterait un emploi exclusif de la maçonnerie. Nous dirons tout de suite que ces deux solutions nous ont paru, après examen, très inférieures à celle qui emploie le métal seul, sinon même tout à fait irréalisables. En essayant de combiner l'emploi du fer avec la maçonnerie, on rencontre tous les inconvénients d'une solution mixte dans laquelle entrent des éléments tout à fait hétérogènes comme élasticité, résistance ou dilatation, et sans insister davantage, il nous suffira de dire que nous nous sommes heurtés à des difficultés telles qu'elles ne nous ont pas permis d'arriver à un projet possible.

Par l'emploi de la maçonnerie seule, nous ne croyons pas non plus qu'on arrive à une possibilité d'exécution, à moins qu'on ne veuille mettre de côté toute question de prix. Voici quelques développements très sommaires à ce sujet : la première chose dont il y ait lieu de se préoccuper est le coefficient de résistance par centimètre carré à adopter. En effet, ce ne sont pas les considérations du renversement par l'effet du vent qui doivent être prédominantes dans l'étude d'un grand ouvrage en maçonnerie, mais surtout celles qui sont relatives à la résistance même. En outre, il faut faire rentrer dans cette recherche une considération capitale, sans laquelle on serait en erreur, si on calculait la hauteur possible d'un édifice d'après la seule résistance de la pierre employée à la construction, comme s'il était un monolithe, et si l'on supposait qu'avec du porphyre ou du granit on pourrait établir pratiquement une tour plus haute qu'avec une bonne pierre calcinée.

En effet, si l'on ne veut pas faire de simples conceptions mathématiques, et si l'on veut rester dans la réalité des faits, laquelle consiste dans l'édification d'un *grand ouvrage* dans lequel les matériaux travaillent à une très *forte charge*, il ne faut pas oublier que ces matériaux ne seront pas simplement superposés les uns aux autres par des surfaces plus ou moins bien dressées. Ils seront inévitablement séparés par des lits de mortier destinés à assurer la répartition convenable des pressions. La stabilité de l'ouvrage exige donc que ce mortier ne s'écrase pas ; aussi ce qu'il faut faire entrer en ligne de compte pour l'exécution d'une telle maçonnerie, c'est la limite de l'écrasement de ce mortier, bien plutôt que celle de la pierre, laquelle, considérée seule, conduirait à des apparences de possibilité d'exécution tout à fait trompeuses, et a fait croire comme limite pratique à des hauteurs fantastiques.

La condition nécessaire est que les matériaux employés soient plus résistants que le mortier, leur excédent de résistance ne servant qu'à donner un excédent de sécurité qui échappe à l'évaluation. Or, les ouvrages classiques indiquent pour les mortiers en ciment des résistances maxima de 150 à 200 kilogrammes par centimètre carré. En adoptant comme limite pratique le dixième de cette résistance, ainsi qu'il est admis habituellement, une maçonnerie en pierre de taille ne devrait pas supporter une charge de plus de 15 à 20 kilogrammes par centimètre carré. Tout à fait exceptionnellement, et en allant au delà de la limite de sécurité habituelle, en entrant en quelque sorte dans la zone dangereuse, on pourrait aller jusqu'à 25 kilogrammes. La limite de 30 kilogrammes est difficilement acceptable pour l'ensemble d'un grand ouvrage ; en tout cas, c'est une limite extrême.

Navier cite les édifices dans lesquels la charge est la plus essentielle. Ce sont les suivants :

Piliers du dôme des Invalides, à Paris	14 kil. 76
Piliers de Saint-Pierre, à Rome	16 » 36
Piliers de Saint-Paul, à Londres	17 » 36
Colonnes de Saint-Paul, hors les murs, à Rome . . .	19 » 76
Piliers de la tour de l'église Saint-Merri, à Paris . .	29 » 40
Piliers du dôme du Panthéon, à Paris	29 » 44

Navier ajoute un chiffre de 45 kilogrammes pour l'église de la Toussaint à Angers, mais cet exemple ne paraît guère probant puisque ce monument est en ruines. Il résulte de ce tableau que la limite de la résistance des constructions jugées les plus hardies, est de 15 à 20 kilogrammes par centimètre carré, et s'élève dans deux d'entre eux à 30 kilogrammes.

Le fer ou l'acier nous semble donc la seule matière capable de mener à bien à la solution du problème. Du reste, l'Antiquité, le Moyen âge et la Renaissance ont poussé l'emploi de la pierre à ses extrêmes limites de hardiesse, et il ne semble guère possible d'aller beaucoup plus loin que nos devanciers avec les mêmes matériaux, d'autant plus que l'art de la construction n'a pas fait de progrès notables dans ce sens depuis longtemps.

L'édifice, — tel que nous le projetons avec sa hauteur inusitée — exige donc rationnellement une matière sinon nouvelle, au moins non mise à la portée des ingénieurs et des architectes qui nous ont précédé. Cette matière, c'est le fer ou l'acier, par l'emploi desquels les plus difficiles problèmes de construction se résolvent si simplement, avec lesquels nous construisons couramment soit des charpentes, soit les ponts d'une portée qui aurait paru autrefois tout à fait irréalisable. Reste la forme. Celle que nous soumettons pour notre Tour pourrait peut-être recevoir certaines modifications avantageuses, que l'étude indiquerait; mais, dès à présent, il nous paraît qu'elle présente une saisissante expression de force et de grandeur en même temps que d'appropriation au but poursuivi. Les montants, avant de se réunir à ce sommet si élevé semblent jaillir du sol et, être en quelque sorte moulés sous l'action même du vent. Evidemment toute forme est discutable, celle-ci comme toute autre, mais cependant nous sommes heureux de pouvoir affirmer que nous avons eu le suffrage d'artistes et d'architectes éminents.

IV. — *Avantages pratiques et scientifiques de la Tour de 300 mètres.* — L'une des plus fréquentes objections qui ont été faites dans le public, à la construction de cette Tour, était son manque d'utilité. Nous sommes maintenant assurés, et nous en donnerons les preuves tout à l'heure, que cette utilité est réelle, et pour cela nous allons examiner successivement quelques-unes de ses applications.

Tout d'abord, il n'y a pas de doute après le succès des précédentes ascensions dans les ballons captifs Giffard et celui des ascenseurs du Trocadéro, que le public ait grand plaisir à visiter les différents étages de notre construction qui lui présentera, sans aucun danger et sans fatigue, un spectacle tout à fait extraordinaire : celui d'un panorama de 120 à 130 kilomètres d'étendue, observé à vol d'oiseau et, comme en ballon, sans que les premiers plans viennent, comme dans les ascensions de montagnes, nuire au sentiment de la distance et de la hauteur. La vue de Paris, la nuit, avec son éclairage si brillant, présenterait un aspect merveilleux que les aéronautes seuls connaissent jusqu'à présent. Il est donc présumable que cette Tour sera un des plus vifs éléments d'attraction pour l'Exposition, et que, celle-ci terminée, le public continuera d'y affluer, soit pendant le jour, soit pendant la soirée.

Quant au système des ascenseurs à installer et qui seront de dimensions inaccoutumées, nous avons adopté le suivant, proposé par M. Heurtebise. Il est hydraulique et à compensateur. Il actionnerait deux tiges articulées régnant sur toute la hauteur de la Tour et placées dans l'intérieur d'un des quatre montants dont elles suivraient la courbure. Chacune de ces tiges recevrait de 30 mètres en 30 mètres (course des pistons hydrauliques), des cabines qui viendraient, grâce à un mouvement alternatif donné aux tiges, se mettre l'une en face de l'autre à chaque fin de course. A ce moment se produirait un arrêt d'une durée d'une demi-minute environ, pendant lequel la cabine inférieure se remplirait; chaque cabine intermédiaire céderait des voyageurs à la cabine d'en face, et la cabine supérieure laisserait ses voyageurs sur la plate-forme de la Tour. Un second ascenseur semblable servirait à la descente. Ce système présenterait une sécurité absolue et permettrait l'ascension simultanée d'un grand nombre de personnes avec des départs continus. Pour ne pas donner aux cabines une vitesse trop grande dont la sensation est désagréable à la plupart des personnes, on ne dépasserait pas 50 centimètres par seconde ; de sorte que l'ascension des 30 mètres formant en quelque sorte l'étage, se ferait en une minute ; en comptant une demi-minute pour l'arrêt on arrive à une minute et demie par chaque 30 mètres de hauteur, soit 15 minutes pour l'ascension complète. Chaque cabine pouvant contenir 10 personnes et le départ ayant lieu toutes les minutes et demie, on peut monter ainsi par heure 400 personnes.

La Tour, au moins pendant l'Exposition, pourra porter à son sommet un foyer électrique destiné à éclairer les bâtiments et à répandre dans le parc et les jardins une lumière générale d'un aspect agréable. En prenant comme surface à éclairer un cercle de 1,000 mètres de diamètre, et en se posant la condition que l'éclairage soit tel que l'on puisse y voir suffisamment pour lire un imprimé, MM. Sautter et Lemonnier, les constructeurs bien connus de phares électriques, tout en trouvant que ce n'est pas le meilleur moyen d'utiliser la lumière, estiment que le foyer placé au sommet devrait être de 3,000 ampères. Ils se fondent, pour cette évaluation, sur l'expérience de l'éclairage des quais de Rouen, pour lesquels un foyer placé à 13 mètres de hauteur, d'une intensité de 24 ampères, éclairait convenablement un cercle de 130 mètres de diamètre.

Dans notre cas, la distance du foyer au centre de figure étant environ dix fois plus grande qu'à Rouen, il faudrait un foyer cent fois plus puissant; mais comme on doit tenir compte de l'absorption par l'atmosphère, la source lumineuse devra être de 125 × par 24, soit 3,000 ampères, laquelle exigera pour sa production une force de 400 à 500 chevaux. Or, un foyer de 90 ampères est, jusqu'à présent le maximum pratique que l'on puisse obtenir avec une seule lampe. Il faudrait au maximum, 33 lampes; mais il est préférable d'en supposer 48 d'inégales intensités, qu'on disposerait autour de la lanterne supérieure, suivant trois étages et éclairant trois zones concentriques. Avec des foyers à courants continus, on n'a pas à se préoccuper outre mesure de rabattre la lumière vers le sol, puisque l'expérience a démontré que presque tous les rayons sont naturellement projetés de bas en haut dans un cône dont les génératrices sont inclinées d'environ 45 degrés avec la verticale; mais ils font concentrer la lumière de chaque lampe de manière à ce qu'elle produise son maximum d'intensité dans la fraction de zone qu'elle doit éclairer, et, à cet effet, le meilleur moyen à employer est de munir chaque foyer d'un appareil optique spécial orienté d'une façon différente pour chacun d'eux.

Mais à ces différents points de vue la Tour aura seulement un intérêt de curiosité et d'amusement. Il importe de faire ressortir le caractère d'utilité de l'immense construction sous le rapport purement scientifique. Parlant devant la Société météorologique de France, M. Hervé-Mangon disait en propres termes :
« Il existe dans plusieurs Observatoires des tours en

maçonnerie, mais elles présentent pour l'installation des instruments météorologiques plus d'inconvénients que d'avantages. Au soleil, la masse de la construction s'échauffe, les surfaces murales produisent des remous qui rendent difficiles les observations sur la pluie, la brume, la neige et la rosée, faites dans un rayon même étendu ; toutes les indications hygrométriques ou thermométriques deviennent inexactes ou illusoires. Le projet de la Tour en fer de 300 mètres de hauteur, dressé par M. Eiffel et par MM. Nouguier et Kœchlin, ingénieurs, et M. Sauvestre, architecte, présente donc pour les météorologistes un intérêt des plus considérables. Cette construction permettrait d'organiser un grand nombre d'observations et d'expériences météorologiques du plus haut intérêt, parmi lesquelles nous citerons au hasard les suivantes. La loi de décroissance de la température avec la hauteur serait facilement observée, et les variations dues aux vents, aux nuages, etc., fourniraient certainement de nombreux renseignements, qui nous font jusqu'à présent complètement défaut. — La quantité de pluie qui tombe à différentes hauteurs sur une même verticale a été très diversement estimée. Cette question si intéressante pour la théorie de la formation de la pluie serait résolue par quelques années d'observations faites au moyen d'une quinzaine de pluviomètres régulièrement espacés sur l'extrémité de la Tour. — La brume, le brouillard, la rosée forment souvent à la surface du sol des couches de moins de 300 mètres d'élévation ; on pourrait observer tous les météores sur toute leur épaisseur, faire des prises d'air à diverses hauteurs, mesurer le volume d'eau à l'état globulaire tenu en suspension dans chaque couche. Ce volume liquide est beaucoup plus considérable que celui qui répond à la vapeur d'eau, et sa connaissance expliquerait comment les nuages d'un faible volume versent quelquefois sur le sol des quantités d'eau si considérables. — L'état hygrométrique de l'air varie avec la hauteur. Rien ne serait plus facile que d'étudier ces changements, si l'on pouvait observer au même instant les instruments placés à d'assez grandes distances les uns au-dessus des autres. L'évaporation donnerait également lieu à de très utiles expériences. — L'électricité atmosphérique, sur laquelle on ne possède encore que des notions si imparfaites, devrait faire à l'Observatoire de la Tour, l'objet des recherches les plus actives. La différence de tension électrique entre deux points situés à 300 mètres de distance verticale est probablement très considérable et donnerait lieu à des phénomènes du plus grand intérêt. — La vitesse du vent croît en général avec rapidité en s'écartant de la surface du sol; la Tour permettrait de déterminer la loi d'augmentation de cette vitesse jusqu'à 300 mètres et probablement un peu plus haut. Cette détermination, indépendamment de son intérêt historique, fournirait à l'aérostation d'utiles renseignements. — La transparence de l'air pourrait être observée, avec la Tour, dans des conditions exceptionnellement favorables, soit suivant la verticale, soit suivant des lignes d'une inclinaison donnée. — Indépendamment de ces observations météorologiques, la Tour pourrait encore permettre beaucoup d'expériences impossibles à tenter aujourd'hui. Elle permettrait, par exemple, d'établir des manomètres allant jusqu'à 400 atmosphères, pouvant servir à graduer expérimentalement les manomètres des presses hydrauliques, et d'établir des pendules dont chaque oscillation durerait plus d'un quart de minute. Elle permettrait encore une foule d'expériences utiles et imprévues. »

M. l'amiral Mouchez, directeur de l'Observatoire de Paris, m'écrivait de son côté : « Je m'empresse de vous faire savoir que j'ai vu avec le plus grand intérêt votre projet de Tour de 300 mètres. J'en souhaite vivement la réalisation parce que je crois qu'entre l'intérêt général que présentera un tel monument, il sera d'une incontestable utilité pour diverses questions scientifiques et particulièrement pour l'étude des couches inférieures de l'atmosphère, qui ont une certaine influence sur la précision des observations astronomiques. Une hauteur de 300 mètres permettra d'observer régulièrement ces fréquentes inversions de la loi de décroissance de la température avec la hauteur, et dans de meilleures conditions que sur une montagne. On pourra également étudier les variations de l'humidité et de l'électricité atmosphériques, les variations du vent en force et en direction. Quatre collections d'instruments enregistreurs semblables placés au ras du sol, à 100, 200 et 300 mètres, donneraient certainement, par leur comparaison, des résultats d'un grand intérêt. Quant aux observations astronomiques, je ne crois pas qu'il y ait une égale utilité à en tirer. Il est cependant certain qu'au milieu de la ville de Paris, on aurait une atmosphère beaucoup plus pure à cette élévation que dans nos salles d'observations. On y laisserait au-dessous de soi la plus grande partie des fumées et des poussières des rues. Au point de vue des observations météorologiques et de l'étude de l'atmosphère dont je parlais, la tour en maçonnerie enlèverait une très grande partie de l'exactitude et de l'intérêt des observations que donnerait la tour en fer ; avec celle-ci les instruments sont entièrement isolés dans l'atmosphère ; avec la tour en maçonnerie, ils s'échauffent et se refroidissent avec elle, sont alternativement à l'ombre et au soleil, et les conditions sont très différentes. »

Enfin, au point de vue plus spécialement astronomique, M. Pierre Puiseux, astronome attaché à l'Observatoire de Paris, a formulé ainsi son opinion : « Il est hors de doute que la Tour projetée pourra recevoir des applications utiles aux études astronomiques. La mobilité de la plate-forme sous l'influence du vent exclut sans doute les observations qui ont pour but de fixer la position précise des astres ; mais elle laisse le champ libre à la plupart des recherches d'astronomie physique. Des spectroscopes destinés à analyser la lumière du soleil et des étoiles, à constater le mouvement propre des astres par le déplacement des raies, fonctionnerait mieux à 300 mètres de hauteur qu'au niveau du sol. L'élimination des poussières et des brumes locales permettrait de suivre le soleil plus près de l'horizon. De là un sérieux avantage pour l'étude des raies telluriques dues à l'absorption de la lumière solaire par l'atmosphère. — Un appareil à photographie lunaire ou solaire serait aussi d'un bon usage; son emploi serait surtout indiqué dans le cas de passages de Mercure ou d'éclipses s'effectuant près de l'horizon. Les photographies d'étoiles ou de nébuleuses exigeant une pose appréciable seraient plus exposées à être contrariées par le vent et devraient être réservées pour les nuits calmes. Il faut faire attention cependant qu'une translation latérale de l'instrument n'a pas d'influence nuisible; l'essentiel est que l'axe optique reste parallèle à lui-même. Il semble difficile de décider, avant l'expérience, si les mouvements par le vent seront bien de cette nature. En tous cas, les aspects physiques de la lune, des planètes, des nébuleuses, pourront être étudiés et dessinés dans des conditions favorables. Un chercheur ou un télescope de grande ouverture, installé au sommet de la Tour, permettra de suivre les astres qui n'atteindraient qu'une faible hauteur sur l'horizon de Paris. Ces observations ne sauraient rivaliser d'exactitude avec celles des observations fixes, mais elles pourraient être effectuées dans des cas où celles-ci deviennent impossibles. Or, on sait que pour les astres nouvellement découverts, il est important d'obtenir le plus tôt possible des mesures même approchées. — Une étude également intéressante pour la météréologie et l'astronomie sera celle de la variation de la température avec l'altitude. Toutes les théories de la réfraction données jusqu'à présent reposent sur des hypothèses gratuites et souvent démenties par l'expérience. »

Ce serait mal connaître l'humanité que de croire qu'à la suite du concours qui primait le projet de la Tour de 300 mètres et adjugeait son érection, M. Eiffel, malgré son lumineux rapport, ne vit pas s'élever contre lui une opposition assez vive. Les objections scientifiques et techniques furent assez timides. Mais la critique esthétique s'en donna à cœur joie. En 1886, c'était M. Maurice Rouvier, ministre du commerce, qui avait eu l'honneur de signer le décret d'organisation d'études pour l'Exposition universelle de 1889. En février 1887, c'était M. Edouard Lockroy, qui avait alors le portefeuille ministériel des travaux publics et qui était par conséquent commissaire général de l'Exposition. A cette époque parut un factum assez vif, en forme de protestation adressée à M. Alphand, l'éminent ingénieur en chef des travaux et embellissements de Paris et qui avait été nommé directeur de l'Exposition. Il est intéressant de garder à titre de document pour l'histoire des idées et des sensations à la fin du XIXe siècle, cette adresse signée des noms les plus divers, tous d'hommes distingués, quelques-uns d'hommes illustres. Sa lecture est curieuse. Elle montrera jusqu'à quel point d'aberration peuvent se laisser entraîner des artistes et des écrivains, lorsqu'ils obéissent à l'irréflexion d'une sentimentalité irraisonnée et à des idées préconçues. Heureusement que M. Eiffel était armé pour répondre, ayant étudié son projet sous les formes les plus diverses et sachant par expérience, que la lutte est le partage de tous les novateurs. Heureusement aussi que le ministre, maître en dernier ressort, était M. Edouard Lockroy, qui, avec son esprit droit, pénétrant, plein de bon sens, ne se laissa pas intimider. Il prit la plume à son tour, cette plume vive et spirituelle qui a fait de lui un polémiste redoutable et il fit une réponse aussi mordante que décisive. A la fin du XVIIIe siècle, Mme de Tencin se laissait à dire dans son salon composé des littérateurs les plus brillants : « Mon Dieu, que les hommes d'esprit sont parfois bêtes ! » En février 1887, elle n'eût peut-être pas formulé son irrévérencieuse exclamation dans des termes aussi expressifs ; mais elle eût dit probablement : « Que les gens spirituels sont légers ! » Ceci dit, voici les trois pièces historiques de ce débat, instructif à plus d'un titre.

I. — *Protestation adressée à M. Alphand, directeur de l'Exposition Universelle de 1889, contre l'érection à Paris d'une Tour de 300 mètres.*

Monsieur et cher Compatriote,

Nous venons, écrivains, peintres, sculpteurs, architectes, amateurs passionnés de la beauté, jusqu'ici intacte de Paris, protester de toutes nos forces, de toute notre indignation, au nom du goût français méconnu, au nom de l'art et de l'histoire français menacés, contre l'érection, en plein cœur de notre capitale, de l'inutile et monstrueuse tour Eiffel, que la malignité publique, souvent empreinte de bon sens et d'esprit de justice, a déjà baptisée du nom de « tour de Babel ».

Sans tomber dans l'exaltation du chauvinisme, nous avons le droit de proclamer bien haut que Paris est la ville sans rivale dans le monde. Au-dessus de ses rues, de ses boulevards élargis, le long de ses quais admirables, du milieu de ses magnifiques promenades, surgissent les plus nobles monuments que le génie humain ait enfantés. L'âme de la France, créatrice de chefs-d'œuvre, resplendit parmi cette floraison auguste de pierre. L'Italie, l'Allemagne, les Flandres, si fières à juste titre de leur héritage artistique, ne possèdent rien qui soit comparable au nôtre, et de tous les points de l'univers Paris attire les curiosités et les admirations. Allons-nous donc laisser profaner tout cela? La ville de Paris va-t-elle donc s'associer plus longtemps aux baroques, aux mercantiles imaginations d'un constructeur de machines, pour s'enlaidir irréparablement et se déshonorer? Car la tour Eiffel, dont la commerciale Amérique elle-même ne voudrait pas, c'est, n'en doutez point, le déshonneur de Paris. Chacun le sent, chacun le dit, chacun s'en afflige profondément, et nous ne sommes qu'un faible écho de l'opinion universelle, si légitimement alarmée. Enfin, lorsque les étrangers viendront visiter notre Exposition, ils s'écrieront, étonnés : « Quoi! c'est cette horreur que les Français ont trouvée pour nous donner une idée de leur goût si fort vanté ? » Et ils auront raison de se moquer de nous, parce que le Paris des gothiques sublimes, le Paris de Jean Goujon, de Germain Pilon, de Puget, de Rude, de Barye, etc., sera devenu le Paris de M. Eiffel.

Il suffit, d'ailleurs, pour se rendre compte de ce que nous avançons, de se figurer un instant une tour vertigineusement ridicule, dominant Paris, ainsi qu'une gigantesque et noire cheminée d'usine, écrasant de sa masse barbare Notre-Dame, la Sainte-Chapelle, la tour Saint-Jacques, le Louvre, le dôme des Invalides, l'Arc de Triomphe, tous nos monuments humiliés, toutes nos architectures rapetissées, qui disparaîtront dans ce rêve stupéfiant. Et pendant vingt ans nous verrons s'allonger sur la ville entière, frémissante encore du génie de tant de siècles, nous verrons s'allonger comme une tache d'encre l'ombre odieuse de l'odieuse colonne de tôle boulonnée.

C'est à vous, Monsieur et cher Compatriote, à vous qui aimez tant Paris, qui l'avez tant embelli, qui tant de fois l'avez protégé contre les dévastations administratives et le vandalisme des entreprises industrielles, qu'appartient l'honneur de le défendre une fois de plus. Nous nous en remettons à vous du soin de plaider la cause de Paris, sachant que vous y dépenserez toute l'énergie, toute l'éloquence que doit inspirer à un artiste tel que vous l'amour de ce qui est beau, de ce qui est grand, de ce qui est juste. Et si notre cri d'alarme n'est pas entendu, si vos raisons ne sont pas écoutées, si Paris s'obstine dans l'idée de déshonorer Paris, nous aurons du moins, vous et nous, fait entendre une protestation qui honore.

Recevez, Monsieur et cher Compatriote, nos salutations respectueuses.

E. MEISSONIER, CH. GOUNOD, CHARLES GARNIER, J. ROBERT-FLEURY, VICTORIEN SARDOU, EDOUARD PAILLERON, L. GÉRÔME, LÉON BONNAT, W. BOUGUEREAU, JEAN GIGOUX, G. BOULANGER, J.-E. LENEPVEU, EUGÈNE GUILLAUME, A. WOLF, CH. QUESTEL, ALEXANDRE DUMAS fils, FRANÇOIS COPPÉE, LECONTE DE LISLE, DAUMET, FRANÇAIS, SULLY-PRUDHOMME, ELIE DELAUNAY, E. VAUDREMER, P. BERTRAND, G.-J. THOMAS, L.-A. FRANÇOIS, HENRIQUEL, A. LENOIR, G. JACQUET, GOUBIE, E. DUEZ, DE SAINT-MARCEAUX, G. COURTOIS, P.-A.-J. DAGNAN-BOUVERET, J. WENCKER, L. DOUCET, GUY DE MAUPASSAN,

Henri Amic, Ch. Grandmougin, François Bournand, Ch. Baude, Jules Lefebvre, A. Mercié, Cheviron, Albert Jullien, André Legrand, Limbo.

II. — *Réponse de M. Eiffel.*

Pourquoi cette protestation se produit-elle si tard? Elle aurait eu sa raison d'être il y a un an, lorsqu'on discutait mon projet. On l'aurait admise aux débats comme une opinion dont on aurait eu à examiner la valeur. Aujourd'hui, elle est inutile, tous nos contrats sont passés. La tour coûtera entre cinq et six millions à construire. Je la construis pour l'Etat, l'Etat m'accorde une première subvention de quinze cent mille francs, plus le droit d'exploiter le monument pendant l'Exposition. Après l'Exposition, l'Etat la cédera à la ville de Paris, qui, comme seconde subvention, m'accorde le droit supplémentaire de l'exploiter pendant vingt ans. Ce délai écoulé, la tour appartiendra définitivement à la ville, qui en fera ce qui lui plaira. Tout cela est signé et paraphé depuis plusieurs mois, il est donc aujourd'hui impossible d'y revenir. Il y a plus : les travaux sont commencés, les fondations sont posées et le fer nécessaire à l'édification est déjà commandé. Il me semble qu'il eût été digne des noms illustres apposés au bas de la protestation de s'épargner une démarche qu'on sait ne plus pouvoir aboutir à rien.

Si la protestation avait un effet aujourd'hui, ce ne serait que sur le public, qu'elle détournerait de l'Exposition, dont la tour est indiscutablement une des principales attractions. Je ne crois pas non plus qu'il était bien urgent de se mettre à tant de gens célèbres pour obtenir un pareil résultat.

Quels sont les motifs que donnent les artistes pour protester contre la construction de la tour ? Qu'elle est

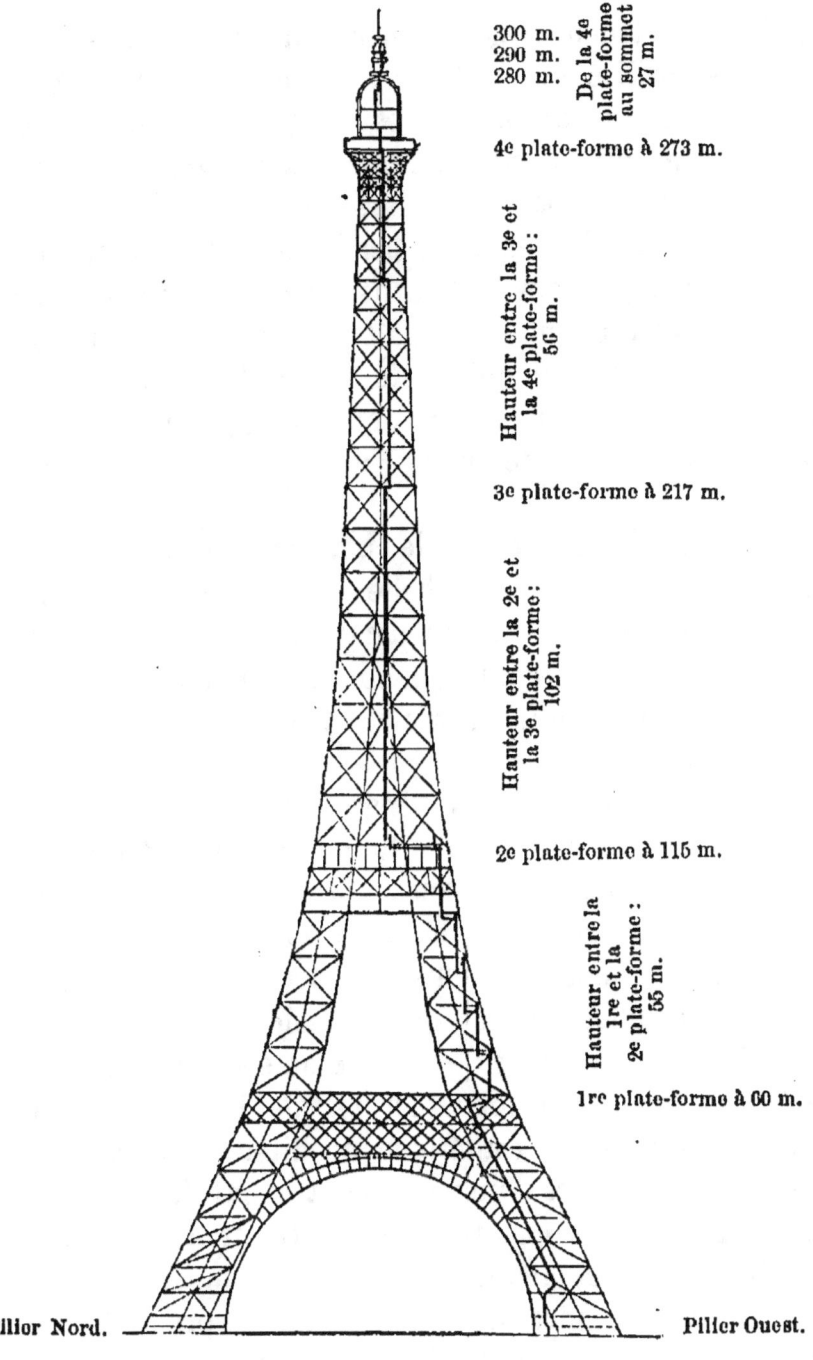

Squelette géométral de la Tour Eiffel.

A droite du lecteur est figuré le profil du Manomètre de 300 mètres.

inutile, monstrueuse! Que c'est une horreur! Nous parlerons de l'utilité tout à l'heure. Ne nous occupons, pour le moment, que du mérite esthétique, sur lequel les artistes sont plus particulièrement compétents. Je voudrais bien savoir sur quoi ils fondent leur jugement. Car, remarquez-le, ma tour, personne ne l'a vue et personne, avant qu'elle ne soit construite, ne pourrait dire ce qu'elle sera. On ne la connaît jusqu'à présent que par un dessin géométral qui a été tiré à des centaines de mille d'exemplaires. Depuis quand apprécie-t-on un monument au point de vue de l'art sur un dessin géométral?

Et si ma tour, quand elle sera construite, au lieu d'une horreur, était une belle chose, les artistes ne regretteraient-ils pas d'être partis si vite et si légèrement en campagne contre la conservation d'un monument qui est encore à construire? Qu'ils attendent donc de l'avoir vue.

Je vous dirai toute ma pensée et toutes mes espérances. Je crois, moi, que ma tour sera belle. Parce que nous sommes des ingénieurs, croit-on donc que la beauté ne nous préoccupe pas dans nos constructions et qu'en même temps que nous faisons solide et durable, nous ne nous efforçons pas de faire élégant? Est-ce que les véritables conditions de la force ne sont pas toujours conformes aux conditions secrètes de l'harmonie?. Le premier principe de l'esthétique architecturale est que les lignes essentielles d'un monument soient déterminées par la parfaite appropriation à sa destination. De quelle condition ai-je eu, avant tout, à tenir compte dans ma tour? De la résistance au vent. Eh bien, je prétends que les courbes des quatre arêtes du monument, telles que le calcul me les a fournies, donneront une impression de beauté, car elles traduiront aux yeux la hardiesse de ma conception.

Il y a du reste dans le colossal une attraction, un charme propre auxquels les théories d'art ordinaires ne sont guère applicables. Soutiendra-t-on que c'est par leur valeur artistique que les pyramides ont si fortement frappé l'imagination des hommes? Qu'est-ce autre chose, après tout, que des monticules artificiels? Et pourtant quel est le visiteur qui reste froid en leur présence? Qui n'en est pas revenu rempli d'une irrésistible admiration? Et où est la source de cette admiration, sinon de l'immensité dans l'effort et dans la grandeur du résultat? Ma tour sera le plus haut édifice qu'aient jamais élevé les hommes. Ne sera-t-elle donc pas grandiose aussi à sa façon? Et pourquoi ce qui est admirable en Egypte deviendrait-il hideux et ridicule à Paris? Je cherche et j'avoue que je ne trouve pas.

La protestation dit que ma tour va écraser de sa grosse masse barbare Notre-Dame, la Sainte-Chapelle, la Tour Saint-Jacques, Le Louvre, le dôme des Invalides, l'Arc de Triomphe, tous nos monuments. Que d'affaires dans une tour! Cela fait sourire, vraiment. Quand on veut admirer Notre-Dame, on va la voir du parvis. En quoi du Champ de Mars la tour gênera-t-elle le curieux placé sur le parvis Notre-Dame qui ne la verra pas? C'est d'ailleurs une des idées les plus fausses que celle qui consiste à croire qu'un édifice élevé écrase les constructions environnantes. Regardez si l'Opéra ne paraît pas plus écrasé par les maisons du voisinage qu'il ne les écrase lui-même. Allez au rond-point de l'Etoile, et parce que l'Arc de Triomphe est grand les maisons de la place ne vous en paraîtront pas plus petites. Au contraire, les maisons ont bien l'air d'avoir quinze mètres de haut, et il faut un effort d'esprit pour croire que l'Arc de Triomphe en mesure quarante-cinq.

Donc, pour ce qui est de l'effet artistique de la tour, personne n'en peut juger à l'avance, pas même moi, car les dimensions des fondations m'étonnent moi-même, aujourd'hui qu'elles commencent à sortir de terre. Quant au préjudice qu'elle portera aux autres monuments de Paris, ce sont là des mots.

Reste la question d'utilité. Ici, puisque nous quittons le domaine artistique, il me sera bien permis d'opposer à l'opinion des artistes celle du public. Je ne crois point faire preuve de vanité en disant que jamais projet n'a été plus populaire; j'ai tous les jours la preuve qu'il n'y a pas dans Paris de gens, si humbles qu'ils soient, qui ne le connaissent et ne s'y intéressent. A l'étranger même, quand il m'arrive de voyager, je suis étonné du retentissement qu'il a eu.

Quant aux savants, seuls vrais juges de la question d'utilité, je puis dire qu'ils sont unanimes. Non seulement la tour leur promet d'intéressantes observations pour l'astronomie, la chimie végétale, la météorologie et la physique, non seulement elle permettra en temps de guerre de tenir Paris constamment relié au reste de la France, mais elle sera en même temps la preuve éclatante des progrès réalisés en ce siècle par l'art des ingénieurs. C'est seulement à notre époque, en ces dernières années, que l'on pouvait dresser des calculs assez sûrs et travailler le fer avec assez de précision pour songer à une aussi gigantesque entreprise. N'est-ce rien pour la gloire de Paris que ce résumé de la science contemporaine soit érigé dans ses murs ?

La protestation gratifie ma tour « d'odieuse colonne de tôle boulonnée ». Je n'ai point vu ce ton de dédain sans en être irrité. Il y a parmi les signataires des hommes que j'admire et que j'estime. Il y en a d'autres qui sont connus pour peindre de jolies petites femmes se mettant une fleur à leur corsage ou pour avoir tourné spirituellement quelques couplets de vaudeville. Eh bien, franchement, je crois que toute la France n'est pas là-dedans. M. de Vogué, dans un récent article de la *Revue des Deux-Mondes*, après avoir constaté que dans n'importe quelle ville d'Europe où il passait il entendait chanter *Ugène, tu me fais de la peine* et le *Bi du bout du banc*, se demandait si nous étions en train de devenir les *græculi* du monde contemporain. Il me semble que, n'eût-elle pas d'autre raison d'être que de montrer que nous ne sommes pas seulement le pays des amusements, mais aussi celui des ingénieurs et des constructeurs qu'on appelle de toutes les régions du monde pour édifier les ponts, les viaducs, les gares et les grands monuments de l'industrie, la Tour de 300 mètres mériterait d'être traitée avec plus de considération.

III.—*Réplique et conclusion de M. Edouard Lockroy, ministre du commerce et de l'industrie.*

A Monsieur Alphand, directeur général de l'Exposition universelle de 1889.

Mon cher directeur,

Les journaux publient une soi-disant protestation à vous adressée par les artistes et les littérateurs français. Il s'agit de la tour Eiffel, que vous avez contribué à placer dans l'enceinte de l'Exposition universelle.

A l'ampleur des périodes, à la beauté des métaphores, à l'atticisme d'un style délicat et précis, on devine, sans même regarder les signatures, que la protestation est due à la collaboration des écrivains et des poètes les plus célèbres de notre temps.

Cette protestation est bien dure pour vous, Monsieur le directeur des travaux; elle ne l'est pas moins pour moi. « Paris frémissant encore du génie de tant de siècles, dit-elle, et qui est une floraison auguste de pierres parmi lesquelles resplendit l'âme de la France, serait déshonoré si on élevait une tour dont la commerciale Amérique ne voudrait pas. »

« Cette main barbare — ajoute-t-elle dans le langage vivant et coloré qu'elle emploie — gâtera le Paris des gothiques sublimes, le Paris des Goujon, des Pilon, des Barye et des Rude. »

Ce dernier passage vous frappera sans doute autant qu'il m'a frappé, car « l'art et l'histoire français », comme dit la protestation, ne m'avaient point appris encore que les Pilon, les Barye ou même les Rude faisaient des gothiques sublimes.

Ne vous laissez donc pas impressionner par la forme, qui est belle, et voyez les faits.

La protestation manque d'à-propos : vous ferez remarquer aux signataires qui vous l'apporteront que la construction de la tour est décidée depuis un an et que le chantier est ouvert depuis un mois. On pouvait protester en temps utile. On ne l'a pas fait et l'indignation qui honore a le tort d'éclater juste trop tard.

J'en suis profondément peiné. Ce n'est pas que je craigne pour Paris : Notre-Dame restera Notre-Dame, l'Arc de Triomphe restera l'Arc de Triomphe. Mais j'aurais pu sauver la seule partie de la grande ville qui fût sérieusement menacée, cet incomparable carré de sable, qu'on appelle le Champ de Mars, si digne d'inspirer les poètes et de séduire les paysagistes.

Vous pouvez inspirer ce regret à ces messieurs : ne leur dites pas qu'il est pénible de ne voir à l'avance attaquer l'Exposition universelle que par ceux qui devraient la défendre; qu'une protestation signée de noms si illustres aura du retentissement dans toute l'Europe et risquera de fournir un prétexte à certains étrangers pour ne pas participer à nos fêtes; qu'il est mauvais de chercher à ridiculiser une œuvre pacifique à laquelle la France s'attache avec d'autant plus d'ardeur à l'heure présente qu'elle se voit plus injustement suspectée au dehors.

De si mesquines considérations touchent un ministre ; elles n'auraient point de valeur pour des esprits élevés que préoccupent avant tout les intérêts de l'art et l'amour du beau.

Ce que je vous prie de faire, c'est de recevoir la protestation et de la garder. Elle devra figurer dans les vitrines de l'Exposition. Une si belle et si noble prose, signée de noms connus dans le monde entier, ne pourra manquer d'attirer la foule et peut-être de l'étonner.

Edouard Lockroy,

Ministre du commerce et des travaux publics, commissaire général de l'Exposition universelle de 1889.

A l'époque de cette polémique, en 1887, comme à la naissance de l'idée d'une construction de 300 mètres, nous avons défendu ardemment dans la presse le projet de M. Eiffel. En présence de la protestation qu'on a lue plus haut, nous avons même paraphrasé de cette façon les mots célèbres de Figaro, l'immortel railleur de Beaumarchais : « Laissons faire. Les petits écrits passent. Les grands monuments restent. » Nos conjectures ont été pleinement accomplies. Peu à peu, les artistes signataires firent amende honorable, car le bon sens en France finit toujours par triompher de la plus séduisante rhétorique, et d'autant plus que les prévisions de ses créateurs se réalisèrent : la Tour se trouva être fort belle, au point de vue de l'esthétique. Le délicat poète breton Olivier de Gourcuff, digne émule d'Auguste Brizeux, put s'écrier plus tard, aux applaudissements universels :

> Du rêve audacieux d'un poète lyrique
> L'ingénieur a fait une réalité !

Au début de son œuvre, M. Gustave Eiffel avait hérité de toutes les haines et des jalousies amassées contre notre éminent camarade barbiste Georges Ohnet. En somme, comme l'a fort bien dit M. Hugues Le Roux, la Tour est un piédestal de trois cents mètres élevé à la gloire de l'Ingénieur. C'est l'apothéose du *Maître de forges*. C'est le triomphe du fer sur les autres éléments de l'éternelle et indestructible matière.

Il n'y eut que trois ou quatre écrivains qui continuèrent à s'entêter.

CHAPITRE CINQUIÈME

CONSTRUCTION DE LA TOUR EIFFEL

CHAPITRE CINQUIÈME

CONSTRUCTION DE LA TOUR EIFFEL

Concession officielle. — Prise de possession de l'emplacement désigné au Champ de Mars. — Difficultés à surmonter pour édifier une construction plus élevée. — L'industrie du fer. — Etat récapitulatif du fer employé à l'Exposition universelle de 1889. — Précision et régularité dans l'exécution de la Tour Eiffel. — Sécurité des ouvriers. — Composition géologique du Champ de Mars. — Fondations faites à l'air libre. — Fondations faites à l'air comprimé. — Mesures prises pour garantir la stabilité indéfinie de l'édifice. — Coefficient de travail des maçonneries de fondation. — Les socles de garantie. — Placement des tuyaux d'écoulement de l'électricité atmosphérique dans le sol. — Sortie de terre de la Tour. — Début des travaux métalliques. — Les porte-à-faux. — Edification des piles et des quatre montants. — Emploi des bigues, des échafaudages pyloniques, des grues pivotantes. — Pose des poutres horizontales du premier étage à 60 mètres. — Le deuxième étage à 115 mètres. — Plancher intermédiaire à 197 mètres. — Fin de la construction. — Erection du drapeau français le 31 mars 1889. — Récit de cette journée. — Tableau chronologique des principales étapes de la conception et de l'édification de la Tour Eiffel. — Les couches de peinture. — Méthode de M. Stéphen Sauvestre. — Graduation des teintes et des colorations successives. — Artifice pour simuler la fuite dans l'espace. — Peinture dorée des noms des 72 savants. — Curiosités statistiques dues à M. A. de Foville. — Poids et prix de revient de la Tour. — Sa force de résistance au vent. — Son coefficient de dilatation selon la température. — Ses oscillations ou flexions. — La torsion solaire. — L'appareil du commandant Defforges. — Espace occupé sur le sol par la Tour.

Muni de sa concession, M. Eiffel prit possession, le 1er janvier 1887, de l'emplacement désigné au Champ de Mars, pour la construction de la Tour de 300 mètres. Le Champ de Mars appartient en partie à l'Etat et en partie à la ville de Paris. C'est sur le terrain de la ville que l'emplacement fut désigné, au milieu du parc créé en 1878, complété en 1889. Cette concession, avantageuse pour l'Etat, lui accordait une subvention pécuniaire de quinze cent mille francs avec la libre disposition du monument pendant l'Exposition universelle de 1889 et une période de vingt années, à partir du 1er janvier 1890, pour se terminer le 31 décembre 1909. Le

1ᵉʳ janvier 1910, la propriété pleine et entière de l'édifice reviendra à l'Etat qui sera maître de la démonter ou de la replacer dans un autre endroit, avec une dépense qui a été calculée d'avance et fixée au chiffre maximum de cinq cent mille francs. Espérons que l'Etat ne commettra pas le vandalisme de supprimer ce chef-d'œuvre de l'art de l'ingénieur et du métallurgiste au XIXᵉ siècle, même si un nouveau Barnum lui offrait le pesant d'or de la Tour Eiffel pour la promener et l'exhiber dans les diverses parties du monde. Ce qui nous rassure contre l'éventualité d'un tel acte, c'est la difficulté où l'on sera pendant un certain temps d'édifier une construction plus haute, non pas qu'il soit impossible de pousser au delà de 300 mètres des constructions en fer du même genre, mais à cause de la raison suivante. Pour augmenter cette élévation, il faudrait aussi, démesurément développer, dans une proportion logarithmique, sa surface de base qui est actuellement de 10,000 mètres carrés. La surface totale des fers qui constituent les montants coupés à 2 mètres du sol et réunis, ne dépassent guère 3 mètres carrés ; mais pour dépasser 300 mètres, il faudrait aller chercher les points d'appui à des distances telles les unes des autres, que la quantité de fer employée jusqu'au premier étage deviendrait considérable et onéreuse. Nous parlons de premier étage, et ce terme constitue une indication précise, car il faudra bien dans les tours de l'avenir, comme on l'a fait pour la Tour du Champ de Mars, réunir par des poutres de pont horizontales, les montants lancés en porte-à-faux dans l'espace. Cette réunion ne peut guère se faire à plus de 50 ou 60 mètres de distance, ce qui limite à 60 mètres environ, la hauteur au-dessus du sol du premier étage de toute tour imaginable. Les projets futurs ne pourront guère dépasser, d'ici quelques années, 300 mètres. Le plus haut monument humain de l'univers, en 1889, est destiné à garder la suprématie pendant un certain temps, qui risque de se prolonger, par ces raisons techniques et économiques, concernant les constructions spécialement en fer.

C'est en 1775 seulement que, pour la première fois, un architecte audacieux osa introduire ce métal dans la combinaison d'un pont jeté sur la Tamise, en Angleterre Les anciens, qui n'en firent qu'un usage très restreint, l'avaient consacré au dieu Mars. Les peuples modernes en ont fait surtout un instrument d'utilité. Il est assez piquant de constater que, depuis cent ans, les plus grandes manifestations de paix se sont produites dans cette plaine parisienne baptisée du nom païen du dieu de la guerre. Le fer, devenu un engin de pacification et de civilisation, tend, de plus en plus, à remplacer le chêne et le sapin des poutres, des planchers, des charpentes et des fermes établies pour supporter le faîtage des constructions. Il est vrai que nos architectes ne peuvent pas donner un libre cours à leur génie, parce que les règlements de police, à cause de l'étroitesse de nos rues, s'opposent à ce qu'on augmente notablement la hauteur des maisons particulières, qui est encore celle du temps de Louis-Philippe et de Napoléon III. Mais il n'en est pas de même en Amérique, où l'on peut donner aux édifices les hauteurs de 80 à 100 mètres, avec autant d'étages qu'on le juge convenable. Cette poussée gigantesque en hauteur, cette marche aérienne tentée le long de la verticale, ont été rendues seulement possibles par l'emploi du fer qui se prête à tout et qui nous réserve encore bien d'autres merveilleuses applications. Son usage est donc destiné à se propager de plus en plus et sa consommation à devenir énorme. Le Comité des forges de France a dressé un état récapitulatif des quantités de fers et de fontes employées seulement aux divers bâtiments de l'Exposition universelle de 1889. Voici ce document, faisant date et instructif à retenir, qui présente un total de 43,277 tonnes, se décomposant de la façon suivante :

Galerie des machines . . . . kilog.	12,761,063
Palais des industries diverses.	8,337,679
Palais des beaux-arts et arts libéraux	8,027,410
Tour Eiffel.	7,347,230
Dôme central	1,092,000
Voies ferrées du Champ de Mars	1,010,600
Constructions diverses	843,674
Galerie de l'agriculture	788,916
Pavillon du Mexique	607,000
Pavillon de la République Argentine	600,000
Chemin de fer Decazeville.	300,800
Pavillon du Chili.	265,000
Pavillon de la ville de Paris	180,000
Palais des produits alimentaires.	173,358
Ministère des travaux publics et phares	152,000
Théâtre des Folies-Parisiennes	143,467
Pavillon du Brésil	142,000
Galerie de la classe 61	135,000
Pavillon des Forges du Nord.	126,677
Pavillon de l'Uruguay	125,000
Pavillon du gaz	118,000
Total . . kilog.	43,276,904

Un des caractères remarquables de l'exécution de la Tour Eiffel a été la régularité et la précision avec lesquelles ce grand travail a été mené à bonne fin. C'est l'emploi du fer qui a permis cette célérité et cette ponctualité exemplaires. On s'était imaginé aussi dans le public que les grandes élévations atteintes devaient influer sur les forces morales et physiques de l'ouvrier et retarder ainsi la marche des travaux. Il n'en a rien été. Montant avec la construction elle-même, les hommes n'ont éprouvé aucun malaise, aucune défaillance. Quand le premier plancher a été posé à 57 mètres, les ouvriers ont trouvé un nouveau sol; de même à 115 mètres.

Quant au danger connu, il a été fort amoindri par le plancher muni de garde-fous et de claies s'élevant avec la construction, et jusqu'à la fin, il ne s'est produit aucun accident.

On commença d'abord par étudier la composition du sol du Champ de Mars. On constata qu'il était formé, en pénétrant par le haut, d'abord d'une épaisse couche de remblais de toute nature, deuxièmement d'une épaisseur variable de sable fin et de gravier, puis d'une couche d'argile sableuse, ensuite d'une tranche de calcaire, enfin d'une assise inférieure très puissante d'argile plastique, ayant en moyenne 16 mètres d'épaisseur, et reposant sur un banc de craie. L'argile plastique se trouva heureusement suffisamment sèche, à l'état compact, offrant une résistance de charge de 3 à 4 kilogrammes par centimètre carré. En résumé, ces conditions géologiques étaient assez favorables.

Cependant, les fondations des quatre piles ont été faites différemment à cause de la variation extrême de ce sous-sol dans un espace restreint. C'est ainsi que les deux piles d'arrière, à l'Est et au Sud, celles qui regardent l'Ecole militaire et qui portent les numéros d'ordre 2 et 3, reposent sur une couche de sable fin et de gravier d'une épaisseur en ce point de 6 mètres environ. On a pu facilement pour leur fondation établir un massif inférieur constitué par une couche de 2 mètres de béton de ciment coulé à l'air libre.

Il n'en a pas été de même pour les deux piles de devant au Nord et à l'Ouest qui longent la Seine et qui portent les numéros d'ordre 1 et 4. La couche de sable ne se rencontre en cet endroit qu'à 5 mètres sous l'eau, et pour y atteindre, on traversa des terrains vaseux et marneux dus aux alluvions récentes du fleuve. Par prudence, M. Eiffel a fait exécuter au centre de chacune de ces piles un sondage à l'air comprimé, à l'aide d'une cloche en tôle mesurant 1ᵐ50 de diamètre et surmontée de hausses. Les fondations de ces deux piles se sont effectuées aussi à l'air comprimé, à peu près comme celles des piles de pont, selon le système inventé par Triger et avec le concours de caissons en tôle de 15 mètres de longueur sur 6 mètres de largeur, enfoncés profondément sous l'eau.

La Tour est placée exactement dans l'axe du Champ de Mars, et comme celui-ci est incliné à 45 degrés sur la méridienne de l'Observatoire de Paris, les quatre piliers se trouvent exactement aux quatre points cardinaux de l'horizon, ainsi qu'on vient de s'en rendre compte en lisant les lignes descriptives précédentes.

Les quatre montants de la Tour sont formés chacun par une grande ossature de section carrée de 15 mètres de côté, dont les arêtes transmettent les pressions au sol de fondation par l'intermédiaire de massifs de maçonnerie placés sous chacune d'elles. Il y a par conséquent quatre blocs de fondation par pied. Les sabots d'appui sont placés sur leur partie supérieure qui est normale à la direction des arêtes. Les massifs ont l'aspect d'une pyramide à face verticale sur l'avant et à face inclinée sur l'arrière. Les dimensions ont été calculées de manière à ce qu'elles ramènent dans un point très voisin du centre de fondation la résultante oblique de la totalité des pressions. Les massifs de béton réalisant cette surface ont 10 mètres de longueur sur 6 mètres de largeur. On a noyé au centre deux grands boulons d'ancrage de 7ᵐ80 de longueur et 0ᵐ10 de diamètre. Par l'intermédiaire de sabots en fonte et de fers à I, ils intéressent la majeure partie de la maçonnerie de chaque pyramide. Ce système n'était point indispensable pour la stabilité de l'édifice, qui est assurée par son poids propre. M. Eiffel l'a fait exécuter par excès de prudence et pour l'utiliser pour le montage des porte-à-faux des montants.

Les maçonneries ne travaillent pas à un coefficient supérieur à 4 ou 5 kilogrammes par centimètre carré. On a choisi de belles pierres de taille provenant des carrières de Château-Landon, dans le département de Seine-et-Marne et dans l'arrondissement de Fontainebleau Elles sont fort dures et peuvent se polir comme du marbre. Leur résistance à l'écrasement a été expérimentée au préalable par l'Ecole des Ponts et Chaussées et le Conservatoire des Arts et Métiers à Paris. On a reconnu qu'elle était de 1,235 kilogrammes en moyenne par centimètre carré. La pression sous les sabots en fonte n'étant que de 30 kilogrammes, la marge est grande, puisque ces pierres ne travaillent qu'au quarantième de leur solidité. Les fondations ont donc été établies dans des conditions exceptionnelles.

Il était nécessaire de s'assurer dès le début des fondations d'un moyen pratique pour maintenir les pieds de la Tour sur plan parfaitement horizontal. C'est alors que M. Eiffel eut l'idée de ménager dans les sabots d'appui un logement pour y placer une presse hydraulique d'une force de 800 tonnes. Ces presses ont servi à produire le déplacement des arêtes, pour les relever de la quantité nécessaire, en intercalant, selon les besoins, des coins en acier entre la partie supérieure du sabot et la partie inférieure d'un contre-sabot, sur lequel est assemblé le montant en fer. Cet outillage a particulièrement facilité toute la conduite de la construction.

Pour garantir solidement chaque pied de la construction, on a placé en dehors et autour des massifs de maçonnerie, un fort socle en béton aggloméré du système Coignet, supporté par une ossature métallique. Les murs qui soutiennent le socle sont eux-mêmes assis sur des piliers en arcade. On a noyé dans un remblai arasé au niveau du sol, toute cette structure supplémentaire, sauf pour la pile n° 3, où elle est restée à l'état de cave pour servir de logement aux générateurs et aux machines des ascenseurs.

Il s'agissait à ce moment de se préoccuper de l'écoulement dans le sol de l'électricité atmosphérique. Pour qu'elle puisse se faire avec toute facilité et sécurité, en toute quantité, on a placé à chaque pile deux tuyaux de conduite en fonte de 0^m50 de diamètre, et on les a immergés au-dessous du niveau de la nappe aquifère avec une longueur de 18 mètres. Ces tuyaux se retournent verticalement à leur extrémité, jusqu'au niveau du sol où ils sont en communication directe avec les montants en fer extérieurs A ce moment aussi, la Tour est sortie de terre. Nous étions au début de juillet 1887. C'est l'époque où ont commencé les travaux métalliques si avidement suivis par la population parisienne et si intéressants par leur nouveauté.

En effet, cette partie de la construction était tout à fait inédite, à cause surtout de la grande inclinaison de chaque pile se produisant par rapport à l'horizon, dans le sens de la diagonale de la base de la Tour. Cette inclinaison de 54 degrés constituait un porte-à-faux total ou surplombement de 30 mètres pour la partie de chaque pile comprise entre le sol et le premier étage. Ces porte-à-faux, sans précédent à Paris, ont été la terreur des curieux. Ce sont eux en effet qui ont produit les difficultés du montage, puisqu'il s'agissait de maintenir en équilibre stable les masses si considérables inclinées composant chaque pied. Malgré cela on a installé rapidement le chantier de réception et de bardage des fers qui arrivaient de l'usine de Levallois-Perret tout préparés pour être mis en place. Classés à chaque endroit d'approvisionnement dans quatre quartiers distincts pour les quatres piles, ils étaient repris par les engins de levage et dirigés méthodiquement vers le lieu exact de leur destination.

Les parties inférieures de chaque pile ont été montées sans autres appareils que de simples bigues munies de treuil de levage. Ces bigues étaient constituées par des mâts, ayant une hauteur de 22 mètres, assemblés à leur sommet, affectant assez bien la forme d'un A majuscule élancé. Au bas était un treuil, dans la partie supérieure se trouvait une poulie dans laquelle se retournait la chaîne montante qui s'accrochait à la pièce à enlever. C'est un appareil assez simple et qui a fait un excellent service dans la région immédiatement au-dessus du sol, jusqu'à une élévation de 15 mètres. A *ce point*, il a fallu avoir recours à des grues d'un genre spécial.

Jusqu'à une hauteur de 25 à 30 mètres, on s'était rendu compte par le calcul que le montage de la pile inclinée pouvait s'effectuer, comme s'il s'agissait de dresser une pile verticale, sans préjudice pour la stabilité. La pratique a réalisé la sécurité théorique. Mais à partir de ce chiffre, on est entré dans une seconde sphère d'action avec des engins nouveaux combinés de la façon suivante par M. Eiffel : 1° emploi d'échafaudages en charpente de 30 mètres implantés de façon à pouvoir soutenir au sommet trois des montants intérieurs de chaque pile, le quatrième n'ayant pas besoin d'appui par sa liaison intime et rigide avec les autres ; 2° application d'une console accessoire greffée sur chaque montant en présentant une surface horizontale reposant sur les boîtes à sable et constituant de la sorte l'appui de la pile en fer sur les échafaudages en bois. Ces grands échafaudages ou pylônes étaient de forme pyramidale. On les avait dressés sur des pilotis battus au refus pour être certain qu'aucun tassement ne se produirait. C'est à l'aide des appuis successifs qu'on a continué le montage en porte-à-faux des piles jusqu'au premier étage de la Tour. Dans les douze pylônes de charpente, étaient entrés 600 mètres cubes de bois. Grâce à leur élévation, on est parvenu à 50 mètres sans avoir besoin de relier les poutres horizontales destinées à relier elles-mêmes les quatre piles et pour fournir l'ossature complète, du premier étage.

Ce sont des grues pivotantes avec des portées de 12 mètres qui ont été spécialement construites pour desservir chacun des quatre montants de chaque pile. Ces grues, pesant 12,000 kilogrammes, soulevaient des pièces d'un poids de 4,000 kilogrammes. Elles ont été utilisées jusqu'à 150 mètres de hauteur, en exécutant leur ascension par reprises successives de 2^{m}50, à l'aide d'une grosse vis, et d'une façon sûre et régulière, comme si elles avaient fonctionné à terre et comme des appareils fixes.

Lorque les piles ont atteint 55 mètres de hauteur, il s'est agi de mettre en place le premier rang des poutres horizontales destinées à les réunir. Pesant 70,000 kilogrammes avec une élévation de 7^{m}50, inclinées selon la direction du sommet de la Tour, ces poutres opposaient un problème délicat à résoudre pour leur placement. On y a obvié en établissant quatre nouveaux échafaudages verticaux composés de trois formes en charpente de 45 mètres de hauteur avec contrefiches au sommet, afin d'obtenir une plate-forme de 25 mètres de longueur. De cette façon, on a pu monter sans difficulté sur la plate-forme les pièces métalliques destinées à former la partie centrale de chaque poutre. Le montage, une fois amorcé, a été continué des deux côtés afin de rejoindre les piles voisines. Il a été exécuté en porte-à-faux par le même procédé qui avait si bien réussi à M. Eiffel dans ses constructions antérieures, et notamment aux ponts de Cubzac en France et de Szegedin en Hongrie. Une fois qu'il a été terminé, on a enlevé tous les échafaudages, et on a abandonné la partie métallique à elle-même. Le moment était solennel. On était à la fin de l'année 1887. Toute la partie résistante de la Tour était constituée et M. Eiffel allait entrer dans la période décisive. Ajoutons qu'à cette époque, le nombre des ouvriers était de 250 ; ce chiffre devait être porté incessamment à 300. Vingt équipes de riveurs y travaillaient constamment.

Dès qu'on est parvenu au deuxième étage, c'est-à-dire à une hauteur de 115 mètres environ, les quatre piliers ont été reliés par une ceinture de poutres horizontales, comme on l'avait fait au premier étage. Entre-temps, on avait effectué la mise en place des arcs décoratifs sur les quatre faces de la Tour, et la pose des consoles supportant les galeries extérieures. Les travaux marchaient à vue d'œil ; chaque jour, on constatait que la Tour s'allongeait dans l'espace. M. Eiffel avait pris les dispositions nouvelles pour accélérer le levage des pièces à partir du premier étage et leur mise en place rapide grâce à un relais habilement ménagé.

A partir du deuxième étage, la section horizontale de la Tour allant sans cesse en s'amincissant, il fallut réduire à deux le nombre des grues et agencer leur manœuvre et leur progression avec leur situation actuelle. Un plancher intermédiaire ayant été disposé à la hauteur de 197 mètres, on s'en servit pour y installer une troisième machine à vapeur actionnant un travail et constituant ainsi une troisième station pour le levage des pièces.

Nous entrons dans la période finale de la construction. Pour la mener à bien, voici à grandes lignes les moyens employés par M. Eiffel et décrits par lui-même :
« Un treuil à vapeur installé au premier étage opérait le levage des pièces depuis le sol jusqu'à cet étage ; un deuxième treuil à vapeur, placé au second étage, tirait les pièces du premier étage pour les amener jusqu'à

lui ; un troisième treuil à vapeur, monté sur le plancher intermédiaire à 197 mètres au-dessus du sol, les amenait du troisième étage à cette élévation. Là, les pièces étaient élevées directement par les deux grues au point fixe de leur montage. »

C'est grâce à cette méthode expéditive que la construction de la Tour fut entièrement terminée le 30 mars 1889 au soir, et qu'on put le lendemain y hisser le trapeau national à 300 mètres d'altitude au-dessus du Champ de Mars. Ce magnifique drapeau avait 7^{m}50 de longueur sur 4^{m}50 de largeur.

Voici le récit de cette journée mémorable publié par le *Petit Journal* :

« Le 31 mars 1889 a largement récompensé M. Eiffel de ses efforts, car cette journée a été pour lui un véritable triomphe. Il avait invité quelques amis seulement à l'accompagner au sommet de la Tour pour hisser le drapeau destiné à couronner le faîte du monument; mais la tentation était grande pour bien des personnes, et à une heure et demie plus de cent cinquante amis attendaient dans le chantier. M. Eiffel n'a voulu priver personne du plaisir d'assister à cette quasi-inauguration de la Tour et tout le monde lui a fait cortège, quand il s'est mis à gravir l'escalier.

» Au premier étage, il est vrai, le zèle du plus grand nombre s'est refroidi ; à la seconde plate-forme, il n'y avait plus guère que la moitié des visiteurs, et quand on est arrivé au pied de la lanterne, c'est tout au plus si on était quarante. Là, M. Eiffel, qui tenait toujours la tête du cortège, est entré dans un long tuyau renfermant une échelle de fer et pendant quelques instants a disparu aux yeux de tous. Peu après il est apparu de nouveau et cette fois à la pointe extrême du monument.

» Il a hissé alors, au milieu des applaudissements des assistants, un immense drapeau donné par M. Berger et dont les plis sont venus se mêler à ceux d'une large bannière offerte par les ouvriers du chantier. Au même moment le feu était mis à des mortiers et vingt et une détonations, semblables à des coups de tonnerre, se faisaient successivement entendre, répercutées par des échos lointains.

» M. Contamin, ingénieur en chef de l'Exposition, qui était également monté jusqu'au faîte de la Tour, ainsi que MM. le Dr Chautemps, Berger, Salles, Thurneyssen, Guichard, Ollendorf, Dutert, le Dr Després et Jacques Barral, s'est avancé vers M. Eiffel et lui a adressé ses plus sincères félicitations. M. Berger a ajouté quelques mots et M. Eiffel a répondu par une courte allocution.

» Sans prendre un plus long repos, celui-ci est ensuite redescendu au pied de la Tour pour recevoir M. Tirard dont on signalait l'arrivée. Le président du conseil des ministres n'a pas cru devoir entreprendre l'ascension du monument, mais son admiration n'en a pas moins été très vive. Il l'a exprimée à M. Eiffel en termes chaleureux, et en terminant, lui a annoncé qu'il était promu officier de la Légion d'honneur. Tous les ouvriers qui se trouvaient en ce moment réunis autour de leur chef ont fait alors entendre un tonnerre d'applaudissements, et M. Noblemaire, directeur de la Compagnie des chemins de fer de Lyon, détachant sa propre rosette, est allé la mettre à la boutonnière de M. Eiffel, dont il est l'ami personnel.

» Après un discours de M. Alphand et une allocution du Dr Chautemps, les ouvriers Gourio, Maguin, Pallas, Alletru, Rondel, Baudrand père et Diziain, ont offert des bouquets à M. Eiffel et à son gendre, M. Salles. Un lunch, auquel était convié tout le personnel du chantier, a terminé la fête. »

Voici le tableau chronologique des principales étapes

par lesquelles ont passé la conception et l'édification de la Tour Eiffel :

Décret du Président de la République ordonnant une Exposition universelle à Paris en 1889.	24 novembre 1884
Ouverture d'un concours pour les bâtiments et les attractions de cette solennité	février 1885
M. Eiffel prend part à ce concours et présente son projet d'une tour de 300 mètres de hauteur	avril 1886
M. Eiffel remporte une des primes et on retient son idée d'une grande construction pylônique.	mai 1886
M. Eiffel modifie et améliore quelques dispositions de son plan conformément aux indications de la Commission officielle	12 juin 1886
Prise de possession par M. Eiffel de l'emplacement désigné au Champ de Mars	1er janvier 1887
Sondages du terrain	15 janvier 1887
Premiers coups de pioche des travaux des fondations	28 janvier 1887
M. Eiffel défend son projet contre les attaques et les protestations écrites des artistes et écrivains	26 février 1887
Elévation à fleur de terre des fondations des piles 2 et 3	5 mai 1887
Fondation à l'air comprimé des piles 1 et 4	20 mai 1887
Les massifs des fondations des piles disparaissent sous les remblais. Cinq mois ont suffi pour remuer 48,000 mètres cubes de terre et pour construire 14,000 mètres cubes de maçonnerie	30 juin 1887
Commencement du montage métallique	1er juillet 1887.
Le montage métallique atteint 30 mètres de hauteur	10 octobre 1887
Terminaison de la partie résistante du 1er étage à 60 mètres de hauteur	15 janvier 1888
On installe les grues de montage à 200 mètres de hauteur	10 décembre 1888
La construction de la Tour est terminée	30 mars 1889
M. Eiffel hisse le drapeau français au sommet extrême, à une altitude de 300 mètres.	31 mars 1889.

Les fers de provenance lorraine sont arrivés de l'usine de Levallois-Perret revêtus d'une première couche de minium ; mis en place, ils en ont reçu deux autres, dont la seconde a fixé la teinte définitive. Les peintres, juchés dans les mailles de la construction comme des matelots dans les cordages d'un navire, ont donné au métal sa coloration à grands coups de pinceau ; elle est très foncée au bas, plus claire plus haut, puis elle va en se dégradant jusqu'au sommet, afin d'augmenter l'effet de fuite du monument dans l'espace. C'est M. Stéphen Sauvestre qui a spécialement présidé à ce travail artistique, en faisant ajouter de distance en distance, des rechampis et des motifs variés de décoration. Ces tons changeants défient la sagacité de plus d'un curieux. La Tour paraît rouge à ceux-ci, bronzée à ceux-là. D'autres la voient nickelée par endroits. Cela tient à la composition spéciale des enduits adoptés et au jeu de la lumière. En résumé, du pied à la première plate-forme, on lui a donné le ton bronzé dit bronze Barbedienne, tirant un peu sur le rouge. De cette plate-forme à la seconde, elle a reçu la même teinte, mais plus claire. De là au sommet, trois autres teintes graduées, de moins en moins foncées, complètent cet ensemble harmonieux. La coupole est presque jaune d'or. On a doré les noms des 72 savants dans toute leur hauteur.

La Tour Eiffel a été le sujet des calculs les plus compliqués et les plus originaux. Un de nos amis, pendant que nous étions à table sur la première plate-forme, apprenant que 3,116 ascensionnistes avaient pénétré dans la Tour durant l'après-midi, prit un crayon et nous fit, séance tenante, le petit calcul suivant. En admettant pour chaque personne un poids moyen de 50 kilogrammes et une taille moyenne de 1^{m}50, on constate :

1° Que la Tour Eiffel a supporté, ce jour-là, un poids moyen de 145,800 kilogrammes ;

2º Que les visiteurs, placés bout à bout, représenteraient une hauteur de 4,675^{m}50.

Un autre de nos amis nous a fourni la comparaison financière que voici. Le budget de la France, en billets de banque de mille francs empilés les uns sur les autres, formerait une hauteur plus grande que celle de la Tour Eiffel. Voici la démonstration de cette proposition. 1,000 billets de mille francs font 1,000,000 et ont une hauteur de 10 centimètres. On peut s'en assurer avec un livre de 2,000 pages, soit 1,000 feuillets. Donc 10,000,000 auraient une hauteur de 1 mètre; 100,000,000 auraient une hauteur de 10 mètres; 1,000,000,000 ou mille millions une hauteur de 100 mètres. 3,000,000,000 auraient la hauteur de la Tour Eiffel : 300 mètres.

Le budget français qui est de 3,500,000,000 francs, pour faire bonne mesure, présenterait donc, en billets de banque de mille francs, une hauteur de 350 mètres, soit 50 mètres de plus que la Tour Eiffel.

M. A. de Foville a relaté un grand nombre de recherches statistiques dans une leçon savante et amusante faite sur la Tour Eiffel au Conservatoire des Arts et Métiers, en juin 1889. Il l'a pesée, mesurée, détaillée, disséquée, démontée dans toutes ses parties. Il a compté 12,000 pièces qui toutes arrivèrent à pied d'œuvre, prêtes à être agencées, 2,500,000 rivets, 7,000,000 de trous percés dans les fers, lesquels mis bout à bout formeraient un tube de 70 kilomètres de longueur, 1,792 marches (nombre fatidique) jusqu'à l'extrême sommet. Il a calculé qu'en s'asseyant dans son fauteuil, devant sa table de travail, M. Eiffel exerçait, sur son plancher, une pression de 4 kilogrammes par centimètre carré, tandis que la Tour de 300 mètres n'exerce, sur le sol, qu'une pression de 2 kilogrammes par centimètre carré, moitié moins que l'illustre constructeur, bien qu'elle le dépasse, debout, de 298^{m}30

Pour la couvrir d'une housse, il faudrait 75,000 mètres de toile, constituant un ruban de tissu allant de Paris à

INSCRIPTION EN LETTRES D'OR
SUR LA GRANDE FRISE DE LA TOUR EIFFEL
des noms des principaux Savants
qui depuis un siècle ont illustré la patrie française et agrandi le domaine universel des connaissances scientifiques.

Beauvais. Si on démonte la Tour (chose prévue) pour la transporter, ces 6,500,000 kilogrammes de fer demanderont 100 trains de marchandises, représentant le transport du poids d'une armée de 100,000 hommes. En supposant qu'on puisse déplacer la Tour dans Paris, comme un gigantesque bibelot, il suffirait de la mettre sur des roulettes et d'y atteler la moitié des 4,000 chevaux de la Compagnie générale des Omnibus.

Ayant coûté 6,500,000 francs, en transformant cette somme en pièces de 20 francs empilées, les 325,000 napoléons d'or ainsi étagés formeraient une colonne mesurant juste 300 mètres. Son prix de revient comparé à son poids net donne 1 franc par kilogramme. Avec toutes ses surcharges, elle pèse environ 10,000,000 de kilogrammes. Malgré ce chiffre énorme, la surface sur laquelle se répartit tout l'édifice est si considérable que la pression sur le sol de fondation dépasse à peine 2 kilogrammes par centimètre carré, comme nous venons de le voir dans le paragraphe précédent, c'est-à-dire qu'elle est inférieure à celle que produisent les constructions ordinaires de Paris. Elle correspond exactement à celle qu'exercerait sur le sol un mur plein en maçonnerie qui aurait 9 mètres de hauteur.

Les 70 premiers mètres pèsent à eux seuls plus que les 230 autres. Le poids de la Tour eût été de moitié moindre, si l'on avait pu faire abstraction de la résistance au vent. Cette résistance a été calculée de façon que l'édifice puisse supporter normalement une pression de 400 kilogrammes par mètre carré, correspondant à une poussée totale de 3 millions de kilogrammes. Les tempêtes les plus violentes observées à Paris n'ont jamais exercé un effort de plus de 150 kilogrammes par mètre carré, et il est probable que si, par malheur, un vent de 400 kilogrammes venait à souffler sur la capitale, la plupart de ses monuments seraient détruits, tandis que la Tour de 300 mètres ne céderait pas à cet ouragan, sa résistance au renversement ayant été calculée pour une sécurité double.

De même qu'on prévoit très exactement à l'avance les flexions que supportent les grands viaducs métalliques sous le passage des trains, de même on a pu déterminer avec la plus grande précision les oscillations que prendra la Tour sous l'effort du vent. Les plus grandes tempêtes, observées à ce jour à Paris, ne produiraient qu'une déviation d'environ 6 centimètres. Ce déplacement sera insignifiant, et on peut assurer qu'il passera inaperçu.

Quant aux effets de la foudre, ils ne sont pas à redouter. La Tour joue le rôle d'un immense paratonnerre, protégeant un très large espace dans son rayon, parce que sa masse métallique est en communication parfaite avec la couche du sous-sol par le moyen des conducteurs permettant de débiter la quantité considérable de fluide électrique dont il y a lieu d'assurer l'écoulement pendant les jours d'orage. Ajoutons qu'en raison de ses dimensions, la hauteur de la Tour variera suivant la température d'environ *vingt centimètres*. Le coefficient de dilatation linéaire étant de 0,0000118210, on peut calculer qu'à la température estivale de + 30 degrés centigrades, elle dépassera la hauteur de 300 mètres de $0^m106389$, soit environ de 0^m11. A la température de + 20 degrés, elle subira une diminution de $0^m070926$, soit environ 0^m07 (par défaut), et n'aura plus qu'une hauteur de $299^m 93$.

Les oscillations de la Tour ont donné lieu aussi aux appréciations les plus fantaisistes. Les uns ont prétendu que ses flexions, quand souffle un vent violent, sont de deux mètres ; les autres ont même attribué trois mètres. Le commandant Defforges, attaché à la section de géodésie du ministère de la guerre, partant de ce principe qu'on peut toujours déterminer la verticale d'un lieu, a installé sur la Tour un appareil destiné à constater expérimentalement ses écarts par rapport à cette verticale. Cet appareil consiste en une lunette astronomique fixe placée dans le pilier Sud. Au sommet on a placé une échelle servant de point de repère, pour les observations pendant le jour et pendant la nuit. Les expériences nocturnes sont éclairées par une lampe électrique à incandescence. Cet appareil, a aussi un autre but que de déterminer les flexions et les oscillations de la Tour sous l'action des vents. Il permet de voir quelle est sa torsion solaire. On entend par cette expression le mouvement produit par un signal en bois ou en fer, soumis aux rayons du soleil. La science géodésique a démontré que tout signal de cette espèce suit les rayons du soleil dans leur marche, et que dans sa dilatation, il éprouve une torsion durant tout le temps qu'il est soumis à l'action solaire, tandis qu'il reprend sa position première durant la nuit. En suivant, après le coucher du soleil sous la lunette le mouvement de la lampe à incandescence, on mesure facilement le développement de la torsion. Concomitamment, l'enregistreur anémométrique donne la pression du vent. De cette façon on sait sous quel effort se produit un écart déterminé. Lorsque l'effet est complètement connu, on le retranche du mouvement total de la Tour et on étudie la torsion sous l'action de la dilatation. Les mouvements oscillatoires sont lus facilement dans la lunette astronomique qui vise le point de repère fixe au sommet. Les expériences faites ont établi que les flexions ne dépassent pas deux centimètres, tout en pouvant atteindre un décimètre au maximum par une violente tempête.

En résumé, on peut considérer la Tour comme ayant exactement 300 mètres de hauteur à partir du sol et 100 mètres de côté à la base. Cela fait que la superficie couverte par ses quatre piliers constitutifs est exactement d'un hectare.

CHAPITRE SIXIÈME

LE FONDATEUR

LES CRÉATEURS ET LES OUVRIERS

DE LA TOUR EIFFEL

CHAPITRE SIXIÈME

Le Fondateur

LES CRÉATEURS ET LES OUVRIERS

DE LA TOUR EIFFEL

Le drapeau terminal. — Première photographie faite à 277 mètres de hauteur. — Les conquérants de la matière. — M. Eiffel, son état-major de collaborateurs et ses ouvriers. — Biographie de M. Gustave Eiffel. — Son acte de naissance. — Origine de son nom. — Une visite aux établissements Eiffel à Levallois-Perret. — Les ponts métalliques militaires. — Biographie des collaborateurs de la Tour de 300 mètres : MM. Jean Compagnon, Jean Gobert, Maurice Kœchlin, Nouguier, Adolphe Salles, Stephen Sauvestre. Les filles de M. Eiffel. — Les cent quatre-vingt-dix-neuf ouvriers de la Tour Eiffel.

Voici la Tour Eiffel terminée. C'est le moment, avant d'aller plus loin, de faire connaissance avec son fondateur, ses créateurs et ses ouvriers. Les travaux, comme on l'a vu, ont été menés avec une ponctualité toute mathématique, et leur exécution a répondu à toutes les prévisions, grâce à la science, au dévouement, à l'enthousiasme de cette petite armée d'ingénieurs et de travailleurs. Commencée le jeudi 28 janvier 1887, au matin, les 60 premiers mètres ont été montés à la fin de la même année ; en décembre 1888, la Tour atteignait 240 mètres, et le dimanche 31 mars 1889, à deux heures quarante minutes de l'après-midi, un immense drapeau offert par M. Georges Berger était arboré sur le sommet final par M. Eiffel, accompagné de sa fille cadette Mlle Valentine Eiffel, qui, la première de toutes les femmes, a voulu monter jusqu'à 300 mètres dans un monument humain. Ce jour-là, mon frère Jacques Barral a exécuté à 277 mètres de hauteur, la première photographie qui ait été tirée à la troisième plate-forme et qui comprenait dans le groupe des personnes présentes: MM. Boll,

Hattat et Muzet, membres du conseil municipal de Paris, Adolphe Salles, gendre de M. Eiffel, Stephen Sauvestre, l'architecte de la Tour, Gaston Carle, directeur de la *Paix*, Gaston Calmettes, rédacteur au *Figaro*, Maxime Serpeille, rédacteur au *Petit Journal*; puis Mme Boll, qui a suivi Mlle Valentine Eiffel à l'extrémité des 300 mètres, jusqu'au drapeau terminal.

En présence d'une œuvre si merveilleusement accomplie et qui a porté le nom de la France dans les retraites les plus reculées de l'univers, il est juste et intéressant de garder pour l'histoire du progrès les noms et les traits de ces hardis conquérants de la matière, et de présenter quelques détails sur leur existence et leurs travaux.

Eiffel.

Le triomphateur de ce gigantesque travail, Alexandre-Gustave Eiffel, est né à Dijon, dans le département de la Côte-d'Or, le 15 décembre 1832. Voici, à titre documentaire, la copie de son acte de naissance prise sur les registres de l'état civil de la cité bourguignonne. On y verra que le nom d'Eiffel n'était qu'un surnom jusqu'en 1880, et que c'est seulement cette année-là qu'il est devenu le nom légal du grand ingénieur.

L'an 1832, le 16 décembre, à une heure du soir, par-devant nous Bernard-Charles Belot, adjoint au maire de la ville de Dijon (Côte-d'Or), faisant par délégation spéciale les fonctions d'officier public de l'état civil.

Est comparu : François-Alexandre Bonickhausen dit Eiffel, âgé de trente-sept ans, négociant, demeurant à Dijon, faubourg d'Ouche, sur le port du canal, lequel nous a présenté un enfant que nous avons reconnu être du sexe masculin, né en son domicile le 15 décembre présent mois, heure de 8 du soir, du mariage contracté en cette ville le 23 novembre 1824 entre lui, déclarant, et

Catherine Moneuse, son épouse, âgée de trente-trois ans ; auquel il a déclaré donner les prénoms de Alexandre-Gustave.

Les dites déclaration et présentation faites en présence de Benoît-Nicolas-Casimir-Alphonse Lefebvre, âgé de quarante-huit ans, propriétaire et major de la garde nationale et de Claude Bossu, âgé de soixante-cinq ans, chef de bataillon en retraite, chevalier de Saint-Louis, officier de la Légion d'honneur et colonel de la garde nationale, tous deux domiciliés à Dijon et ont signé avec le père et nous après lecture faite du présent acte de naissance.

Signé : BELOT, LEFEBVRE, BOSSU, EIFFEL.

En marge est la mention suivante :

Par jugement du tribunal de première instance, de Dijon en date du 15 décembre 1880, il a été ordonné que l'acte ci-contre sera rectifié en ce que le nom de Eiffel sera substitué à celui de Bonickhausen.

Dijon, le 20 août 1881.
Pour le maire, l'adjoint,
Signé : LORY.

M. Bonickhausen dit Eiffel (père) était né à Paris le 29 janvier 1795 ; il était fils d'Alexandre-Marie Bonickhausen dit Eiffel, et de Marguerite-Joséphine Lachapelle. Il est mort à Dijon, le 15 septembre 1879.

Tout le monde sait qu'il existe chez nous beaucoup de noms d'origine germanique. Ce n'est pas surprenant. Pendant longtemps, a remarqué judicieusement Michelet, l'Allemagne et la France ont vécu pêle-mêle sur la frontière de l'Est. Dans les vallées de la Meuse et de la Moselle et dans les forêts des Vosges, il s'est formé une population vague et flottante, vivant sur les pays communs, avant de se décider pour une nationalité définitive. De là cet échange de noms. Dans la Prusse rhénane, non loin d'Aix-la-Chapelle, à l'est de la frontière belge, il existe un plateau volcanique et montagneux d'une élévation de 500 mètres. On le nomme *l'Eifel*. En géologie, l'adjectif éfélien s'applique à une division moyenne du système dévonien des bassins de la Meuse et du Rhin, contenant de puissants massifs calcaires auxquels on attribue une origine corallienne. On l'a ainsi appelé à cause de son importance dans l'Eifel rhénan. M. Jules Gosselet, géologue éminent et membre correspondant de l'Institut de France, a publié, sur ce sujet, un mémoire remarquable.

Ancien barbiste, M. Eiffel a présidé, en août 1886, la distribution des prix du Collège Sainte-Barbe, honneur réservé aux élèves les plus éminents. En sortant de cette célèbre maison d'éducation, il fut reçu à l'Ecole centrale des Arts et Manufactures, qu'il quitta en 1855 pour travailler chez un de ses oncles qui possédait une fabrique de produits chimiques. Ajoutons que c'est au Lycée de Dijon qu'il avait fait ses études primaires. Mais la chimie n'était pas le fait de M. Eiffel, qui rêvait un autre emploi de son brevet d'ingénieur. Il entra à la Compagnie des chemins de fer de l'Ouest, puis, peu après, il passa à la Compagnie d'Orléans, comme chef de service et fut chargé de diriger l'exécution du grand pont métallique de Bordeaux. Sa voie était trouvée. D'emblée, il fit preuve d'une science profonde alliée à un coup d'œil et à un sang-froid exceptionnels. Les Bordelais, qui suivirent avec un extrême intérêt la construction de leur pont, n'étaient pas peu surpris en constatant que c'était un jeune homme de vingt-six ans, en paraissant à peine vingt, qui dirigeait les travaux avec une aisance rare même chez un vieux praticien. Ce premier pas accompli, la personnalité de M. Eiffel ne fit que s'affirmer.

En 1867, l'Exposition universelle lui offrit une nouvelle occasion de se mettre en lumière. Le commissaire général, l'illustre Hippolyte Le Play, le chargea de vérifier expérimentalement les calculs d'après lesquels avaient été faits les arcs de la galerie des machines, et il accomplit cette mission de la façon la plus remarquable.

M. Eiffel résuma ses travaux dans un Mémoire devenu classique parmi les ingénieurs et les constructeurs, et il y fixa *le module d'élasticité des pièces composées à* 16×10^0, formule qui fut adoptée désormais classiquement pour toutes les grandes constructions métalliques.

Sûr de lui-même, plein de confiance dans son avenir, il fonda, en 1868, à Levallois-Perret, aux portes de Paris, dans la rue Fouquet, à laquelle la municipalité a donné le nom d'Eiffel, le 1er mai 1889, l'usine d'où sont sorties, par pièces, tant d'œuvres gigantesques. C'est ainsi que cette usine a pris part à la construction des piles métalliques des viaducs de Commentry et de Gannat et qu'elle s'est signalée par les perfectionnements apportés dans ce genre de travaux, en réalisant, coup sur coup, les audacieuses créations des ponts et des viaducs à grande portée et à élévation vertigineuse que l'on voit à Garabit, dans le Cantal; à Cubzac, sur la Sioule; sur la Tardes; sur le Douro, à Porto (Portugal); à Szegedin (Hongrie); à Tan-An, en Cochinchine, etc. On se souvient que l'Exposition universelle de 1878 présentait une immense façade très intéressante avec trois dômes. C'est à M. Eiffel que ce travail fut confié ainsi que celui du Pavillon de la ville de Paris, qui fut ensuite transporté aux Champs-Elysées, derrière le Palais de l'Industrie. L'attention des savants fut particulièrement attirée sur M. Eiffel, au sujet de la coupole de l'Equatorial de l'Observatoire de Nice, dû, comme on le sait, à la libéralité de M. Raphaël Bischoffsheim. Cette coupole, qui mesure 22 mètres de diamètre, et qui pèse plus de cent mille kilogrammes, peut être mise en mouvement avec une extrême facilité par la main d'un enfant. Pour arriver à ce résultat merveilleux, M. Eiffel a eu l'idée d'installer, à la base de la coupole, un flotteur annulaire plongeant dans une cuve remplie d'un liquide incongelable (solution de chlorure de magnesium), de sorte que l'appareil restant toujours en flottaison, se déplace avec une extraordinaire aisance. C'est à **M.** Eiffel à qui l'on doit la substitution du fer à la fonte, dans l'établissement des piles de pont, et l'introduction de l'acier dans la construction des tabliers, ce qui les rend à la fois plus légers, plus solides, plus économiques. Le lançage des ponts à poutres droites, comme celui des ponts à arc, lui doivent des perfectionnements et des systèmes nouveaux. Il a adopté, pour le lancement des longs tabliers rigides, les leviers et châssis à bascule, de son invention, et le montage en *porte-à-faux* que personne, avant lui, n'avait pu réaliser.

M. Eiffel est lauréat du prix quinquennal Elphège Baude, réservé par la Société d'encouragement pour l'Industrie nationale à l'auteur *des perfectionnements les plus importants apportés au matériel et aux procédés du génie civil, des travaux publics et de l'architecture.* Il a obtenu un grand prix à l'Exposition universelle de 1878 et des diplômes d'honneur aux Expositions d'Anvers et d'Amsterdam, en 1883 et 1885. Il est officier de la Légion d'honneur depuis le 31 mars 1889, chevalier de la Couronne de fer d'Autriche et de l'ordre de François, commandeur d'Isabelle-la-Catholique (Espagne), du Cambodge et de la Conception du Portugal. Cette dernière décoration lui a été remise publiquement par le Roi, le jour de l'inauguration du viaduc de Porto.

Le public ne saura jamais assez ce qu'il y a de science dans un pont ou dans un viaduc, et il est utile de lui faire connaître aussi l'admirable organisation de ces vastes ateliers où se conçoivent et se préparent les grands travaux. On lira donc avec autant d'intérêt que de fruit la description suivante d'une visite faite aux établissements de M. Eiffel par notre confrère du *Petit Journal*, M. Henry, à la date du 30 novembre 1890 :

« Une rue déserte à Levallois-Perret, un froid de loup et un monsieur, le nez enfoncé dans le collet de son paletot, cherchant le numéro d'une maison. Le décor n'est pas gai ; il a pour toile le fond des fortifications et de vastes espaces vides et désolés. C'est bien un paysage de la banlieue parisienne, de ces paysages où il semble que le froid est plus intense, la bise plus aigre. Brrr ! rien qu'à les contempler on se sent pris d'une irrésistible envie d'éternuer. Derrière des murs interminables qui bordent la rue et servent d'enceinte à de vastes hangars, on sent cependant que la vie n'a pas abandonné ce site lunaire. Un tuyau, qui domine les hangars, crache à intervalles réguliers dans l'atmosphère grise de puissants jets de vapeur ; des coups sourds, se succédant comme le tic-tac d'une pendule, indiquent qu'un immense labeur s'accomplit derrière ces murs d'aspect si peu récréatif. Le monsieur cherche toujours son numéro et on l'entend murmurer : « Voyons ! c'est bien la rue Fouquet, il doit y avoir un n° 42. » En effet, le numéro apparaît enfin au-dessus d'une porte sur laquelle on lit : *Etablissements Eiffel.* C'est là.

» Pour ne pas continuer plus longtemps ce roman-feuilleton, je vous dirai tout de suite que le personnage mystérieux qui cherchait ainsi l'autre matin, par un froid de plusieurs degrés, le n° 42 de la rue Fouquet, c'était moi tout simplement, signataire de cet article, qui n'ai rien de romanesque. Ce qui m'avait attiré dans ces parages aussi éloignés du perron de Tortoni que peut l'être la Sibérie, ce n'était pas le désir de chercher une scène propice au développement d'un roman ; non, j'étais attiré uniquement par le désir de visiter l'usine d'où sont sorties, pièce par pièce, tant d'œuvres grandioses, à commencer par la Tour Eiffel et le viaduc de Garabit, qui semblent, en cette fin de siècle, le dernier mot de la science de l'ingénieur. Il m'avait semblé intéressant de voir les surprises que pouvait nous réserver encore M. Eiffel qui, en se jouant pour ainsi dire, a mis en action la légende de la tour de Babel, moins la confusion des langues. On ne peut passer son existence à construire des tours de trois cents mètres. A quels travaux se livrent maintenant ces usines dont la réputation est aujourd'hui universelle! Telle était la question intéressante à laquelle j'étais venu chercher une réponse. Cette réponse, en l'absence de M. Eiffel, l'administrateur délégué de la Société, M. Gobert, et l'ingénieur en chef, M. Nouguier, consentirent à me la donner en me faisant visiter, avec le plus aimable empressement, et leurs bureaux et leurs ateliers.

» Bureaux et ateliers occupent à Levallois-Perret un emplacement de plus de vingt mille mètres. C'est de là que s'en vont tous ces ouvrages en fer qui sont expédiés un peu partout dans le monde. La nomenclature est longue des commandes en cours et dont je vois les pièces passant sous les machines-outils qui percent, rabotent, battent le fer, le coupent avec autant de facilité et de netteté que vous coupez à table un morceau de beurre. Voici d'abord un pont de 200 mètres avec une travée centrale de 100 mètres de portée : c'est le viaduc de Conflans-Andrésy sur la nouvelle ligne d'Argentan à Mantes. Ce pont coûtera un million. Voici les écluses de Port-Villez, dans le département de Seine-et-Oise : une commande de 3 millions faite par l'Etat. Voici les caissons pour les fondations du pont-canal de Briare, sur la Loire, qui représentent 1,500,000 francs environ. Ce travail est très curieux. Il s'agit de faire passer le canal au-dessus du fleuve comme on fait franchir un cours d'eau à un train de chemin de fer. C'est donc un canal suspendu. Voici encore les pièces de quatre beaux viaducs pour la Compagnie du Sud de France. Plus loin, j'assiste au montage d'un pont commandé par la Compagnie de l'Est pour le passage de la rue de la Croix-de-l'Evangile, à Paris.

» Ces grandes pièces de fer qui gisent sur le sol sont réservées à l'appontement de Trompeloup à Pauillac, appontement destiné à la Compagnie transatlantique et qui coûtera près de 2 millions. Ces autres pièces sont pour le pont de Notre-Dame-de-la-Garde, à Marseille. Un autre ouvrage des plus considérables en cours d'exécution est destiné au Portugal. Il s'agit d'un pont sur le Tage de 850 mètres de longueur avec fondations à l'air comprimé, et qui constituera un des plus importants viaducs existant en Europe. Trois grands ponts, également pour le Portugal, représentent avec le pont du Tage une commande d'environ 3 millions.

» A côté de ces grands travaux, les établissements Eiffel travaillent constamment pour le génie militaire à l'étranger, auquel ils fournissent des ponts militaires, et pour les grandes Compagnies en France, auxquelles ils viennent de livrer trois grands ponts qui servent pour le rétablissement des voies lorsqu'elles sont emportées par suite d'une crue, d'une inondation ou pour toute autre cause. C'est là la besogne courante, qui comprend aussi la fabrication de ponts portatifs très employés en Cochinchine, au Tonkin, à Manille. Rien d'ingénieux comme ces ponts inventés par M. Eiffel. On aura une idée des avantages du système lorsque je dirai qu'en quelques heures on peut relier, par un passage solide en fer, les deux rives d'un cours d'eau. Jadis le même travail nécessitait plusieurs mois.

» Voulez-vous avoir une communication sur une rivière? il vous suffit d'écrire aux Etablissements Eiffel : Envoyez 10 mètres ou 20 mètres de pont et vous recevez ce qu'il vous faut. Pas besoin de monteurs, d'ouvriers spéciaux ; vous placez votre pont vous-même, avec l'aide des gens du pays, et en deux ou trois heures votre communication est établie. Ce n'est que quand le cours d'eau a plus de vingt et un mètres de large qu'une pile est nécessaire ; en ce cas, on la *visse* dans le lit du fleuve et tout est dit. C'est merveilleux de simplicité et de bon marché.

» On voit par tout ce qui précède comment les ingénieurs et les ouvriers de M. Eiffel emploient leur temps actuellement. Qui peut le plus peut le moins. Tous ces travaux petits et grands s'exécutent à l'aide des procédés qui ont été employés pour la construction de la Tour Eiffel, c'est-à-dire que toutes les pièces partent de l'usine de Levallois-Perret toutes préparées, numérotées, s'adaptant exactement les unes aux autres, comme les pièces d'une horloge. Arrivées sur place, fût-ce au bout du monde, les monteurs de M. Eiffel n'ont plus qu'à se livrer à une sorte de jeu de patience, rapprochant les diverses pièces en suivant les indications des numéros, boulonnant, rivant, sans avoir jamais à rencontrer un trou de boulon ne se combinant pas avec celui d'une autre pièce. Grâce à ces procédés, qui sont très simples lorsqu'on les explique ainsi en quelques mots, très compliqués, au contraire, et demandant une grande habitude pratique, un long travail préparatoire quand il s'agit de les appliquer, l'ouvrage métallique le plus colossal peut être comparé à un habit dont toutes les pièces sont coupées d'avance et qu'il n'y a plus qu'à rassembler et à coudre. C'est cette précision, cette simplicité d'exécution qui sont le triomphe des ingénieurs et des ouvriers des établissements Eiffel. La tour du Champ de Mars a été ainsi préparée, morceau par morceau, dans les ateliers de Levallois-Perret. On comprend comment les Parisiens l'ont vue s'élever si rapidement, si régulièrement, sans un moment d'arrêt, sans une hésitation.

» Aujourd'hui donc, les ateliers Eiffel sont occupés plus que jamais. La gigantesque réclame que leur a faite dans tout l'univers la tour du Champ de Mars leur a attiré un grand nombre de commandes et le travail leur est assuré pour l'année prochaine. Nous savons en outre que des projets des plus importants sont à l'étude, projets de constructions métalliques et de travaux publics, parmi lesquels certains sont en bonne voie de conclusion, tels que, par exemple, le Métropolitain de Paris, dont la Compagnie poursuit la concession. Ces projets sont du meilleur augure pour l'avenir de la Société La chose peut n'être pas sans intérêt pour une partie du public, celle qui s'est intéressée dans cette affaire prospère, appelée à être si féconde en résultats.

» On sait, en effet, qu'après le succès de l'Exposition M. Eiffel, comprenant quel développement allaient prendre ses établissements, a formé une société, et pour se procurer des moyens d'action plus puissants, et pour faire participer ceux qui auraient confiance en lui aux bénéfices qu'il était appelé à recueillir. La Compagnie des Etablissements Eiffel a été constituée le 25 mars 1890 pour cinquante ans, avec le concours de la Société générale, du Crédit industriel et de la Banque internationale de Paris, au capital de 6 millions de francs, représenté par 12,000 actions de 500 francs sur lesquels 350 francs ont été versés.

» Cette société, qui a gardé M. Eiffel à sa tête, comme son président, est devenue propriétaire de tous les immeubles, ateliers, matériel, brevets, agences de l'ancienne maison Eiffel. Elle est donc appelée à bénéficier de l'énorme notoriété qui s'attache au nom de son président, et ayant à exploiter une industrie admirablement outillée, fonctionnant depuis de longues années, elle n'a pas d'école à faire et voit ouverte devant elle une route toute tracée. C'est ce qui explique l'accueil fait dès le début aux titres de la Société, qui se négocient actuellement au cours de 560 francs environ et sont très probablement appelés, après les résultats des premiers exercices, à profiter d'une importante plus-value. En effet, on a vu l'importance des commandes en cours, c'est-à-dire des bénéfices préparés ; le capital à rémunérer d'un autre côté est minime, car l'affaire a été constituée sans aucune majoration. Ce capital versé n'est que de 4,200,000 fr. Il se trouve ainsi assuré d'une rémunération qui ne peut être qu'importante dès les débuts et qui pourra devenir considérable dans la suite. L'affaire est donc fort intéressante à suivre de près pour les capitalistes qui ne comprennent qu'à notre époque, où la rente ne rapporte plus que 3 p. c., il est indispensable de demander à l'industrie une augmentation de son revenu. »

Ajoutons que les Etablissements Eiffel sont appelés à jouer un rôle prépondérant dans le cas d'une conflagration européenne. Ils excellent à construire des ponts métalliques de 45 mètres de portée pour chemins de fer à voie normale et qui sont destinés à remplacer rapidement les voies détruites en temps de guerre, et aussi en temps de paix à la suite de l'enlèvement d'un pont par les crues subites ou toute autre catastrophe.

Il est véritablement stupéfiant de voir avec quelle simplicité et quelle aisance se fait la manœuvre de ces ponts. Quelques hommes suffisent à cette tâche, sans effort, et, comme il n'est pas besoin pour cela d'avoir fait un apprentissage préalable, les soldats du génie peuvent rapidement mettre en place un pont de cette nature. Le montage s'effectue entièrement sans le concours d'aucun agent mécanique, en moins de 50 heures. Quant au lançage complet, il ne demande même pas 10 heures Il en résulte que pour rétablir un passage de 45 mètres d'ouverture, sans appuis intermédiaires, il suffit de 60 heures de travail. Tout en acier un pont semblable pèse environ 86,000 kilogrammes. Il peut résister à une charge de 225,000 kilogrammes avec une flèche presque insignifiante.

Le système de ces ponts portatifs économiques est, du reste, appliqué depuis longtemps par son inventeur, M. Eiffel, tant en France qu'à l'étranger. En Cochinchine et au Tonkin notamment, on en compte un nombre considérable. Le montage est d'une simplicité élémentaire.

Ces entreprises extraordinaires exigent des hommes d'énergie, de savoir et de longue patience.

M. G. Eiffel est doué d'une volonté opiniâtre, d'une ténacité de fer, avec beaucoup de bienveillance, de douceur, de timidité même dans les relations, et d'une exquise modestie. Son nom est désormais répandu dans le monde entier. Dans les villages les plus isolés, nous avons trouvé les vues de la Tour Eiffel placées à côté des images de Napoléon et Gambetta.

M. Gustave Eiffel a toujours su s'entourer d'un état-major d'ingénieurs laborieux et audacieux, grâce à l'influence de ses dons naturels et de son éducation première. C'est en effet au Collège de Sainte-Barbe que son esprit scientifique s'est ouvert. Il y a suivi notamment les cours de physique, de chimie et de mathématiques de Barral, qui a été le professeur d'un grand nombre d'hommes qui tiennent aujourd'hui le premier rang dans l'armée, la marine, l'industrie, l'enseignement, les sciences. Il a appris de bonne heure à deviner les aptitudes et à découvrir les mérites. Quand on est destiné à devenir le chef d'une puissante maison, c'est un don inappréciable. Il a rencontré dans son gendre, M. Adolphe Salles, et dans MM. Gobert, Nouguier, Kœchlin, Sauvestre, Compagnon, des exécuteurs précieux de ses pensées dans le domaine de la théorie et de la pratique.

Dans cette merveilleuse campagne technique de la Tour de 300 mètres, si habilement conduite, sans un échec, sans la plus petite déception, comme Napoléon dans ses batailles militaires a trouvé des généraux à la hauteur de ses pensées, M. Gustave Eiffel a eu le don de savoir s'entourer d'ingénieurs et de spécialistes dignes de ses talents et de ses idées. Il est donc utile de connaître la vie de ses principaux collaborateurs. Ils ont été à la peine, il faut qu'ils soient à l'honneur. Voici sur chacun d'eux, par ordre alphabétique, quelques détails biographiques intéressants, suivis de leur portrait.

Compagnon.

M. Jean Compagnon est né à Reyrieux, près Trévoux (Ain), en 1838. C'est un ouvrier fils de ses œuvres.

Après un apprentissage de trois années comme charpentier, il quitta son pays natal en 1855 pour venir à Paris, voir l'Exposition universelle, et travailla chez divers entrepreneurs de charpente, fréquentant le soir l'école des adultes au Conservatoire des Arts et Métiers, pour se perfectionner, et cela pendant trois années consécutives.

En 1859, il était chef d'équipe charpentier au viaduc de Vincennes, lorsqu'il fit la connaissance du directeur des travaux des ponts métalliques que la maison Goüin construisait sur cette ligne. Il s'embarqua alors à Dunkerque pour aller en Russie, sur la ligne de Saint-Pétersbourg à Varsovie, travailler à la construction de divers ponts métalliques à Réjitza, Dunabourg et Wilna, etc.

De retour en France, en 1863, il se maria avec sa cousine et repartit en 1864 pour l'Espagne, à Villaréal de Zumarogua, comme chef d'atelier pour la construction du chemin de fer de la traversée des Pyrénées.

En 1865, il se rendit en Italie, comme contremaître et chef d'atelier, chargé de la construction des ponts de Merzana-Corti, sur le Pô, sur l'Adda, à Pizighetonne près Crémone, et dans l'Italie méridionale sur la ligne de Foggia à Naples, à Ariano.

En 1869, il partit pour la Russie, comme contremaître et chef charpentier pour le montage et la construction d'un grand pont sur le Volga près de Rybinsk et de divers autres petits ponts sur la ligne de Rybinsk à Bologoë.

Nouveau retour en France, en 1871, et nouveau départ, en 1872, à Budapest, en Hongrie, pour la construction du pont Marguerite sur le Danube.

En 1876, pour le compte de la maison G. Eiffel, M. Compagnon alla à Porto, en Portugal, comme chef monteur du pont Maria Pia, qui a un arc de 160 mètres de corde sur 60 mètres de hauteur ; à la fin de ces travaux, il monta les ponts de Tamiga et Villamca, sur la ligne du Douro.

Revenu en France, en 1878, il monta les ponts d'Empalot, de Valentine et Sarrieu sur la Garonne, et devenu, en 1889, chef de service de la maison G. Eiffel, il commença les installations du viaduc de Garabit (Cantal), puis du pont-route de Cubzac, l'installation et le lançage du tablier sur chaque rive.

En 1882, départ pour Szegedin (Hongrie) pour effectuer le montage du pont-route de Szegedin, dont une travée a 110 mètres de corde, montée en porte-à-faux sur la Theiss.

En 1883, retour à Garabit (Cantal) pour le montage de l'arc de 165 mètres sur 124 mètres de hauteur, jusqu'en 1884.

En 1885, montage du viaduc de La Tardes (Creuse), hauteur 92 mètres, lançage d'une travée de 104^{m}50 sans appuis entre les piles en maçonnerie.

De mai 1885 à la fin 1886, montage de divers ponts, à Roc-Saint-André (Morbihan), à Moranne-sur-Sarthe, sur la ligne de Caen à Saint-Lô, à Evreux, etc.

De janvier 1887 à septembre 1887, montage du pont de Collonges-sur-Saône et de Montélimar, sur le Roubion.

Et depuis cette date, il fut chargé du montage de la Tour Eiffel au Champ de Mars.

Nous avons cité tous ces travaux pour bien mettre en lumière tout ce que peuvent la volonté et l'intelligence chez un ouvrier français.

M. Compagnon a été promu au grade de chevalier de la Légion d'honneur le 6 mai 1889.

Gobert.

M. Jean Gobert, fondé de pouvoirs et conseiller intime de M. Eiffel, est né à Vic-sur-Aisne (Aisne) le 26 juillet 1841. Il entra le premier de sa promotion, en 1859, à l'Ecole centrale des Arts et Manufactures. Il avait dix-huit ans. Quand il en sortit avec le titre d'ingénieur diplômé, il se consacra à d'importants travaux, variés et nombreux, d'abord à Marseille, puis ensuite à Bordeaux. Il est depuis quinze ans dans la maison Eiffel où il a pris une situation prépondérante par ses talents d'ingénieur consommé et de mathématicien hors ligne. Il est l'auteur d'une nouvelle théorie pour la construction des voûtes et d'une méthode graphique pour déterminer la courbe de pression unique, donnant la plus petite épaisseur de clef et la section minima d'une voûte en berceau. Il a appliqué sa méthode avec succès à divers ponts de grande ouverture et il a formulé les données expérimentales sur lesquelles on doit fonder la résistance à l'écrasement.

Ce travail, devenu classique dans l'art du constructeur, a fait l'objet d'un rapport élogieux, le 10 janvier 1877, à la Société des Ingénieurs civils, à Paris, de la part de

M. JEAN COMPAGNON
Chef de service de la Tour Eiffel.

M. JEAN GOBERT
Ingénieur de la Tour Eiffel.

M. ADOLPHE SALLES
Ingénieur de la Tour Eiffel.

Etat-major des collaborateurs de M. Gustave Eiffel.

Tresca, juge éminent dans la matière, et le mémoire de M. Gobert aurait obtenu le prix, si son auteur, trop prévenant, n'avait pas eu l'idée de faire autographier son travail, pour la commodité de la lecture, le texte formel de la fondation n'admettant que des manuscrits pour le concours.

La méthode de M. Gobert, imaginée et pratiquée par lui, dès 1867, et restée presque inédite jusqu'en 1878, met en évidence, mieux que toute autre, le jeu des actions mutuelles qui s'exercent sur divers points d'une voûte. Elle fournit la mesure précise des épaisseurs et des poussées à la clef relatives aux divers joints. Elle se prête de plus à l'étude graphique comparative des résultats produits par des surcharges variables et par des matériaux diversement résistants. Elle fournit enfin un moyen de comparaison sûr et rapide des divers projets qu'un même ouvrage peut comporter, ainsi que la possibilité de reconnaître, par une solution négative, les corrections à effectuer dans les cas où les dispositions projetées ne sont pas compatibles avec le degré de résistance des maçonneries.

Kœchlin.

M. Maurice Kœchlin est né à Buhl (Alsace), en 1856. Après avoir fait ses études classiques au Collège de Mulhouse, il passa au Gymnase de Strasbourg, puis il entra à l'Ecole polytechnique de Zurich, célèbre établissement scientifique qui rivalise en Suisse avec notre grande Ecole et dont il sortit le premier. Pendant deux années, il fut attaché à Paris aux chemins de fer de l'Est, au bureau des études techniques. Il a publié deux volumes sur les applications de la statique graphique dans l'Encyclopédie des travaux publics, fondée par M. Lechalas, inspecteur général des ponts et chaussées. Il est l'auteur d'une nouvelle théorie sur les arcs. Depuis douze années, il a collaboré activement à tous les grands travaux poursuivis par la maison Eiffel. C'est lui qui a fait les innombrables calculs, dirigé les études et l'exécution des dessins nécessités par la construction de la Tour. En mai 1889, il a reçu la croix de chevalier

M. M. KŒCHLIN
Ingénieur de la Tour Eiffel.

M. NOUGUIER
Ingénieur de la Tour Eiffel.

M. STEPHEN SAUVESTRE
Architecte de la Tour Eiffel.

État-major des collaborateurs de M. Gustave Eiffel.

de la Légion d'honneur en récompense de sa collaboration aux grands travaux entrepris par M. Eiffel.

En octobre 1889, M. Kœchlin a demandé au Conseil fédéral de Suisse une concession pour la construction et l'exploitation d'un chemin de fer allant de Lauterbrunnen au sommet de la Jungfrau. Les Bernois prétendent que le projet est parfaitement réalisable.

La ligne projetée se composera de deux parties : la première sera un chemin de fer à adhérence et à voie étroite qui continuera la ligne d'Interlaken à Lauterbrunnen, actuellement en construction, et qui amènera les voyageurs au pied de la Jungfrau ; la seconde partie se déroulera sur la montagne ; mais M. Kœchlin hésite encore sur le mode de traction.

Le travail durera sept ans, car on ne pourra opérer que dans la belle saison ; il coûtera environ 10 millions. Le chemin de fer sera exploité pendant les cinq mois d'été ; les ingénieurs comptent sur trente jours d'ascension complète par an et sur 30,000 ascensionnistes en moyenne. Le trajet, aller et retour, coûtera 35 francs.

Nouguier.

Emile-Toussaint-Michel Nouguier est né à Paris le 17 février 1840. Il se prépara, à la fin de ses études, pour l'Ecole polytechnique et fut admissible en 1861. Il entra peu de temps après à l'Ecole nationale supérieure des Mines ; il en sortit en 1866 comme ingénieur diplômé. Il devint de 1867 à 1876 un des employés actifs de la maison Ernest Goüin (aujourd'hui Société de construction des Batignolles), d'abord en qualité de chef du bureau des études, puis comme ingénieur des chantiers. Dans cette importante maison, il a collaboré à tous les travaux qu'elle a exécutés pendant cette période de neuf années, notamment à l'édification du Palais de l'Exposition universelle de 1867, à la construction du pont sur la rue Brémontier à Paris (chemin de fer de ceinture); du pont sur le Volga à Rybinsk (avec travées de 110 mètres et d'une longueur de 475 mètres); du pont de l'île Marguerite sur le Danube, à Pesth (avec six arches et d'une longueur totale de 570 mètres).

En 1876, il entra à la maison Eiffel, comme ingénieur chargé de la direction des études techniques et des montages. Il a pris part en cette qualité à tous les travaux exécutés par cette maison depuis cette époque et dont voici la nomenclature instructive : *France :* Pont d'Empalot avec fondation à l'air comprimé : ponts de Valentine et de Sarrieu pour la Compagnie des chemins de fer du Midi ; grand vestibule d'honneur de l'Exposition universelle de 1878 ; pont de la route de Cubzac, sur la Dordogne, d'une longueur de 552 mètres ; viaduc de La Tardes, sur la ligne de Montluçon à Eygurande, d'une longueur de 250 mètres, en trois travées, la travée centrale ayant 104 mètres d'ouverture et se trouvant située à 80 mètres au-dessus du fond de la vallée. Fait à retenir : ces deux derniers ouvrages ont été mis en place sans échafaudage. — Viaduc de Garabit, d'une longueur de 564 mètres, l'arche centrale ayant 165 mètres d'ouverture avec une hauteur de 124 mètres. Le montage a été fait en porte-à-faux sans échafaudage.— *Portugal :* Pont sur le Douro, à Porto, d'une longueur de 364 mètres, avec une arche centrale de 160 mètres d'ouverture et d'une hauteur de 60 mètres ; le montage de ce pont en porte-à-faux et sans échafaudages a été répété au viaduc de Garabit cité plus haut ; pont de Vianna, sur le Lima, destiné à une voie de fer et à une route, d'une longueur de 750 mètres, avec des fondations exécutées par l'air comprimé à 25 mètres de profondeur ; viaducs des lignes du Minho, du Douro et de la Beira-Alta. En récompense de tous ces travaux, M. Nouguier a reçu du roi de Portugal la croix de commandeur de l'ordre du Christ. — *Espagne :* Ponts et viaduc de la ligne de Gerone à la frontière française; grand pont sur le Tage, digue de Madrid à Cacères; ponts de la ligne des Asturies-Galice et Léon, parmi lesquels il faut citer le pont du Cobas, en une travée unique de 100 mètres. En récompense de ces travaux, M. Nouguier a été nommé chevalier de l'ordre d'Isabelle-la-Catholique. — *Roumanie* : Ponts de la ligne du chemin de fer de Ploiesti à Predéal. — *Hongrie* : Grands ponts en arcs sur la Theiss à Szegedin, d'une longueur de 606 mètres, avec arche de 110 mètres surbaissée au treizième, montée en partie en porte-à-faux.

Nous arrivons à la Tour Eiffel pour laquelle M. Nouguier, en collaboration de M. Kœchlin, a dressé, avec le concours de M. Sauvestre, l'avant-projet présenté au gouvernement. Il a ensuite suivi l'exécution de la Tour, étudié et dirigé le montage, ayant sous ses ordres comme chefs de chantier M. Martin pour les fondations et les maçonneries et M. Compagnon pour la superstructure métallique.

Le gouvernement lui a rendu justice en lui décernant la croix de chevalier de la Légion d'honneur, le 6 mai 1889.

Salles.

M. Adolphe Salles est né à Marseille, en 1858. Il est entré en 1877 à l'Ecole polytechnique et en 1879 à l'Ecole nationale des Mines, dont il sortit ingénieur des mines. Envoyé en mission en Espagne, en 1882, pour faire l'étude des gisements de fer de la province de Bilbao et des exploitations de cuivre de la province de Huelva ; envoyé en mission en 1883 dans l'est de la France, la Lorraine allemande et le Luxembourg, pour étudier et faire un rapport sur les gisements de fer oolithique, leur exploitation et sur l'industrie métallurgique de cette région. M. Salles, en 1884, fut nommé ingénieur de la direction à Paris de la Compagnie des mines, forges et fonderies d'Alais, dans laquelle il introduisit la fabrication de l'acier au moyen des fours à sole en fer chromé. Il y resta jusqu'en 1886, époque à laquelle M. Eiffel, dont il a épousé la fille aînée en 1886, se l'adjoignit comme collaborateur. Il lui confia plus particulièrement, comme fondé de pouvoirs, la direction de l'entreprise générale des écluses du canal de Panama et celle de toutes les installations de la Tour de 300 mètres, à l'exécution de laquelle M. Salles a pris une très large part. Il faut citer notamment le montage des ascenseurs, dont la disposition toute nouvelle et sans précédent, exigeait une sécurité exceptionnelle ; il s'est opéré sous sa direction spéciale avec le plus grand succès.

M. Adolphe Salles a pour beau-frère un diplomate, car la seconde fille de M. Eiffel, Mlle Valentine Eiffel, a épousé le 22 janvier 1890, M. Camille Piccioni, secrétaire d'ambassade, attaché au ministère des affaires étrangères à Paris. Le mariage s'est célébré à Saint-François-de-Sales. Le R. P. Didon, qui est particulièrement lié avec la famille Eiffel, a adressé aux jeunes mariés l'allocution d'usage sous la forme d'un discours éloquent, animé d'un grand souffle libéral et scientifique.

Sauvestre.

M. Stephen Sauvestre est né à Paris en décembre 1847. Elève de M. Simonet à l'Ecole d'Architecture fondée à Paris par M. Emile Trélat, il sortit avec la première promotion, après avoir obtenu des médailles d'honneur. Dès 1869, il envoya au Salon des Beaux-Arts un relevé qui fut médaillé. Il devint aussitôt inspecteur des travaux de reconstruction du théâtre de Brest, et dirigea le bureau d'architecture à l'usine de M. Eiffel, où il participa à plusieurs entreprises considérables, notamment à la gare de Budapest. Il est l'auteur du pavillon de la Compagnie parisienne du Gaz, qui fut si remarqué à l'Exposition universelle de 1878. A partir de cette date, il a peuplé le quartier naissant de la plaine Monceau et de l'ancien Passy, de villas et d'hôtels particuliers, qui ont consacré sa réputation d'architecte spécialiste et artiste. En 1884, il fut un des premiers à étudier le projet primitif de la Tour de 300 mètres avec MM. Eiffel, Nouguier et Kœchlin. Il obtint à cette époque une place importante à l'Exposition des Arts décoratifs. Il se confina ensuite dans la préparation du concours pour l'Exposition universelle de 1889 et, en collaboration de M. Eiffel, il conçut le projet qui a obtenu une des trois premières primes. Dans la conception définitive de la Tour Eiffel et dans son exécution architecturale, il a joué un rôle important.

La construction du palais central des colonies à l'Exposition de 1889 a été confiée à M. Sauvestre, qui a su surmonter une grande difficulté au point de vue du style. Destiné à abriter les produits de contrées qui n'ont pas d'art indigène marqué aussi bien que ceux des pays qui possèdent une esthétique spéciale, cet édifice ne pouvait avoir aucun style bien tranché, tout en ayant cependant un air suffisamment... colonial. Comme on voit, le problème n'était pas des plus faciles à résoudre et M. Sauvestre à dû recourir à sa seule imagination pour trouver l'architecture convenable. Ajoutons que son esprit d'invention l'a fort bien servi. Le palais était d'un ensemble élégant et original et sa décoration, sans être criarde, avait l'éclat nécessaire à toutes les constructions exotiques.

Le centre était formé par un dôme d'une hauteur de cinquante mètres dont la toiture en tuiles émaillées resplendissait au soleil ; deux pavillons terminaient les galeries surmontées de clochetons qui s'étendaient en largeur de chaque côté du dôme. Dans la décoration extérieure, c'était le rouge qui dominait, mais un rouge atténué, d'une tonalité douce.

M. Stephen Sauvestre est le fils de Charles Sauvestre, le profond écrivain pédagogique, qui a laissé des traces éminentes dans l'instruction publique par ses écrits et ses services et qui a livré le bon combat pour le progrès et la liberté, à côté de Barral, dans la *Démocratique pacifique, la Revue phalanstérienne, la Réforme de 1848, la Presse scientifique des Deux-Mondes, l'Opinion nationale*. Esprit vaillant, cœur chaud, le père a laissé un descendant digne de lui.

Les ouvriers.

Il est légitime d'ajouter à ces notices biographiques sur M. Gustave Eiffel et son état-major de collaborateurs, la liste alphabétique des ouvriers qui ont participé à la construction de ce colosse de fer, et qui ont eu une foi invincible dans les ressources scientifiques de leur illustre chef. D'ailleurs ces noms sont inscrits sur la Tour de 300 mètres ; c'est donc un document historique et leur reproduction dans ce livre constituera comme un parchemin d'honneur pour la famille de ces fiers travailleurs.

1. ALÉZY.
2. ALIBERT.
3. ALLÉTRU.
4. ANDRÉ.
5. AUTISSIER.
6. BART.
7. BASTIEN.
8. BAUDRAND, père, chef bardeur.
9. BAUDRAND, fils.
10. BAUHAIRE.
11. BEAUDUCEL.
12. BÉCHON.
13. BEFFARAT.
14. BENTIVOLIO.
15. BÉRANGER.
16. BERNARD.
17. BERTHET.

18. Besson.
19. Bidault.
20. Boissy.
21. Bories.
22. Bories, Henri.
23. Boué, chef d'équipe.
24. Bougé.
25. Bradet.
26. Braley, père.
27. Braley, aîné.
28. Braley.
29. Brignon.
30. Bruyelle.
31. Calmels, père.
32. Calmels, fils.
33. Calvi.
34. Calzia, Antoine.
35. Calzia, Jean.
36. Cambours.
37. Carle.
38. Caussadette.
39. Chambrin.
40. Chanéac.
41. Charpentier.
42. Charton.
43. Chaussard.
44. Chelles.
45. Cietallaz.
46. Cluzel.
47. Coignac.
48. Coutanceau.
49. Dargnat.
50. Daste.
51. Daydé.
52. Demon.
53. Desartres.
54. Desgardes.
55. Devé.
56. Dewinnr.
57. Dieuzaide, chef riveur.
58. Diziain.

59. Dormoy.
60. Dubos.
61. Ducret.
62. Dufaut.
63. Dufraisse.
64. Dumontel.
65. Dupoux.
66. Dupuis, surveillant de la peinture.
67. Dupuy.
68. Duvergier.
69. Echaubard.
70. Fantout.
71. Ferrier.
72. Foromy.
73. Fraiche.
74. Friche.
75. Gambu.
76. Gehanne.
77. Georgin.
78. Gerbes.
79. Gombeau.
80. Gonon.
81. Gouet, chef d'équipe.
82. Gourdelier.
83. Gourio.
84. Granjard.
85. Hanus.
86. Hennebert.
87. Hermet.
88. Hureau.
89. Jacquinot.
90. Jaillet, chef d'équipe.
91. Joly.
92. Julia, chef d'équipe.
93. Klein.
94. Ladouce.
95. Lamarque.
96. Lamothe.
97. Lalande.
98. Lapeyre.

99. Larivain.
100. Latournerie.
101. Laugé, chef charpentier.
102. Laurent.
103. Lebayle.
104. Lebourcq.
105. Lecomte.
106. Lecusson.
107. Legoubey.
108. Leguelec, appareilleur.
109. Lematoch.
110. Lépine.
111. Levert.
112. Levrat.
113. Lioret.
114. Lorin.
115. Loubet.
116. Macé.
117. Maguin.
118. Mallet.
119. Malochet.
120. Marceau.
121. Marcel, père.
122. Marcel, aîné.
123. Marchand.
124. Marinthe.
125. Martin.
126. Maudet, chef d'équipe.
127. Ménétrier.
128. Menu.
129. Mercier.
130. Merlot.
131. Meunier.
132. Milliat.
133. Milliorat, ch. des treuils.
134. Mincel.
135. Millon, sous-chef de chantier.
136. Miramand.
137. Mirasson.
138. Molinie.
139. Mooq.
140. Moreau.
141. Morville.
142. Moscatti.
143. Moyne.
144. Muguet.
145. Nègre.
146. Nicolle.
147. Noisette.
148. Ocelle.
149. Pagès.
150. Paillardan.
151. Pallas.
152. Parant.
153. Paris.
154. Pedot.
155. Pelletier.
156. Perez.
157. Perrier.
158. Petitcuenot, surveillant des travaux de maçonnerie.
159. Peynard.
160. Pinsonnaut.
161. Plasson.
162. Pogeringue, marqueur.
163. Radan.
164. Ragot.
165. Reybaz.
166. Robillat.
167. Roche.
168. Roche, fils.
169. Rochefort, chef amarreur.
170. Rodon.
171. Rondel.
172. Roque.
173. Roumier.
174. Rons.
175. Ruffier.
176. Sabrazes.
177. Sabourault.

178. Salingue.
179. Sartiran.
180. Sauvat.
181. Scagliotti.
182. Schmitt.
183. Sempé.
184. Simon.
185. Soret, chef d'équipe.
186. Téron, Auguste.
187. Téron, Basile.
188. Téron, père.

189. Thiébaut.
190. Tisserand.
191. Touzi.
192. Valette.
193. Verné.
194. Viaut.
195. Vidal.
196. Vidal, fils.
197. Weber.
198. Zanon.
199. Zettelmaier.

CHAPITRE SEPTIÈME

ASCENSION A TRAVERS LA TOUR EIFFEL

CHAPITRE SEPTIÈME

ASCENSION A TRAVERS LA TOUR EIFFEL

Les 1792 marches fatidiques. — Les six étages de la Tour Eiffel. — La première plate-forme à 60 mètres. — La seconde plate-forme à 115 mètres. — La troisième plate-forme à 217 mètres. — La quatrième plate-forme à 273 mètres. — La cinquième plate-forme à 280 mètres. — Le sommet extrême de la coupole à 300 mètres. — Les ascenseurs. — Population de la Tour. — Sensations d'une ascension jusqu'à l'extrémité. — Récit de M. Hugues Le Roux. — Sécurité complète. — Pas de vertige. — Description de Paris à 300 mètres d'élévation. — Différences et ressemblances entre une ascension sur les hauts monuments et les grandes montagnes et les voyages aérostatiques.

Dix-sept cent quatre-vingt douze marches (nombre prédestiné, rappelant la date des plus belles victoires de la Révolution : Valmy et Jemmapes et l'expulsion des armées prussiennes du territoire français) séparent le sol de la Tour Eiffel à son extrême sommet, où se trouve une petite plate-forme pouvant contenir dix personnes, ayant exactement les pieds placés à 300 mètres de distance du Champ de Mars qui, lui-même est à 33^m50 au-dessus du niveau de la mer. C'est là que sont fixées la tige du paratonnerre et la hampe du drapeau qui flotte à 300 mètres.

La durée d'une ascension complète dure six minutes en prenant les ascenseurs; mais il faut quarante-cinq minutes environ pour arriver au sommet par les escaliers latéraux.

Voici la récapitulation des points de repère de la Tour Eiffel :

1° La plate-forme du premier étage est à 60 mètres du sol. Son pourtour extérieur est un immense carré de 70^m69 de côté, enfermant 5,000 mètres superficiels. Ce premier étage a deux niveaux : celui des restaurants, balcons et terrasses, et celui des galeries, qui est en contre-bas d'un mètre. Cette différence est rationnelle et ingénieuse ; elle permet aux visiteurs des galeries de circuler sans obstruer la vue des clients des restaurants. Douze escaliers mettent ces deux plans en communication. Dès que vous pénétrez sur ce premier étage, vous avez la sensation de l'entrée dans une ville. En avançant sur la terrasse qui s'étend devant vous vers l'intérieur, vous arrivez devant une ouverture béante, et vous plongez comme au fond d'un abîme où tout apparaît en raccourci : hommes et choses. Les caves et les cuisines des restaurants sont en sous-sol à 5 mètres au-dessous du plancher et à 55 mètres, en l'air, au-dessus du Champ de Mars. En sept minutes environ, on peut gravir les 360 marches d'un mètre de large des escaliers du premier étage. Ces escaliers, ménagés dans les piles, sont très doux, coupés par de nombreux paliers. On croit monter trois fois de suite au cinquième étage d'une maison de Paris.

2° La seconde plate-forme est à 115 mètres du sol, et à 55 mètres du premier étage. Les escaliers qui servent à y parvenir sont en hélice, sans paliers, beaucoup plus raides que les précédents. Ils ont 370 marches. Il faut de sept à huit minutes pour les gravir. Ils peuvent donner passage à 2,000 personnes par heure. Le plancher sur lequel on arrive est divisé en quatre locaux, destinés à des boutiques et séparés par des couloirs. Il a une surface de 1,400 mètres. Le promenoir a une largeur de 2^{m}60 et mesure 150 mètres de longueur. Durant l'Exposition universelle de 1889, sur la partie qui fait face à Paris, était aménagée l'installation du journal le *Figaro*, avec imprimerie, bureau de rédaction et salons.

3° La troisième plate-forme est à 217 mètres du sol et à 102 mètres de la deuxième plate-forme. Elle affecte la forme d'une table couverte ; elle est garnie de châssis

Le campanile et le phare de la Tour Eiffel.

mobiles que l'on ferme par les grands vents et d'où l'on voit l'horizon à travers les vitres.

4) La quatrième plate-forme est à 273 mètres du sol et à 56 mètres de la troisième plate-forme. De la deuxième plate-forme à ce point on a établi un escalier au milieu de la Tour. Il tourne en colimaçon et compte 1,062 marches ; ce qui fait, avec les 360 marches du premier étage et les 370 marches du deuxième étage, les 1,792 marches que vous avez dû franchir, si vous avez dédaigné les ascenseurs. A ce point, vous pouvez supposer que vous êtes monté au quatre-vingt-neuvième étage d'une maison colossale. Le public ne va pas plus haut. Le restant de la Tour est réservé à la science et à M. Eiffel. A 7 mètres au-dessus de cette plate-forme, c'est-à-dire à 280 mètres, surplombent de grandes poutres entrecroisées et quatre arceaux en fer affectant la forme d'un campanile, c'est-à-dire d'une cloche (en latin *campana*). Le plafond de la quatrième plate-forme sert de plancher à une grande salle circulaire partagée, par des cloisons, en chambres consacrées à des laboratoires scientifiques et au cabinet particulier de M. Eiffel. Le balcon octogonal qui entoure cette salle, située à 280 mètres du sol, sert au petit chemin de fer sur lequel se déplacent les projecteurs électriques. Ce balcon a 10^m90 sur les grandes faces et 3^m96 sur les petites.

5° La cinquième plate-forme est à 280 mètres du sol, à 7 mètres de la quatrième plate-forme et à 10 mètres des laboratoires scientifiques. On y parvient par un escalier tournant qui enlace l'axe central. Le plancher de cette cinquième plate-forme a 5^m75 de largeur. A cette élévation, on est au niveau du phare électrique. Il a 6^m78 de hauteur et 3 mètres de diamètre. Il est à feu fixe, coloré, de premier ordre.

6° Le sommet extrême de la calotte de fer finale est à 20 mètres au-dessus de la cinquième plate-forme, et exactement à 300 mètres au-dessus du sol. Il est surmonté d'un paratonnerre relié à toute la masse métallique et chargé de pourvoir à l'écoulement, dans la terre, des effluves électriques de l'atmosphère ambiante.

Pour atteindre les 273 mètres de hauteur accordés au public, on n'est pas forcé de se servir de ses jambes, car on peut user de tout un système d'ascenseurs. De la base au sommet, il y en a de trois sortes, dont voici la nomenclature :

1º Le système Roux, Combaluzier et Lepape, à piston articulé, à la façon d'une chaîne sans fin, portée par une poulie de grande dimension ; la cabine à deux étages, fixée sur l'un des brins de la chaîne, est constamment soutenue par un piston qui la pousse, aucune chute n'est possible. Ce système d'ascenseur hydraulique fonctionne dans les piliers Est et Ouest et s'arrête à la première plate-forme.

2º Le système américain d'Otis, avec un piston hydraulique actionnant un moufle énorme dont le garant passe sur des poulies de renvoi, placées de distance en distance jusqu'au-dessus du deuxième étage et redescend s'accrocher à la cabine. Il en résulte que pour un déplacement de 1 mètre du piston du cylindre de 11 mètres, placé dans le pied de la Tour, la cabine double monte ou descend de 12 mètres. Le contrepoids se déplace en roulant sous le chemin des ascenseurs. Les câbles qui supportent la cabine sont au nombre de *six*, dont deux sont reliés au contrepoids et quatre appartiennent au système des poulies mouflées. Ils sont en fil d'acier. Un seul de ces câbles suffirait pour porter, sans se rompre, cabine et voyageurs. On y a, par surcroît, ajouté un frein de sûreté. Le contrepoids étant également muni d'un appareil de sûreté, sa chute est impossible. L'ascenseur Otis est adopté dans les piliers Nord et Sud, et élève les visiteurs jusqu'au deuxième étage avec arrêt au premier.

3° Du deuxième étage à la plate-forme supérieure, au-dessous du campanile, l'ascenseur est du système Edoux. Il fournit une course de 160 mètres ; c'est la première fois qu'un ingénieur a eu à exécuter un travail aussi considérable ; M. Edoux a parfaitement réussi à résoudre le problème. Le plus puissant jusqu'alors avait été installé, en 1878, dans l'une des tours du Trocadéro, où il fonctionne toujours ; sa hauteur est de 63 mètres, et c'est également M. Léon Edoux qui l'a construit. La course de 160 mètres est coupée en deux par une plate-forme intermédiaire située exactement à 200 mètres, qui est le vrai point de départ de l'ascenseur Edoux, hydraulique et vertical. Le fonctionnement en est très facile et la disposition générale fait honneur à son constructeur. Une des cabines est disposée à l'extrémité d'un piston, qui effectue le transport du plancher intermédiaire au sommet, soit 80 mètres. Elle est reliée par des câbles à une seconde cabine qui forme contrepoids, et circule entre le deuxième étage et le plancher intermédiaire, soit 80 mètres en sens contraire. De la partie supérieure de la première cabine et des deux extrémités du palonnier, partent quatre câbles qui, passant sur des poulies placées au sommet de la Tour, soutiennent la deuxième cabine. Deux des câbles s'attachent sur un palonnier au milieu duquel est suspendu cette cabine, les deux autres câbles sont fixés au corps de la cabine même.

Lorsque la cabine supérieure monte, la cabine à course inférieure, qui lui sert de contrepoids, descend tout naturellement. Il s'ensuit que pour parcourir le trajet de 160 mètres, il y a une station au plancher intermédiaire, comme dans un chemin de fer. Chaque cabine parcourant la moitié de sa course, il y a échange de voyageurs sur le plancher intermédiaire, sans le moindre encombrement, les « montants » passent par une autre porte que les « descendants », sans perte de temps non plus.

Un frein de sûreté (système Backmann) permet de répondre absolument de tout accident et d'affirmer que, même dans les cas de rupture d'un organe important de l'ascenseur, les visiteurs, portés par la cabine, n'auraient à redouter aucune chute. La durée d'une ascension totale, du pied au sommet de la Tour Eiffel, au moyen des ascenseurs, est à peine de 7 minutes.

L'ensemble des ascenseurs est servi par quatre chaudières multi-tubulaires du système Collet et Cie, de 80 mètres de surface de chauffe et 3 mètres de surface de grille, chacune timbrée à 12 kilogrammes et développant ensemble, par heure, 6,000 kilogrammes de vapeur sèche à la pression maxima, installées dans les fondations du pilier Sud. Il permet d'élever, par heure, 3,000 personnes au premier et au deuxième étage, et 800 au sommet.

Par les escaliers et les ascenseurs, 5,000 personnes peuvent monter dans la Tour Eiffel, et la durée du séjour n'est pas limitée.

Le nombre de personnes que peut contenir la Tour, lorsqu'elle reçoit son maximum de visiteurs, se répartit ainsi :

Chacun des restaurants du premier étage, 400, soit pour les quatre.	1 600
1,000 environ peuvent se mouvoir sur chacune des quatre galeries extérieures.	4.000
Entre les restaurants, il y a des galeries intérieures contenant ensemble	400
Total pour le premier étage	6.000
1,500 au deuxième étage et 500 au sommet, ensemble.	2.000

Les personnes en voie d'ascension, plus les gens de service. 2.000

Soit, lorsque la Tour Eiffel est bondée de visiteurs, un total d'environ 10.000

10,000 personnes dans cette dentelle en fer! Une ville dans une mâture de navire.

A tous ces détails techniques, à tous ces chiffres, il est nécessaire de donner la vie, en décrivant les sensations que l'on éprouve successivement pendant la durée d'une ascension complète de la Tour. Nous ne pouvons mieux faire que d'en emprunter les termes à un écrivain du plus grand mérite, qui sait joindre à un talent de plume supérieur, une sensibilité exquise. C'est à l'auteur du beau livre intitulé *Les Larrons*, œuvre de pitié sociale, plaidoyer éloquent en faveur des déshérités, le plus beau et le plus ému, composé depuis *Les Misérables*, de Victor Hugo, c'est à M. Hugues Le Roux, que nous avons pris le récit suivant :

« ..... Quelques personnes se sont munies de casquettes à oreillettes et de gants fourrés. Il paraît que les chapeaux de forme haute offrent, au vent, une prise fâcheuse; d'autre part, le froid des fers cause, à la longue, une brûlure cuisante.

» Nous entrons dans le pilier situé à droite, où s'ouvre un des escaliers. Les 350 marches qui mènent à la première plate-forme (60 mètres au-dessus du sol) sont douces à gravir. M. Eiffel conseille d'imiter sa démarche. Il monte très lentement, le bras droit à la rampe. Il balance le corps d'une hanche sur l'autre. Il profite de cet élan pour franchir chaque degré. La pente est si inclinée qu'on peut causer tout en montant, et on ne souffle pas en débouchant sur le palier du premier étage.

» Quatre pavillons s'élèvent ici pour donner asile à des restaurants, brasseries, bars, cabarets. Les caves y sont placées ainsi à 58 mètres dans l'espace. Vers l'heure des repas, cette terrasse peut loger 4,200 personnes, la population d'une petite ville.

» D'un côté les fenêtres de ces établissements ouvrent sur le large carré de vide qu'enferment à l'intérieur les quatre piliers de la Tour. Ils encadrent dans une lumière de stéréoscope le paysage qui est en bas.

» A cette hauteur, Paris prend déjà l'immobilité d'un panorama. La vie et le mouvement cessent à la vue. Les silhouettes des passants et des voitures font dans les rues de petites taches d'encre, très noires, très nettes. Elles ont l'aspect figé des foules qui se pressent, des chevaux qui stoppent dans les dessins autour des grands magasins de nouveautés. Seule, la Seine vit toujours par les moires qui courent sur la face limoneuse. L'impression est une toile gonflée par un coup de vent.

» Au-dessus de la plate-forme, on peut s'engager dans le petit escalier en vis, un escalier de hune, où le public n'entre pas. Pour échapper à l'étourdissement de cette ascension circulaire, on fouille le paysage à travers l'enchevêtrement des croix de Saint-André dont la Tour est bâtie. On a la sensation surprenante à chaque tour de vis de la rapide montée de l'horizon. Le Trocadéro descend. Il ne dépasse plus la ligne géométrique que de la pointe de ses paratonnerres. Les masses sombres du Bois de Boulogne éclaircies par la tache fraîche des pelouses de Longchamps, entrent en coin dans Paris, repoussent la ville vers l'Est.

» Par une fente du plancher, je regarde l'abîme. Cette coupe est verticale. Le frisson vous vient de la chute possible. Il vous grimpe des reins à la nuque. Arrivé à la plate-forme de 217 mètres, j'ai les jambes un peu molles. Le vertige? Non. La fatigue, l'ahurissement du vent, et aussi la surprise de cette impression bien connue des aéronautes : l'espace. C'est vraiment à cette hauteur qu'on entre dans le vide.

» Les quatre membres de la Tour, sensiblement rapprochés, donnent à cette plate-forme l'apparence d'une nacelle de ballon. L'air, la lumière, vous assaillent aux quatre points cardinaux. On a pour la première fois la sensation de la suspension, de l'isolement. C'est toujours le paysage du Nord qui attire le plus, parce que les points de repère sont plus faciles à élire. Dans la perspective, le Mont-Valérien est descendu sous l'horizon, le Trocadéro sous le Bois de Boulogne, la presqu'île de Gennevilliers apparait, voilà Saint-Denis, voilà la Seine qui fait son lacet entre ces hauteurs et ces abaissements. On peut compter ses méandres, comme sur une carte : un, deux, trois, quatre. A gauche, les collines de Meudon se sont affaissées. Par-dessus leurs épaules, on aperçoit trois rangées de mamelons que la brume, dans l'éloignement progressif teinte en decrescendo de gris pâle. A droite, Montmartre entre comme un éperon de navire dans le flanc de la galère parisienne. A ses pieds, les maisons sont de plus en plus nettes, peut-être parce qu'on voit quatre de leurs faces, que trouent les fenêtres, symétriques comme des points de dés à jouer, bien que de ces hauteurs Paris a l'air d'une vaste partie de biribi jouée par un géant sur un tapis vert.

» La lumière va finir et le jour est triste. Mais il paraît qu'on a déjà vu de cette plate-forme des couchers de soleil dignes d'extase ; même en des jours de brouillards blancs, quand Paris portait sur ses toits un plafond de ouate, la Tour radieuse au soleil a vu son ombre profiler sur les nuages.

» Quand la nuit arrive, les ombres descendent sur la ville. L'obscurité noie les quartiers, puis elle submerge tout. On dirait l'engloutissement d'Ys, la fabuleuse, descendant au fond de la mer avec sa rumeur d'hommes et de cloches..... Le vent qui déferle, pleure avec des sanglots humains dans ces trois cents mètres de fer, tendus de la terre aux nuages, comme une harpe éolienne .. »

Ces impressions sont bien celles qu'on ressent, que j'ai ressenties personnellement. Un point essentiel à noter, c'est qu'on n'éprouve point le vertige sur la Tour Eiffel, parce que l'on est comme suspendu dans l'espace en son énorme treillis de fer. Ce n'est point le vide et l'immensité qui produisent ce tournoiement si pénible, mais bien le point de comparaison que l'on peut faire de l'endroit élevé où l'on est avec le point terrestre que l'on vise. C'est ainsi que la fuite des pierres, quand on regarde le pavé du sommet des Tours de Notre-Dame à Paris, amène le vertige subit ou lent chez beaucoup de personnes qui dans la Tour Eiffel ne l'éprouvent à aucune élévation. On s'y trouve, en effet, ainsi que dans la nacelle d'un ballon, comme isolé, sans attache dans l'atmosphère, envahi par un bien-être indéfini, sans aucune tendance au moindre étourdissement. De même que dans un aérostat, la vie et le mouvement de la terre s'y éteignent à une certaine hauteur, mais pas au même point et non plus de la même façon.

Sur la Tour Eiffel, les bruits de la ville bientôt ne sont plus distincts, à cause de sa vie propre et de ses murmures personnels, tandis qu'en ballon, les bruits de la terre arrivent avec une acuité extraordinaire dans des régions même très élevées. Dans un de mes voyages aérostatiques, j'ai noté de nombreux aboiements de chiens et des coups de sifflets de locomotives jusqu'à 3,000 mètres de hauteur. C'est une observation que l'on retrouvera dans mes *Impressions aériennes*. C'est là une des différences qui distinguent une ascension en ballon libre avec les ascensions sur les hauts monuments, la Tour Eiffel et les grandes montagnes.

Parvenu à l'extrémité de 290 mètres, on reçoit évidemment le choc d'une impression neuve, celle de l'espace, de la paix, du silence. A elle seule, cette sensation de grandeur, de pacification, de bien-être paie largement la peine, facile au reste, qu'on a prise d'entreprendre cette exploration dans l'étendue impénétrée.

CHAPITRE HUITIÈME

LA TOUR EIFFEL

pendant et après l'Exposition universelle de 1889.

CHAPITRE HUITIÈME

LA TOUR EIFFEL

PENDANT ET APRÈS L'EXPOSITION DE 1889

La Tour Eiffel point d'attraction universelle. — Sa vie diurne et son existence nocturne pendant l'Exposition de 1889. — Les banquets officiels, les fêtes commémoratives. — Le banquet des barbistes présidé par M. Eiffel, ancien élève du Collège Sainte-Barbe. — Discours de M. Jacques Barral. — Remise solennelle de l'*Histoire populaire de la Tour Eiffel et de ses 72 savants*. — L'imprimerie du *Figaro*. — Le numéro spécial de la Tour. — Le registre d'inscription des visiteurs du deuxième étage. — Bouquet de pensées cueillies dans ce registre. — Fonctionnement des ascenseurs. — Résultats financiers. — La Tour Eiffel depuis la clôture de l'Exposition 1889. Continuation de son succès. — Remise d'une médaille commémorative votée par le Conseil municipal de Paris en faveur des ouvriers. — Discours de M. Eiffel. — Grande destinée de la Tour Eiffel.

La Tour Eiffel a été pendant toute la durée de l'Exposition universelle de 1889 la grande attraction, l'objet de l'attirance générale, le but de tous les visiteurs, le *clou*, comme' dit le Parisien dans son argot expressif et comparatif, le *clou* de la célébration pacifique du premier centenaire de la Révolution française. Chaque matin un coup de canon, tiré de la seconde plate-forme, annonçait l'ouverture des portes, et chaque soir un nouveau coup prévenait de la fermeture des galeries. Le soir, le phare s'allumait et de puissantes projections de lumière électrique étaient dirigées de la cinquième plate-forme à 280 mètres, sur les palais et les monuments du Champ de Mars, tandis que la Tour elle-même flamboyait de bas en haut et de haut en bas sous l'action des milliers de lampes, de becs de gaz et des feux de bengale, placés de tous les côtés. Spectacle féerique, inoubliable, digne de la splendeur des plus éblouissantes descriptions des Contes des Mille et une nuits!

On se souvient de ces restaurants du premier étage

qui ont rassasié des milliers d'estomacs, pendant que les yeux enveloppaient l'étendue. L'appétit semblait avoir grandi avec l'élévation.

C'était le restaurant Brébant, se composant de deux grands salons, d'un petit salon et de deux cabinets. Le style Louis XV en était fort joli. Les terrasses extérieures donnaient sur les jardins. Le panorama était admirable. C'était le restaurant d'Alsace-Lorraine, dirigé par M. Boll et servi par des femmes en costume alsacien et en costume lorrain. C'était le restaurant russe, regardant Paris, avec ses servantes moscovites, commandées par M. G. Roffestin, et qui versaient avec tant de bonne humeur aux visiteurs altérés la bière lorraine de MM. Tourtel frères, brasseurs à Tantonville, près Nancy. — Délicate attention de la Russie envers la France. Puis c'était encore le restaurant anglo-américain, faisant face au Point-du Jour, avec sa salle unique et immense, exploité par MM. Spiers et Pond, de Londres. Puis des bancs, des kiosques, des boutiques, d'élégants chalets, des pâtisseries, des buvettes.

C'est dans les grands restaurants que pendant la durée de l'Exposition universelle ont eu lieu tous les banquets officiels et toutes les cérémonies ayant un caractère solennel. De toutes ces célébrations qui ont vu fraterniser dans un accord touchant, des hommes de tous les partis, de toutes les opinions, de tous les pays, de toutes les couleurs (Africains, Asiatiques, Océaniens, Américains et Européens), nous retiendrons le souvenir du banquet qui touche le plus au sujet de ce livre, celui des anciens élèves de Sainte-Barbe, présidé par M. Eiffel, une gloire barbiste. Voici le récit de cette journée fait par le journal le *Pays* dans son numéro du 17 juillet 1889 :

« Une réunion pleine d'entrain et de cordialité a eu lieu hier 16 juillet au restaurant Brébant de la Tour

Eiffel ; les anciens élèves du collège Sainte-Barbe, qui conservent pieusement les nobles traditions qu'ils ont acquises dans ce célèbre établissement d'instruction, ont voulu offrir un banquet pour fêter le succès d'un des leurs, dont le nom est aujourd'hui une des plus nobles gloires de la France : leur camarade Eiffel.

MANŒUVRES DU CANON AVERTISSEUR ET DES PROJECTEURS ÉLECTRIQUES SUR LA TOUR EIFFEL.

» Parmi les 350 anciens barbistes qui étaient accourus de tous les points du globe, nous avons remarqué : le colonel Lichtenstein, officier d'ordonnance du Président de la République, Maurice Bixio, président du conseil d'administration du Collège Sainte-Barbe ; Casanova, directeur du Collège Sainte-Barbe ; Lamarre, président de l'Association amicale des anciens barbistes; Paul Christofle, Bouilhet, Villard, Delagrave, le célèbre éditeur; le général de division Béziat, le vicomte de Grouchy, Baduel, Potier, Mettétal, Labbé, Vallon, Laneyrie, Ch. Nicolas, inspecteur de l'agriculture en Algérie; Alexandre Delaye. habitant Buenos-Ayres, et venu tout exprès sur la Tour Eiffel pour y serrer la main de son illustre camarade.

» A la suite de discours prononcés par MM. Eiffel, Bixio, Lamarre, Baduel et Boutcoulesco, notre confrère Jacques Barral, qui est resté treize ans au Collège Sainte-Barbe, a offert à ses camarades un exemplaire de l'*Histoire populaire de la Tour Eiffel et de ses 72 savants*. En remettant ce souvenir à chacun des convives et au président Eiffel, il a prononcé l'allocution suivante :

Cher et illustre président,
Chers camarades,

Mon frère Georges Barral, qui est allé porter la bonne parole de notre merveilleuse Exposition, dans des conférences populaires en Suisse, en Hollande, en Belgique, m'a chargé d'excuser son absence et de vous exprimer tous ses regrets.

Nous avons composé ensemble un livre sur la vie et les découvertes des soixante-douze savants dont les noms sont inscrits sur la Tour Eiffel. Bien que l'ouvrage fût terminé depuis quelques jours, nous en avons retardé l'apparition pour la faire coïncider avec la date du 16 juillet 1889, afin que vous tous, avec notre cher président, vous puissiez en avoir la primeur.

Permettez-moi d'en offrir un exemplaire à chacun de vous, en souvenir du banquet qui nous réunit aujourd'hui. Vous verrez dans cet ouvrage que nous sommes restés l'écho du sentiment universel sur notre illustre camarade Eiffel, sur son chef-d'œuvre. Vous y lirez aussi, souvent répété, le nom de notre cher Collège

Je bois à la gloire éternelle d'Eiffel, notre président et camarade, à la prospérité indéfinie du Collège Sainte-Barbe et à votre santé à tous.

» C'est au milieu des bravos et de l'enthousiasme des

convives que cette surprise a été accueillie aux cris de : Vive Eiffel !

» Au centre du Champ de Mars, on entendait très distinctement les salves d'applaudissements et les hurrahs de cette chaleureuse manifestation. »

Au deuxième étage, à 115 mètres, se trouvaient le bureau de rédaction, l'imprimerie et l'atelier de composition typographique installés par le *Figaro* pour rédiger, composer et imprimer chaque jour une édition spéciale du journal complètement faite dans la Tour Eiffel. Les ascensionnistes s'y inscrivaient sur un registre et leurs noms paraissaient dans le numéro du lendemain de la visite. Un certain nombre de personnes y consignaient même des réflexions inspirées par la magnificence du spectacle, le succès de la Tour, la fatigue de l'ascension ou tout autre sentiment ou sensation. Parmi ces pensées, il y en avait de comiques, de spirituelles, de mélancoliques, de satiriques, d'ambitieuses, d'orgueilleuses, d'extravagantes, de reconnaissantes, de sages, de simples. Elles constituaient comme une petite encyclopédie typique des à-propos du cerveau humain en proie à une grande émotion. Par leur ensemble d'universalité, elles mériteraient d'être réunies en un petit volume qui serait curieux à plus d'un titre. En voici quelques échantillons pris au hasard :

— Monté à 115 mètres et contemplant l'immense horizon, ma pensée est pour M. Eiffel. — Maurice Verrières, de Beaugency (Loiret).

—La Tour Eiffel, c'est le piédestal de toutes les gloires du XIXe siècle. Toute ma reconnaissance à M. Eiffel, qui y a fait figurer le nom de mon grand-père Flachat.

— *Plaudite, cives!* — Georges Barral.

— *Stupete, gentes!* — Jacques Barral.

— Que l'homme se sent petit dans cette Tour. — Louis-Paul Prudhomme.

— La hauteur de la Tour Eiffel parmi les monuments est le rapport de la grandeur de la France parmi toutes les nations. — Un étranger.

— Oh ! mince !... — Gavroche.

— Si la Tour Eiffel grandit, elle atteindra la lune. — Un astronome.

— Pour celle qui n'est pas venue. — Un fiancé.

— La vie humaine est ainsi faite : les hommes paraissent d'autant plus petits que nous occupons une position plus élevée.

— Monter sur la Tour Eiffel et... ne pas mourir !

— Je me sens très grand (moralement) dans la Tour Eiffel.

— La meilleure pensée est la pensée sauvage.

— Pour faire l'ascension de la Tour Eiffel, je suis parti ni du pied droit, ni du pied gauche, mais du pied... de la Tour.

— Allumer ici ma pipe avec des allumettes de la Régie... chimère !

— Maintenant que c'est fait, ce n'est plus à refaire ;
Mais si monsieur Eiffel avant, m'eût consulté,
Croyez-moi, il aurait placé la Cannebière,
Sur le haut de la Tour, où je suis transporté.

Un Marseillais.

— Je l'aurais voulue en chocolat... pour en goûter !

— Vive le génie français ! — Albert Etter, de Saint-Gall (Suisse).

— Vive la France ! — Ch. Hofstetter, de Saint-Gall (Suisse).

C'est le 15 mai 1889, six semaines après son arrivée à la hauteur annoncée de 300 mètres, que la Tour Eiffel a ouvert ses escaliers au public. Le fonctionnement définitif des ascenseurs a eu lieu le 15 juin et s'est continué avec succès sous la surveillance générale de M. Millorat, ancien chef des treuils pendant la construction. D'après le cahier des charges de l'entreprise, le concessionnaire de ce service s'était obligé statutairement à élever 2.356 personnes par heure à la première plate-forme et 750 par heure au sommet.

Le tarif des ascensions était fixé à 2 francs pour le premier étage, à 3 francs pour le deuxième et à 5 francs pour le sommet.

Contrairement à ce qui se passe ordinairement, les prix se trouvaient abaissés pour les dimanches : c'était 1 franc jusqu'à la première plate-forme, fr. 1.50 jusqu'à la seconde, 2 francs jusqu'au sommet, mais ce tarif n'était appliqué que de 11 heures du matin à 6 heures du soir.

Pour le contrôle ou, pour être plus précis, pour la prise des billets, l'administration fit ouvrir à cet effet 16 guichets : 10 au rez-de chaussée, 4 à la première plate-forme et 2 à la deuxième.

On y délivra des tickets : rouges pour la première plate-forme, blancs pour la seconde et bleus pour le sommet.

La personne à destination de la première plate-forme remettait son ticket rouge à l'arrivée. N'en ayant plus, elle ne pouvait monter plus haut que si elle achetait un second ticket — le blanc qui servait entre la première et la seconde plate-forme. Enfin, pour monter au sommet, il fallait acheter un ticket bleu, couleur du ciel. Total : cinq francs.

Et les piétons ? — Ceux que les ascenseurs effrayaient ou impressionnaient avaient à leur disposition deux escaliers confortables pour le service de la première plate-forme. Celui du pied n° 4 pour monter et celui du pied n° 2 pour descendre. Ils en avaient quatre à leur disposition entre la première et la seconde plate-forme, deux pour l'ascension et deux pour la descente.

Que l'on monte à pied ou en ascenseur, c'était le même

prix, et les tickets étaient pareils. Si bien que les tickets une fois pris, pour le sommet par exemple, on pouvait varier ses plaisirs en faisant une partie du trajet d'une façon et l'autre d'une autre façon.

Quelques personnes avaient critiqué l'égalité du prix adoptée pour les deux modes d'ascension, en disant que la personne à pied aurait dû payer moins cher que celle qui se sert des ascenseurs. Mais on avait voulu simplifier, pour éviter des complications de vente et de contrôle.

Le nombre de visiteurs pendant la période de l'Exposition universelle, a été de plusieurs millions.

Au point de vue financier, la construction et l'exploitation de la Tour Eiffel ont formé une excellente opération. Constituée en société anonyme au capital de 5,100,000 francs, la Compagnie de la Tour Eiffel a pu amortir son capital de fondation avant la fin de l'Exposition. Aujourd'hui tous les propriétaires de titres ont été remboursés et ils possèdent des actions de jouissance, qui leur donnent une part sur tous les bénéfices jusqu'à la fin de la concession de M. Eiffel, c'est-à-dire jusqu'au 31 décembre 1909. Au sujet de ce mouvement extraordinaire de curiosité de la foule, il est intéressant d'en prendre l'historique dans le bulletin financier du *Petit Journal*, qui, le 8 juillet 1889, traçait ces lignes :

« Je parlais dans une de mes dernières causeries de ce qu'on appelle les valeurs d'Exposition, c'est-à-dire de ces valeurs qui, plus que toutes autres, bénéficient de la période actuelle. Sait-on parmi elles quelle est la plus extraordinaire? Veut-on connaître la société qui réalise, peut-être, les plus fabuleux bénéfices! *C'est la Société de la Tour Eiffel.*

» L'autre jour, pris dans la queue interminable des gens qui attendaient pour grimper dans un des ascenseurs, je calculais mentalement, afin de tromper l'attente, les recettes que devait réaliser la Société. J'arrivais à un résultat tel qu'une fois descendu, j'eus la curiosité de m'informer pour savoir jusqu'à quel point mes calculs s'approchaient de la vérité.

» Je fus renversé ! Tout ce que j'avais pu imaginer n'était rien auprès des résultats réels. Jugez-en. Bien que les recettes n'aient commencé que le 15 mai et que, dans les premiers jours, on le sait, l'affluence ait été moindre parce que tous les ascenseurs ne fonctionnaient pas encore, à l'heure qu'il est, c'est-à-dire du 15 mai au 2 juillet, la Société a déjà encaissé 1,300,000 francs, soit une moyenne de 30,000 francs par jour, qui ne peut que s'accroître maintenant que le service est complètement organisé.

» Or, le capital de la Société est de 5,100,000 francs représenté par 10,200 actions de 500 francs. Ce qui veut dire qu'en quarante-huit jours, la Société a déjà gagné une somme représentant un dividende de 23 p. c. sur son capital. N'est-ce pas merveilleux ? Aussi, dans deux jours, le 10 juillet, la Société va-t-elle payer à ses actionnaires 100 francs par action à titre de remboursement de leur capital. Il n'est pas difficile de prévoir après ce qu'on vient de lire, qu'à la fin de l'Exposition et peut-être même avant, les actionnaires auront repris leurs 500 francs et continueront à toucher des revenus tout en n'ayant plus un sou dans l'affaire. O puissance de l'industrie, voilà de tes coups ! Aussi n'est-il pas étonnant que les actions se soient élevées rapidement de 500 à 835 francs. Elles ne s'arrêteront probablement pas en si beau chemin et les moins optimistes prévoient le cours de 1,000 francs à très brève échéance. »

Toutes ces prévisions ont été accomplies de point en point. A la clôture de l'Exposition, la Tour Eiffel a été fermée ; elle a rouvert ses portes aux printemps de 1890 et de 1891, après avoir subi des changements et des améliorations dans son aspect intérieur. Le 8 août 1890, l'assemblée générale des actionnaires a pris les résolutions suivantes, mettant pour six années la Tour sous le régime financier suivant :

1re *résolution*. — L'assemblée générale, après avoir entendu le rapport du conseil d'administration et celui de MM. les commissaires, approuve les comptes de l'exercice 1889 et décide que sur le solde des bénéfices disponibles s'élevant à fr. 268,484.62, 100,000 francs seront affectés à la création d'un fonds de prévoyance et fr. 168,484.62 seront reportés à l'exercice 1890.

2e *résolution*. — L'assemblée réélit M. Eiffel administrateur pour six ans.

3e *résolution*. — L'assemblée générale décide, par application de l'article 21 des statuts, que l'allocation annuelle du conseil d'administration à titre de jetons de présence, consistera à l'avenir et jusqu'à décision nouvelle de l'assemblée générale, en une somme fixe de 15,000 francs, plus une somme équivalant à dix pour cent des bénéfices distribués.

4e *résolution*. — L'assemblée nomme commissaires pour l'exercice 1890 MM. Jules Charton, Truelle, Dreyfus et fixe à 1,000 francs l'allocation qu'il y a lieu d'accorder à chacun d'eux.

Le rapport du conseil d'administration ne laisse pas entrevoir quels pourront être les bénéfices des années ultérieures : il se borne à prévenir les actionnaires que les frais généraux continueront à être importants pour cette année. A leur sujet, voici comment s'exprime le rapport :

« La Tour comporte des frais d'entretien assez considérables. Nous avons, en outre, cette année, à subir des dépenses extraordinaires d'une certaine importance, autant pour la remise en état d'un matériel surmené que pour les nouvelles exigences de l'exploitation. L'ouverture de la salle des fêtes, où nous vous réunissons aujourd'hui, l'organisation complète des restaurants, pour lesquels nous n'avons pas trouvé de concessionnaires nous offrant des conditions acceptables, le salon de la Tour, la transformation complète du troisième étage, etc., sont autant d'améliorations que nous avons jugées indispensables à la vitalité de votre entreprise et dont vous pouvez apprécier la valeur. »

Le 15 juillet 1890, M. Eiffel a réuni dans le grand restaurant du premier étage, le Conseil municipal de Paris et les ouvriers ayant pris part à la construction de la Tour. Le banquet avait lieu en l'honneur de la remise des médailles commémoratives votées par l'édilité parisienne en faveur de ces derniers, et fort artistement gravées par M. Levilain.

M. Gustave Eiffel présidait, ayant à sa droite M. Emile Richard, président du Conseil municipal, et, à sa gauche. M. Bouvard architecte des bâtiments du Champ de Mars, remplaçant M. Alphand, indisposé.

Parmi les invités, MM. Chautemps, Jacques, Hovelacque, Marius Martin, Mesureur, Chassaing, députés; Viguier, président du Conseil général de la Seine, et un grand nombre de conseillers municipaux.

Pendant le dîner, qui a été fort bien servi, un orchestre dirigé par M. Georges Auvray, chef d'orchestre des concerts de la Tour, se faisait entendre.

Au dessert, plusieurs toasts : M. Emile Richard, au nom du Conseil municipal, a porté la santé de M. Eiffel; ce dernier a répondu. MM. Gourio, comme délégué des chantiers, Landau, délégué des ateliers, Chautemps, ont pris successivement la parole..

Le discours de M. Eiffel a été particulièrement acclamé; il a valu une véritable ovation au grand ingénieur et à ses collaborateurs. Nous en détachons le passage suivant, particulièrement éloquent :

« Quand cette ville qui s'appelle Paris et qui rayonne

d'un tel éclat dans le monde entier, nous fait l'insigne honneur de remettre à chacun de nous une médaille commémorative qu'elle a fait graver à notre intention et à la gloire de notre œuvre commune, quand cette médaille nous est remise un jour de fête nationale et au milieu des acclamations populaires dans ce Champ de Mars, si plein de souvenirs, lequel d'entre nous n'a pas senti battre son cœur sous la puissance d'une émotion que le temps n'effacera pas et d'un sentiment de légitime fierté qui prend sa source dans les aspirations les plus élevées de notre être. »

Un concert, dans lequel se sont fait entendre Mmes Lavigne et Mélodia, MM. Rondeau et Dimitri, et qui s'est terminé par l'audition de la *Marseillaise* et du *Chant du Départ,* a clos cette fête tout intime et empreinte d'une grande cordialité.

Il est dans la destinée de la Tour Eiffel de rester le point central des grandes réunions, des manifestations importantes et de la célébration annuelle de la Fête nationale du 14 juillet. Sur la plate-forme du premier étage, on peut aisément servir des banquets de plus de mille couverts et les faire suivre de bals monstres, comme on dit en Belgique. Son phare éclatant, ses illuminations multicolores forment un spectacle incomparable digne d'attirer pendant longtemps les étrangers et les nouvelles générations françaises.

CHAPITRE NEUVIÈME

LES IMITATEURS, LES PROPAGATEURS

et les excentriques de la Tour Eiffel.

CHAPITRE NEUVIÈME

LES IMITATEURS, LES PROPAGATEURS

ET LES EXCENTRIQUES DE LA TOUR EIFFEL

La fièvre de la Tour Eiffel. — Les grands imitateurs américains. — Tour de 430 mètres, projet de M. W.-L. Judson. — Tour de 400 mètres, projet de M. Graf Hinsdale. — Tour de 500 mètres, projet de M. Ch Kinckel. — La Tour Proctor de 365 mètres, destinée à Chicago. — La Tour colombienne de 385 mètres. — Les imitations anglaises. — Tours d'acier et de granit. — Une nouvelle Tour de Londres, projet de Sir Edward Watkin. — Les projets insensés. — Une Tour roulante. — La Tour Eiffel helvétique de 33 mètres de hauteur. — La Tour Eiffel danoise de 10 mètres — La Tour Eiffel comme monument funéraire. — La Tour Eiffel en Russie. — Une Tour Eiffel en pommes de Normandie. — Les agencements de magasins en forme de Tour Eiffel. — Tours Eiffel de carton, de verre, de cristal, en grès, de sucre, de suif, etc. — La bijouterie et la joaillerie. — Tour Eiffel en 21,000 diamants. — Les jouets. — Les Tours Eiffel éclairantes. — La concession des rognures et déchets de la Tour Eiffel. — Les plaintes du commerce parisien. — Lettres et déclarations de MM. Eiffel, Tirard, Jules Jaluzot, A. Dècle. — L'article *Tour Eiffel*. — Tout est bien qui finit bien, excepté pour les presse-papiers authentiques. — Portrait et biographie de M. Eiffel avec dessin de la Tour tracés par l'écriture en 15,558 lettres microscopiques. — *L'Amant de la Tour Eiffel*, par le chanteur populaire Paulus. — Les romanciers, les poètes, les dessinateurs. — *Le Mystère de la Tour Eiffel*, par M. Félix Steyne. — Le poème-gravure en 300 vers, par M. Bourgade. — Les mille dessins originaux du *Courrier français*, de M. Jules Roques. — Eiffelorama du *Tintamarre*. — Une housse allemande pour la Tour Eiffel. Les ascensions excentriques. — Lancements de petits ballons avec cartes postales. — Quelques-uns arrivent à destination. — Les visites royales et impériales. — Caricature de M. Eiffel, d'après le *Punch*. — Une expression nouvelle : C'est tout à fait *toureiffelesque!* — Le pendu de la Tour Eiffel. — Les canons de la Tour Eiffel.

Nous réunissons dans ce chapitre, sous ce titre multiple, un certain nombre de documents et de souvenirs concernant les imitations grandes et petites — les grandes toujours projetées, les petites exécutées sous mille formes curieuses — les témoignages d'admiration, les modes de propagation, et même quelques excentricités commises par des originaux, au sujet de la Tour Eiffel. Si son ascension ne produit pas physiquement le vertige, elle a fait tourner moralement bien des têtes et son succès colossal a tourmenté bien des intelligences, à commencer par les Américains. Ce sont eux, en effet, qui ont été le plus agités par le désir de surpasser la Tour Eiffel, qui n'a pas cessé, au reste, de nous être enviée par toutes les nations. Mais comme une Tour nouvelle de 300 mètres ne serait pas une attraction suffisante, ce sont des constructions de 350, 400, 500 et 600 mètres que l'on se propose d'élever. Nous avons expliqué, dans le chapitre cinquième, pour quelles raisons il n'était pas impossible de dépasser 300 mètres et les raisons pour lesquelles on hésiterait à le faire pratiquement, par suite de la base qu'il faudrait élargir considérablement, proportionnellement à la hauteur ambitionnée. Nous n'y reviendrons pas ici. Le grand mérite acquis à M. Eiffel était de donner les principes, de les appliquer et d'édifier, le premier, un semblable monument. Imiter n'est pas difficile, surpasser est autre chose. De plus, il faut avoir la foi et les capitaux — deux leviers indispensables avec la science.

Voici quelques-uns des différents projets engendrés par le désir d'éclipser la Tour Eiffel.

Un ingénieur des Etats-Unis, M. W.-L. Judson, a proposé une Tour de 490 mètres. Elle semble conçue pour démontrer que la grandeur n'exclut pas la laideur. Si elle est destinée à faire la gloire de l'Amérique, ce ne sera certainement pas dans les choses architecturales.

Il est vrai que son auteur déclare ne pas s'être arrêté à ces détails d'esthétique. En fixant cette élévation, il a voulu, non seulement lui donner une solidité à toute épreuve, mais surtout en faire une gigantesque réclame pour un genre de tramway à traction pneumatique de son invention. Or, pour donner à ce tramway un rôle dans son monument, il l'emploie à monter les voyageurs jusqu'au sommet par une route inclinée, s'en-

M. Gustave Eiffel

d'après une caricature du *Punch*, célèbre journal satirique anglais.

roulant en hélice autour de la construction. Cette colossale spirale impliquait une forme de chandelle, qui est loin d'être la meilleure au point de vue de l'utilisation des matériaux employés, et dont M. Eiffel n'aura pas lieu d'être jaloux.

Une compagnie offre de construire la Tour de M. Judson, pour la modeste somme de 12,500,000 francs qui, pense-t-on, serait bientôt couverte par le prix des ascensions, fixées à un dollar (5 francs). La nouvelle Tour posséderait, en effet, une capacité de transport dont les ascenseurs de la Tour Eiffel ne sauraient donner une idée.

Deux routes hélicoïdales, indépendantes et superposées, s'élèveraient de la base jusqu'au sommet avec une largeur variant de 22 mètres à la base à 15 mètres au sommet. Chacune ferait dix-sept circuits complets, et aurait une longueur développée de 6 kilomètres, avec une pente moyenne de 8 pour 100. L'une des voies serait livrée aux véhicules de toutes sortes, et on pourrait arriver jusqu'à l'extrémité dans sa propre voiture; l'autre serait réservée à une double ligne de tramways du système Judson, portant chacun soixante voyageurs et partant toutes les demi-minutes.

La Tour aurait 128 mètres de diamètre à la base, son noyau central, cylindrique, en aurait 84 et serait divisé dans sa hauteur par dix planchers circulaires, dont l'emploi n'est pas encore indiqué. On propose d'y établir d'immenses hôtels populaires.

L'argent n'a pas la même valeur en Amérique qu'en France; la vie y est fort chère, mais les salaires y sont très élevés, et les gens de la classe ouvrière n'hésitent jamais à dépenser quelques dollars pour un plaisir, pour une sensation nouvelle. On peut donc admettre l'exactitude des prévisions des promoteurs de cette entreprise. Ils feraient une bonne affaire et M. Judson aurait sa réclame. Quant à l'esthétique, les gens d'affaires s'en préoccupent fort peu. Au surplus, cette Tour ne serait pas plus vilaine que la plupart des cheminées d'usines.

Un contre-projet américain, émanant de M. Graf Hinsdale, émet l'idée, originale à coup sûr, sinon très pratique, de grouper tous les bâtiments d'une future exposition universelle d'une manière symétrique autour d'un énorme pylône métallique, relié au sol par des arcatures, au nombre de quatre. Le premier affecterait la forme octogonale et mesurerait, de la base au dôme supérieur, une hauteur de 400 mètres environ ; les arcatures extérieures viendraient s'y souder à 330 mètres au-dessus du sol, et lui seraient encore reliées par d'autres, à 150 mètres, ces dernières devant porter un immense plancher analogue à celui du premier étage de la Tour Eiffel, et destiné aux mêmes usages, concerts, restaurants, exhibitions de toute sorte, etc. Ce plancher serait assez vaste pour recevoir et laisser circuler tous les visiteurs d'une même journée, soit 300,000.

Les pieds des arcatures principales se trouveraient sur une circonférence de 760 mètres de diamètre, et c'est entre leurs retombées que seraient établis les bâtiments de l'exposition. Des ascenseurs, au nombre de quatre par arcature, deux pour la montée et deux pour la descente, conduiraient les visiteurs du sol à la plate-forme supérieure : la traction s'opérerait par un système funiculaire, avec voitures suspendues à des galets roulants sur une voie supérieure. De la plate-forme, seize autres ascenseurs amèneraient le public jusqu'au dôme. On y accéderait également par six ascenseurs partant du plancher situé à 150 mètres, au droit de chacune des arcatures basses ; enfin, vingt autres ascenseurs fonctionneraient dans l'intérieur même du pylône central, depuis sa base jusqu'à son sommet. Le coût d'établissement s'élèverait à 50 millions de francs.

Le coût excessif de cette construction suffirait sans doute à la condamner; mais à cet argument il s'en ajoute tant d'autres, qu'il est inutile d'insister sur un projet destiné à ne pas être réalisé.

Un architecte de New-York, M. Charles Kinckel, a proposé de construire une Tour de 500 mètres d'élévation, de forme cylindrique et non pylônique. Elle serait construite au milieu d'une rotonde de 80 mètres de hauteur et grouperait, comme la précédente, quarante-huit bâtiments en fer, dans lesquels on installerait les diverses sections d'une Exposition.

Un autre projet parle encore d'une Tour horizontale, reposant sur un socle d'un côté et, de l'autre, sur une plate-forme par où les personnes désirant s'élever à 300 mètres entreraient dans un salon en forme de sphère contournant un axe. Des machines, à l'aide de câbles et de poulies, feraient alors redresser le monument au sommet duquel on se trouverait ainsi transporté comme par enchantement !

Voici le projet de la Tour Proctor, destinée à l'Exposition de Chicago. Cette construction serait en acier et aurait 365^{m}26 de hauteur et elle serait terminée par une énorme hampe de drapeau. Dix ascenseurs emporteraient les visiteurs aux divers étages, quatre serviraient pour le premier palier, à 61 mètres du sol, deux pour le deuxième, à 122 mètres, avec arrêt au premier, et deux autres iraient sans arrêt au troisième. Enfin les deux derniers ascenseurs partant du second et du troisième étage, monteraient jusqu'au dôme à 365 mètres au-dessus du sol. La contenance totale de tous ces ascenceurs sera de 8,000 personnes par heure dans un sens et de 16,000 dans les deux sens, c'est-à-dire dans la montée et la descente. De la base à la cime, la Tour ne serait qu'un phare de lumière électrique avec des projections d'une force extraordinaire au sommet, qui illumineraient toute l'étendue des terrains de l'Exposition.

Selon toute probabilité, c'est la force hydraulique qui serait mise en œuvre pour faire marcher les ascenseurs. Mais les pompes de pression fournissant l'eau aux cylindres hydrauliques seraient encore activées par les moteurs électriques. MM. Molobert et Roche, architectes en renom à Chicago, et M. C. T. Purdy, ingénieur mécanicien, sont les initiateurs et resteraient les directeurs des travaux de construction de cette Tour, qui affecterait la forme devenue classique de la Tour Eiffel.

La République unitaire de Colombie a voulu avoir aussi son projet. La Tour colombienne doit surpasser la Tour Eiffel et présenter de nouveaux principes d'architecture. La société de construction et d'exploitation est constituée au capital de 12,000,500 francs. La Tour serait bâtie sur des arches posées sur six fondations placées à 125 mètres les unes des autres et reposant sur une couche d'argile bleue à 5 ou 6 mètres au-dessous du niveau du sol.

La Tour colombienne aurait 385 mètres d'élévation. A 66 mètres il y aurait un plancher; un second à 160 mètres; un troisième à 300 mètres; un quatrième à 385 mètres. Dix ascenseurs du système de Hale feraient le service des voyageurs, huit iraient à 160 mètres et les deux autres au sommet. Cinquante mille personnes pourraient circuler simultanément dans la Tour colombienne. Les promoteurs sont la Compagnie G-A. Fuller, la Compagnie des Ascenseurs Hale, et la fonderie Carnegie, de Pittsbury. Ce sont toutes des sociétés puissantes.

Les Anglais ne sont pas demeurés en arrière sur les Américains. Ils ont songé aussi à élever des Tours gigantesques. Dès le 1er novembre de l'année 1889, ils ont ouvert un concours avec deux prix. L'un, de 500 guinées (plus de 12,500 fr.), l'autre, de 200 guinées (plus de

5,000 fr.) ont été promis aux auteurs dont les projets seraient placés au premier et au second rang. Il était spécifié que le monument ne devait pas avoir moins de 400 mètres et qu'il devait être divisé en un nombre quelconque d'étages, ayant chacun un plancher capable de supporter le poids de restaurants ou de bureaux à y établir. On devait pouvoir y installer un ascenseur unique se dirigeant du rez-de-chaussée jusqu'à l'étage supérieur, soit une série d'ascenseurs allant d'un étage à l'autre. Autant que possible les hauteurs de projets devaient adopter l'acier, mais on leur laissait la liberté d'y introduire toute autre matière.

Le 1er mai 1890, les différents projets admis en concours définitif ont été exposés à Throgmorton street, dans la cité londonienne. Les Tours projetées étaient en fer et différaient peu de la Tour Eiffel. Une seule était en granit et d'un aspect extrêmement lourd. Beaucoup de projets on été repoussés, car ils semblaient émaner de fous ; l'un d'eux proposait une Tour montée sur des roues avec un système hydraulique pour traverser le détroit du Pas-de-Calais et venir jusqu'à Paris pour faire la nique à la Tour Eiffel !

Un projet plus sensé, en dehors de ce concours, ayant pour auteur Sir Edward Watkin, a proposé d'élever au milieu de Londres une Tour immense, construite en fer, briques et pierres de taille. Une compagnie financière puissante s'est constituée, pour exécuter ce projet multiforme.

Nous en avons terminé avec les grandes concurrences plus ou moins menaçantes. Par opposition, nous allons énumérer les réalisations plus modestes.

Le 31 juillet 1889, on a inauguré à Eschenberg, petit village des environs de Winterhow, en Suisse, une Tour Eiffel ayant 33 mètres de hauteur. Le point de vue dont on jouit du sommet de cette construction est magnifique. L'horizon se profile sur toute la partie des Hautes-Alpes s'étendant du Pilate au Saentis. Par un temps clair, l'œil perçoit même une portion du lac de Constance. L'ascension se fait par un escalier de 146 marches. Construite en fer, cette Tour à coûté 12,000 francs. L'élévation d'Eschenberg au-dessus du niveau de la mer étant de 595 mètres, et celle du Champ de Mars n'étant que de 33 mètres, il s'ensuit que la Tour d'Eschenberg domine de beaucoup la Tour Eiffel. C'est ainsi qu'on met son amour-propre à l'abri !

En 1890, on a aussi inauguré à Slagelse, en Danemark, une copie exacte de la Tour Eiffel. Elle est en bois et mesure 140 mètres. Sur sa première plate-forme, on a installé les restaurants et au sommet brille un phare électrique.

N'oublions pas de noter une application funèbre de la Tour Eiffel. Depuis le mois de septembre 1890, le cimetière de Saint Hilaire, petit village du département de la Meuse, renferme un monument funéraire tout nouveau. M. Darbois, un des propriétaires de cette contrée, a fait élever sur la tombe de son père et de sa mère une Tour Eiffel mesurant sept mètres de hauteur et surmontée d'une croix. Au premier étage se trouve une statue de Saint-Joseph, et une plaque de marbre, placée entre les pieds de la Tour, énumère les noms des défunts. Cette idée de faire reposer ses parents à l'ombre de la Tour Eiffel a soulevé la réprobation des uns, l'admiration des autres. Le cimetière de Saint-Hilaire est devenu depuis cette époque un objet de pèlerinage..... pour les *touristes*. Sans calembour, je vous prie !

Depuis que les Russes sont devenus nos amis les plus intimes, non seulement ils ont chanté notre hymne national, mais ils parlent de faire construire dans l'île de Krestorski, aux environs de Saint-Pétersbourg, une reproduction en grandeur naturelle de la Tour Eiffel.

Pour nous prouver leur sympathie, ils ont pensé que c'était la démonstration *la plus élevée* à nous donner.

Au moment de la clôture de l'Exposition universelle, en novembre 1889, un restaurateur de la rue Montmartre, à Paris, a eu l'idée de construire dans sa vitrine une Tour Eiffel en pommes, ayant deux mètres de hauteur, et composée juste de 300 fruits, disposés sur de la mousse et supportés par un échafaudage invisible. Le faîte de l'édifice était couronné par une poire superbe, surmontée d'un drapeau tricolore français. Cette idée normande d'une Tour Eiffel..... aux pommes, a fait affluer le monde rue Montmartre et chez le malicieux restaurateur, pendant plusieurs semaines.

Au reste, pendant un certain temps, à Paris, dans les départements français, à l'étranger, on a assisté à une véritable lutte parmi les négociants, pour faire des imitations de Tour Eiffel, en étoffes, en rubans, en épingles, en objets de papeterie, de quincaillerie, de fleurs artificielles, de bijouterie, etc. Dans tous les magasins, les employés se sont ingéniés à imiter plus ou moins bien la forme devenue classique de la Tour, dans l'arrangement et l'agencement de leur spécialité. Il va sans dire que les cartonniers, les confiseurs, les pâtissiers, les boulangers et les charcutiers se sont mis de la partie. Ils ont édifié de très jolies Tours en carton, en sucre, en crème fouettée, en pâte, en pain alimentaire, en pain d'épices et en suif! Ç'a été aussi une rage universelle de placer sous la protection de la Tour Eiffel les nouvelles enseignes commerciales.

Les verriers et les liquoristes n'ont pas manqué de subir l'entraînement général. Nous avons vu en France, en Allemagne, en Belgique, en Hollande, en Danemark, en Suisse et même dans la puritaine Angleterre, des flacons en verre, en cristal et en grès, affecter la forme de la Tour et contenir les liqueurs et les crèmes alcooliques les plus variées.

Quant aux bijoux représentant en miniature la Tour Eiffel, ils n'ont pas manqué de se produire dans toutes les applications de la parure et dans tous les métaux les plus précieux, les plus communs, avec toutes les pierres précieuses. On a vu, à Paris, une Tour Eiffel en 21,000 diamants, mesurant un mètre de hauteur, d'une valeur inestimable. Les jouets ont été innombrables et il serait long de les mentionner tous. Pendant de longs mois, nous avons assisté dans les soirées de famille ou à la fin des dîners à la conflagration d'une Tour en métal nickelé ayant 45 centimètres de hauteur. On allumait dans son phare un produit chimique qui brûlait sans fumée avec un vif éclat, en rappelant les projections multicolores du Champ de Mars.

Par un traité passé en date du 22 novembre 1887, M. Eiffel s'était engagé à livrer à la Société des Magasins du Printemps, fondée par un homme de beaucoup d'initiative et d'intelligence, M. Jules Jaluzot, devenu depuis député à la Chambre législative pour le département de la Nièvre, toutes les chutes, rognures et débouchures de métal à provenir de la construction de la Tour. Ces déchets devaient être payés au prix fixe, quelle que fût la nature du métal, de 8 francs les 100 kilogrammes. Les matières neuves qui pourraient être demandées par M. Jules Jaluzot à M. Eiffel lui devaient être soldées au prix du neuf. Ces déchets ou matières neuves devaient être employés à faire fabriquer des objets de fantaisie de toute nature pouvant reproduire tous les dessins et modèles de la Tour et devant être vendus avec la mention spéciale que les dits objets étaient faits avec le métal de la Tour Eiffel. En outre du prix de vente des matériaux, M. Eiffel avait encore part à un intérêt de 25 p. c. des prix de la fabrication, majoré de 10 p. c., alors même que les objets seraient vendus au-dessous de ce prix. MM. Jules Jaluzot et Cie avaient de leur côté le droit de prendre la dénomination de *Concessionnaires exclusifs des matériaux provenant de la Tour Eiffel.*

L'idée de fabriquer de menus bibelots avec les rognures de la Tour Eiffel était évidemment intelligente. Elle répondait aux besoins de la curiosité universelle et elle devait être féconde en résultats fructueux pour les deux traitants. Mais de toutes parts de vives protestations s'élevèrent; la petite industrie parisienne et française avait fondé de son côté de vastes espoirs de gains sur la fabrication d'objets représentant la Tour Eiffel. Elle se trouva toute déconvenue quand elle apprit l'existence du monopole accordé à M. Jules Jaluzot, et, à la suite des revendications dont il était submergé, M. Eiffel adressa la lettre suivante à son concessionnaire :

« Paris, 26 février 1889.

» MM. Jules Jaluzot et Cie,

» Messieurs,

» Je ne puis rester indifférent aux plaintes qu'élève en ce moment le commerce parisien relativement au droit de reproduction de la Tour.

» Je suis assuré que mon droit *légal* existe, puisque le modèle a été déposé dès 1885 au tribunal de commerce et que, bien avant mon traité avec l'Etat et la ville, je m'étais assuré cette propriété.

» Mais, comme je sais maintenant d'une manière certaine qu'un grand nombre de fabricants, petits ou grands, ont fondé pour l'Exposition de 1889 des espérances sur le succès de mon œuvre, je croirais manquer de gratitude envers eux et envers la population parisienne, qui ne m'a pas ménagé ses sympathies, si je ne vous proposais pas la résiliation pure et simple de notre contrat en ce qui concerne le droit de reproduction de la Tour.

» Je m'étais déjà spécialement réservé les droits de reproduction par la gravure, la photographie, l'imagerie, et afin de pouvoir moi-même, et sans aucun prélèvement, laisser liberté complète pour ces sortes de reproductions, ainsi que cela a toujours eu lieu jusqu'à présent.

» Je voudrais aujourd'hui, par suite des considérations que je viens d'exposer, faire de même pour toutes les autres reproductions de la Tour, quelles qu'elles soient, et je ne doute pas que vous n'appréciiez le sentiment auquel j'obéis et qui ne s'inspire que de l'intérêt général.

» Dans l'attente d'une réponse favorable, je vous prie d'agréer, Messieurs, l'assurance de ma considération la plus distinguée.

» G. Eiffel. »

Fort d'un traité en bonne règle, et par conséquent de son droit indéniable, la Société Jules Jaluzot ne répondit pas tout de suite. Cette demande de résiliation pure et simple la mettait en présence de difficultés nombreuses, impossibles à trancher du jour au lendemain. A la suite du contrat passé avec M Eiffel et qui lui donnait le droit exclusif de reproduire la Tour du Champ de Mars, elle avait fait de son côté des traités avec plusieurs industriels à qui elle concédait le monopole de la fabrication de différentes spécialités. Ces industriels, qui étaient actuellement au nombre de trente et un, voudraient-ils accepter la résiliation de leur traité? C'était peu probable.

La plupart d'entre eux s'étaient outillés en vue d'une production considérable et le jour où la concurrence serait permise, ils se trouveraient avoir fait des dépenses qui ne seraient plus en rapport avec leurs bénéfices.

C'est ainsi qu'un bijoutier employait déjà 150 ouvriers uniquement à faire des bibelots représentant la Tour Eiffel. Un de ces bibelots avait la forme d'un cachet en argent ou en or et la machine qu'il avait fallu construire pour le fabriquer n'avait pas coûté moins de 12,000 fr.

Il était donc assez naturel que le bijoutier en question refusât de se dessaisir d'un monopole qui lui avait fait faire des frais exceptionnels. Tous les autres fabricants étaient à peu près dans le même cas.

Quant à la maison Jaluzot, elle avait fait également certains sacrifices en prévision de la vente d'un article unique. Elle avait acheté toutes les rognures de la Tour Eiffel à raison de 8 francs les 100 kilogrammes pour fabriquer des presse-papiers qu'elle comptait mettre en vente à partir du mois d'avril 1889. Une usine avait été créée tout exprès dans ce but.

Elle se trouvait donc, elle aussi, assez embarrassée en face de la proposition de M. Eiffel et se demandait comment elle rentrerait dans ses débours si tout le monde avait le droit d'imiter ses produits.

Comme on voit, la question était compliquée, très compliquée même, et sa solution ne dépendait pas uniquement de la bonne volonté de MM. Jaluzot et Cie. De plus encore, le président du Conseil des ministres s'était ému des nombreuses réclamations parvenues au ministère du commerce, et il avait saisi aussitôt de la question la section des travaux publics du Conseil d'Etat. Celle-ci s'était réunie dès le 8 mars 1889 et avait déclaré que M. Eiffel ne s'étant pas formellement réservé le droit de reproduction de la Tour, ne pouvait valablement céder ce droit. La Tour de 300 mètres, selon le Conseil d'Etat, faisait partie du domaine public pendant la durée de l'Exposition, et ensuite de celui de la ville de Paris, en vertu de la convention même survenue entre M. Eiffel, l'Etat et la ville.

Dès le lendemain même de cette décision officielle, M. Eiffel, menacé d'un procès de la part de MM. Jules Jaluzot et Cie, écrivit à M. Tirard, président du Conseil des ministres, la lettre que voici :

« Paris, le 9 mars 1889.

» Monsieur le président du Conseil des ministres,

» L'espoir que je vous avais manifesté dans notre dernière entrevue d'un arrangement amiable avec les tiers relativement à mes droits de reproduction de la Tour ne s'est malheureusement pas réalisé. Pour rompre le contrat, il fallait, en effet, le consentement des deux parties contractantes et j'ai été le seul à offrir le mien.

» Aujourd'hui, je n'ai plus ma liberté d'action, car je viens d'être assigné par MM. Jules Jaluzot et Cie devant le tribunal civil de la Seine.

» Si j'étais disposé à faire spontanément l'abandon de mon droit, je ne saurais, vous le comprendrez, le laisser contester devant les tribunaux. J'ai le devoir, dans une pareille situation, d'en affirmer hautement l'existence.

» Quand la justice aura prononcé sur le débat engagé et aura proclamé vis-à-vis de tous mon droit de reproduction, je serai prêt à renouveler la proposition dont je n'avais pas hésité à prendre l'initiative pour répondre au désir de l'industrie parisienne, par ma lettre du 26 février dernier, qui a été rendue publique.

» Veuillez agréer, etc.

» G. EIFFEL. »

Comme on voit, tout était à recommencer et MM. Jaluzot, en saisissant la justice de cette affaire, laissaient en suspens de nombreux intérêts. Il suffit, en effet, de lire la lettre suivante qui émane de la Chambre syndicale des fabricants bijoutiers-joailliers pour se rendre compte du préjudice que portaient au commerce parisien ces contestations.

« Paris, 11 mars 1889.

» Monsieur le ministre du commerce et de l'industrie,

» Nous avons l'honneur de soumettre à votre haute attention la situation de nos fabriques au sujet de la Tour Eiffel. Notre industrie, considérant que sa reproduction appartenait au domaine public, a combiné une série innombrable de divers articles représentant ce monument, devenu un des principaux ornements de l'Exposition de 1889 et un des objectifs actuels.

» Les fabricants, persuadés de la pleine liberté de reproduction de ce monument, ont fait des frais considérables d'outillage et d'installation de fabrication, qui deviendraient une ruine immédiate pour eux, si ce droit de reproduction leur était interdit.

» Tous les industriels ont compris que l'Etat fournissant un million et demi, et le terrain ayant été concédé par la ville de Paris, et par conséquent les contribuables participant à l'érection de la Tour, la reproduction en bijouterie, joaillerie, orfèvrerie et autres articles, devait être complètement libre.

» Confiante, monsieur le ministre, dans la préoccupation constante que vous attachez aux intérêts et à la prospérité de nos industries nationales, notre Chambre syndicale des fabricants bijoutiers espère une réponse qui définisse bien nettement cette situation critique et déplorable pour les fabricants et les ouvriers mis au repos par cette situation tout à fait imprévue.

» Veuillez agréer, Monsieur le ministre, l'assurance de nos sentiments les plus respectueux et les plus dévoués de notre Chambre syndicale.

» A. DÉCLE,
» *Président de la Chambre syndicale des fabricants bijoutiers-joailliers.* »

En présence de ces revendications multiples et des

attaques dont il était l'objet, M. Jules Jaluzot fit connaitre publiquement sa façon de pensée le 23 mars suivant :

« La question, écrivit-il, peut avoir été embrouillée à plaisir et paraître compliquée à certaines personnes; mais, pour moi, comme pour tous ceux qui ont l'habitude de traiter les affaires d'une façon sérieuse et sans arrière-pensée, elle est d'une parfaite clarté. M. Eiffel m'a cédé le droit exclusif de reproduire la Tour de 300 mètres sous toutes ses formes; c'est donc qu'il croyait en avoir le droit.

» Il se trouve aujourd'hui que ce droit lui est contesté. Qui doit en subir les conséquences, lui ou moi ? La réponse ne peut être douteuse. M. Eiffel s'est trompé, mais ce n'est pas une raison pour que moi, je sois la victime de son erreur. Je professe pour le constructeur de la Tour de 300 mètres une très vive admiration et, plus que l'idée de faire une spéculation heureuse, ce sentiment m'a poussé à signer le traité qui est aujourd'hui l'objet de tant de commentaires malveillants.

» Mais je ne puis cependant pas me laisser fouler aux pieds sans protester et jouer bénévolement le rôle du pot de terre, parce que je suis un des enthousiastes de ce virtuose du fer. Je le puis d'autant moins que je représente d'autres intérêts que les miens propres et que sans lâcheté je ne peux abandonner tous ceux qui ont eu confiance en moi, comme j'ai eu moi-même confiance en M. Eiffel.

» Qu'on ne vienne pas me dire que j'opprime le petit commerce en détenant un monopole. C'est absolument faux. J'ai fait les concessions les plus larges à tous ceux qui m'ont demandé de fabriquer en chambre des menus objets représentant la Tour et jamais je ne les ai inquiétés. Une seule saisie a été faite sur mon ordre et elle visait un fac-similé du monument, qui avait sept mètres de haut, qui était destiné à être envoyé en Amérique et dont la ressemblance avec l'original était si frappante qu'on aurait pu croire qu'il sortait des ateliers même de M. Eiffel.

» Voilà le seul acte de répression qu'on puisse me reprocher, et, en le faisant, j'ai agi dans la plénitude de mon droit. Quant aux autres commerçants avec qui j'ai passé des sous-traités, ils sont soumis à des redevances qui ont été calculées suivant la valeur des objets fabriqués. La taxe sur les produits bon marché est des plus minimes et pour n'en citer qu'un exemple, je prélève seulement 3 centimes sur les couteaux à treize sous que fabrique un coutelier de Thiers. Sur cette somme, je donne naturellement, suivant nos conventions, 1 centime 1/2 à M. Eiffel.

» On ne peut donc m'accuser d'abuser de la situation. Je dirai même plus, le traité qui me lie à M. Eiffel est une garantie pour le commerce parisien, pour le fabricant français. Le jour où ce traité serait résilié, il se produirait dans la petite industrie nationale un véritable krach, et cela parce que l'étranger, qui depuis de longs mois fabrique clandestinement l'article *Tour Eiffel*, nous inonderait de ses produits. »

Enfin, un arrangement amiable intervint entre MM. Eiffel et Jules Jaluzot qui, tous les deux très chevaleresquement, renoncèrent à une opération fructueuse, très intelligente et très licite, pour en faire cadeau au commerce parisien. Il y eut une seule victime, le public, qui n'a pas eu le presse-papiers en rognures de Tour Eiffel qu'il avait espéré acheter. Cette petite polémique est curieuse, instructive. Elle méritait d'être conservée dans un livre qui a un caractère historique comme celui-ci.

Il est inutile d'ajouter que l'industrie de la bimbeloterie et de la joaillerie s'en est donné à cœur joie. Tous les bibelots qu'elle a créés sont innombrables et ont fait honneur à sa fantaisie élégante et à son imagination utilitaire. Les combinaisons les plus extraordinaires ne furent pas mises au jour par Paris et la France, mais aussi par l'étranger. C'est ainsi que nous avons vu, le 27 mai 1889, une vue de la Tour et un portrait de M Eiffel envoyés de Vienne, en Autriche, par M. Sofer, et écrits en 13,558 lettres microscopiques, contenant la biographie de l'illustre constructeur et la description de son monument. Il était recommandé de lire le tout de bas en haut en commençant du pied gauche de la Tour, par les mots *Gustave Eiffel*. C'est là de la gloire, où nous ne nous y connaissons pas ! Au surplus, M Eiffel et la Tour Eiffel ont été décrits, dépeints, célébrés, représentés, photographiés de toutes les façons. Le chansonnier populaire, Paulus, n'a pas manqué non plus de leur consacrer de spirituels couplets dans sa chanson intitulée : *L'Amant de la Tour Eiffel*. Les romanciers s'en sont emparé et les poètes aussi : les romanciers, pour écrire *Le Mystère de la Tour Eiffel*, par M. Félix Steyne, publié par le *Bon Journal*, fondé par le célèbre éditeur Ernest Flammarion ; les poètes, pour chanter sous les formes de poèmes, sonnets, distiques, quatrains, le moderne *Léviathan*. Le *Petit Journal* a même reçu, le 19 avril 1889, une pièce de 300 vers représentant la structure de la Tour de 300 mètres. Les vers sont écrits et disposés de telle sorte, qu'ils reproduisent très exactement et sans dessin l'œuvre de M. Eiffel. C'est un poème-gravure, comme l'a intitulé M. Bourgade, l'auteur de cette œuvre de patience, vraiment curieuse. De son côté, le *Courrier français*, très artistement, mais *si légèrement* inspiré par son directeur M. Jules Roques, en juillet 1891, a fait une exposition extrêmement curieuse de mille dessins originaux sur la Tour Eiffel.

Le *Tintamarre* s'est signalé aussi par une revue tintamaresque de l'Exposition de 1889, faite spirituellement selon ses us et coutumes, et intitulée · *Eiffelorama.*

La Tour Eiffel n'a pas été non plus sans mettre aussi en frais d'imagination les *faiseurs* de tous les pays. On a raconté qu'à Glogau, province de Silésie prussienne, on a arrêté, en mai 1891, un individu ayant commis de nombreuses escroqueries au détriment de fabricants de toile de ce pays.

Ce personnage se faisait passer pour un chargé d'affaires de M. Eiffel et disait avoir la mission d'acheter de grandes quantités de la célèbre toile de Silésie, afin de confectionner une énorme housse destinée à la Tour de 300 mètres, pour la saison d'hiver.

Séduit par l'espoir d'une part de bénéfice dans cette commande, un sujet de la province de Brandebourg avait même avancé de fortes sommes, comme provision, à divers petits fabricants.

Il faut presque admirer l'ingéniosité de cet exploiteur, à moins qu'on ne préfère s'étonner davantage de la stupidité de ses dupes...

Les excentriques qui ont entrepris de gravir la Tour Eiffel dans les positions les plus extravagantes n'ont pas manqué non plus. On a vu des gens monter l'escalier du premier étage à genoux, sur les mains, tournant le dos aux marches. On a vu des gens juchés sur les épaules d'un ami. On a vu le boulanger landais, Silvain Dornon, le même qui devait exécuter, au printemps de 1891, le voyage de Paris à Moscou sur des échasses, faire l'ascension de la Tour Eiffel de la même façon. On a vu jusqu'à un membre de la Chambre des députés se faire bander les yeux et monter les escaliers appuyé sur un voisin de bonne volonté. C'est bien là l'image vivante et aveugle du Parlement, disait-on tout bas dans son voisinage !

La Tour Eiffel a été aussi le sujet de hasards heureux.

Deux jeunes filles, pendant une ascension, eurent l'idée de lancer, de la deuxième plate-forme, un petit ballon gonflé de gaz portant une carte postale à l'adresse de leur tante, riche propriétaire des environs de Paris. Quel ne fut pas leur étonnement en recevant, le lendemain, les remerciements de la destinataire qui leur apprenait que le ballon avait été trouvé dans son parc, suspendu au sommet d'un bouleau. Ces jeunes filles avaient eu le vent pour elles, on peut le dire! Cette distraction, renouvelée souvent, a produit d'autres rencontres singulières et des surprises agréables. Quelques-uns de ces petits ballons, avec leur carte postale ou leur billet doux, ont été assez loin. Tels sont tombés en Belgique, en Alsace, en Lorraine. Mais, de tous ces petits messagers aériens, un seul, croyait-on, avait dépassé de beaucoup les autres en allant jusqu'en Bavière.

Eh bien! il y a eu mieux encore et nous avons vu, en juin 1891, une carte postale qui est tombée avec le ballon qui la portait en Hongrie. Cette carte, qui avait été expédiée du haut de la Tour Eiffel par un Lyonnais, M. Bayet, fut ramassée par des paysans dans la propriété du marquis Pallavicini, près de Szegedin.

Pendant longtemps elle fut conservée comme souvenir par ceux qui l'avaient trouvée; mais un jour, M. Ivankovitz, maître des greniers seigneuriaux, ayant appris la chose, la réclama pour l'envoyer à M. Bayet, qui ne fut pas peu étonné en voyant sa missive lui revenir après un si long voyage.

A peine est-il utile de rappeler ici que la Tour Eiffel a reçu l'hommage de tous les puissants de ce monde. Rois en fonctions, rois en retraite et futurs rois, princes de familles impériales et royales, chefs d'Etats républicains, — depuis le Schah de Perse, le prince de Galles, les frères de l'Empereur de Russie, le comte de Flandre, frère du Roi des Belges, le Roi et la Reine de Portugal, l'Empereur du Brésil, jusqu'au jeune Roi de Serbie Alexandre Ier accompagné de son père le Roi Milan, en passant par les principales contrées de la noire Afrique, tous les potentats de la terre lui ont rendu visite. Chaque fois, c'est M. Eiffel qui se fait le cicerone obligé de ces hôtes de première grandeur. Aussi, son affabilité est-elle autant appréciée que ses traits sont connus dans l'univers. A côté de l'excellent portrait placé en tête de cet ouvrage, il est curieux de conserver une fort curieuse caricature publiée par le célèbre journal satirique anglais *le Punch*. M. Eiffel est spirituellement transformé en Tour Eiffel, comme on peut le voir à la page 419.

Terminons ce chapitre, d'un caractère tout spécial, en rappelant la création de cette expression, assez heureuse pour exprimer quelque chose de très grand et de très étonnant : *C'est tout à fait toureiffelesque!*

Une seule consécration manquait à la Tour Eiffel, puisqu'il est dit que tous les hauts monuments doivent la recevoir. Pendant plus de deux ans elle y avait échappé, mais le samedi matin, 23 août 1891, pour la première fois, elle a été le théâtre d'un suicide. C'est un pendu qui a commencé la série, car, jusqu'ici, nul désespéré ne s'était jeté dans l'espace du haut d'une des plateformes. Choisir pour s'y pendre la Tour Eiffel n'est pas banal et la relation de l'événement vaut la peine, comme début, d'être racontée.

Le samedi, à la première heure, à la date rapportée plus haut, vers quatre heures et demie, des passants aperçurent, dans le pilier Nord de la Tour, à 20 mètres de hauteur, des lumières vacillantes briller d'une clarté jaunâtre dans l'aube croissante. Ils s'approchèrent pour se rendre compte de la nature de cet éclairage inaccoutumé et, à leur grande surprise, ils aperçurent trois bouts de bougie brûlant, posés sur les membrures de fer. Au centre du triangle formé par les petites flammes tremblotantes, se balançait un homme pendu à une corde. Il avait dû avoir beaucoup de mal pour grimper jusqu'à l'endroit choisi pour se donner la mort. Afin d'y voir clair pour se lancer dans les ténèbres de l'éternité, il s'était muni d'une bougie qu'il avait eu l'idée de couper en trois, de placer triangulairement et d'allumer.

Le cadavre était tout nu. Avant de se donner la mort, l'individu s'était déshabillé, pour ne point abîmer ses vêtements, sans doute, car il leur réservait une destination inattendue. Dans un papier trouvé dans une des poches de son paletot et sur lequel il avait écrit ses dernières volontés, il donnait sa tête au Médecin-major de son ancien régiment, son corps à l'Ecole de Médecine de Paris et ses effets..... à M. Eiffel! Transporté à la Morgue, ce pendu original a été reconnu par un de ses compagnons de travail pour être Louis Charrier, conducteur de machines dans une imprimerie parisienne.— Voilà ce malheureux rendu célèbre par sa fin excentrique. Pourvu que les futurs pendus *n'aillent pas se le dire!*....

La consonance finale du nom de M. Eiffel avec le célèbre nom de Babel, présentait une rime trop facile pour que la versification ne s'en emparât pas. Je me suis expliqué au début du chapitre troisième sur la véritable signification étymologique de ce mot, qui ne veut pas dire *désordre*, contrairement à la tradition. Je désire insister, dans ce moment, sur un autre point. Les temps ne sont plus les mêmes! Si le Dieu biblique, pour châtier la témérité des fils de Noé dans leur fol espoir d'une construction destinée à atteindre le ciel, l'a anéantie par la confusion des langues, — le Dieu de la science, au XIX° siècle après Jésus-Christ, a protégé la Tour, non moins téméraire, des fils de l'Encyclopédie, en permettant que tous les hommes de la terre s'y entendissent dans des agapes fraternelles. Jamais, en effet, nulle part que sur la Tour Eiffel, on a pu écouter à la fois, autant d'idiomes divers parlés par des hommes différents, venus de tous les coins du monde, conduits par un sentiment unanime d'admiration, de concorde et de paix.

Un poète de grand talent, que nous avons déjà cité à la page 333, M. Olivier de Gourcuff, a dit dans son dialogue des Tours :

> Les tours ont le sort de Babel :
> Le temps en tas de pierres grises,
> Change les manoirs, les églises,
> Change en canons la Tour Eiffel.

Non pas, ô poète, non ! Vous le voyez, toutes les tours n'ont pas le sort de la problématique Babel. Quant à changer en canons la Tour Eiffel, non pas, aussi ! Je porte dans mon cœur deux patries : la grande, la France, et la petite, celle d'origine ancestrale, la Lorraine, et ce n'est pas, homme de science et de progrès, dans la destruction de la Tour Eiffel que mon âme ulcérée espère le jour du triomphe et de la réintégration nationale !

CHAPITRE DIXIÈME

LA SCIENCE ET LA TOUR EIFFEL

CHAPITRE DIXIÈME

LA SCIENCE ET LA TOUR EIFFEL

La Tour Eiffel, Observatoire météorologique et Laboratoire scientifique. — Hommage de la Société des Ingénieurs civils. — Prix Montyon accordé à M. Eiffel par l'Académie des Sciences. — La science et la Tour Eiffel. — Vérification officielle de la parfaite verticalité de la Tour. — Horizon perceptible de la Tour. — Son faîte marque le point culminant de vingt-six départements français subjacents. — Points d'altitude de ces départements. — Du pied des monts Scandinaves au pied des Pyrénées aucune élévation ne rivalise avec celle de la Tour. — Horizon géométrique. — Horizon réel. — Points d'où est visible le Phare. — Panorama visible de la Tour. — Expérience de télégraphie aérienne lumineuse à l'aide d'un aérostat. — Récit de M. W. de Fonvielle. — Les projecteurs électriques de la quatrième plate-forme. — Le phare électrique tricolore. — Le paratonnerre du système Melsens établi par M. Emile Closset de Bruxelles. — Première chute de la foudre sur la Tour. — Aucun accident, aucun dégât. — Les feux du Phare et les oiseaux. — Les lâchers de pigeons. — Les orages et les tempêtes. — Ronflement prodigieux produit par le vent. — La Tour Eiffel est un sûr asile pour les visiteurs et pour la science. — Les recherches scientifiques qu'on peut y faire sont innombrables. — C'est un observatoire météorologique sans précédent. — Le pendule de 115 mètres. Bilan des premiers travaux. — Rapport de M. Mascart. — Laboratoires réservés à la chimie et à la physiologie. — Le cabinet d'études de M. Eiffel. — Enregistrement phonographique du dernier coup de canon annonçant la clôture définitive de l'Exposition de 1889. — Le manomètre métallique de 300 mètres. — M. Louis Cailletet. — Expériences de sondage. — L'appareil de M. Emile Belloc. — Champ ouvert aux grandes découvertes.

M. Gustave Eiffel avait prédit juste, en annonçant, dès le 20 février 1889, dans une conférence mémorable faite à Paris sous les auspices de la Société centrale du travail professionnel, présidée par M. Théodore Villard, que tous les savants trouveraient à réaliser, à l'aide de la Tour de 300 mètres, au moins une expérience quelconque se rattachant plus spécialement à l'objet de leurs études. Dans sa pensée, elle devait devenir un observatoire et un laboratoire tels que la science n'en a jamais eu à sa disposition dans les temps passés. C'était aussi l'opinion de tous les corps scientifiques, de tous les chercheurs. Dès le 14 avril suivant, peu avant l'ouverture de l'Exposition universelle, la Société des Ingénieurs civils avait voulu reconnaître d'une façon éclatante le mérite de M. Eiffel, en le choisissant comme président pour l'année 1889, et M. Jules Charton ingénieur en chef-adjoint des constructions métalliques du Champ de Mars et l'un des membres de cette éminente compagnie avait été choisi pour porter la parole au nom des ingénieurs français, désireux de rendre un public hommage aux travaux de leur collègue. Huit mois plus tard, le 30 décembre 1889, l'Académie des Sciences de Paris, dans sa séance solennelle annuelle, a voulu ratifier à son heure, la valeur scientifique de M. Eiffel, en lui décernant le prix Montyon des arts mécaniques pour l'ensemble de ses constructions et les progrès réalisés par ses efforts dans les multiples applications du fer.

Avant de livrer la Tour Eiffel aux expériences scientifiques, il était indispensable de s'assurer qu'elle ne penchait point et qu'elle demeurait constamment dans la ligne verticale, malgré les variations de température. De même que les axes colossaux du palais des machines du Champ de Mars ont été articulés à leur base et à leur sommet de façon à pouvoir se dilater et se contracter selon le degré de chaleur, les piliers obliques sur l'écartement desquels la Tour est assise ont été rendus mobilisables sur leurs fondations. Nous avons expliqué dans le chapitre cinquième comment chacun d'eux a été chaussé d'un sabot dans lequel son pied peut jouer sous l'impulsion d'un vérin ou presse hydraulique capable d'une pression minimum de 700 atmosphères. A l'aide de ces puissants engins, la Tour fut redressée une fois, avant d'être terminée, quand on s'aperçut qu'elle s'inclinait de six millimètres environ du côté de Grenelle. La contingence d'un affaissement du sol a même été prévue. S'il se produisait, tout est réglé et préparé d'avance pour redresser et caler le pilier ou les piliers en souffrance.

Toutefois dans le but de se rendre compte de la rectitude de la Tour sur ses assises, M. Eiffel, par acquit de conscience, a voulu que le fait fut vérifié officiellement par un représentant de l'administration. M. de Seillac, ingénieur attaché aux Etablissements de Levallois-Perret, de concert avec M. Tulasne, ingénieur du service de M. Alphand, à la ville de Paris, ont procédé à des expériences minutieuses à l'aide du théodolite. On nomme ainsi un petit instrument, pesant quelques kilogrammes et composé d'une lunette astronomique à l'aide de laquelle on détermine dans l'espace un plan vertical idéal dont la trace peut être aussi facilement circonscrite que si elle se trouvait réellement dessinée. Se transportant successivement sur les deux faces correspondantes du Trocadéro et de l'Ecole militaire, puis sur les faces perpendiculaires, les deux ingénieurs, sans avoir besoin de franchir les 300 mètres, ont démontré que du haut jusqu'en bas l'immense monument était rigoureusement partagé en deux parties égales par ces deux plans principaux. Les expériences renouvelées sur les quatre faces ont donné les résultats les plus concluants et prouvé d'une façon irréfutable que pas une pièce de fer n'avait subi la moindre déviation. Il résulte en effet, de cette vérification au théodolite, par une conséquence géométrique indiscutable, que la verticale du centre de la dernière tranche placée à trois cents mètres était dans le prolongement de la verticale du centre de la base, et que par suite la plus grande construction humaine de l'univers est dans un parfait équilibre. Un procès-verbal de ces expériences a été dressé pour montrer avec quelle sûreté la science constate la vérité et rectifie les illusions produites par les imperfections ou la faiblesse de nos sens.

La rigoureuse verticalité de la Tour Eiffel étant établie, il était utile de se rendre compte de son horizon perceptible. Rappelons, avant d'aller plus loin, que son altitude absolue est de 333^{m}50 au-dessus du niveau de la mer. Son faîte marque le point culminant de vingt-six départements français subjacents, occupant une bande du territoire national d'une largeur variable et s'étendant de la frontière du Nord à celle du Sud-Ouest.

Voici les noms de ces départements avec l'indication métrique de leur point d'altitude le plus élevé : Loire-Inférieure (115); Gironde (163); Seine (169); Charente-Inférieure (172); Indre-et-Loire (188); Seine-et-Marne (209); Maine-et-Loire (210); Seine-et-Oise (210); Somme (210); Pas-de Calais (212); Landes (227); Vienne (233); Oise (235); Eure (241); Seine-Inférieure (246); Ille-et-Vilaine (255); Loir-et-Cher (256); Nord (266); Deux-Sèvres (272); Lot-et-Garonne (273); Loiret (275); Marne (280); Aisne (284); Eure-et-Loir (285); Vendée (285); Morbihan (297).

Prenez un fil et tendez-le sur une carte de France, de la frontière belge, par exemple, à Blanc-Misseron, au-dessus de Valenciennes, jusqu'à Biarritz, à la frontière d'Espagne. Ce fil passera par Paris, traversera notre pays tout entier par une zone sous laquelle toutes les protubérances du sol sont dominées par le maître sommet de la Tour Eiffel. Prolongez ensuite ce fil dans la direction du Nord-Est, à travers la Belgique, la Hollande, le Hanovre, les duchés de l'Elbe et le Danemark jusqu'en Suède. Du pied des monts scandinaves jusqu'aux Pyrénées, s'abaissant dans l'Océan atlantique, vous ne rencontrez, sur des milliers de kilomètres, aucune élévation rivalisant avec celle de la Tour de 300 mètres. Le relèvement le plus accentué du sol français à noter, en se dirigeant à l'ouest de Paris, est celui de la forêt d'Ecouvres, dans l'Orne, dont le point culminant de 417 mètres est en dehors de la trajectoire que nous venons de parcourir à vol d'oiseau.

Montons maintenant sur le sommet de la Tour. Paris et ses environs ne forment plus qu'un plan topographique. Tout s'est abaissé, aplati; tout semble muet, inanimé, figé. Géométriquement, d'un sommet de 333^m50 au-dessus du niveau de la mer, l'horizon est perceptible à 130 kilomètres. Mais il faudrait un état atmosphérique exceptionnel pour que la vue puisse distinguer à cette distance, c'est-à-dire apercevoir les points culminants de Fontainebleau, Etampes, Pontoise, Melun, Mantes. De ces mêmes points, on peut apercevoir la Tour d'autant plus au-dessus de l'horizon, qu'ils sont plus rapprochés de Paris. Dans des conditions spéciales, on s'est demandé si, à l'aide d'instruments spéciaux, on pourrait transmettre et recevoir des signaux pour des distances plus étendues, telles que des collines de Rouen, de Laon, du plateau d'Orléans, des monts de la Bourgogne. En résumé, on a cherché à établir jusqu'à quel point la Tour Eiffel pourrait prendre rang parmi les monuments stratégiques et servir de phare immense, visible à de grandes distances, pour constituer un télégraphe optique.

Le Cosmos, un des doyens des journaux de vulgarisation scientifique de France, a répondu à ces questions de la façon suivante :

« Il eût été important de communiquer avec Rouen. La flèche de la cathédrale est élevée de 152 mètres au-dessus du sol, qui est lui-même à la cote 22 au-dessus du niveau de la mer. La portée du sommet de cette flèche sur la surface de niveau passant par le pied de la Tour Eiffel est de 46,250 mètres; celle de la Tour sur la même surface étant de 67,643 mètres, on voit que la somme de ces deux portées, soit 113,893 mètres, est supérieure à la distance des deux points qui est de 108,500 mètres.

» Par conséquent, théoriquement, les deux points seraient visibles l'un de l'autre. En réalité, ils ne le sont pas, la surface intermédiaire du sphéroïde terrestre étant à une altitude bien supérieure à celle du sol des deux Tours; nous avons déjà vu que la portée est réduite à 45 kilomètres pour la Tour Eiffel; pour la flèche de Rouen, elle est encore plus réduite, et est limitée aux hauteurs de 160 mètres qui dominent la vallée de l'Andelle.

» La flèche de la chapelle de Bon-Secours, près Rouen, ne pourra pas davantage communiquer avec la Tour Eiffel; cette flèche, haute de 50 mètres, et située à l'altitude de 160 mètres, n'a qu'une portée de 30 kilomètres dans la direction de Paris, tandis qu'il en faudrait une de 41 kilomètres dans la même direction. Pour que les communications directes fussent possibles entre Rouen et Paris, il faudrait élever, sur le plateau de Blosseville, une seconde Tour de 150 mètres de hauteur.

» Le problème pourrait être résolu plus facilement par un ballon captif, si on pouvait le maintenir dans une position à peu près fixe, de manière que les signaux lumineux à émettre ou à recevoir eussent une direction constante. »

Donc, on ne peut communiquer directement de Rouen avec la Tour Eiffel, mais on pourrait essayer la réflexion des signaux lumineux sur les nuages, ce qui permettrait de dépasser de beaucoup la portée géométrique et assurerait les communications avec les grandes villes telles que Rouen et Orléans, et les sommets tels que le mont Tasselot, situés en dehors du cercle de visibilité directe.

L'état de pureté de l'atmosphère se prête à l'étendue de la vision. Après les grandes pluies, le ciel est nettoyé de ses poussières et de ses vapeurs. On voit alors très loin. C'est ainsi que le 24 août 1890, nous avons parfaitement distingué, à la suite d'un violent orage, à l'aide d'une longue-vue, de la troisième plate-forme, le château de l'église de Montjavoult, dans l'Oise, situé à 70 kilomètres environ de Paris. C'est encore ainsi que, par une belle soirée, à 88 kilomètres de la capitale, de la flèche de la cathédrale de Chartres, une des plus hautes de France, on peut apercevoir le phare de la Tour Eiffel.

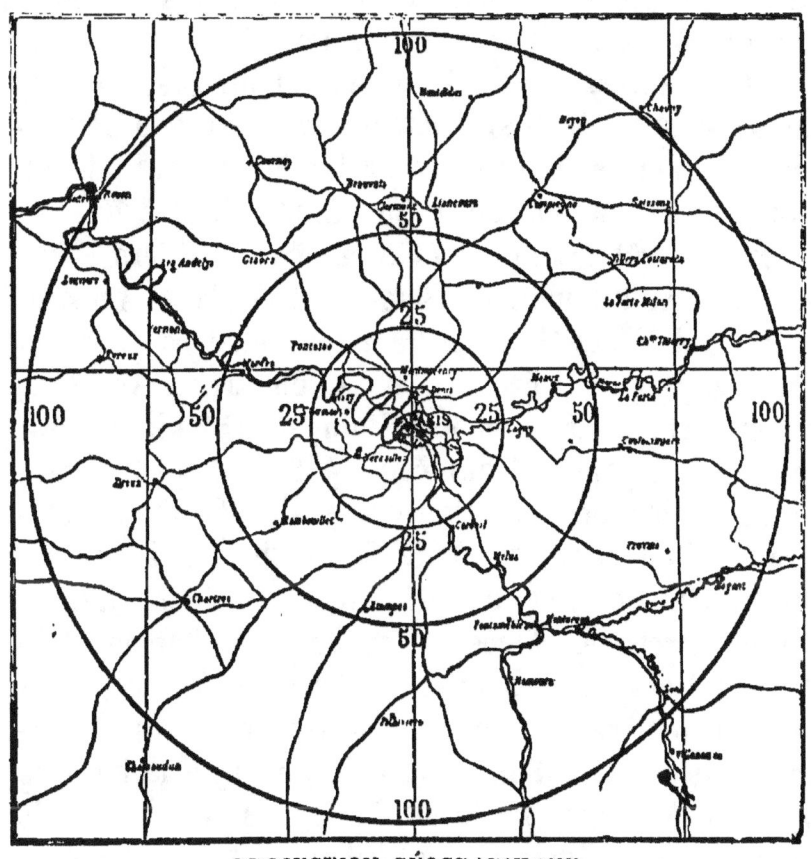

PROJECTION GÉOGRAPHIQUE
des points extrêmes d'où est visible le phare de la Tour Eiffel dans un rayon de 100 kilomètres.

Voici les jalons panoramiques que l'on peut établir dans le jour, soi-même, et ceux d'où sont perceptibles, par une belle nuit, les feux extrêmes

> ... de la Tour Eiffel, lancette échevelée,
> Qui transperce du ciel la tumeur étoilée,

comme a dit M. Gaston Pollonnais, dans deux vers fort jolis, quand on cherche ces lumières d'un point des environs de Paris.

Au Nord, toute la plaine est visible à 25 kilomètres avec Ecouen, Villiers-le-Bel, la forêt de Montmorency, une partie du département de l'Oise, et, à 70 kilomètres, avec deux communes : Airion et Valescourt, sur les confins du département de la Somme. Au Nord-Est, on aperçoit Crépy-en-Valois, à 50 kilomètres; la forêt d'Hallate, à 75 kilomètres; la forêt de Villers-Cotterets, à 80 kilomètres. A l'Est, on peut distinguer Meaux, Lizy-sur-Ourcq, à 60 kilomètres, les collines de La Ferté-sous-Jouarre et Lagny, à 72 kilomètres. Au Sud-Est, la forêt de Fontainebleau jusqu'à Montereau, à 70 kilomètres; la forêt de Jouy, à 74 kilomètres; Villiers-Saint-Georges, à 80 kilomètres; Brie-Comte-Robert, Armainvilliers, La Ferté-Gaucher, à 82 kilomètres; Sens et Champigny-le-Chapitre, à 88 kilomètres. Au Sud, La Ferté-Alais, Malesherbes, Etampes, à 52 kilomètres; Bretigny, Arpajon, Montdésir, à 62 kilomètres. Au Sud-Ouest, les forêts de Dourdan et de l'Ouye, les clochers de Vaugrigneuse et de Saint-Chéron, à 62 kilomètres; Rambouillet, à 40 kilomètres, et Chartres, à 88 kilomètres. A l'Ouest, s'étendent le château et la vallée de Versailles, Saint-Cyr, Trappes, Dreux, Houdan, Garancières, jusqu'à 50 kilomètres. Au Nord-Ouest se présentent Saint-Germain-en-Laye, la forêt de Bizy, les Andelys, la forêt de Lyons, au-dessus de Beauvais, Saint-Germer, à 70 kilomètres. Le cercle de visibilité peut approcher de 200 kilomètres avec des lunettes puissantes et par une atmosphère dégagée de nuages et de vapeurs. Mais les points extrêmes d'où est perceptible le phare sont circonscrits dans le cercle de 100 kilomètres représenté dans notre dessin panoramique. Il existe dans le commerce un plan panoramique

Manœuvres du ballon " Le Figaro "
CORRESPONDANT A L'AIDE D'UNE LAMPE ÉLECTRIQUE AVEC LA TOUR EIFFEL
dans la soirée du jeudi 26 juin 1890.

de Paris et de ses environs pris de la Tour Eiffel par un peintre de talent, M. Charles Houry, qui est très savamment exécuté. Il représente, avec une grande fidélité, tous les points visibles à une distance de 20 à 25 kilomètres. C'est un excellent guide pour se repérer à vol d'oiseau dans la banlieue parisienne.

On a voulu déterminer aussi, d'une part, jusqu'à quelle distance les feux de la Tour Eiffel pouvaient être aperçus d'un point aérien, à bord d'un aérostat, et, d'autre part, jusqu'à quelle altitude l'on pourrait suivre de la Tour la marche d'un ballon et échanger des signaux avec lui. Le 26 juin 1890, des expériences de télégraphie aérienne lumineuse ont eu lieu à l'aide d'un ballon, appelé *Le Figaro*, et monté par MM. Jovis et Mallet. Des observateurs placés sur la dernière plateforme, à 280 mètres, devaient suivre les projections électriques de l'aérostat et y répondre. L'un de ces derniers, notre maître et notre ami Wilfrid de Fonvielle, a fait le récit suivant de ces expériences :

« M. Eiffel ayant mis gracieusement à notre disposition un train spécial, MM. Corot, Panis, Richard, Triboulet, Gabriel Yon et moi, nous avons été introduits dans l'ascenseur du pilier nord, le 26 juin 1890, à 8 heures 1/4 du soir. Notre destination était le belvédère de la troisième plate-forme pour exécuter une expérience du plus haut intérêt scientifique et patriotique. Nous nous proposions de suivre au milieu des airs une lampe électrique que le ballon *Le Figaro* devait allumer au milieu de l'ascension qu'il allait exécuter à 9 heures à l'usine à gaz de la Villette. Nous voulions nous convaincre qu'on pouvait observer cette étoile nouvelle avec assez de précision pour établir ultérieurement une communication télégraphique nocturne entre la Tour et un ballon traversant l'horizon de Paris.

» Que de pensées soulève cette tentative ! Les ballons

du siège de 1870, les splendeurs de l'Exposition universelle de 1889, les regrets et les espérances, le temps qui n'est plus et celui dont la Providence garde le secret ! Au-dessus de nos têtes, le ciel est couvert d'une couche compacte de cumulus, serrés les uns contre les autres, fondus en une voûte occupant toute l'étendue du firmament. Arrivée à son dixième jour, la lune est déjà forte, sa hauteur est encore très grande puisqu'il n'y a pas deux heures qu'elle passait au méridien de Paris. Cependant aucun de ses rayons n'arrive jusqu'à nous, aucune lueur ne trahit sa présence. Mais comme il a été convenu que M. Jovis ne dépassera pas la cote de 1,000 mètres, tandis qu'il verra les feux de nos projecteurs, nous sommes certains que le ballon n'ira pas se perdre dans cette brume. Cependant le jour est encore très clair. Les grandes ombres qui sont descendues sur la ville, où elles ont jeté comme un voile de crêpe, n'ont point encore eu le temps de nous atteindre. Aussitôt nous téléphonons qu'on suspende le gonflement pendant un quart d'heure ; nous demandons aussi qu'on lance des fusées pour que nous dirigions nos projecteurs sur l'usine, dont la direction nous échappe, car les lumières sont encore en trop petit nombre pour que nous puissions reconnaître la géographie de Paris à la forme des constellations des becs de gaz et des lampes électriques à arc qui tracent si féeriquement le contour de ses voies différentes.

» Des fusées indiquent bientôt que nos messages ont été compris. M. Milon dirige le feu de son artillerie lumineuse sur le point signalé, sans se douter du désordre que l'allumage des artifices et l'arrivée inattendue de dépêches venant directement de la Tour ont excité dans la foule qui a envahi la cour des gazomètres. A 9 h. 10 minutes, *Le Figaro* prend son essor. A peine a-t-il quitté la terre, que notre rayon l'arrose de lueurs très vives. Nous distinguons bientôt un feu de bengale allumé au-dessous de la nacelle ; les reflets purpurins nous surprennent par leur richesse et par leur vigueur. M. Jovis s'est placé sur le cercle ; M. Mallet a la main sur le réflecteur avec lequel il concentre le rayon électrique dans la direction de la Tour. A cet instant, MM. P. Girod, P. Vernes, Oberkampf et Hartmann, les quatre passagers, sont éblouis par les rayons coalisés de nos deux projecteurs. En effet, nous inondons littéralement *Le Figaro* d'un torrent de lumière. Cependant lorsque les voyageurs aériens abaissent leurs regards vers la terre, ils voient comme nous se dérouler à leurs pieds les feux électriques et les interminables rangées de becs de gaz dessinant les boulevards, les rues et les squares. Les candélabres des quais et des ponts attirent surtout leur attention à cause des réflexions magiques produites sur le miroir argentin de la Seine. De plus que nous, ils entendent une immense clameur qui de toutes les poitrines s'élève jusqu'au niveau de leurs oreilles. Insensible à tout cela, le ballon ne voit que la Tour, car l'éclat de notre électricité le fascine et son vol se dirige vers notre plate-forme. D'après ce que disent les anémomètres Richard, il approche avec une vitesse de 8 mètres par seconde. On se demande s'il ne va pas nous atteindre.

» M. Jovis ayant sacrifié un peu de sable, l'aérostat se dégage peu à peu du courant dans lequel il était plongé ; il s'éloigne vers notre droite se dirigeant de plus en plus dans la direction de l'Est. La lampe possède une splendeur égale à celle de Sirius qui ne décore que le ciel d'hiver. Bientôt son éclat tombe au-dessous de celui de Mars qui voyage dans la partie opposée du ciel et que du reste cachent complètement les nuages. L'étoile du *Figaro* est seule à briller dans le firmament, puisque le ciel est couvert ; mais elle possède une couleur particulière, un ton spécial. Parmi toutes les constellations, on ne peut la confondre avec aucun corps lumineux. La lampe disparaît pour la deuxième fois un peu avant 10 heures. A 10 heures précises, comme il était convenu, le ballon allume un second feu de bengale qui permet de le retrouver sans retard. A 10 h. 10 minutes, il se produit une nouvelle éclipse qui dure plusieurs minutes. Entre Meaux et Crécy, le ballon avait été enveloppé par un des nombreux nuages qui voyageaient avec lui, poussés comme lui par un vent modéré et dont la direction comme la sienne tournait de plus en plus à l'Est. Aussitôt que M. Jovis se trouve dégagé de cette brume gênante, il lance son troisième feu pour guider la lunette et par suite les projecteurs. Immédiatement les rayons qui fouillaient l'espace sans succès, se dirigent dans la direction convenable. A 10 h. 37 minutes, on aperçoit une flamme de bengale qui se détache du ballon. C'est une dépêche que lance M. Jovis. Depuis quelques instants un grand nombre de visiteurs ont surgi autour de nous. Un train de plaisir a amené de la première plate-forme des élèves de l'Ecole centrale des Arts et Manufactures auxquels M. Eiffel fait les honneurs de son incomparable villa aérienne. On distribue des rafraîchissements et des cigares; des danses s'organisent, des sonneurs de trompe s'installent au-dessus du plan. En ce moment, le ciel s'éclaircit un peu. Nous apercevons quelques-unes des constellations circumpolaires. La lune salue la Tour en lui envoyant ses rayons les moins pâles. Quelques-uns des invités de M. Eiffel et M. Eiffel lui-même viennent regarder le ballon, qui fuit toujours. La lampe diminue de plus en plus; mais nous ne la perdons de vue qu'à 11 h. 30 minutes. L'aérostat avait alors dépassé Château-Thierry. Pendant près de deux heures un quart, on avait suivi toutes ses évolutions, sauf pendant les deux interruptions que nous avons signalées. Quelques-unes encore de très courte durée se produisent dans les derniers temps; mais elles sont de toute autre nature. M. Mallet avait eu l'heureuse inspiration de cacher le rayon de sa lampe. Nous nous sommes très bien aperçus que quelque chose d'extraordinaire se passait. Nous avions attribué ces extinctions à un mouvement giratoire. C'était l'explication la plus naturelle dans l'ignorance où nous étions de cette expérience importante. Mais les interruptions qu'on produira ultérieurement seront beaucoup plus nettes avec une clef du système Morse. Leur rythme permettra de les reconnaître d'une manière infaillible.

» Le succès de ces expériences est d'autant plus encourageant qu'il a été obtenu par une nuit défavorable, au milieu des préparatifs d'une pluie torrentielle qui est tombée sur la capitale vers 2 heures du matin et atteignit les aéronautes après leur descente. Le phare tricolore de la Tour a été aperçu jusqu'à 1 heure et 1/2 par le ballon à son entrée dans un nuage au-dessus d'Epernay. Les voyageurs aériens savaient que depuis deux heures, nous n'observions plus. L'extinction des projecteurs avait rendu à l'aérostat la liberté de bondir en haute atmosphère, bien au-dessus de mille mètres. La nuée dans laquelle le ballon était entré, devait avoir plus de 1,200 mètres d'épaisseur, selon M. Jovis. En résumé ce voyage constitue une étape dans le progrès de la navigation aérienne scientifique. »

Les projecteurs électriques dont il a été question dans le récit précédent sont placés sur la quatrième plateforme, à 273 mètres de hauteur. Ils ont été construits par MM. Sautter-Lemonnier. Ils ont 90 centimètres de diamètre, ils sont montés sur affûts et sur zones et placés sur un petit chemin de fer. Ils sont munis d'un miroir aplanétique dont l'invention est due aux patientes recherches du colonel du génie Mangin, mort en 1884.

Rappelons que c'est à l'aide de ce système de réflecteur que leur créateur, avec la collaboration du colonel Laussedat, a opéré la jonction du réseau géodésique espagnol avec le réseau africain, et que les îles Maurice et de la Réunion ont pu être mises en communication optique.

On doit placer sur la Tour le projecteur monstre de 1^{m}50 de diamètre qui éclairait le palais des machines en 1889. La pièce brute de cet appareil a été fabriquée à Saint-Gobain, où l'on est parvenu à obtenir, après plusieurs essais, cette immense lentille-miroir, sans bulles, soufflures ou défauts. La taille, effectuée chez MM. Sautter-Lemonnier, a exigé un outillage spécial d'une grande perfection. Son pouvoir amplificateur est énorme. Il donne environ 10,000 carcels. L'intensité de son faisceau est de 50 millions de carcels, soit dix fois celle des faisceaux des projecteurs de 90 centimètres de diamètre. A 100 mètres, son éclat est encore celui du soleil, dont on évalue, comme on sait, en plein midi, la puissance éclairante, c'est-à-dire la quantité de lumière que reçoit une surface exposée aux rayons solaires, à la lumière qu'enverraient 6,000 becs carcels placés à un mètre de cette surface. Le faisceau valant 50 à 60 millions de carcels à 100 mètres de distance, la quantité de lumière reçue est bien 6,000 carcels, éclat solaire. En un mot, toute la section éclairée par le faisceau de 100 mètres reçoit autant de lumière que le soleil lui en verse en plein midi. En se plaçant en dehors du faisceau, on ne distingue qu'une traînée lumineuse; lorsqu'on se met dans le faisceau, on est absolument ébloui.

Le foyer lumineux, placé très près du miroir aplanétique, est à arc, de même intensité que celui du phare pour les projecteurs de 90 centimètres de diamètre. On peut les manœuvrer sous tous les sens et les incliner à 45 degrés, de façon à envoyer le rayon à 250 mètres de la Tour. Comme ce rayon projeté est très limité en surface, il acquiert une grande puissance. Son intensité moyenne est de 6 à 8 millions de becs carcels. La divergence du faisceau est obtenue en déplaçant simplement le foyer lumineux.

Avec ces projecteurs, à l'aide d'une jumelle de nuit, on peut distinguer par un temps clair les détails des monuments jusqu'à une distance de 7 à 8 kilomètres. Quand le rayon tombe sur un objet, il l'éclaire comme le soleil en plein midi. En pénétrant la nuit à travers les vitres d'un appartement, il l'illumine si fortement, qu'on voit les poussières voltiger dans l'air. De la Tour, avec une lunette, on distingue jusqu'à 11 kilomètres les points sur lesquels la projection lumineuse est dirigée. Tous les monuments de Paris sont visibles et l'on peut suivre avec son aide les bateaux-omnibus pendant leur trajet de Charenton au Point-du-Jour.

Le phare électrique installé dans la rotonde entourée du balcon octogénal où se meuvent les projecteurs, est pareil aux plus puissants qui sont installés sur les côtes de France. La lampe placée au centre a une force de 100 ampères. Elle porte trois lentilles colorées en bleu, blanc et rouge, de sorte que les couleurs nationales circulent lentement sur la coupole. Pour apercevoir le phare, il ne faut pas se placer dans le voisinage de la Tour. Ce n'est qu'à une distance de 1,500 mètres qu'on peut l'apercevoir, par exemple de l'Esplanade des Invalides, de la place de la Concorde, du Palais de l'Industrie. Il porte à 97 kilomètres, et par conséquent il est visible de très loin, lorsque le temps est favorable. Il est agencé pour permettre de déterminer les lois de la réfraction atmosphérique. Sa partie tournante est mise en rotation par un courant électrique accessoire partant du pied même de la Tour, comme le courant principal, et les fils conducteurs en sont aménagés dans l'armature.

Le phare électrique de la Tour Eiffel
PROJETANT SES RAYONS TRIPLEMENT COLORÉS SUR PARIS.

Le moteur est installé dans la base de la pile n° 3 où sont logés les appareils hydrauliques.

C'est le sommet extrême de la calotte du phare qui termine la Tour exactement à 300 mètres au-dessus du sol. Il est surmonté d'un grand paratonnerre du système de l'illustre physicien belge Melsens, construit et installé par M. Emile Closset, ingénieur électricien distingué de Bruxelles. Il est relié à toute la masse métallique et chargé de pourvoir à l'écoulement dans le sol des grandes effluves électriques de l'atmosphère.

Les manifestations électriques aériennes seront dans ces conditions l'objet d'études intéressantes. On pourra les mesurer et peut-être même les utiliser, dans une certaine limite, selon la pensée de M. Georges Berger.

Quelques mois après son installation, le paratonnerre a fourni une première vérification de sa puissance préservatrice par l'effet même de la nature. Le lundi soir, 19 août 1889, à 9 h. 50 m., la foudre est tombée pour la première fois sur la Tour Eiffel. Ce phénomène a produit des effets variés dans les diverses parties de l'armature, sans causer d'accident et en démontrant que les visiteurs n'avaient absolument rien à craindre, même en cas d'orage violent.

Le gardien du phare, qui se trouvait à ce moment sur la plate-forme située à l'ouverture du tube conduisant au pied du drapeau, a entendu deux fortes détonations semblables à celles de coups de fusils, et a été enveloppé pendant quelques minutes d'un nuage opaque, qui reflétait, avec une grande intensité, la lumière du phare. Le chef du service électrique, qui se tenait à côté des projecteurs, a vu tomber près de lui des gouttes de métal provenant probablement de la fusion de la pointe du paratonnerre.

Sur la troisième plate-forme se trouvaient quelques personnes qui se préparaient à descendre ; elles ont entendu distinctement les deux détonations. Une certaine panique s'est produite, et une dame s'est trouvée mal de frayeur. Sur les deuxième et première plates-formes et au pied de la Tour, on a entendu un crépitement et un bruit de ferraille ; mais, fait curieux, le bruit était plus fort au pied de la Tour et sur la première plate-forme qu'à hauteur de la deuxième.

Après l'orage, un homme a été envoyé au sommet pour examiner les dégâts, et a constaté que le paratonnerre était légèrement tordu. La Tour n'a, du reste, nullement souffert, et les personnes qui se trouvaient aux différents étages n'ont éprouvé aucune secousse.

La Tour est donc rendue absolument inoffensive, au sujet des atteintes de la foudre, par le paratonnerre perfectionné qui la domine. Bêtes et gens n'ont rien à redouter, car 2,000 pigeons qui se trouvaient ce soir-là à la troisième plate-forme, pour un lâcher à faire le lendemain matin, n'ont ressenti aucun malaise.

Il n'en est pas de même pour le phare, qui a produit quelques accidents à noter. C'est ainsi que, dans la soirée du 22 octobre, un nombre considérable d'alouettes, attirées par ses feux éclatants, sont venues heurter avec une violence extrême contre les vitres de la lanterne. Un millier, au moins, de ces pauvres petits volatiles se sont tués sur le coup par l'effet du choc. Le lendemain on a trouvé la plate-forme jonchée de leurs cadavres. Le gardien du phare, à lui seul, en a ramassé six cents. Plusieurs cantonniers même se sont partagés, en nombre, des allouettes tombées du sommet sur le sol.

A propos de pigeons voyageurs, nous avons à peine besoin de faire remarquer que la Tour sera très utile aux sociétés colombophiles, pour organiser des expériences comparatives sur le vol de ces oiseaux à diverses altitudes et le temps de leur rentrée à domicile. Le

30 octobre 1889, les Sociétés *l'Avant-garde* et *la Colombe messagère* ont fait, pour expérimenter ce dernier point, un lâcher de 3,500 pigeons du sommet extrême. Les oiseaux ont tous regagné leurs pigeonniers respectifs avec une vitesse moyenne de 130 kilomètres à l'heure.

La Tour Eiffel n'a rien à redouter, même des grands orages et des grands vents. La tempête, soufflant à travers sa gigantesque monture, ne produit absolument rien d'anormal. On entend seulement un ronflement prodigieux, comme des millions de cordes vibrant de concert. De ce chef, elle peut être l'objet de curieuses expériences d'acoustique. Elle constitue donc un sûr asile, non seulement pour les visiteurs, mais aussi pour la science et une foule de recherches nouvelles à tenter dans le domaine des observations astronomiques, électriques, magnétiques, météorologiques, optiques, stratégiques, de la physique expérimentale, de la chimie des couleurs, de la physiologie, de la médecine, etc. Mais c'est surtout dans l'étude si peu connue des lois de l'atmosphère qu'elle est destinée à rendre des services de premier ordre.

Il existe désormais un observatoire à 300 mètres d'altitude du sol environnant. Quoique cette pénétration dans la couche aérienne soit faible par elle-même, sa hauteur est suffisante pour dégager les courants aériens de toute influence terrestre, d'autant plus que la construction est à jour et domine, par son élévation, la région atmosphérique urbaine dans laquelle sont plongés constamment les observatoires actuels et qu'elle offre ainsi par sa forme, sa légèreté relative, son peu de surface, une prise difficile aux perturbations du vent et à l'action des rayons solaires.

Voici un fait probant à ce sujet. Dans la matinée du vendredi 25 octobre 1889, le brouillard était tellement épais à Paris que, pour les promeneurs du Champ de Mars, la Tour Eiffel était absolument invisible à partir de la seconde plate-forme. En revanche, les personnes qui se trouvaient au sommet de l'édifice, dans le phare, jouissaient d'un soleil radieux, ayant à leurs pieds comme une mer de nuages sur laquelle l'ombre de la Tour se dessinait nettement.

M. Mascart, membre de l'Académie des Sciences, directeur du Bureau central météorologique de France, a été frappé de cette situation si favorable pour les études météorologiques. Aussitôt que la Tour a été achevée, il a chargé MM. Richard frères, les habiles constructeurs d'instruments de précision, d'établir au sommet une installation complète des appareils enregistreurs qu'ils ont inventés. Aussitôt aussi on a placé, à l'extrême sommet, des anémomètres et une girouette pour fournir la direction du vent et ses valeurs comme vitesse horizontale et indiquer ses déplacements ascendants ou descendants. On a fixé aussi à la balustrade un abri météorologique à volets contenant des thermomètres, des hygromètres, des psychromètres enregistreurs.

Dans le laboratoire de la troisième plate-forme se trouvent des baromètres de divers systèmes ; de plus un actinomètre est installé en plein midi, afin de mesurer l'intensité des radiations solaires. Cet observatoire, qui s'enrichit de tous les appareils nouveaux, est rattaché au Bureau central météorologique de France, situé rue de l'Université, électriquement, et il y transmet automatiquement l'humidité, le vent, la pression atmosphérique enregistrés par les instruments eux-mêmes. De cette façon on peut faire constamment la comparaison des phénomènes qui s'accomplissent à 300 mètres de hauteur avec ceux qui se passent sur la surface immédiate de la terre. Ces études comparatives peuvent être riches en résultats féconds. Les observations faites sous la direction de M. Mascart depuis le mois de juin 1889, ont été presque tout de suite aussi variées qu'utiles au progrès de la météorologie et de l'électricité. La comparaison des anémomètres placés au pied du drapeau de la Tour et de ceux qui fonctionnent sur la terrasse du bureau central météorologique a prouvé que la moyenne vitesse du vent est cinq fois plus grande à une altitude de 300 mètres qu'au niveau des toits des plus hautes maisons, et que la direction est généralement très différente. Ces deux résultats expliquent l'étonnante rapidité avec laquelle les aéronautes qui pénètrent dans les régions supérieures de l'atmosphère exécutent leurs ascensions. C'est ainsi que la vitesse du vent qui a soufflé, au sommet de la Tour, le 24 novembre 1890, au matin, pendant un ouragan, avait une vitesse de 32 mètres à la seconde, supérieure à celle d'un train express et même d'une locomotive isolée filant à toute vapeur. Si le vent avait soufflé au niveau des toits avec une impétuosité semblable. la moitié des cheminées de Paris auraient été jetées à terre.

Ils montrent également l'étendue des ressources que les praticiens habiles pourront tirer de la divergence des couches d'air superposées lorsqu'ils seront guidés dans le choix de la hauteur par des principes scientifiques, et aidés par des appareils de précision. Enfin les appareils thermométriques installés au sommet et au pied de la Tour ont donné en moyenne une différence constante de deux à trois entre la température du sol et celle qui règne à 300 mètres de hauteur.

M. Mascart a fait suspendre à partir de la deuxième plate-forme un pendule de 115 mètres, qui est le plus grand qu'on ait jamais construit. Cet appareil consiste en un fil de bronze descendant jusqu'à deux mètres du sol et supportant une sphère en acier du poids de 96 kilogrammes. Cet appareil, qui se balance avec une étonnante majesté, servira particulièrement à vérifier certaines lois de la pesanteur. Il sera utile aussi pour observer constamment l'état de la verticalité parfaite de la Tour, pour y remédier aussitôt si elle venait à se déranger, en faisant agir l'agencement hydraulique placé à la base des piliers et que nous avons décrit.

Il est intéressant de connaître le bilan des trois premiers mois d'observations météorologiques faites au sommet de la Tour, car elles ont fourni des résultats dignes d'attention. Voici le rapport présenté par M. Mascart à ce sujet. Il constitue le type des expériences poursuivies :

« 1° *Vitesse du vent*. — Cette vitesse est mesurée et enregistrée à chaque instant au moyen d'un anémomètre-cinémographe de MM. Richard frères, dont le moulinet est à l'altitude de 303 mètres au-dessus du sol. Un instrument identique est installé sur la tourelle du Bureau central météorologique, à 21 mètres au-dessus du sol et à une distance horizontale d'environ 500 mètres de la Tour. La moyenne générale pour 101 jours (du 12 juin au 30 septembre 1889) a été de 7^m05 au sommet de la Tour et de 2^m24 au Bureau météorologique, ce qui donne pour le sommet une vitesse environ trois fois plus grande (3.1) que près du sol, à 282 mètres plus bas.

» Au Bureau météorologique, comme dans toutes les stations basses, la variation diurne de la vitesse du vent présente un seul minimum, au lever du soleil, et un seul maximum, à 1 heure du soir ; elle est donc tout à fait analogue à la variation diurne de la température ; les raisons de cette similitude sont bien connues.

» Dans les stations élevées, au contraire, la variation diurne de la vitesse du vent est sensiblement inverse. C'est ce que l'on observe, en effet, dans toutes les stations de montagnes : Puy de Dôme, Pic du Midi, Säntis, Obir,

Sonnblick, etc. Il est très remarquable que cette inversion se manifeste déjà presque entièrement à une hauteur relativement aussi faible que celle de la Tour Eiffel. Le minimum diurne de la vitesse du vent s'y présente en effet vers 10 heures du matin et le maximum vers 11 heures du soir. Le maximum caractéristique des régions basses au milieu du jour est à peine indiqué, par une petite ondulation de la courbe, dans les observations de la Tour.

» A 300 mètres de hauteur dans l'air libre, la variation diurne de la vitesse du vent est donc toute différente de celle que l'on observe près du sol et se rapproche plutôt de celle que l'on obtient sur les plus hautes montagnes.

» Un autre point qui mérite d'être signalé tout spécialement, c'est que la vitesse du vent à 300 mètres est beaucoup plus grande qu'on ne le suppose d'ordinaire. Pour 101 jours d'été, la moyenne dépasse 7 mètres par seconde. Sur 2,516 heures d'observation comprise dans cette période, la vitesse du vent a été pendant 986 heures, soit pendant 39 p. c. du temps, supérieure à 8 mètres par seconde et pendant 523 heures (21 p. c.), supérieure à 10 mètres. La connaissance de ces valeurs présente un grand intérêt pour les études relatives à la navigation aérienne.

» Ces observations ont été faites par M. Alfred Angot et communiquées par M. Mascart à l'Académie des Sciences, dans la séance du lundi 4 novembre 1889.

» 2° *Température*. — Les observations de température au sommet de la Tour Eiffel ont commencé régulièrement le 1er juillet 1889 et se poursuivent sans interruption. Un thermomètre enregistreur de MM. Richard frères est installé sous l'abri, à 301 mètres environ au-dessus du sol (334 mètres au-dessus de la mer). Ses indications sont contrôlées par l'observation directe des températures extrêmes et par des comparaisons fréquentes au thermomètre-fronde.

» Voici le tableau, pour les cinq premiers mois d'observations, du 1ᵉʳ juillet au 30 novembre 1889, de la

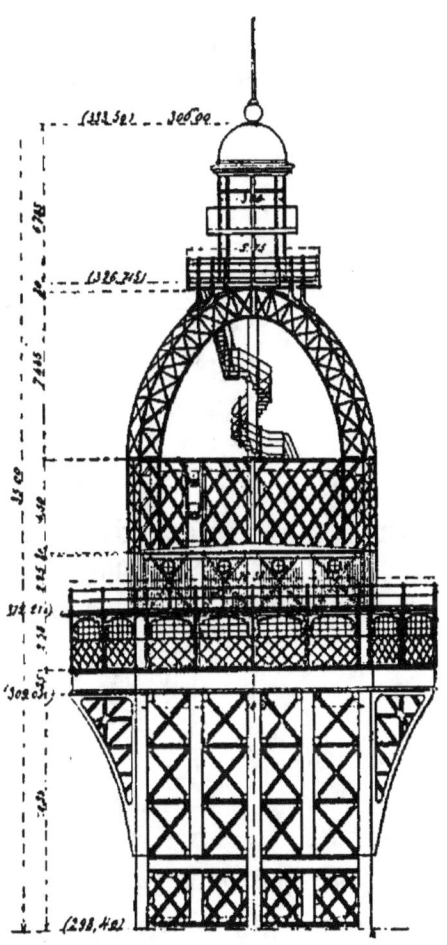

SCHEMA DU CAMPANILE ET DU COURONNEMENT DE LA TOUR EIFFEL

Les chiffres indiquent les dimensions intermédiaires de ces parties et leur élévation au-dessus du niveau de la mer.

température moyenne et les moyennes des minima et des maxima quotidiens. Comme terme de comparaison, il est utile d'indiquer les nombres correspondants pour la campagne des environs de Paris, à l'Observatoire du Parc Saint-Maur.

TOUR EIFFEL
333ᵐ au-dessus du niveau de la mer

	MOYENNE	MOYENNE DES MINIMA	MOYENNE DES MAXIMA
Juillet	16°,24	12°,86	19°,63
Août	15°,97	12°,51	19°,43
Septembre	13°,70	10°,79	16°,61
Octobre	9°,06	6°,79	11°,38
Novembre	6°,17	4°,59	7°,75

PARC DE SAINT-MAUR
50ᵐ au-dessus du niveau de la mer

	MOYENNE	MOYENNE DES MINIMA	MOYENNE DES MAXIMA
Juillet	18°,49	12°,88	24°,09
Août	17°,48	11°,55	23°,40
Septembre	14°,38	8°,87	19°,88
Octobre	10°,24	6°,12	14°,36
Novembre	6°,06	2°,58	9°,53

» Voici maintenant le tableau des différences entre la Tour et l'Observatoire du Parc Saint-Maur :

	DIFFÉRENCES SAINT-MAUR TOUR		
	Moyenne	Minima	Maxima
Juillet	+ 2°,25	+ 0°,02	+ 4°,47
Août	+ 1°,51	— 0°,96	+ 3°,97
Septembre	+ 0°,68	— 1°,92	+ 3°,27
Octobre	+ 1°,18	— 0°,67	+ 3°,03
Novembre	— 0°,11	— 2°,01	+ 1°,78

» En admettant comme d'ordinaire une décroissance d'environ 1 degré pour 180 mètres, la température au sommet de la Tour devrait être plus basse que celle de la campagne de Paris de 1°,59 en moyenne. On voit que la différence est beaucoup plus grande en été et pendant le jour (moyennes des maxima), et beaucoup plus petite en hiver et pendant la nuit (moyennes des minima), pendant laquelle il y a même généralement inversion dans les températures. L'air est beaucoup plus chaud à 300 mètres que près le sol.

» La cause principale de ces différences est la faiblesse du pouvoir émissif et du pouvoir absorbant de l'air, qui s'échauffe très peu directement pendant le jour et se refroidit aussi très peu pendant la nuit. La variation diurne de la température à une certaine hauteur dans l'air libre doit donc être petite. Elle devient plus grande dans les couches inférieures de l'atmosphère, auxquelles se communiquent par contact les variations de température du sol. Entre le sol et une altitude de 200 à 300 mètres, la décroissance de la température doit donc être très rapide le jour et très lente la nuit, pendant laquelle les inversions deviennent normales quand il fait calme et beau. Ces considérations ont été vérifiées de la manière la plus complète par les observations que M. Alfred Angot a faites au sommet de la Tour et qu'il a communiquées, par l'intermédiaire de M. Mascart, à l'Académie des Sciences, dans la séance du lundi 9 décembre 1889. Dans les nuits calmes et claires, en particulier, M. Alfred Angot a constaté que la température y est fréquemment de 5 à 6 degrés plus haut au sommet qu'à la base.

» D'autres causes accidentelles peuvent produire des différences de température encore plus remarquables. Au moment des changements de temps, la modification se manifeste parfois complètement à 300 mètres de hauteur plusieurs heures et même plusieurs jours avant de se produire près du sol. Le mois de novembre 1889 en a fourni un exemple frappant.

» Du 10 au 24 de ce mois a régné sur les régions de Paris une période de hautes pressions, avec calme ou vent très faible venant généralement de l'Est, et température basse, surtout dans les derniers jours :

$1^o,2$ le 21
$3^o,1$ le 22
$1^o,8$ le 23

» C'est seulement dans la journée du 24 que le vent devient fort et passe au Sud-Sud-Ouest. La température remonte, le ciel se couvre et le mauvais temps commence. Or, à la Tour, la température était encore basse le 21 avec vent faible du Sud-Est, lorsque à 9 heures du soir, le vent prend brusquement de la force et tourne au Sud, puis se fixe au Sud-Sud-Ouest. Du même coup, la température, qui était de 2°,9 à 6 heures du soir, monte à 6°,1 à minuit et à 9°,3 à 6 heures du matin le 22. Depuis lors elle reste haute, de sorte que dans tout l'intervalle compris entre le soir du 21 et le matin du 24, il a fait constamment beaucoup plus chaud au sommet de la Tour qu'au niveau du sol. A certains moments la différence de température a dépassé 10 degrés. Le changement de régime s'est donc manifesté à 300 mètres de hauteur plus de deux jours avant de se faire sentir dans les régions inférieures, où le temps était beau, calme et froid, alors qu'au-dessus soufflait un vent fort et chaud du Sud-Sud-Ouest.

» Des déterminations de température faites au thermomètre-fronde le 22 permettent d'indiquer à peu près à quelle heure se produisait le changement de régime. A 11 heures du matin, on notait 10°,6 à 301 mètres, 9°,1 à 195 mètres et 4°,0 à 115 mètres. C'est entre 160 et 180 mètres qu'on peut fixer à ce moment la limite inférieure du courant chaud, qui ne s'est fait sentir au bas que deux jours plus tard.

» Ces observations de température, ajoutées à celles de la vitesse du temps, relatées plus haut et dues à M. Alfred Angot, montrent ainsi d'une manière imprévue à quel point les conditions météorologiques à 300 mètres seulement de hauteur peuvent différer de celles que l'on observe près du sol. »

La lanterne de la Tour contient deux laboratoires destinés aux expérimentations physiologiques et aux expériences chimiques. A côté se trouve le cabinet que M. Eiffel s'est spécialement réservé pour des études personnelles. Le jour de la fermeture définitive de l'Exposition universelle, le mercredi 6 novembre 1889, à 5 heures du soir, il a réuni dans cet appartement aérien une cinquantaine de personnes pour essayer le phonographe qu'il y avait installé, et pour l'inaugurer d'une façon très originale, en l'honneur de son inventeur. En effet, à l'émerveillement général, M. Eiffel a phonographié à M Edison que le dernier coup de canon tiré sur la Tour de 300 mètres allait être enregistré à son intention. Cela fait, on a attendu l'instant solennel. Au moment où se terminait l'embrasement, couronnant la clôture de la grande féerie de 1889, la détonation suprême a retenti en gravant son adieu sonore sur la plaque phonographique destinée à être expédiée en Amérique.

Non seulement la Tour Eiffel peut donner abri aux expériences les plus minutieuses et aux appareils les plus petits et les plus délicats, mais encore, par son élévation extraordinaire, elle offre un champ immense à des recherches que jamais, sans son existence, on n'aurait pu exécuter expérimentalement. Dans cet ordre de tentatives, il faut placer au premier rang celles dont le plan a été conçu par M. Louis Cailletet, membre de l'Académie des Sciences et le premier qui soit arrivé à la liquéfaction des gaz regardés comme permanents. Le jour où le projet de la Tour Eiffel fut connu, ce savant éminent aussitôt se promit de profiter de son élévation future pour y placer un tube manométrique dans toute la hauteur, dans lequel on verserait le mercure de façon que dans sa capacité intérieure il serait possible d'emprisonner massivement tous les gaz. Ceux-ci se trouveraient conséquemment soumis à une pression d'environ 400 atmosphères, alors que les manomètres les plus puissants de l'industrie parvenaient à peine à mesurer 100 atmosphères. M. Louis Cailletet avait essayé d'expérimenter sur le flanc d'un côteau, dans une de ses propriétés du département de la Côte-d'Or, à Châtillon-sur-Seine, puis ensuite sur la Butte-aux-Cailles, à Paris. Mais il ne put dans les deux endroits donner à son tube manométrique une élévation suffisante. Il dut se résigner à attendre. Heureusement que pour son impatience de savant, c'était à l'époque où l'on procédait à la construction de la Tour de 300 mètres.

Rencontrant un jour M. Eiffel, en mai 1888, M. Cailletet lui dit, avec cette curiosité un peu fiévreuse du chercheur obsédé par une idée : — Eh bien! ça marche?
— Mais oui, répondit M. Eiffel, simplement. Mais en regardant son interlocuteur, il remarqua son air tout particulier de réjouissance, et aussitôt il se rappela les études spéciales de M. Cailletet.

— Ah! je comprends! Ça marche pour le manomètre géant?... Mais certainement, car vous savez que la Tour est destinée à être aussi un immense laboratoire expérimental. Elle sera donc à votre disposition comme à celle de tous les chercheurs.

Tout le monde sait ce qu'on appelle un manomètre (du grec *manos*, rare, et *métron*, mesure). C'est un instrument servant à mesurer la tension des gaz ou des vapeurs. L'unité de pression est exprimée en atmosphères, qui est elle-même l'unité de force élastique d'un gaz ou d'une vapeur égale à la pression atmosphérique (d'où son nom), c'est-à-dire à une colonne de mercure de 76 centimètres. Les manomètres à air libre sont destinés d'une manière précise et avec une approximation constante à la mesure des gaz ou des liquides. Pour construire un manomètre de 300 mètres, on ne pouvait songer à se servir d'un tube de verre. On a eu recours à un tube d'acier doux, de quatre millimètres de diamètre intérieur. On a utilisé à cette occasion des

Etude de la hauteur du mercure dans le Manomètre de la Tour Eifiel.

L'observateur est juché dans les mailles de la construction comme un matelot dans les cordages d'un navire.
Il correspond avec le Laboratoire à l'aide d'un téléphone mobile.

canons de fusils du système Chassepot, qui ont été étirés à la filière, comme on le fait dans l'industrie pour la fabrication du fil de fer.

Le manomètre métallique est intimement lié à la Tour, dont il suit l'inclinaison des piliers. De la base à la première plate-forme, c'est-à-dire jusqu'à une hauteur de 60 mètres, il a été fixé contre le plan d'un des rails de l'ascenseur. Un escalier en fer le suit dans toute sa longueur. Entre la première et la deuxième plate-forme, c'est-à-dire à une hauteur à peu près égale à la précédente, il suit l'escalier hélicoïdal par tronçons. A partir de cette limite (165 mètres), il s'élève verticalement au milieu de la Tour jusqu'à l'extrême sommet, où est fixé le paratonnerre, en formant des raccords à angles droits établis à 196 mètres, à 250 mètres, à 277 mètres et à 290 mètres avant d'aboutir enfin à 300 mètres.

Le tube est relié par sa base à un récipient contenant du mercure. Son remplissage a commencé le 24 mars 1891, à l'aide d'une pompe de compression placée dans le pilier Ouest, et pouvant exercer des efforts de quatre cents atmosphères. Il a été terminé le jeudi 9 avril suivant, en présence des membres du Congrès d'astronomie, tenu à l'Observatoire de Paris pour fixer la confection de la carte photographique du ciel, et des membres de la Société de physique de Paris. Le mercure est arrivé sans encombre à l'extrémité du tube; il a même débordé par le trop plein constitué par un tube de plomb qui suit le manomètre métallique et sert de déverseur au mercure qui est ainsi précipité d'une hauteur de 300 mètres. Cette opération du remplissage a été exécutée dans le laboratoire de la pile Ouest. A gauche on voit la pompe, en face le manomètre, et à droite le réservoir à mercure.

Pour opérer la graduation, M. Louis Cailletet a eu

l'idée de disposer, de distance en distance, des robinets à vis conique dont chacun communique avec un tube de verre vertical de 2 mètres de longueur. Ce tube est muni d'une échelle graduée, et, lorsqu'on ouvre un de ses robinets, on met l'intérieur du tube monométrique en communication avec le tube de verre. Un opérateur, habitué aux ascensions, suit les mouvements du ménisque, et comme il est armé d'un téléphone mobile, il annonce le point exact où le haut de la colonne est arrivé. Un autre opérateur note le chiffre annoncé et inscrit, en regard, les indications du manomètre métallique dont la graduation s'est opérée de cette façon, lentement, mais sûrement. En laissant descendre graduellement le mercure, on a procédé à la contre-épreuve.

Le manomètre métallique à pression directe de la Tour Eiffel est d'une puissance et d'une exactitude incomparables. Il peut être utilisé à des recherches scientifiques et industrielles de toute nature. Il ouvre le chemin à beaucoup de découvertes imprévues. Jusqu'ici, en effet, on ne possédait pas de manomètre métallique gradué à plus de 20 atmosphères, chiffres complètement insuffisants pour les besoins des grandes usines, qui emploient aujourd'hui des pressions de plus en plus élevées, conformément à la méthode inaugurée en 1850 par Henry Giffard. De plus, pour les expériences scientifiques sur le point critique, c'est-à-dire l'état critique de la vapeur, au moment où n'étant plus en contact avec son liquide, elle ne connaît plus que la loi de Mariotte (*une masse de gaz à température constante varie en raison inverse de la pression exécutée sur elle*), les indications du manomètre à air devenaient illusoires pour une pression dépassant 100 atmosphères. La création d'un manomètre de 300 mètres est donc inappréciable, malgré les 40,000 francs que son installation a exigés. Mais la science sait rendre au centuple les capitaux qu'on lui confie.

Au reste, peu après son installation définitive, il a donné lieu à des résultats importants pour la thermodynamique. Dans la séance du 23 mai 1891, M. Cailletet a communiqué à l'Académie des Sciences de Paris, les recherches faites en collaboration avec M. Colardeau sur les tensions de la vapeur d'eau saturée jusqu'au point critique et sur la détermination de ce même point.

Ce travail donne les résultats de l'application, au cas particulier de l'eau, d'une méthode que les auteurs ont fait connaître récemment, et qui permet de déterminer les tensions de la vapeur d'eau saturée et le point critique d'un liquide enfermé dans un récipient non transparent. On sait, en effet, que l'eau chauffée à une haute température dans un tube de verre l'attaque et le détruit.

Cette méthode consiste à enfermer des poids variables du liquide étudié dans un tube d'acier relié à un manomètre à hydrogène comprimé. Ce tube peut être chauffé dans un bain de nitrate de soude et de potasse en fusion jusqu'à une température voisine du rouge. On mesure, pour chaque température, la pression de la vapeur et on construit, dans chaque cas, la courbe des résultats. Toutes ces couches coïncident jusqu'à un certain point à partir duquel chacune d'elles prend une direction qui dépend du poids du liquide employé. Les deux coordonnées de ce point sur la courbe représentent la température et la pression critiques. Cette température, à partir de laquelle la vapeur d'eau cesse de pouvoir reprendre l'état liquide, quelle que soit la pression exercée sur elle, est 365°. La pression correspondante est 200 atmosphères 5.

La partie commune à toutes les courbes donne la loi expérimentale des tensions de la vapeur saturée qui n'était connue, depuis les mémorables travaux de Regnault, que jusqu'à la pression de 25 à 30 atmosphères. Cette courbe a été comparée aux données théoriques fournies par les travaux de divers physiciens, et en particulier de Clausius et de M. Joseph Bertrand. Cette comparaison, qui a donné l'accord le plus satisfaisant, était très intéressante à cause de ses conséquences pour les travaux de thermodynamique, qui ont pris un si grand développement dans ces dernières années.

C'est à l'occasion de ce travail que le manomètre à air libre de la Tour Eiffel a été employé pour la première fois. Il a permis d'obtenir, avec beaucoup de certitude, la valeur des pressions mesurées dans ces expériences, car le manomètre à hydrogène comprimé, dont il a été question plus haut, n'a servi que d'intermédiaire provisoire et a été gradué directement par comparaison avec celui de la Tour. On sait désormais qu'il y a un point critique à partir duquel la vapeur d'eau ne peut reprendre l'état liquide, quelle que soit la pression à laquelle on la soumette. On sait maintenant que ce phénomène se produit à la température de 385° centigrades et à la pression de 200 atmosphères. Jusqu'à ce point, la marche des pressions produisant la liquéfaction est très régulière. C'est un fait nouveau acquis à la science.

Le 8 juillet 1891, M. Emile Belloc a expérimenté, sur la quatrième plate-forme, un nouvel appareil de sondage de son invention. Principalement destiné à l'étude scientifique des eaux et des fonds immergés, il peut servir aussi à mesurer les hauteurs verticales dans l'air. Son poids minime de 20 kilogrammes le laisse portatif. Il est pourvu d'un tambour autour duquel s'enroulent 2,500 mètres de fil de fer, d'un compteur indiquant les profondeurs et d'un frein particulier servant à arrêter automatiquement la machine où le poids de sonde touche le sol ou le fond. Malgré un vent violent, les expériences ont donné de bons résultats.

Ainsi qu'on le voit, le champ est ouvert aux grandes découvertes et aux plus utiles expériences de toute nature.

CHAPITRE ONZIÈME

LES PARRAINS DE LA TOUR EIFFEL

CHAPITRE ONZIÈME

LES PARRAINS DE LA TOUR EIFFEL

Les grands parrains de la Tour Eiffel : MM. Chevreul, Pasteur, Janssen, Mascart, Louis Cailletet, Alfred Cornu. — L'Académie des Sciences, l'Académie française, le Sénat. — Les adversaires de la veille. — Les défenseurs de la première heure. — La Conférence *Scientia*. — Discours de MM. Janssen, Sully-Prudhomme, Noblot. — Réponse de M. Eiffel. — Programme scientifique. — Le culte de la science. — Une conversion solennelle. — La voix des poètes. — La poésie est le frisson de l'âme. — La science est la mère de la discipline intellectuelle. — Les traditions littéraires et scientifiques. — *Et quasi cursores vitæ lampada tradunt.*

Pour essayer de mériter le titre *d'historien de la Tour Eiffel*, qu'un de nos confrères de la presse nous a décerné, et pour clore dignement cet ouvrage, il est nécessaire de reproduire quatre discours importants, prononcés le 13 avril 1889, au treizième banquet de la Conférence *Scientia,* qui se tint à Paris ; ils présentent le tableau fidèle des défenseurs de la première heure et marquent le revirement qui s'était produit à cette époque parmi les adversaires les plus tenaces. Ils sont dignes d'être médités, car ils sont d'une lecture attrayante et instructive. Ils émanent d'autorités scientifiques, littéraires et politiques. C'est, à vrai dire, l'Académie des Sciences, l'Académie française, le Sénat qui parlent par les voix éloquentes de MM. Janssen, Sully-Prudhomme, Noblot. La réponse de M. Eiffel, si frappante dans sa nette éloquence, leur fait un pendant singulièrement intéressant. Ces paroles montrent encore, qu'attaquée violemment, la Tour de 300 mètres a eu aussi ses partisans passionnés. Beaucoup d'illustres savants, tels que MM. Chevreul, Pasteur, Janssen, Mascart, Louis Cailletet, Alfred Cornu, le Dr Hénocque, sont comme les grands parrains de la Tour Eiffel. Le discours de M. Sully-Prudhomme, qui est d'une saveur si particulière, est d'autant plus important qu'il constitue sa conversion solennelle.

I. — *Discours de M. Janssen, membre de l'Académie des Sciences.*

Quand on a du talent, de l'expérience, une volonté forte, on arrive presque toujours à triompher des obstacles. Le succès est plus assuré encore si celui qui lutte est animé du sentiment patriotique, s'il aime à se dire que son œuvre ajoutera quelque chose d'important à la renommée de son pays et que son succès sera un succès national. Mais il est des circonstances où ces éléments déjà si puissants, prennent une force irrésistible, c'est quand celui qui aime passionnément son pays voit ce pays injustement déprécié; c'est quand, par un de ces entraînements dont le monde donne tant d'exemples, et nous avons bénéficié nous-mêmes peut-être plus que tous les autres peuples, on flatte la victoire et on va jusqu'à refuser au vaincu d'un jour ses mérites les plus réels et ses supériorités les plus incontestables.

Alors, si des circonstances favorables se présentent, et s'il se rencontre un homme d'un grand talent, d'un caractère hardi et entreprenant, il s'éprendra de l'idée de venger en quelque sorte son pays, par la réalisation d'une œuvre grandiose, unique, réputée presque impossible; et, pour assurer son succès, il ne reculera devant aucune difficulté, supportera tous les déboires, restera sourd à toutes les critiques et marchera obstinément vers son but, jusqu'au jour où l'œuvre enfin terminée, son mérite, sa hardiesse, sa grandeur, éclatent à tous les yeux, désarment la critique et changent la ligne du blâme en un concert général de louanges et d'admiration.

N'est-ce pas là, en quelques mots, l'histoire de la conception, de l'acceptation, de l'érection et du succès du grand édifice du Champ de Mars?

Cependant il serait injuste de dire que ces sentiments M. Eiffel ait été le seul à les éprouver. Tous ceux qui travaillent actuellement au Champ de Mars les ressentent, et c'est là, sans doute, le secret des merveilles qu'on nous y prépare.

Oui, chacun de nous a compris que notre Exposition, en raison surtout de la date choisie, n'aurait de succès que par les prodiges d'art et d'industrie qu'on y accomplirait. Il fallait fléchir le monde à force de talent, et tout nous indique qu'en effet le monde sera désarmé.

Bientôt, de toutes les parties de l'univers, on viendra admirer les œuvres de cette nation étonnante, si merveilleusement douée, qui s'abandonne avec tant de facilité, qui se reprend avec tant de ressort, et qui, au milieu des plus grandes péripéties de succès et de revers, reste toujours jeune, toujours généreuse, toujours sympathique, et qui n'aurait besoin que d'un peu de sagesse, de sens politique, d'esprit de suite et de conduite pour se trouver encore, et tout naturellement, à la tête des nations pour qui elle demeure comme une énigme, et un perpétuel sujet de surprise et d'étonnement. Mais laissons nos préoccupations et ne pensons qu'à l'hôte que nous fêtons. Cet hôte triomphe aujourd'hui, mais combien ce triomphe est récent! On ne peut pas dire qu'on le lui ait escompté d'avance et qu'on l'ait fait jouir avant l'heure de son succès.

Et ceci me rappelle précisément un dîner de la *Scientia* qui avait lieu il y a environ une année. Ce dîner était offert à M. Berger, un des directeurs généraux de l'Exposition, et M. Eiffel y assistait. La Tour s'élevait alors au premier étage, et la critique sévissait dans toute sa force. Si la construction n'atteignait que son premier étage, la critique, elle, avait complété tous les siens, et elle se dressait de toute sa hauteur. Et notez que c'est précisément au moment où les plus grandes difficultés avaient été heureusement et habilement surmontées, que l'esprit de blâme se donnait le plus carrière, montrant ainsi autant d'âpreté que d'aveuglement. Il faut s'arrêter un instant sur ces difficultés.

On sait que la Tour est essentiellement formée de quatre poutres formant quatre montants, prenant leurs points d'appui sur des massifs de maçonnerie, s'élevant d'abord obliquement, pour se redresser ensuite et se réunir au-dessus du second étage où ils ne forment qu'un seul corps jusqu'au sommet. La construction de ces quatre énormes montants, qui devaient s'élancer en porte-à-faux depuis leurs bases jusqu'au premier étage, à 60 mètres de hauteur, c'est-à-dire à la hauteur de trois hautes maisons superposées, présentait des difficultés considérables. Des échafaudages d'appui, des tirants d'amarrage scellés dans la maçonnerie, ont permis de l'élever jusqu'au premier étage. Là se trouvaient déjà préparées les poutres horizontales qui devaient relier les quatre montants pour constituer la base sur laquelle seraient édifiées toutes les constructions du premier étage.

Or, la construction de masses métalliques si considérables et montées en quelque sorte dans le vide, ne peut se faire qu'avec une précision qui dispense de toutes rectifications au moment de l'assemblage. Le moyen employé pour obtenir ces rectifications montre bien la hardiesse et la puissance des moyens dont l'ingénieur dispose aujourd'hui. En effet M. Eiffel n'hésita pas à soulever ces énormes pieds de la Tour et à leur donner les mouvements nécessaires pour qu'ils se présentassent à l'assemblage dans de bonnes conditions. Or surélever d'immenses pièces métalliques, s'élevant en porte-à-faux presque à la hauteur des tours de Notre-Dame de Paris, sans compromettre l'équilibre précaire qu'elles recevaient des échafaudages, était on ne peut plus délicat. L'opération réussit cependant. Des presses hydrauliques, agissant par l'intermédiaire de cylindres d'acier sur chacun des arbalétriers formant un des pieds de la Tour et les soulevant tous à la fois, permettaient à ce pied de venir se présenter à l'assemblage, et les trous innombrables préparés d'avance pour les rivets étaient percés avant avec tant de précision qu'on put opérer rapidement la mise en rapport et réduire à un instant le moment psychologique de cette étonnante opération. Les quatre montants réunis, on peut dire que la difficulté maîtresse de l'œuvre était surmontée et que la Tour était virtuellement élevée.

Il faut admirer comme elles le méritent, ces grandes opérations du génie civil contemporain ; elles montrent tout ce qu'on peut attendre de l'art des constructions, quand celles-ci s'appuient sur la science. Eh bien, c'était précisément, comme je viens de le dire, au moment où cette belle opération, si délicate et si hardie, venait d'avoir un plein succès, que l'œuvre était le plus vivement attaquée. Pour moi, j'en étais indigné, et je me rappelle qu'au banquet dont je viens de parler, je ne pus retenir ma voix et que je voulus assurer M. Eiffel qu'il avait au moins avec lui quelques hommes qui admiraient son œuvre, qui appréciaient son courage et qui lui prédisaient le succès final et le retour de l'opinion. Depuis M. Eiffel a bien voulu me dire que mon témoignage lui avait été sensible et l'avait quelque peu réconforté.

Je n'ai pas eu à réformer mon jugement. De l'avis des plus compétents, l'érection de la Tour n'a pas été seulement une œuvre remarquable par les dimensions de l'édifice. Les études, la conduite des travaux, le chantier, comme on dit en terme d'ingénieurs, ont été conduits avec un ensemble et une précision admirables. C'est que M. Eiffel, pour l'exécution de tous ces travaux qui l'avaient déjà rendu célèbre, avait su s'entourer depuis longtemps d'un état-major remarquable et se former de longue main des collaborateurs qui, aujourd'hui, sont tous consommés. C'est une armée qu'il a conduite sur vingt champs de bataille et qui, maintenant, pour la hardiesse, la précision des mouvements, l'habileté, ne reculerait devant rien. Voilà ce qui explique comment ce grand ouvrage a passé par toutes les phases de son érection, depuis l'avant-projet jusqu'a l'exécution finale, sans erreurs, sans mécomptes et avec une incroyable précision.

Je viens de prononcer le mot d'armée, et je l'ai fait à dessein. Je voudrais qu'il y eût entre les promoteurs de ces grands travaux et ceux qui les exécutent quelque chose des liens moraux qui, dans toutes les armées ayant accompli de grandes choses, ont uni les soldats à leur général, qui était pour eux un orgueil et une passion. Croyez-le, on n'établira pas, entre tous les organes de ces puissantes sociétés du travail, l'harmonie et l'entente qui en font la force, par les seules considérations d'argent et de salaire. Il faut exciter de plus nobles mobiles et faire comprendre aux travailleurs que celui, quel qu'il soit, qui a concouru à l'accomplissement d'une œuvre utile ou remarquable, a droit à une part d'honneur et d'estime. J'ai entendu dire que M Eiffel avait l'intention de faire inscrire sur la Tour les noms de ses collaborateurs et des ouvriers qui l'ont assisté depuis le commencement du travail. Je trouve cette pensée aussi juste que généreuse. C'est une initiative qu'on ne saurait trop louer ; elle est bien à sa place à propos d'un édifice élevé à la gloire de l'industrie métallurgique et que décorent déjà les noms des savants et des ingénieurs français produits par le siècle qui finit aujourd'hui.

Je voudrais encore dire un mot des usages scientifiques de la Tour. Elle en aura de plusieurs ordres, ainsi qu'on l'a indiqué, et je suis persuadé qu'on en découvrira auxquels on n'avait pas pensé tout d'abord.

Il est incontestable que c'est au point de vue météorologique qu'elle pourra rendre à la science les plus réels services. Une des plus grandes difficultés des observations météorologiques réside dans l'influence perturbatrice de la station même où l'on observe. Comment connaître, par exemple, la véritable déviation du vent si un obstacle tout local le fait dévier? Et comment conclure la vraie température de l'air avec un thermomètre influencé par le rayonnement des objets environnants? Aussi les éléments météorologiques des grands centres habités se prennent-ils en général en dehors même de ces centres, et encore est-il nécessaire de s'élever toujours à une certaine hauteur au-dessus du sol. La Tour donne une solution immédiate de ces questions. Elle s'élève à une grande hauteur et, par la nature de sa construction, elle ne modifie en rien les éléments météorologiques à observer.

Il est vrai que 300 mètres ne sont pas négligeables au point de vue de la chute de la pluie, de la température et de la pression; mais cette circonstance donne un intérêt de plus pour l'institution d'expériences comparatives sur les variations dues à l'altitude.

Je n'insiste pas sur les autres usages scientifiques qui ont été signalés, avec raison. Je dirai seulement que la Tour pourrait donner lieu à de très intéressantes observations électriques. Il est certain qu'il se fera presque constamment des échanges entre le sol et l'atmosphère par ce grand paratonnerre métallique de 300 mètres. Ces conditions sont uniques, et il y aurait un très grand intérêt à prendre des dispositions pour étudier le passage du flux électrique à la pointe terminale de la Tour.

Il sera souvent énorme et même d'observation dangereuse, mais on pourrait prendre des dispositions spéciales pour éviter tout accident, et alors on obtiendrait des résultats du plus grand intérêt.

Je voudrais encore recommander l'institution d'un service de photographies météorologiques. Une belle série de photographies nous donnerait les formes, les mouvements, les modifications qu'éprouvent les nuages et les accidents de l'atmosphère depuis le lever du soleil jusqu'à son coucher. Ce serait l'histoire écrite du ciel parisien dans un rayon qui n'a jamais été considéré.

Enfin, je pourrais signaler aussi d'intéressantes observations d'astronomie physique, et, en particulier, l'étude du spectre tellurique, qui se ferait là dans des conditions exceptionnelles.

Ainsi la Tour sera utile à la science; ce n'est de sa part que de la reconnaissance, car sans la science, jamais elle n'aurait pu être élevée. Le génie civil est fils de la science, aussi la science doit-elle le soutenir et le défendre chaque fois qu'il se réclame d'elle.

Mais déjà la science avait rendu justice au grand édifice du Champ de Mars. L'illustre savant Chevreul, dont les restes recevaient aujourd'hui même l'hommage de la France à Notre-Dame, aimait à voir s'élever votre Tour, et, chose remarquable, elle eut sa dernière visite et sa suprême admiration.

« Que c'est beau ! » dit-il, en la voyant à sa dernière sortie. Après quoi il tomba dans cette prostration et cette douce agonie qui n'était que l'épuisement d'un corps qui avait franchi d'une manière si extraordinaire les limites imposées à la vie. M. Chevreul, le centenaire, saluant le monument élevé à la gloire du siècle, dont il était la vivante personnification, vous ne pouviez désirer un hommage ni plus flatteur, ni mieux en situation. Voilà qui peut vous consoler de bien des critiques.

Ainsi la Tour du Champ de Mars aura, indépendamment de son usage principal, qui est de faire jouir le public d'un panorama unique par l'élévation du point de vue et l'intérêt des objets environnants, des usages scientifiques très intéressants et très variés.

Mais il est un point de vue que nous ne devons pas oublier, parce qu'il est peut-être celui qui doit dominer tous les autres. Je veux dire que la Tour du Champ de Mars, par l'étendue de ses dimensions, par les difficultés que son érection présentait et par les problèmes de construction dont elle nous offre les heureuses solutions, réalise une démonstration palpable de la puissance et de la sûreté des procédés des constructions métalliques dont le génie civil dispose aujourd'hui. Cette démonstration, quelle occasion plus naturelle pour la donner, que cette Exposition qui est précisément un grand tournoi où les nations viennent en quelque sorte se mesurer et montrer leurs forces respectives, en science, en art, en industrie ! Et, du reste, oublie-t-on que les hommes n'ont jamais voulu se renfermer uniquement dans la construction d'édifices d'une utilité matérielle et immédiate ? Oublie-t-on qu'indépendamment du sentiment religieux qui a fait élever tant d'admirables édifices, on a vu, à toutes les époques de l'histoire, des monuments consacrés à la gloire militaire ou à la domination politique ? Or, si la guerre a voulu consacrer ses triomphes, pourquoi la paix ne consacrerait-elle pas les siens ? Les luttes armées et sanglantes des nations sont-elles donc plus belles et plus saintes que les luttes pacifiques du génie de l'homme avec la nature, pour en faire l'instrument de sa grandeur matérielle et morale ? Ces combats demandent-ils donc moins d'activité, de courage et d'aptitude, et leurs fruits sont-ils moins durables et moins beaux ?

Cessons donc de marchander à ces luttes si nobles et

si fécondes les signes sensibles qui les doivent glorifier. Célébrons au contraire des victoires où le vaincu est cette grande nature, cette *alma mater*, qui veut que nous lui fassions violence, qui ne nous résiste que pour nous rendre dignes de la victoire, qui voit complaisamment ses défaites et nous récompense de nos triomphes, par la profusion de ses dons, par l'exaltation de toutes nos énergies et le sentiment légitime de notre virilité intellectuelle.

Voilà les vrais combats que l'homme devra livrer de plus en plus, voilà les triomphes auxquels on ne dressera jamais assez d'arcs et de colonnes. Voilà l'avenir vers lequel le monde doit marcher. Ce sera l'honneur de la France d'avoir donné ce noble exemple, et la gloire de M. Eiffel de lui avoir permis de le donner.

II. — *Discours de M. Eiffel.*

Voici la deuxième fois que dans le banquet de *Scientia*, votre voix, cher et vénéré président, s'élève pour m'adresser des éloges qui, exprimés par vous, au milieu d'une telle assemblée, m'honorent et me touchent plus que je ne saurais l'exprimer.

Il y a deux ans, vous avez ici même salué la naissance de l'œuvre qui vient de s'achever et dont vous me permettez bien de vous parler aujourd'hui, puisque c'est à son achèvement que je dois l'insigne honneur d'occuper une place où j'ai été précédé par tant d'illustres personnalités, qui sont la gloire de la France. Je n'oublierai jamais que ce sont les savants qui m'ont donné les premiers encouragements pour l'œuvre que je tentais, et je leur en ai gardé une profonde reconnaissance.

Aussi j'ai tenu à ce que cet édifice soit placé, d'une façon bien apparente, sous l'invocation de la science, et que sur la frise qui surmonte son soubassement, on puisse lire les noms des savants et des ingénieurs qui forment la glorieuse couronne de notre pays dans le siècle dont nous allons célébrer le centenaire. Cette bienveillance que je viens de rappeler, ils ne l'ont pas démentie un seul instant, et ce n'est pas sans émotion que j'ai appris que vos deux premiers présidents d'honneur s'y intéressaient d'une façon toute spéciale. Le vénérable Chevreul, dont la mort vient de nous affliger, suivait, par une visite presque quotidienne, les progrès de cette construction, et un savant, non moins illustre, M. Pasteur, qui est l'une de nos admirations et dont l'existence nous promet encore tant de bienfaits à rendre à l'humanité, y porte une attention et une sympathie dont j'ai le droit de me montrer fier. Il y a quelques jours encore, j'en recevais de précieux témoignages dans une ascension à la plate-forme de 300 mètres que je faisais avec MM. Mascart, Alfred Cornu et Louis Cailletet, membres de l'Académie des Sciences.

Sur cette étroite hune, qui semble isolée dans l'espace, nous étions ensemble pris d'admiration devant ce vaste horizon, d'une régularité de ligne presque semblable à celui de la mer, et surtout devant l'énorme coupole céleste qui semble s'y appuyer et dont la dimension inusitée donne une sensation inoubliable d'un espace libre, immense, tout baigné de lumière, sans premiers plans et comme en plein ciel. Devant ce spectacle, au milieu de cet air vif et pur qui faisait flotter avec bruit les longs plis du drapeau aux belles couleurs de France, qui venait d'y être déployé depuis peu de jours, nous échangeâmes quelques mots émus qui consacraient cette sympathie scientifique à laquelle j'attache tant de prix.

J'espère pouvoir aussi vous y recevoir bientôt, cher et vénéré président, et vous montrer les trois laboratoires dont l'emplacement a été arrêté. L'un sera consacré à l'astronomie. Je compte que vous vous y trouverez dans des conditions favorables pour vous y livrer aux belles recherches d'astronomie physique qui ont illustré votre carrière. Le second, dont les appareils enregistreurs seront reliés au Bureau météorologique central, est destiné à la physique et à la météorologie. MM. Mascart et Cornu en pensent retirer grand profit pour l'étude de l'atmosphère.

Le troisième est réservé à la biologie et aux études micrographiques de l'air. Organisé par M. Hénocque, il ne sera pas moins utile à la science. Ai-je besoin de vous dire que ces laboratoires seront libéralement ouverts aux savants, et sans parler d'autres nombreuses expériences que beaucoup entrevoient, M. Cailletet me permettra de vous annoncer qu'il étudie en ce moment un grand manomètre à mercure à l'aide duquel on pourra réaliser avec précision ses pressions allant jusqu'à 400 atmosphères. Tous ces projets, développés devant moi, me remplissaient d'une satisfaction intime, en me démontrant que tant d'efforts n'avaient pas été faits en vain au point de vue du progrès scientifique.

La foule non plus ne s'y est pas trompée. Nous éprouvons un tel besoin de nous élever au-dessus de ce sol auquel le joug de la pesanteur nous attache, que cette idée de l'*excelsior* a de tout temps passionné les esprits, et qu'il semble que, créer des édifices de hauteur inusitée, c'est reculer les bornes de la puissance humaine. Cela était, en effet, très difficile autrefois; mais maintenant, avec les nouvelles ressources que donne l'emploi du fer, la sûreté des méthodes qu'il comporte, on n'est plus effrayé pour de pareils problèmes, et à voir la facilité relative avec laquelle on a atteint cette hauteur de 300 mètres qui avait hanté, mais en vain, le cerveau des Anglais et des Américains, il semble qu'il n'y aurait pas de très grands obstacles à le dépasser notablement.

Quoi qu'il en soit, c'est grâce aux recherches des savants mathématiciens français, qui ont fondé les méthodes que nous employons, c'est grâce aux éminents ingénieurs qui ont posé les principes des contractions métalliques, qui sont l'une des branches les plus caractéristiques de l'activité française, que l'œuvre dont je viens de vous parler si longuement, et peut être avec trop de complaisance, a pu être édifié. En même temps que les belles constructions du Champ de Mars, j'espère qu'elle montrera au monde que nos ingénieurs et nos constructeurs français tiennent encore une place prépondérante dans l'art de construire, comme nos artistes et nos littérateurs occupent le premier rang dans l'art contemporain.

Je parle devant un auditoire trop au courant des faits modernes pour que je puisse penser vous apprendre quelque chose que vous ne sachiez déjà sur le rôle considérable des ingénieurs français à l'étranger. Cependant, à l'occasion d'un discours que je prononçais récemment, à la séance d'inauguration de la présidence de la Société des Ingénieurs civils, j'eus à étudier ce vaste et beau sujet, et je ne vous cacherai pas que je fus étonné moi-même des preuves saisissantes de notre activité nationale, en ce qui regarde les travaux publics.

En effet, cette part dans le développement industriel des nations est considérable ; elle dépasse peut-être celle de tout autre peuple, sans en excepter l'Angleterre. Elle a commencé à se produire vers 1855, à l'une des époques les plus brillantes et les plus prospères de l'industrie française, et s'étendit presque simultanément en Russie, en Italie, en Espagne, en Portugal et en Autriche. L'ingénieur français n'est pas cet être casanier que la légende condamne à ne pas quitter le sol de sa patrie. Au contraire, pendant ces trente dernières années, on a pu, en tous les points du monde, constater son activité et son influence.

Qui de nous, pendant ses voyages à travers l'Europe et au delà des mers, n'a reconnu, presque avec étonnement, tellement nous avons de méfiance de nous-même et de bienveillance innée pour les autres, que les travaux les mieux conçus, les mieux exécutés et de l'apparence la plus satisfaisante, ont été accomplis par des ingénieurs français?

Si on entre dans la nomenclature détaillée de ces travaux, on reste étonné de leur importance, qui nous a fait, sans qu'on puisse être taxé d'exagération, des initiateurs d'un grand nombre de nations, lesquelles ont depuis appris, au moins en Europe, à se passer de nous. Mais le monde est vaste, et le besoin d'expansion lointaine trouve son aliment, non seulement dans nos colonies et nos pays de protectorat, mais aussi dans le grand nombre des nations qui ont encore conservé leurs anciennes sympathies pour la France, toute l'Amérique du Sud, et notamment le Brésil, le Chili, l'Équateur, la République Argentine, où une légion d'ingénieurs appartenant au corps des ponts et chaussées ou ingénieurs civils, propage, en ce moment même, le renom de la science et de la probité françaises. Nos vœux les accompagnent, et vous voudrez bien me permettre, en ma qualité d'ingénieur, de vous demander de vous joindre à moi dans une commune pensée pour les adresser à ces pionniers de l'influence de notre pays au dehors.

Il me reste à vous remercier encore du grand honneur que vous venez de me faire et à vous assurer que j'en conserverai toujours le plus vif souvenir. Je l'attribue beaucoup moins à ma personne qu'à l'œuvre elle-même, que j'ai essayé de rendre digne aux yeux du monde que nous convions à notre centenaire du génie industriel de la France.

III. — *Discours de M. Sully-Prud'homme, membre de l'Académie française.*

C'est avec une timidité bien naturelle que, rimeur égaré dans une société de savants par une insigne faveur, je me permets de prendre la parole dans ce banquet. Mais pouvais-je me résigner au silence? J'ai signé une protestation d'artistes et écrivains contre le gigantesque édifice dont nous fêtons ce soir le hardi créateur, et je tiens à ce que vous n'ignoriez pas combien cependant, membre de la *Scientia*, j'avais à cœur d'associer mon hommage au vôtre. Je n'aurais pas voulu vous laisser craindre d'avoir introduit un traître dans la place, et j'aurais été trop humilié d'être jugé par vous incapable de partager non seulement vos travaux, mais encore vos admirations.

Si j'avais été appelé à formuler cette protestation fougueuse, je l'aurais fait plutôt avec un respect plaintif, car deux sentiments divisent mon cœur : d'une part, un grand amour de la poésie, pour laquelle vous témoignez en ma personne une déférence qui vous venge noblement, et, d'autre part, une vive gratitude pour la science, dont j'ai sucé le lait dans ma première jeunesse et à laquelle je dois le meilleur de ma discipline intellectuelle. Ah! combien j'aurais souhaité de pouvoir admirer la Tour Eiffel comme une fleur! Et quel héroïsme il m'a fallu pour oser choisir entre mon culte de la grâce et ma vénération pour le génie asservissant la force!

Je n'avais, heureusement, jugé et condamné que par défaut, et devant l'œuvre accomplie et victorieuse, je me sens aujourd'hui plus à l'aise que d'autres pour en appeler de ma propre sentence. L'idée que je me fais de mon art me rend sans doute la conversion plus facile qu'à mes confrères, plus facile surtout qu'aux artistes dont les œuvres s'adressent aux yeux. La poésie, en effet, me semble être, comme la musique, un art où la forme, empruntant le moins possible à la matière, n'est plus, pour ainsi dire, que le frisson même de l'âme. Aussi le poète, à mon avis, peut-il regretter que la Tour Eiffel ne caresse pas les yeux, sans perdre pour cela le droit ni faillir au devoir d'y saluer une audace magnifique dont la majesté suffit amplement à le satisfaire. Ce colosse rigide et froid peut dès lors lui apparaître comme un témoin de fer dressé par l'homme vers l'azur pour attester son immuable résolution d'y atteindre et de s'y établir.

Voilà le point de vue qui a réconcilié mon regard avec ce monstre, conquérant du ciel. Et quand même, en face de sa grandeur impérieuse, je ne me sentirais pas converti, assurément je me sentirais consolé par la joie fière qui nous est commune à tous, d'y voir le drapeau français flotter plus haut que tous les autres drapeaux du monde, sinon comme un insigne belliqueux, du moins comme un emblème des aspirations invincibles de la patrie.

IV. — *Discours de M. Noblot, sénateur.*

Je ne comptais pas prendre la parole devant cette belle assemblée, surtout après les remarquables discours qui viennent d'être prononcés. Je croirais cependant manquer à mon devoir de vétéran de l'Ecole centrale des Arts et Manufactures, si je ne venais joindre mon faible tribut aux éloges bien mérités qui ont été décernés à l'instant même au lutteur intrépide que nous fêtons aujourd'hui.

Je ne serai démenti par aucun de mes compagnons en affirmant que nous sommes tous heureux et fiers du succès éclatant que vient de remporter notre camarade Eiffel. L'honneur est grand. Il rejaillit sur notre chère Ecole, sur le corps des ingénieurs civils tout entier.

L'honorable M. Janssen, dans son discours si bien senti, a signalé un fait qui m'a profondément touché. Il vous a entretenu du projet arrêté par M. Eiffel de faire sceller au pied de la Tour une plaque sur laquelle seront gravés les noms des ingénieurs, des contremaîtres et des ouvriers qui ont collaboré à l'œuvre gigantesque dont la hardiesse fera l'admiration de tous les visiteurs de l'Exposition. L'idée de M. Eiffel d'associer à l'honneur qui lui revient tous ceux qui ont contribué par leur courage, leur persévérance et leur discipline à l'accomplissement de l'œuvre, est digne des plus vifs éloges.

Nous tous, ingénieurs, industriels, inspirons-nous de ce noble exemple. Prouvons à tous ceux au milieu desquels nous sommes appelés à travailler, qu'il existe entre eux et nous une solidarité absolue, que nous sommes en toute circonstance soucieux de leur sort, de leurs besoins matériels, intellectuels et moraux ; que nous savons reconnaître la part d'efforts qu'ils apportent dans le travail que nous pouvons avoir à exécuter en commun.

Nous n'ajouterons que peu de mots pour recommander ce livre auprès de nouveaux lecteurs, s'il en était besoin. C'est M. Sully-Prudhomme, le poète ému des *Vaines Tendresses*, le traducteur concis et fidèle de Lucrèce, qui les a prononcés. Il a dit : *La science est la mère de la discipline intellectuelle.* C'est là une vérité inéluctable et féconde. Elle a servi de guide à tous les grands hommes qui animent ces pages. C'est elle que les jeunes gens doivent adopter pour continuer les immortelles traditions littéraires et scientifiques, assises inébranlables du progrès et de la civilisation. *En peu de temps les générations se remplacent et, semblables aux coureurs dans le stade, se transmettent le flambeau de la vie,* a dit le profond penseur du Poème de la Nature (*De rerum Naturâ*), dans deux vers célèbres :

Inque brevi spatio mutantur sæcla animantum
Et quasi cursores vitæ lampada tradunt.

TABLES GÉNERALES DES MATIÈRES

TABLES GÉNÉRALES DES MATIÈRES

I

TABLE DES CHAPITRES ET DE LEURS SOMMAIRES

PAGES.

CHAPITRE Ier. — *Dédicace préliminaire.*

Raison d'être de cet ouvrage. — Sa première forme. — Dédicace de 1889. — Comment la Tour Eiffel est placée sous l'invocation directe de la Science. — Mémorables paroles de M. Eiffel. — La théorie et la pratique. ✠ Mes relations avec les grands savants du XIXe siècle. — Les 72 savants du choix de M. Eiffel, devenu celui du consentement universel. — Galerie complète et authentique de leurs portraits. — Nécessité d'écrire un livre définitif avec un titre nouveau. — Cet ouvrage est une histoire intégrale (intellectuelle, morale et technique) de la Tour de 300 mètres. — Le Panthéon Eiffel. — Aux grands savants du XIXe siècle, M. Eiffel reconnaissant. — Dédicace de 1891. — Paris, ville-lumière, récompense toutes les gloires. — Petite statistique scientifique et sociale des 72 savants. — Hommage à mes collaborateurs. — Exécution matérielle de cet ouvrage. — L'impression typographique. — Les dessins. — Choix du papier. — Adoption du papier collé. — Opinion de M. de Saint-Venant, membre de l'Institut de France. — Son plaidoyer à l'Académie des Sciences de Paris pour qu'on abandonne le néfaste usage du papier non collé. — Toute lecture faite sans la plume n'est qu'un dormir. — Avis des anciens. — Coutume des étrangers. — Appel aux éditeurs. — La Tour Eiffel est une chaire retentissante et populaire. — Accomplissement des vœux qui en tombent. — Ainsi soit-il ! 1

CHAPITRE II. — *Exposé des découvertes et de la vie des 72 savants dont les noms sont inscrits sur la grande frise de la Tour Eiffel.*

Décoration de la Tour Eiffel. — Mode d'inscription des noms sur la grande frise extérieure. — Noms écartés. — Liste par ordre alphabétique. — Liste par façade. — Caractère sibyllin du nombre 72. — Les *Septante* du règne de Ptolémée Philadelphe. — Présage heureux pour la destinée de la Tour. — Nomenclature des découvertes et des travaux des 72 savants. — Leurs portraits d'après les originaux. — Listes chronologiques des vingt-quatre chefs-d'œuvre de l'esprit humain et des vingt-quatre découvertes ou inventions capitales faites par l'homme. — La philosophie des sciences pures et appliquées. — Notices historiques et scientifiques sur Ampère, Arago, Barral, Becque-

— 502 —

PAGES.

rel, Bélanger, Belgrand, Berthier, Bichat, Borda, Bréguet, Bresse, Broca, Cail, Carnot, Cauchy, Chaptal, Chasles, Chevreul, Clapeyron, Combes, Coriolis, Coulomb, Cuvier, Daguerre et Niepce, De Dion, Delambre, Delaunay, Dulong, Dumas, Ebelmen, Fizeau, Flachat, Foucault, Fourier, Fresnel, Gay-Lussac, Giffard, Goüin, Haüy, Jamin, Jousselin, Lagrange, Lalande, Lamé, Laplace, Lavoisier, Le Chatelier, Legendre, Le Verrier, Malus, Monge, Morin, Navier, Pelouze, Perdonnet, Perrier, Pétiet, Poinsot, Poisson, Polonceau, Poncelet, Prony, Regnault, Sauvage, Schneider, Seguin, Sturm et M. Daniel Colladon, Thenard, Tresca, Triger, Vicat, Wurtz   19

CHAPITRE III. — *Les grandes hauteurs naturelles et monumentales.*

De tout temps, l'homme a voulu pénétrer dans les régions supérieures de l'atmosphère. — Les ailes d'Icare. — Les aérostats. — La tour de Babel. — Tableau des plus hautes montagnes du globe terrestre. — Les grandes ascensions en ballons. — Causes physiologiques et anatomiques qui rendent les hautes altitudes meurtrières à l'homme. — Les rapaces. — Le condor. — Les grands végétaux passés et actuels. — Les grands arbres historiques. — Les grands instruments scientifiques. — Liste des cent édifices les plus élevés de l'univers. — Liste des quarante ponts les plus longs de l'univers. — La science de l'hypsométrie. — Hauteur totale des éditions successives des œuvres de M. Emile Zola, d'après M. Paul Alexis. — *Mens agitat molem:* L'esprit meut la matière. — C'est la devise du XIX° siècle.   283

CHAPITRE IV. — *Les origines de la Tour Eiffel.*

Décret du Président de la République française ordonnant une Exposition universelle en 1889. — Le concours des plans et devis à l'hôtel de ville de Paris. — Projet de M. Eiffel. — La Commission en retient l'idée d'une construction de 300 mètres à placer à l'entrée principale. — Tour et Pylône. — Etymologie du mot Tour. — Contradiction de langage. — Rapport de M. Eiffel. — Description scientifique d'une construction pylônique de 300 mètres d'élévation. — Conditions de résistance et de stabilité de la Tour de 300 mètres. — Raisons de sa construction en métal et non en maçonnerie. — Ses avantages pratiques et scientifiques. — Opinions des savants. — Les objections. — La protestation des artistes et des littérateurs. — Réponse de M. Eiffel. — Réplique et conclusion de M. Edouard Lockroy. — Les petits écrits passent et les grands monuments restent.   302

CHAPITRE V. — *La construction de la Tour Eiffel.*

Concession officielle. — Prise de possession de l'emplacement désigné au Champ de Mars. — Difficultés à surmonter pour édifier une construction plus élevée. — L'industrie du fer. — Etat récapitulatif du fer employé à l'Exposition universelle de 1889. — Précision et régularité dans l'exécution de la Tour Eiffel. — Sécurité des ouvriers. — Composition géologique du Champ de Mars. — Fondations faites à l'air

PAGES.

libre. — Fondations faites à l'air comprimé. — Mesures prises pour garantir la stabilité indéfinie de l'édifice. — Coefficient de travail des maçonneries de fondation. — Les socles de garantie. — Placement des tuyaux d'écoulement de l'électricité atmosphérique dans le sol. — Sortie de terre de la Tour. — Début des travaux métalliques. — Les porte-à-faux. — Edification des piles et des quatre montants. — Emploi des bigues, des échafaudages pyloniques, des grues pivotantes. — Pose des poutres horizontales du premier étage à 60 mètres. — Le deuxième étage à 115 mètres. — Plancher intermédiaire à 197 mètres. — Fin de la construction. — Erection du drapeau français le 31 mars 1889. — Récit de cette journée. — Tableau chronologique des principales étapes de la conception et de l'édification de la Tour Eiffel. — Les couches de peinture. — Méthode de M. Stephen Sauvestre. — Graduation des teintes et des colorations successives. — Artifice pour simuler la fuite dans l'espace. — Peinture dorée des noms des 72 savants. — Curiosités statistiques dues à M. A. de Foville. — Poids et prix de revient de la Tour. — Sa force de résistance au vent. — Son coefficient de dilatation selon la température. — Ses oscillations ou flexions. — La torsion solaire. — L'appareil du commandant Defforges. — Espace occupé sur le sol par la Tour 337

CHAPITRE VI. — *Le fondateur, les créateurs et les ouvriers de la Tour Eiffel.*

Le drapeau terminal. — Première photographie faite à 277 mètres de hauteur. — Les conquérants de la matière. — M. Eiffel, son état-major de collaborateurs et ses ouvriers. — Biographie de M. Gustave Eiffel. — Son acte de naissance. — Origine de son nom. — Une visite aux établissements Eiffel à Levallois-Perret. — Les ponts métalliques militaires. — Biographie des collaborateurs de la Tour de 300 mètres : MM. Jean Compagnon, Jean Gobert, Maurice Kœchlin, Nouguier, Adolphe Salles, Stephen Sauvestre. — Les filles de M. Eiffel. — Les cent quatre-vingt-dix-neuf ouvriers de la Tour Eiffel. 359

CHAPITRE VII. — *Ascension à travers la Tour Eiffel.*

Les 1792 marches fatidiques. — Les six étages de la Tour Eiffel. — La première plate-forme à 60 mètres. — La seconde plate-forme à 115 mètres. — La troisième plate-forme à 217 mètres. — La quatrième plate-forme à 273 mètres. — La cinquième plate-forme à 280 mètres. — Le sommet extrême de la coupole à 300 mètres. — Les ascenseurs. — Population de la Tour. — Sensations d'une ascension jusqu'à l'extrémité. — Récit de M. Hugues Le Roux. — Sécurité complète. — Pas de vertige. — Description de Paris à 300 mètres d'élévation. — Différences et ressemblances entre une ascension sur les hauts monuments et les grandes montagnes et les voyages aérostatiques 389

CHAPITRE VIII. — *La Tour Eiffel pendant et après l'Exposition universelle de 1889.*

La Tour Eiffel point d'attraction universelle. — Sa vie diurne et son existence nocturne pendant l'Exposition de 1889. — Les banquets officiels, les fêtes commémoratives. — Le banquet des barbistes présidé par M. Eiffel, ancien élève du Collège Sainte-Barbe. — Discours de M. Jacques Barral. — Remise solennelle de l'*Histoire populaire de la Tour Eiffel et de ses 72 savants*. — L'Imprimerie du *Figaro*. — Le numéro spécial de la Tour. — Le registre d'inscription des visiteurs du deuxième étage. — Bouquet de pensées cueillies dans ce registre. — Fonctionnement des ascenseurs. — Résultats financiers. — La Tour Eiffel depuis la clôture de l'Exposition 1889. — Continuation de son succès. — Remise d'une médaille commémorative votée par le Conseil municipal de Paris en faveur des ouvriers. — Discours de M. Eiffel. — Grande destinée de la Tour Eiffel 403

CHAPITRE IX. — *Les imitateurs, les propagateurs et les excentriques de la Tour Eiffel.*

La fièvre de la Tour Eiffel. — Les grands imitateurs américains. — Tour de 490 mètres, projet de M. W.-L. Judson. — Tour de 400 mètres, projet de M. Graf Hinsdale. — Tour de 500 mètres, projet de M. Ch Kinckel. — La Tour Proctor de 365 mètres, destinée à Chicago. — La Tour colombienne de 385 mètres. — Les imitations anglaises. — Tours d'acier et de granit. — Une nouvelle Tour de Londres, projet de Sir Edward Watkin. — Les projets insensés. — Une Tour roulante. — La Tour Eiffel helvétique de 33 mètres de hauteur. — La Tour Eiffel danoise de 140 mètres. — La Tour Eiffel comme monument funéraire. — La Tour Eiffel en Russie. — Une Tour Eiffel en pommes de Normandie. — Les agencements de magasins en forme de Tour Eiffel. — Tours Eiffel de carton, de verre, de cristal, en grès, de sucre, de suif, etc. — La bijouterie et la joaillerie. — Tour Eiffel en 21,000 diamants. — Les jouets. — Les Tours Eiffel éclairantes. — La concession des rognures et déchets de la Tour Eiffel. — Les plaintes du commerce parisien. — Lettres et déclarations de MM. Eiffel, Tirard, Jules Jaluzot, A. Décle. — L'article *Tour Eiffel*. — Tout est bien qui finit bien, excepté pour les presse-papiers authentiques. — Portrait et biographie de M. Eiffel avec dessin de la Tour tracés par l'écriture en 13,558 lettres microscopiques. — *L'Amant de la Tour Eiffel*, par le chanteur populaire Paulus. — Les romanciers, les poètes, les dessinateurs. — *Le Mystère de la Tour Eiffel*, par M. Félix Steyne. — Le poème-gravure en 300 vers, par M. Bourgade. — Les mille dessins originaux du *Courrier français*, de M. Jules Roques. — Eiffelorama du *Tintamarre*. — Une housse allemande pour la Tour Eiffel. — Les ascensions excentriques. — Lancements de petits ballons avec cartes postales. — Quelques-uns arrivent à destination. — Les visites royales et impériales. — Caricature de M. Eiffel, d'après le *Punch*. — Une expression nouvelle: C'est tout à fait *toureiffelesque !* — Le pendu de la Tour Eiffel. — Les canons et la Tour Eiffel . 417

CHAPITRE X. — *La science et la Tour Eiffel.*

La Tour Eiffel, Observatoire météorologique et Laboratoire scientifique. — Hommage de la Société des Ingénieurs civils. — Prix Montyon accordé à M. Eiffel par l'Académie des Sciences. — La science et la Tour Eiffel. — Vérification officielle de la parfaite verticalité de la Tour. — Horizon perceptible de la Tour. — Son faîte marque le point culminant de vingt-six départements français subjacents. — Points d'altitude de ces départements. — Du pied des monts Scandinaves au pied des Pyrénées aucune élévation ne rivalise avec celle de la Tour. — Horizon géométrique. — Horizon réel. — Points d'où est visible le Phare. — Panorama visible de la Tour. — Expérience de télégraphie aérienne lumineuse à l'aide d'un aérostat. — Récit de M. W. de Fonvielle. — Les projecteurs électriques de la quatrième plate-forme. — Le phare électrique tricolore. — Le paratonnerre du système Melsens établi par M. Emile Closset de Bruxelles. — Première chute de la foudre sur la Tour. — Aucun accident, aucun dégât. Les feux du Phare et les oiseaux. — Les lâchers de pigeons. — Les orages et les tempêtes. — Ronflement prodigieux produit par le vent. — La Tour Eiffel est un sûr asile pour les visiteurs et pour la science. — Les recherches scientifiques qu'on peut y faire sont innombrables. — C'est un observatoire météorologique sans précédent. — Le pendule de 115 mètres. — Bilan des premiers travaux. — Rapport de M. Mascart. — Laboratoires réservés à la chimie et à la physiologie. — Le cabinet d'études de M. Eiffel. — Enregistrement phonographique du dernier coup de canon annonçant la clôture définitive de l'Exposition de 1889. — Le manomètre métallique de 300 mètres. — M. Louis Cailletet. — Expériences de sondage. — L'appareil de M. Emile Belloc. — Champ ouvert aux grandes découvertes 443

CHAPITRE XI. — *Les parrains de la Tour Eiffel.*

Les grands parrains de la Tour Eiffel : MM. Chevreul, Pasteur, Janssen, Mascart, Louis Cailletet, Alfred Cornu. — L'Académie des Sciences, l'Académie française, le Sénat. — Les adversaires de la veille. — Les défenseurs de la première heure. — La Conférence *Scientia*. — Discours de MM. Janssen, Sully-Prudhomme, Noblot. — Réponse de M. Eiffel. — Programme scientifique. — Le culte de la science. — Une conversion solennelle. — La voix des poètes. — La poésie est le frisson de l'âme. — La science est la mère de la discipline intellectuelle. — Les traditions littéraires et scientifiques. — *Et quasi cursores vitæ lampada tradunt.* 479

II

TABLE DES ÉLÉMENTS DOCUMENTAIRES D'UN INTÉRÊT SPÉCIAL

PAGES.

Liste alphabétique et liste par façade des 72 savants dont les noms sont inscrits sur la grande frise de la Tour Eiffel 20
Nomenclature des découvertes et des travaux des 72 savants 22
Liste chronologique des vingt-quatre chefs-d'œuvre de l'esprit humain . 33
Liste chronologique des vingt-quatre découvertes ou inventions capitales faites par l'homme 34

	PAGES.
Historique de l'invention de la photographie	112
Théorie chimique, physiologique et psychique de la décoloration des cheveux, d'après Vauquelin et Perdonnet.	220
Opinion d'Alphonse Karr sur la prison pour dettes et l'emprisonnement de Frédéric Sauvage	249
Les origines des Rois du fer	253
Historique de l'invention des fontaines lumineuses faite par M. Colladon, en 1841	261
Liste des plus hautes montagnes de l'Univers	284
Liste des grands instruments de physique	289
Liste des Cent édifices les plus élevés du monde entier	289
Liste des Quarante ponts les plus longs de tous les pays	294
Rapport de M. Eiffel sur la création d'une construction pylônique de 300 mètres d'élévation	303
Classification des vents, d'après Claudel	310
Tableau des charges exercées par centimètre carré sur les fondations des principaux monuments de Paris, d'après Navier	313
Protestation adressée à M. Alphand, directeur de l'Exposition universelle de 1889 contre l'érection à Paris d'une Tour de 300 mètres	323
Réponse de M. Gustave Eiffel	326
Réplique et conclusion de M. Edouard Lockroy	331
Etat récapitulatif des quantités de fers et de fontes employées par l'Exposition universelle de 1889	339
Chronologie de la conception et de l'édification de la Tour Eiffel	350
Acte de naissance de M. Gustave Eiffel	360
Description des Etablissements Eiffel, à Levallois-Perret	365
Tableau de la population de la Tour Eiffel	395
Sensations ressenties pendant une ascension jusqu'à l'extrémité	396
Toast de M. Jacques Barral au Banquet des anciens barbistes présidé par M. Eiffel	406
Bouquet de pensées et de réflexions émises par les visiteurs	407
Discours de M. Eiffel lors de la remise de la médaille commémorative votée par le Conseil municipal de Paris	413
Polémique entre MM. Eiffel, Jules Jaluzot, Tirard et Dècle au sujet de la concession des déchets et rognures de la Tour Eiffel	428
Panorama géographique visible de la Tour Eiffel	447
Expérience de télégraphie aérienne lumineuse	452
Rapport de M. Mascart, membre de l'Académie des Sciences, sur le bilan des premiers travaux scientifiques accomplis dans la Tour Eiffel	465
Discours de MM. Eiffel, Janssen, Sully-Prudhomme et Noblot à la Conférence *Scientia*	482

III

TABLE DES GRAVURES

	PAGES.
Portrait de M. Gustave Eiffel	2
— Ampère	29
— Arago	37
— Barral	43

		PAGES.
Portrait de M.	Becquerel	47
—	Bélanger	51
—	Belgrand	53
—	Berthier	55
—	Bichat	57
—	Borda	61
—	Bréguet	65
—	Bresse	67
—	Broca	69
—	Cail	73
—	Carnot	75
—	Cauchy	81
—	Chaptal	85
—	Chasles	89
—	Chevreul	91
—	Clapeyron	95
—	Combes	101
—	Coriolis	103
—	Coulomb	105
—	Cuvier	109
—	Daguerre	111
—	Niepce	113
—	De Dion	115
—	Delambre	121
—	Delaunay	123
—	Dulong	125
—	Dumas	127
—	Ebelmen	131
—	Fizeau	135
—	Flachat	139
—	Foucault	141
—	Fourier	149
—	Fresnel	147
—	Gay-Lussac	151
—	Giffard	153
—	Goüin	159
—	Haüy	161
—	Jamin	165
—	Jousselin	167
—	Lagrange	171
—	Lalande	175
—	Lamé	177
—	Laplace	180
—	Lavoisier	185
—	Le Chatelier	189
—	Legendre	196
—	Le Verrier	203
—	Malus	207
—	Monge	209
—	Général Morin	213
—	Navier	215

	PAGES.
Portrait de M. Pelouze	217
— Perdonnet	219
— Général Perrier	225
— Pétiet	227
— Poinsot	231
— Poisson	233
— Polonceau	237
— Général Poncelet	239
— De Prony	243
— Regnault	245
— Sauvage	247
— Schneider	251
— Marc Seguin	255
— Sturm	259
— Daniel Colladon	261
— Thenard	265
— Tresca	269
— Triger	273
— Vicat	275
— Wurtz	279
Reproduction autographique de la lettre de M. Daniel Colladon accompagnant l'envoi du portrait de Sturm	263
Vue panoramique de la Tour Eiffel dominant l'Exposition universelle de 1889	305
Squelette géométral de la Tour Eiffel	327
Inscription en lettres d'or sur la grande frise de la Tour Eiffel des noms des principaux savants qui depuis un siècle ont illustré la patrie française et agrandi le domaine universel des connaissances scientifiques	353
Etat-major des collaborateurs de M. Gustave Eiffel :	
1° Portraits de MM. Jean Compagnon, Jean Gobert, Adolphe Salles	375
2° Portraits de MM. Kœchlin, Nouguier, Stephen Sauvestre	377
Le campanile et le phare de la Tour Eiffel	391
Manœuvres du canon avertisseur et des projecteurs électriques placés sur la Tour Eiffel	405
M. Gustave Eiffel d'après une caricature du *Punch*, journal satirique anglais	419
Projection géographique des points extrêmes d'où est visible le phare de la Tour Eiffel	449
Manœuvres du ballon le *Figaro* correspondant à l'aide d'une lampe électrique avec la Tour Eiffel, dans la soirée du jeudi 26 juin 1890	451
Le phare électrique de la Tour Eiffel projetant ses rayons sur Paris	459
Schema du campanile et du couronnement de la Tour Eiffel	467
Etude de la hauteur du mercure dans les manomètres de la Tour Eiffel	473

Bruxelles. — Imprimerie A. LEFÈVRE, rue Saint-Pierre, 9.

GEORGES BARRAL

LE
Panthéon Eiffel

HISTOIRE DES ORIGINES, DE LA CONSTRUCTION ET DES APPLICATIONS
DE LA TOUR DE 300 MÈTRES
BIOGRAPHIE DE SES CRÉATEURS
EXPOSÉ DE LA VIE ET DES DÉCOUVERTES DES 72 SAVANTS
DONT LES NOMS SONT INSCRITS SUR LA GRANDE FRISE EXTÉRIEURE

ÉDITION DÉFINITIVE
ENRICHIE DE 95 GRAVURES ET PORTRAITS AUTHENTIQUES DANS LE TEXTE
ET D'UN GRAND NOMBRE
DE DOCUMENTS INÉDITS ET DE SOUVENIRS ANECDOTIQUES

Sic itur ad astra.....
VIRGILE.

PARIS
NOUVELLE LIBRAIRIE PARISIENNE
Albert Savine, éditeur
12, RUE DES PYRAMIDES, 12

1892

TOUS DROITS RÉSERVÉS

Extrait des publications de M. Georges Barral

POUR PARAITRE LE 15 AVRIL 1892 :

LA CONNAISSANCE DE LA MER

Notions populaires et positives
sur les phénomènes maritimes et les richesses marines
du globe terrestre

1 vol. in-12 de 500 pages.

	Vol.
Le Panthéon Eiffel. — Histoire intellectuelle, morale et technique de la Tour de 300 mètres avec la vie et les découvertes des soixante-douze savants dont les noms sont inscrits sur la grande frise extérieure. Edition définitive enrichie de 75 portraits et 18 gravures	1
Don Quichotte. — Poème héroï-comique en six chants, par Lazare Carnot, précédé d'une étude historique et littéraire, avec deux portraits, l'un de Carnot, par Van Brée, et l'autre de Michel Cervantès, attribué à Velazquez (Bibliothèque Gilon)	1
Histoire d'un Inventeur. — Exposé des travaux et des découvertes de l'ingénieur Gustave Trouvé dans le domaine de l'électricité. 1 magnifique volume in-8°, avec portrait, 280 gravures dans le texte et des dessins originaux de l'inventeur	1
Lazare Carnot. — Sa vie d'après des documents nouveaux et deux témoins de son existence. 5ᵉ édition, avec un beau portrait, par Louis Boilly. (Bibliothèque Gilon)	1
Claude Bernard. — Sa vie, sa philosophie, son œuvre, 4ᵉ édition, avec un beau portrait (Bibliothèque Gilon)	1
Histoire des sciences sous Napoléon Iᵉʳ. — 2ᵉ édition . . .	1
Arthur de Bretagne. — Drame en cinq actes et en prose, œuvre inédite de la jeunesse de Claude Bernard, avec une notice, deux portraits, un autographe	1
La lutte contre le phylloxera. — Œuvre posthume de J. A. Barral, avec instructions, notes, documents, 87 dessins et cartes en noir et une grande carte coloriée. — 6ᵉ édition	1
Le louage agricole, commercial, industriel et maritime	1
La quatrième ascension aérostatique du Géant, avec le Rapport fait à l'Observatoire de Paris et une carte du voyage. — 6ᵉ édition	1
Le 93ᵉ anniversaire natal de Charles Fourier. — 2ᵉ édition . .	1
Le Salon des Beaux-Arts de l'année 1864. — 2ᵉ édition	1

---

*Les travaux d'agronomie, de chimie et de physiologie
de M. Georges Barral
sont énumérés dans un catalogue spécial.*

www.ingramcontent.com/pod-product-compliance
Lightning Source LLC
Chambersburg PA
CBHW071704230426
43670CB00008B/904